Kommunikation & Recht

Das neue Datensicherheitsrecht

Überblick, Systematik und Anforderungen der relevanten Regelungen im Bereich der Informations- und Datensicherheit

von

Michael Rohrlich

Fachmedien Recht und Wirtschaft | dfv Mediengruppe | Frankfurt am Main

Bibliografische Information der Deutschen Nationalbibliothek

Die Deutsche Nationalbibliothek verzeichnet diese Publikation in der Deutschen Nationalbibliografie; detaillierte bibliografische Daten sind im Internet über http://dnb.de abrufbar.

ISBN 978-3-8005-1989-7

dfv Mediengruppe

Druck: Beltz Grafische Betriebe GmbH, 99947 Bad Langensalza

Printed in Germany

Vorwort

Die digitale Transformation verändert unsere Gesellschaft, Wirtschaft und Verwaltung grundlegend. Mit dem rasanten Fortschritt von Technologien, wie Künstlicher Intelligenz, Cloud Computing, Internet der Dinge oder auch Quantencomputing, entstehen nicht nur neue Chancen, sondern auch erhebliche Herausforderungen für Datenschutz, IT-Sicherheit und die Regulierung digitaler Märkte. Der europäische und auch nationale Gesetzgeber reagieren darauf mit einer Vielzahl neuer und überarbeiteter Gesetze, Richtlinien und Verordnungen, die Unternehmen, Behörden und Bürger gleichermaßen betreffen.

Dieses Werk bietet einen kompakten Überblick über die wichtigsten Regelwerke, die das digitale Zeitalter in Deutschland und der Europäischen Union prägen. Ziel ist es, Orientierung zu geben und die zentralen Inhalte, Zielsetzungen und Anwendungsbereiche der relevanten Normen verständlich darzustellen. Dabei werden nicht nur allgemein geltende Gesetze betrachtet, sondern auch verschiedene branchenspezifische Regelungen, etwa für den Gesundheitssektor oder für den Finanzmarkt. Dabei werden die einzelnen Regelwerke jeweils überblicksartig dargestellt. Besonderes Augenmerk gilt einzelnen Rechtsakten, wie der KI-Verordnung, der NIS2-Richtlinie oder auch der Datenschutzgrundverordnung, da sie für eine Vielzahl von Unternehmen und Behörden von großer Bedeutung sind.

Das vorliegende Werk richtet sich an Praktiker in Unternehmen, Behörden und Kanzleien, aber auch an Studenten, Wissenschaftler und alle, die sich einen fundierten Überblick über die rechtlichen Rahmenbedingungen des „Datensicherheitsrechts“ (im weitesten Sinne) verschaffen möchten. Es soll helfen, die Komplexität der europäischen und deutschen Digitalgesetzgebung zu durchdringen und die praktische Relevanz der einzelnen Regelungen einzuordnen.

Rechtsanwalt Michael Rohrlich (www.ra-rohrlich.de)

im Juli 2025

Inhaltsverzeichnis

I. Einführung

1. „Leitfaden“

Das Datensicherheitsrecht ist alles andere als eine homogene Materie. Je nachdem, wie weit man den Bogen spannt, umfasst es zahlreiche Rechtsakte auf europäischer und auch auf nationaler Ebene, deren Zielrichtungen sich zum Teil überlappen, sich teilweise aber auch stark unterscheiden oder gar widersprechen. Dieses Werk will einen Überblick über viele dieser Regelwerke bieten, die zumindest auch einen Schwerpunkt auf sicherheitsrechtliche Vorschriften setzen. Dabei geht es u. a. beispielsweise um die Datenschutzgrundverordnung (DSGVO), in der es „nur“ um den Schutz von Daten mit Personenbezug geht, der primär durch technische (und auch organisatorische) Maßnahmen erzielt werden soll. Die NIS2-Richtlinie hat dagegen primär die Cybersicherheit im Blick, und zwar in Bezug auf Daten mit und ohne Personenbezug, allerdings „nur“ für bestimmte Einrichtungen in bestimmten Bereichen. Und auch die KI-Verordnung (KI-VO) spielt eine entscheidende Rolle, die das Produkt „KI-System“ reguliert und dabei – analog zur DSGVO und zu NIS2 – einen risikobasierten Ansatz verfolgt. Außerdem sind die Themen Gesundheitsdaten sowie Finanzdaten nicht ganz unwichtig, denn bei deren Verarbeitung kommt es nicht nur, aber in besonderem Maße auf Sicherheit an. Viele weitere Vorschriften aus den unterschiedlichsten Bereichen werden beleuchtet, soweit sie nicht nur unerhebliche IT-sicherheitsrechtliche Aspekte aufweisen. Dabei können die einzelnen Regelwerke jeweils nur überblicksartig und nicht vertiefend dargestellt werden. Um den aktuellen Entwicklungen Rechnung zu tragen, werden einzelne Schwerpunkte gesetzt, wie etwa bei der DSGVO, bei NIS2 oder auch bei der KI-VO – aus Gründen.

Bei unterschiedlichen Zielrichtungen weisen insbesondere DSGVO, NIS2 und KI-VO einige Gemeinsamkeiten (z. B. Melde- oder Fortbildungspflichten), aber natürlich auch Gegensätze auf (Stichwort: Datenminimierung vs. Big Data).

	DSGVO	**NIS2**	**KI-VO**
Zielrichtung	Schutz personenbezogener Daten	Cybersicherheit	Regulierung des Produkts „KI-System“
Fortbildungspflicht	u. a. Art. 39 Abs. 1 lit. b) DSGVO & Art. 5 Abs. 2 DSGVO	Art. 20 Abs. 2 NIS2	Art. 4, 3 Nr. 56 KI-VO (KI-Kompetenz)
Meldepflichten	Art. 33, 34 DSGVO	Art. 23 NIS	Art. 73 Abs. 1 KI-VO

	DSGVO	NIS2	KI-VO
Management-system	Datenschutz-Management-System (DSMS), vgl. Art. 5, 24, 30 DSGVO, z. B. ISO 27701	Informationssicherheit-Management-System (ISMS) vgl. Art. 21 NIS2, z. B. ISO 27001	Risikomanagement-/QM-System (Art. 9, 17 KI-VO); KI-Management-System (KIMS), z. B. ISO 42001

Auch im Cyber Resilience Act (CRA), der in erster Linie für Hersteller und Anbieter von Produkten mit digitalen Elementen gilt, existieren Meldepflichten zwecks Steigerung der Cybersicherheit. So müssen gemäß Art. 14 CRA schwerwiegende Sicherheitsvorfälle oder auch ausgenutzte Schwachstellen gemeldet werden. Zudem verpflichtet Art. 19 des Digital Operational Resilience Act (DORA) zur Meldung von schwerwiegenden Vorfällen im Bereich Informations- und Kommunikationstechnologie sowie bei erheblichen Cyberbedrohungen.

In seiner Publikation „Digitalgesetzgebung der EU: Konfliktzonen und Wege zur Kohärenz“ (Version 1.0) aus April 2025[1] führt der Bitkom e. V. diverse Beispiele an. Das Papier zeigt dabei zentrale Herausforderungen auf, die durch die vielfältigen Digitalrechtsakte speziell auf europäischer Ebene entstehen. Nachfolgend sollen daraus exemplarisch ausgewählte, typische Konstellationen die zahlreichen, noch ungeklärten Überschneidungen einzelner EU-Regelungen verdeutlichen:

– **Datenzugriffsrechte im Data Act vs. Betroffenenrechte der DSGVO:**

Die im Data Act verankerten Zugriffsrechte (Art. 3–5 DA) stehen potenziell in Konflikt mit den Betroffenenrechten der DSGVO, wie dem Recht auf Berichtigung, Löschung und Einschränkung der Verarbeitung personenbezogener Daten (Art. 16 ff. DSGVO). Dies kann dazu führen, dass bei der Offenlegung von Daten im Rahmen des Data Acts unbeabsichtigt Persönlichkeitsrechte beeinträchtigt werden.

– **Umgehung des Data Acts durch Vermischung von Daten:**

Unternehmen, die kein Interesse an der Datenweitergabe haben, könnten versucht sein, generierte Daten mit personenbezogenen Daten zu vermengen, um so den Anwendungsbereich des Data Acts zu umgehen. Dadurch würden die beabsichtigte Transparenz und der Zugang zu Daten unterlaufen werden, während gleichzeitig der Schutz personenbezogener Daten oberhalb der DSGVO-Regeln gewährleistet bleibt.

1 https://www.bitkom.org/Bitkom/Publikationen/Digitalgesetzgebung-EU-Konfliktzonen-Wege-zur-Kohaerenz.

- **Abgrenzung von DSGVO-Auskunftsanspruch und Data Act-Datenzugangsrecht:**

Der Auskunftsanspruch gemäß Art. 15 DSGVO zielt primär darauf ab, betroffenen Personen Einsicht in die zu ihrer Person gespeicherten Daten zu gewähren. Das Datenzugangsrecht aus dem Data Act hingegen soll einen standardisierten und breit angelegten Zugang zu Daten ermöglichen – und das auch für personenbezogene Daten. Daraus ergibt sich die Frage, welchen konkreten Vorteil ein solches Datenzugangsrecht im Vergleich zum traditionellen DSGVO-Auskunftsanspruch bietet.

- **Wiederverwendung personenbezogener Daten für das Training von KI-Modellen:**

Es fehlt eine klare Regelung zur Wiederverwendung personenbezogener Daten für das Training von KI-Modellen. Ob die Nutzung rechtmäßig ist, hängt – insbesondere vor dem Hintergrund des Zweckbindungsgrundsatzes nach Art. 5 Abs. 1 b) DSGVO – stark vom Einzelfall ab. Die nachträgliche Einholung von Einwilligungen für KI-Training wäre oft nicht praktikabel.

- **Dopplung bei Meldepflichten an die Aufsichtsbehörden:**

Art. 33 DSGVO: Meldung von Datenschutzverletzungen an die Aufsichtsbehörde – Meldung innerhalb von 72 Stunden, bei hohem Risiko auch an die betroffene Person (Art. 34 DSGVO). Art. 73 AI Act: Anbieter von Hochrisiko-KI-Systemen sind verpflichtet, ein System zur kontinuierlichen Überwachung ihrer Systeme einzurichten und schwerwiegende Vorfälle, die die Sicherheit oder Gesundheit beeinträchtigen können, zu melden. Wenn ein Vorfall in einem KI-System gleichzeitig zu einer Datenschutzverletzung führt (z. B. unbefugter Zugriff oder Verlust personenbezogener Daten), greifen sowohl die Meldepflichten aus Art. 33, 34 DSGVO als auch die Vorfallmeldungen aus Art. 73 KI-VO.

- **Unterschiedlicher Umgang mit dem Begriff des Sicherheitsbauteils:**

Nach dem AI Act ist ein KI-System als Sicherheitsbauteil immer nur als Teil eines Produkts Gegenstand der Regulierung, während die Maschinenverordnung die Regulierung eines Sicherheitsbauteils stets separat vom Produkt vorsieht.

- **Data Act vs. NIS2:**

Der Data Act verpflichtet zur Offenlegung von Daten, auch in sicherheitskritischen Kontexten. Dies kann den Anforderungen von NIS2 zur Vertraulichkeit und Verschlüsselung entgegenstehen. Besonders bei kritischen Infrastrukturen können Datenzugriffe Risiken für Cybersicherheit schaffen, wenn keine einheitliche Regulierung vorhanden ist.

– **NIS2 vs. CRA:**

NIS2 erlaubt die Einführung delegierter Rechtsakte über die obligatorische Verwendung von zertifizierten IKT-Produkten. Dies kann sich direkt mit dem CRA überschneiden und den Verwaltungsaufwand erhöhen.

– **Überlappung und mögliche Inkonsistenzen bei Cybersicherheitsanforderungen zwischen AI Act und CRA:**

Mögliche Überschneidungen und Widersprüche zwischen Art. 15 KI-VO zu Genauigkeit, Robustheit und Cybersicherheit für KI-Systeme und den Anforderungen des CRA.

– **Ökodesign-Verordnung vs. CRA:**

Updates von Software und Firmware dürfen nicht zu einer Leistungsverschlechterung des Produkts führen. Daraus ergibt sich ein Zielkonflikt mit dem Cyber Resilience Act.

– **Dark Patterns:**

Im DSA existiert eine Regelung bzgl. eines Verbots des Einsatzes von Dark Patterns, die wiederum auf die Ausgestaltung von Cookie-Bannern Anwendung findet. Hier ist jedoch das Verhältnis zur DSGVO nicht klar/eindeutig. Die EU behilft sich diesbezüglich stets mit dem Hinweis, dass Vorgaben aus der DSGVO/aus anderen Rechtsakten keine Anwendung finden. Diese widersprechen z. T. den neuen Vorgaben.

Zwecks Abgrenzung und besserer Einordnung der zahlreichen unterschiedlichen Regularien sollten verschiedene Begrifflichkeiten, die teilweise synonym Verwendung finden, näher beleuchtet werden. Denn IT-Sicherheit, Cybersecurity, Datensicherheit, Datenschutz, Informationssicherheit oder auch Netz- und Informationssicherheit unterscheiden sich in ihren Zielrichtungen, weisen aber natürlich auch Überschneidungen auf[2]:

Begriff	Erläuterung
IT-Sicherheit	bezieht sich auf die Sicherheit von IT-Systemen, beschreibt mithin die Abwesenheit von Gefahren für informationstechnische Systeme, unabhängig von den damit verarbeiteten Arten von Daten
Informationssicherheit	bezieht sich auf die Sicherheit von Informationen jeglicher Art, unabhängig davon, in welcher Form sie vorliegen bzw. verarbeitet werden

2 Vgl. „IT-Sicherheit“, 50.1., S. 73 ff. in Computerrechts-Handbuch (Taeger/Pohle), 39. EL, April 2024.

Begriff	Erläuterung
Datensicherheit	bezieht sich allgemein auf die Sicherheit jeglicher Daten; wird im Bereich des Datenschutzrechts als Element des technischen und organisatorischen Datenschutzes verstanden, wobei es primär um den Schutz z. B. von IT-Systemen geht, mit denen personenbezogene Daten verarbeitet werden
Datenschutz	bezieht sich auf die Sicherheit bei der Verarbeitung personenbezogener Daten
Cybersecurity	Sicherheitsfunktionen und Maßnahmen zum Schutz des Cyberraums vor Online-Bedrohungen
Netz- und Informationssicherheit	Fähigkeit von Netz- und Informationssystemen, Angriffe abzuwehren, die die Verfügbarkeit, Authentizität, Integrität oder Vertraulichkeit gespeicherter, übermittelter oder verarbeiteter Daten sowie entsprechender Dienste beeinträchtigen

Der Bereich „IT-Sicherheitsrecht“ wird jedenfalls im Rahmen dieses Werks sehr weit verstanden, so dass jeder der hier angeführten Begriffe als Teil dessen eingeordnet werden kann. Im Grunde könnte man, etwas allgemeiner, auch vom Bereich des „Datensicherheitsrechts“ sprechen.

In der Veröffentlichung „The ‚European Way‘ – A blueprint for reclaiming our digital future“ (dt.: „Der ‚Europäische Weg‘ – Ein Entwurf zur Rückeroberung unserer digitalen Zukunft“), erstellt von verschiedenen Autoren, u. a. Kai Zenner, dem „Head of Office and Digital Policy Adviser for MEP Axel Voss in the European Parliament“, findet sich eine detaillierte Übersicht der EU-Digitalrechtsakte[3]. Diese wird in der „Blue Wall of EU legislation in the digital sector“ (dt.: „Blaue Mauer der EU-Rechtsvorschriften im digitalen Sektor“) in verschiedene Kategorien eingeordnet, z. B. Cybersecurity, E-Commerce, Medien, Datenschutz oder Finanzen. Dieses Werk hat sich nicht an dieser Einteilung orientiert, sondern eigene Kategorisierungen vorgenommen.

3 https://papers.ssrn.com/sol3/papers.cfm?abstract_id=5251254.

FIGURE 5: The "Blue Wall" of EU legislation in the digitial sector

Research & Innovation	Industrial Policy	Connectivity	Data & Privacy	IPR	Cybersecurity	Law Enforcement	Trust & Safety	E-commerce & Consumer Protection	Competition	Media	Finance
Digital Europe Programme Regulation, (EU) 2021/694	Recovery and Resilience Facility Regulation, (EU) 2021/241	Frequency Bands Directive, (EEC) 1987/372	ePrivacy Directive, (EC)2002/58, 2017/0003(COD)	Database Directive, (EC) 11996/9	Regulation for a Cybersecurity Act, (EU 2019/881, 2023/0109 (COD)	Law Enforcement Directive, (EU) 2016/680	Toys Regulation, (EC) 2009/48 2023/0290(COD)	Unfair Contract Terms Directive (UCTD), (EEC) 1993/13	EC Merger regulation, (EC) 2004/139	Satellite and Cable Directive, (EEC) 1993/83	Common VAT system, (EC) 2006/112, 2022/0407(CNS)
Horizon Europe Regulation, (EU) 2021/695, (EU) 2021/764	InvestEU Programme Regulation, (EU) 2021/523	Radio Spectrum Decision, (EC) 2002/676	European Statistics, (EC) 2009/223, 2023/0237(COD)	Community Design Directive, (EC) 2002/6, 2022/0391(COD)	Regulation to establish a European Cybersecurity Competence Centre, (EU) 2021/922	Directive on combating fraud and counterfeiting of non-cash means of payment, (EU) 2019/713	European Standardization Regulation, (EU) 2012/1025	Price Indication Directive, (EC) 1998/6	Technology Transfer Block Exemption, (EU) 2014/316	Information Society Directive, (EC) 2001/29	Administrative cooperation in the field of taxation, (EU) 2011/16
Regulation on a pilot regime for distributed ledger technology, (EU) 2022/858	Connecting Europe Facility Regulation, (EU) 2021/1153	Open Internet Access Regulation, (EU) 2015/2120	General Data Protection Regulation (GDPR), (EU) 2016/679	Enforcement Directive (IPR), (EC) 2004148	NIS 2 Directive, (EU) 2022/2555	Regulation on interoperability between EU information systems in the field of borders and visa, (EU) 2019/817	Radio Equipment Directivo (RED), (EU) 2014/53	E-commerce Directive, (EC) 2000/31	Company Law Directive, (EU) 2017/1132, 2023/0089(COD)	Audio-visual Media Services Directive (AVMSD), (EU) 2010/13	Payment Service Directive 2 (PSD2), (EU) 2015/2366, 2023/0209(COD)
European Innovation Act	Regulation on High Performance Computing Joint Undertaking, (EU) 2021/1173, 2024/0016(CNS)	European Electronic Communications Code Directive (EECC), (EU) 2018/1972	Regulation to protect personal data processed by EU institutions, bodies, offices and agencies, (EU) 2018/1725	Directive on the protection of trade secrets (EU) 2016/943	Cybersecurity Regulation, (EU) 2023/2841	Regulation on terrorist content online, (EU) 22021/784	eIDAS Regulation (European Digital Identity Framework), (EU) 2014/910	Unfair Directo (UCPD), (EC) 2005/29	Market Surveillance Regulation, (EU) 2019/1020	Portability Regulation, (EU) 2017/1128	Digital Operational Resilience Act (DORA Regulation), (EU) 2022/2554
European Research Area Act	Regulation on Joint Undertakings under Horizon Europe, (EU)2021/2085, 2022/0033(NLE)	.eu top-level domain Regulation, (EU) 2019/517	Regulation on the free flow of non-personal data, (EU) 2018/1807	Design Directive, (EU) 2024/2823	Cyber Resilience Act, (EU) 2024/2847	Temporary CSAM Regulation, (EU) 2021/1232, 2022/0155(COD)	Regulation for a Single Digital Gateway, (EU) 2018/1724	Directive on Consumer Rights (CRD), (EU) 2011/83	P2B Regulation, (EU) 2019/1150	Satellite and Cable II Directive, (EU) 2019/789	Crypto-assets Regulation (MiCA), (EU) 2023/1114
	Decision on a path to the Digital Decade, (EU) 2022/2481	Roaming Regulation, (EU) 2022/612	Open Data Directive (PSI), (EU 2019/1024	Compulsory licensing of patents, 2023/0129(COD)	Cyber Solidarity Act (Regulation), (EU) 2025/38	E-evidence Regulation, (EU) 2023/1543	General Product Safety Regulation, (EU) 2023/988	e-invoicing Directive, (EU) 2014/55	Single Market Programme, (EU) 2021/690	Copyright Directive (EU) 2019/790	Financial Data Access Regulation, 2023/0205 (COD)
	European Chips Act (Regulation), (EU) 2023/1781	Union Secure Connectivity Programme, (EU) 2023/588	Data Governance Act (DGA Regulation), (EU) 2022/868	Standard essential patents, 2023/0133(COD)	Information Security Regulation, 2022/0084(COD)	Digitalisation of cross-border judicial cooperation, (EV) 2023/2844	Machinery Regulation, (EU) 2023/1230	Regulation on cooperation for the enforcement of consumer protection laws, (EU) 2017/2394	Vertical Block Exemption Regulation (VBER), (EU) 2022/720	European Media Freedom Act, (EU) 2024/1083	Payment Services Regulation, 2023/0210(COD)
	Establishing the Strategic Technologies for Europe Platform (STEP), (EU) 2024/795	Gigabit Infrastructure Act, (EU) 2024/1309	European Data Act (Regulation), (EU) 2023/2854		Digital package	Directive on combating violence against women, (EU) 2024/1385	AI Act (Regulation), 2021/0106(COD)	Geo-Blocking Regulation, (EU) 2018/302	Digital Market Act (DMA Regulation), (EU) 2022/1925	Remuneration of musicians from third countries for recorded music played in the EU	Digital euro, 2023/0212 (COD)

Applicable law – Published in the Official Journal of the European Union.
In negotation – Proposal by the European Commission entered the legislative process.
Planed initiative – Mentioned by the European Commission as potential legislative initiative.

Source: Updated version of Bruegel / Zenner dataset, 2024.

Die „Blue Wall“ verdeutlicht eindrücklich, wie komplex die Landschaft der EU-Digitalgesetzgebung ist.

Die Zielrichtungen beispielsweise von DSGVO, CRA und NIS2-Richtlinie sind zwar durchaus unterschiedlich, sie streben jedoch bei Lichte betrachtet alle ein möglichst hohes Maß an Sicherheit bei der Verarbeitung von Informationen an. Unabhängig davon, ob dies auf Daten mit Personenbezug, auf bestimmte Produkte oder auf bestimmte Sektoren beschränkt ist, die jeweiligen Gesetze haben ihre Berechtigung und stellen jeweils einen Teil des „großen Ganzen" dar. Daher haben zahlreiche Regelwerke Einzug in dieses Werk gehalten. Um bei all diesen unterschiedlichen Gesetzen, Richtlinien und Verordnungen noch einigermaßen den Durchblick zu behalten, wird jedes einzelne Regelwerk in einem eigenen Abschnitt besprochen. Dabei wird, soweit möglich und sinnvoll, jeweils die gleiche Struktur verwendet, so dass in den einzelnen Abschnitten jeweils folgende Unterpunkte behandelt werden:

a) Zielrichtung

b) Inkrafttreten/Anwendbarkeit

c) Anwendungsbereich

d) Pflichten von Akteuren

e) Sanktionen/Geldbußen

f) Zuständige Aufsichtsbehörden

g) Ergänzende Rechtsakte, Leitlinien, Normen & Co.

Allerdings kann an der einen oder anderen Stelle von dieser Struktur abgewichen werden, weil sich ein paar der besprochenen Gesetze noch mitten im Gesetzgebungsprozess befinden, andere zwar schon in Kraft getreten, aber noch nicht voll umfänglich anwendbar sind und wieder andere bereits länger bestehen und es dazu sogar eine veritable Anzahl von Gerichtsentscheidungen gibt. Es kann hier aber natürlich keinen Anspruch auf Vollständigkeit geben, denn das eine oder andere Regelwerk wird im Rahmen dieses Werks sicherlich unberücksichtigt bleiben. Erklärtes Ziel ist es jedoch, einen guten Überblick über das breite Feld der IT-Sicherheitsregelungen zu geben und zugleich die wichtigsten Grundlagen darzustellen, um die einzelnen Regelwerke einordnen zu können.

2. EU-Digitalstrategie/EU-Datenstrategie

Mit Datum vom 19. Februar 2020 hat die EU-Kommission eine Mitteilung an das Europäische Parlament, den Rat, den Europäischen Wirtschafts- und Sozialausschuss und den Ausschuss der Regionen veröffentlicht[4]. Darin

---

4 https://commission.europa.eu/document/download/84c05739-547a-4b86-9564-76e834dc7a49_de?filename=communication-shaping-europes-digital-future-feb2020_de.pdf.

geht es ausweislich des Titels um nicht weniger als um die „Gestaltung der digitalen Zukunft Europas“. Schon die Einleitung lässt klar erkennen, welche Zielrichtung dieses Papier hat:

> *„Digitale Lösungen wie **Kommunikationssysteme, künstliche Intelligenz oder Quantentechnologien** können unser Leben in vielerlei Hinsicht **bereichern**. Aber die* Vorteile, *die sich aus den digitalen Technologien ergeben, sind auch mit **Risiken** und **Kosten** verbunden. Die Bürger haben den Eindruck, die Kontrolle darüber zu verlieren, was mit ihren persönlichen Daten geschieht, und sind durch die künstliche Beanspruchung ihrer Aufmerksamkeit zunehmend überfordert. Außerdem können **böswillige Cyberaktivitäten** unser persönliches **Wohlergehen** oder unsere **kritischen Infrastrukturen bedrohen**.“*

In ihrer Mitteilung führt die EU-Kommission über 50 Schlüsselmaßnahmen auf, mit denen drei Hauptziele, nämlich

1. **Technologie** im Dienste der **Menschen**,
2. **eine faire** und wettbewerbsfähige Wirtschaft sowie
3. eine **offene, demokratische und nachhaltige Gesellschaft**,

erreicht werden sollen.

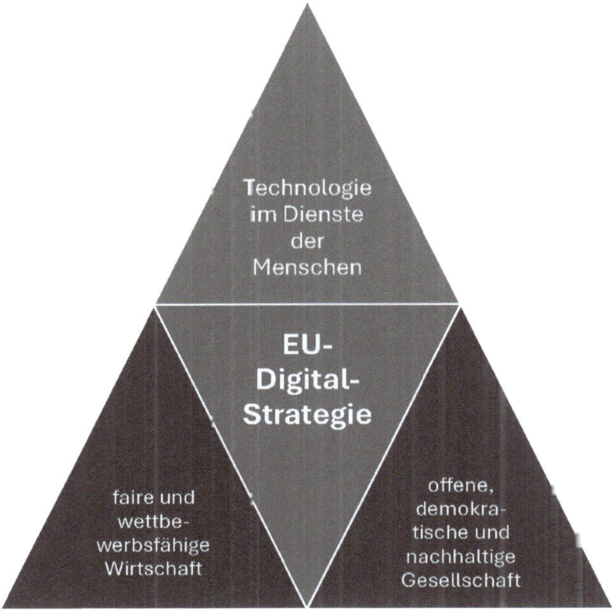

Die 3 Hauptziele der EU-Digitalstrategie

Es werden insbesondere folgende Maßnahmen aufgeführt:

1. Technologie im Dienste der Menschen

- Ausbau sicherer 5G- und künftiger 6G-Netze (Flächendeckende, sichere und schnelle Konnektivität als Basis für Digitalisierung)
- Förderung technologieintensiver Innovationen (sog. „Deep Tech“, Investitionen in Hochleistungsrechnen, Quantentechnologien, Blockchain, Cloud-Kapazitäten)
- Gigabit-Anbindung für alle Haushalte und sozioökonomisch relevante Einrichtungen bis 2025 (Mindestens 100 Mbit/s, ausbaubar auf Gigabit-Geschwindigkeit; Schulen, Krankenhäuser und Unternehmen priorisieren)
- Mobilisierung öffentlicher und privater Investitionen in digitale Infrastrukturen (Schließen der Investitionslücke von 65 Mrd. EUR/Jahr durch EU-, nationale und regionale Programme)
- Nutzung von EU-Finanzierungsprogrammen (Programme wie „Digitales Europa“, CEF 2, Horizont Europa, Strukturfonds, InvestEU-Garantie)
- Förderung der Kapitalmarktunion (Erleichterter Zugang zur Finanzierung für innovative Unternehmen in der EU)
- Investitionen in Humankapital und digitale Kompetenzen (Bildung und Qualifizierung für digitale Berufe und Grundkompetenzen für alle Bürger)
- Förderung von Frauen in der Technologie (Mehr Frauen für digitale Berufe gewinnen und deren Kompetenzen nutzen)
- Verbesserung der Cybersicherheit (Schlüssige Regeln, proaktiver Informationsaustausch, operative Zusammenarbeit, neue Instrumente für Strafverfolgung)
- Aufklärung der Bürger über Cybersicherheit (Sensibilisierung und Schulungen für mehr Sicherheit im Netz)
- Weißbuch zu künstlicher Intelligenz (Schaffung von Ökosystemen für Exzellenz und Vertrauen auf Basis europäischer Werte)
- Förderung digitaler Bildung in allen Lebensbereichen (Digitale Grundkompetenzen für Alltag und Beruf für alle Altersgruppen)
- Förderung der digitalen Verwaltung (Digitalisierung öffentlicher Dienste und Verwaltungsprozesse in ganz Europa)
- Unterstützung von Forschung und Innovation durch Zusammenarbeit (Bündelung von Investitionen, Austausch von Erfahrungen, länderübergreifende Projekte)

2. faire und wettbewerbsfähige Wirtschaft

- Sicherstellung eines funktionierenden digitalen Binnenmarkts (Abbau von Hindernissen, Harmonisierung von Regelungen für digitale Produkte und Dienstleistungen)

- Förderung von Innovation und Wettbewerb (Rahmenbedingungen für Start-ups und KMU verbessern, Zugang zu Daten erleichtern)
- Gewährleistung gleicher Wettbewerbsbedingungen (Verhinderung von Monopolbildung und unfairen Praktiken, Stärkung der Verbraucherrechte)
- Entwicklung eines europäischen Datenraums (Zugang zu nicht-personenbezogenen Daten für alle Akteure, Förderung von Innovation und Wettbewerb)
- Förderung der Interoperabilität digitaler Infrastrukturen (Standards und Schnittstellen für reibungslose Zusammenarbeit zwischen Systemen und Ländern)
- Unterstützung der digitalen Transformation von Unternehmen (Beratung, Finanzierung und Schulungen für Unternehmen aller Größen)
- Förderung nachhaltiger Geschäftsmodelle (Digitale Lösungen für Ressourceneffizienz und Kreislaufwirtschaft fördern)
- Schutz der Verbraucherrechte im digitalen Raum (Transparenz, Datenschutz, sichere Online-Transaktionen)
- Förderung von E-Commerce und digitalem Handel (Grenzüberschreitende Angebote, sichere Zahlungs- und Lieferlösungen)
- Verbesserung des Zugangs zu digitalen Märkten für KMU (Abbau von Barrieren, gezielte Förderprogramme)

3. offene, demokratische und nachhaltige Gesellschaft

- Schaffung eines vertrauenswürdigen digitalen Umfelds (Stärkung von Datenschutz, Datensouveränität und Grundrechten online)
- Förderung digitaler Inklusion (Zugang zu digitalen Technologien für alle Bevölkerungsgruppen sicherstellen)
- Stärkung der digitalen Demokratie (Transparenz und Beteiligung der Bürger bei digitalen Entscheidungsprozessen)
- Schutz der Meinungsfreiheit und Bekämpfung von Desinformation (Maßnahmen gegen Fake News, Förderung vertrauenswürdiger Informationsquellen)
- Förderung nachhaltiger digitaler Lösungen (Digitale Technologien für Klimaneutralität und Ressourceneffizienz einsetzen)
- Sicherstellung der digitalen Souveränität Europas (Unabhängigkeit bei Schlüsseltechnologien und Dateninfrastrukturen stärken)
- Förderung von Open Data und Open Science (Offener Zugang zu wissenschaftlichen Daten und Forschungsergebnissen)
- Stärkung der Resilienz kritischer Infrastrukturen (Schutz vor Cyberangriffen, Ausfallsicherheit gewährleisten)

- Förderung der digitalen Teilhabe in ländlichen und benachteiligten Regionen (Gezielte Investitionen und Programme für den Ausbau der digitalen Infrastruktur)
- Entwicklung ethischer Leitlinien für neue Technologien (Sicherstellung, dass KI und andere Innovationen europäischen Werten entsprechen)

4. Querschnittsmaßnahmen

- Stärkung der Zusammenarbeit zwischen EU-Mitgliedstaaten (Koordination von Investitionen, Austausch bewährter Verfahren)
- Förderung der digitalen Bildung an Schulen und Hochschulen (Integration digitaler Kompetenzen in Lehrpläne und Weiterbildung)
- Unterstützung lebenslangen Lernens im digitalen Bereich (Fortbildungsangebote für alle Altersgruppen und Berufsphasen)
- Förderung digitaler Start-ups und Innovationszentren (Inkubatoren, Acceleratoren und Netzwerke für Gründer)
- Entwicklung von Standards für neue Technologien (Europäische Normen für KI, IoT, Blockchain etc.)
- Förderung von E-Government und digitalen Behördendiensten (Zugang zu öffentlichen Dienstleistungen online vereinfachen)
- Stärkung der europäischen digitalen Identität (Sichere und interoperable digitale Identifikationssysteme entwickeln)
- Förderung der Digitalisierung im Gesundheitswesen (Telemedizin, elektronische Patientenakten, Datenaustausch)
- Unterstützung digitaler Innovationen im Bildungsbereich (Digitale Lernplattformen, Fernunterricht, EdTech-Lösungen)
- Förderung der Digitalisierung im Verkehrssektor (Intelligente Verkehrssysteme, vernetzte Mobilitätslösungen)
- Entwicklung nachhaltiger digitaler Infrastruktur (Energieeffiziente Rechenzentren, umweltfreundliche Technologien)
- Förderung europäischer Cloud-Lösungen (Unabhängige, sichere und leistungsfähige Cloud-Infrastrukturen aufbauen)
- Stärkung der digitalen Rechte der Bürger (Transparenz, Kontrolle über eigene Daten, Schutz vor Überwachung)
- Förderung der digitalen Zusammenarbeit mit internationalen Partnern (Globale Standards, internationale Projekte und Allianzen)

Die EU-Kommission setzt folglich auf ein umfassendes Maßnahmenpaket, das von Infrastruktur, Innovation, Cybersicherheit, Bildung, Inklusion bis hin zu ethischen Standards reicht. Ziel ist es, Europas digitale Souveränität, Wettbewerbsfähigkeit und gesellschaftlichen Zusammenhalt im digitalen Zeitalter zu sichern und auszubauen. Dabei geht es bei den meisten dieser

Maßnahmen um die Nutzung moderner Technologien, die effiziente Verarbeitung von Daten sowie ein ausreichendes Sicherheitsniveau.

> Die EU entwickelt ihre Strategie ständig weiter und passt sie an moderne Technologien an. So gibt es inzwischen auch eine „EU Quantum Strategy“, die Ende des Jahres 2025 in einem „Quantum Act“ münden soll.[5] Darin sollen verschiedene Maßnahmen geregelt werden, u. a. Abstimmung wichtiger Forschungs- und Entwicklungsprogramme und Bündelung von Ressourcen, gemeinsamer Aufbau paneuropäischer Quanteninfrastrukturen, Förderung eines wettbewerbsfähigen Umfeldes oder auch Entwicklung von Kompetenzen und Talenten.

Ein zentraler Part der übergeordneten EU-Digitalstrategie ist folgerichtig die EU-Datenstrategie. Diese fußt auf vier Säulen: Daten-Governance für Datenzugang und Datennutzung, Förderung von innovativen, datengestützten Geschäftsmodellen, Steigerung der Datenkompetenz sowie Entwicklung gemeinsamer europäischer Datenräume.

Die 4 Kernelemente der EU-Datenstrategie

Es geht im Wesentlichen um die Schaffung eines EU-Binnenmarktes für Daten, also um eine attraktive, sichere und dynamische Datenwirtschaft. Regulatorische Basis bilden hierfür insbesondere der Data Governance Act

5 https://ec.europa.eu/info/law/better-regulation/have-your-say/initiatives/14675-Quantum-Strategy-of-the-EU_en.

(DGA), der Data Act (DA) und letztlich auch die einzelnen EU-Datenräume, wie z.B. der European Health Data Space (EHDS).

3. EU-Datenräume

Für die Schaffung einer soliden, datengesteuerten Wirtschaft enthält die Datenstrategie der Europäischen Union den Weg zur Schaffung eines echten Binnenmarkts für Daten. In diesem sollen sowohl personenbezogene als auch nicht-personenbezogene Daten, einschließlich sensibler Geschäftsdaten, im Einklang mit den EU-Vorschriften und -Werten nahtlos und sicher über Grenzen und Sektoren hinweg fließen können. Dies soll zum Nutzen der europäischen Unternehmen und Bürger gleichermaßen geschehen.

Hauptmerkmale eines solchen gemeinsamen europäischen Datenbinnenmarkts sind insbesondere:

- eine sichere und datenschutzfreundliche Infrastruktur für die Zusammenführung, den Zugriff, die gemeinsame Nutzung, Verarbeitung und Verwendung von Daten
- Nutzung von Daten in fairer, transparenter, verhältnismäßiger und diskriminierungs-freier Weise sowie klare und vertrauenswürdige Datenverwaltungsmechanismen
- Beachtung europäischer Vorschriften und Werte, insbesondere der Schutz personenbezogener Daten, Verbraucherschutzvorschriften und das Wettbewerbsrecht
- Zugang zu und Kontrolle über die eigenen Daten für die Menschen in der EU
- Teilnahme einer offenen Anzahl von Organisationen und Personen.

Um die EU-Datenstrategie zu realisieren, werden in insgesamt 14 Sektoren gemeinsame europäische Datenräume entwickelt. Dazu zählen beispielsweise die Bereiche Landwirtschaft, Energie, Finanzen, Gesundheit, Industrie, Mobilität oder auch Forschung und Innovation.

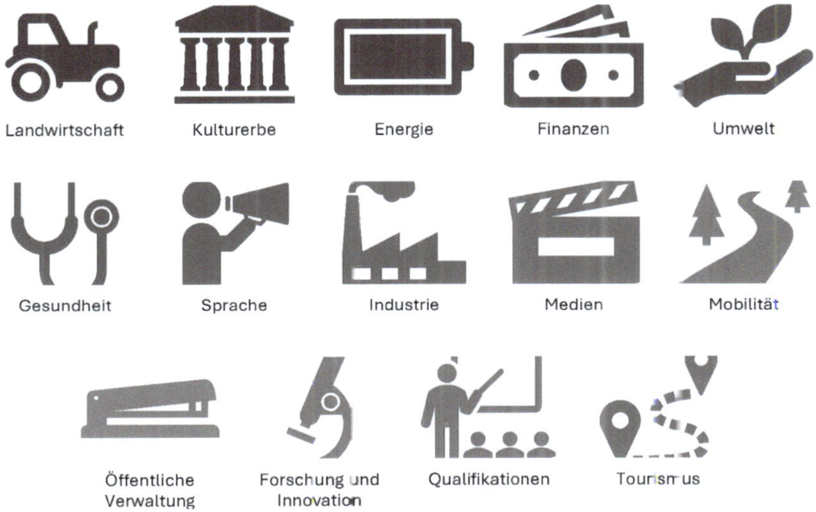

In diesen Bereichen werden auf EU-Ebene spezielle Datenräume eingerichtet

Für die jeweiligen Datenräume werden nicht nur die technischen Voraussetzungen geschaffen. Es wird jeweils auch spezielle Vorschriften dafür geben, wie etwa die für den Europäischen Gesundheitsdatenraum (engl.: European Health Data Space, EHDS). Insgesamt wird auf Seiten der EU zunehmend darauf geachtet, dass das Thema Sicherheit verstärkt in die gesetzlichen Regelungen Einzug hält.

4. Überblick über die behandelten Gesetze

Mit Blick auf das breite Feld von europäischen und nationalen Regelungen, die mal mehr und mal weniger den Fokus auf das Thema IT-Sicherheit legen, lassen sich zwei verschiedene Arten von Rechtsakten identifizieren, nämlich horizontale und sektorale.[6] Die horizontal angelehnten Gesetze, wie etwa der Data Act (DA) oder die Datenschutzgrundverordnung (DSGVO), sind sozusagen „vor die Klammer gezogen" und wirken grundsätzlich auch in Bezug auf die sektoralen Vorschriften. In die Klasse der sektoralen Gesetze lassen sich solche einordnen, die auf die Regulierung bestimmter Bereiche abzielen, wie z.B. der EHDS.

6 Vgl. „Datenrecht" (Hoeren/Pinelli), S. 8 ff.

Im Rahmen dieses Buches werden sowohl horizontale wie auch sektorale Normen, jeweils in einem eigenen Kapitel, näher beleuchtet. Im Detail geht es um die folgenden Gesetze:

Art	Regelung	Zielrichtung	Inkrafttreten
☑	Cybersecurity Act	EU-weit geltendes Rahmenwerk für die IT-Sicherheitszertifizierung von Produkten, Dienstleistungen und Prozessen	27. Juni 2019
☑	Cyber Solidarity Act	Stärkung der Kapazitäten in der EU zur Erkennung, Vorbereitung und Reaktion auf erhebliche und groß angelegte Cybersicherheitsbedrohungen und -angriffe	4. Februar 2025
↳	NIS2-Richtlinie	einheitlicher Rechtsrahmen für die Aufrechterhaltung der Cybersicherheit in 18 kritischen Sektoren in der gesamten EU und für die Schaffung nationaler Cybersicherheitsstrategien	16. Januar 2023
§	NIS2-Umsetzungs- und Cybersicherheitsstärkungsgesetz	Umsetzung der NIS2-Richtlinie in deutsches Recht	– (Entwurfsstadium)
↳	CER-Richtlinie	Stärkung der physischen Resilienz kritischer Infrastrukturen	16. Januar 2023
§	KRITIS-Dachgesetz	Umsetzung der CER-Richtlinie in deutsches Recht	– (Entwurfsstadium)
§	IT-Sicherheitsgesetz 2.0	Erweiterung des 1. IT-Sicherheitsgesetzes zwecks Stärkung der Cyber- und Informationssicherheit, insbesondere im KRITIS-Bereich	28. Mai 2021
§	BSI-Gesetz	Regelungen in Bezug auf das Bundesamt für Sicherheit in der Informationstechnik (BSI)	20. August 2009 (Neufassung)
☑	Datenschutzgrundverordnung	Schutz personenbezogener Daten in der EU	24. Mai 2016

Art	Regelung	Zielrichtung	Inkrafttreten
§	Bundesdatenschutz-gesetz	nationale Regelungen zum Schutz personenbezogener Daten	25. Mai 2018 (Neufassung)
↳	Digitale-Inhalte-Richtlinie	Stärkung der Verbraucherrechte (insbesondere durch das Recht auf Updates)	11. Juni 2019
↳	Warenkauf-Richtlinie	Stärkung der Verbraucherrechte	11. Juni 2019
?	Digital Fairness Act	Regelungen in Bezug auf manipulative und unethische Geschäftspraktiken, Influencer-Marketing, süchtig machende Designs, personalisierte Preisgestaltung oder auch Profilerstellung	– (Gesetzesvorschlag wird für 2026 erwartet)
☑	Ökodesign-Verordnung	Verbesserung der Nachhaltigkeit von Produkten	18. Juli 2024
☑	Produktsicherheitsverordnung	EU-weite Regelungen zur Produktsicherheit	12. Juni 2023
↳	Produkthaftungsrichtlinie	europäisches Produkthaftungsregime	8. Dezember 2024
☑	Cyber Resilience Act	Cybersicherheit von Produkten mit digitalen Komponenten	10. Dezember 2024
☑	Maschinenverordnung	Sicherheitsanforderungen für Maschinen	19. Juli 2023
↳	Funkanlagen-Richtlinie	Regelungen über Gesundheit und Sicherheit sowie für ein angemessenes Niveau an elektromagnetischer Verträglichkeit und für eine wirksame und effiziente Nutzung von Funkfrequenzen zur Vermeidung funktechnischer Störungen	13. Juni 2016 (zuletzt geändert durch die Richtlinie (EU) 2022/2380 vom 23. November 2022)
☑	KI-Verordnung	Regulierung von KI-Systemen/KI-Modellen	1. August 2024
↳	KI-Haftungsrichtlinie	Regelungen für die zivilprozessuale Geltendmachung von Ersatzansprüchen für Schäden, die durch künstliche Intelligenz verursacht werden	– (Entwurf am 12. Februar 2025 zurückgezogen)

Art	Regelung	Zielrichtung	Inkrafttreten
☑	Data Act	Regelungen für den fairen Zugang zu und der Nutzung von Daten	11. Januar 2024
☑	Data Governance Act	Förderung der Wertschöpfung aus Daten in der EU durch Schaffung eines rechtlichen Rahmens	23. Juni 2022
§	Geschäftsgeheimnisgesetz	Schutz von Geschäftsgeheimnissen	26. April 2019
☑	Digital Operational Resilience Act	Regelungen für Finanzunternehmen zur Stärkung ihrer digitalen operationalen Resilienz	17. Januar 2023
	Framework for Financial Data Access	EU-weiter Rahmen zur Verbesserung des Datenaustauschs im Finanzsektor und zur Förderung von datengetriebenen Finanzdienstleistungen	– (Entwurfsstadium)
☑	Markets in Crypto-Assets Regulation	einheitlicher Regulierungsrahmen für den Kryptosektor innerhalb der EU	29. Juni 2023
§	Finanzmarktdigitalisierungsgesetz	Stärkung des Vertrauens in neue digitale Finanzinfrastrukturen	schrittweise ab 1. Juli 2024
☑	European Health Data Space	gemeinsamer Rahmen für die Nutzung und den Austausch von elektronischen Gesundheitsdaten in der EU	26. März 2025
☑	Medizinprodukteverordnung	Verbesserung der Sicherheit und Leistungsfähigkeit von Medizinprodukten und Erweiterung der Herstellerpflichten	25. Mai 2017
§	Patientendatenschutzgesetz	Stärkung des Datenschutzes bei der Nutzung digitaler Anwendungen im Gesundheitswesen, insbesondere bei der elektronischen Patientenakte (ePA) und dem E-Rezept	19. Oktober 2020
§	Gesundheitsdatennutzungsgesetz	Regelungen für die erleichterte Nutzbarkeit von Gesundheitsdaten für gemeinwohl-orientierte Zwecke	26. März 2024

Art	Regelung	Zielrichtung	Inkrafttreten
§	Digitale-Versorgung-Gesetz	Digitalisierung des deutschen Gesundheitswesens	19. Dezember 2019
☑	Platform-to-Business-Verordnung	Sicherstellung von Fairness und Transparenz für gewerbliche Nutzer von Online-Plattformen	31. Juli 2019
☑	Digital Services Act	einheitliche Haftungs- und Sicherheitsvorschriften für digitale Plattformen, Dienste und Produkte in der EU	16. November 2022
☑	Digital Markets Act	Stärkung von Wettbewerb und Fairness auf den europäischen digitalen Märkten	1. November 2022
?	Digital Networks Act	Regelungen für einen gemeinsamen Markt für Konnektivität	– (Vorschlag)

Legende: § = dt. Gesetz; ☑ = EU-Verordnung; ↳= EU-Richtline; ? = noch unbekannt

Zusätzlich findet sich in nahezu jedem Kapitel der Hinweis auf ergänzende Rechtsakte, Normen usw. Daher hat beispielsweise die BSI-KRITIS-Verordnung kein eigenes Kapitel bekommen, sondern wird als ergänzender Rechtsakt im Abschnitt zum BSI-Gesetz aufgeführt. Ebenso wenig findet sich ein separates Kapitel zur Digitale-Gesundheitsanwendungen-Verordnung (DiGAV), denn diese wird ebenfalls als ergänzender Rechtsakt eingestuft.

II. Sicherheit in der EU

1. Cybersecurity Act (CA)

a) Zielrichtung

Die Verordnung (EU) 2019/881 des Europäischen Parlaments und des Rates vom 17. April 2019 über die ENISA (Agentur der Europäischen Union für Cybersicherheit) und über die Zertifizierung der Cybersicherheit von Informations- und Kommunikationstechnik und zur Aufhebung der Verordnung (EU) Nr. 526/2013 (Rechtsakt zur Cybersicherheit)[7], auch Cybersecurity Act (CA) genannt, stellt einen wichtigen Meilenstein in der europäischen Cybersicherheitspolitik dar und schafft einen einheitlichen Rahmen für die Cybersicherheit in der gesamten Europäischen Union.

Der CA verfolgt zwei Hauptziele: Zum einen die Stärkung der Europäischen Agentur für Cybersicherheit (ENISA) und zum anderen die Schaffung eines EU-weiten Rahmens für die Cybersicherheitszertifizierung von IKT-Produkten, -Diensten und -Prozessen.

Die Verordnung zielt darauf ab, ein hohes Niveau in der Cybersicherheit, bei der Fähigkeit zur Abwehr gegen Cyberangriffe und beim Vertrauen in die Cybersicherheit in der Europäischen Union zu erreichen. Dies geschieht vor dem Hintergrund einer zunehmend digitalisierten Wirtschaft und Gesellschaft, in der Cyberbedrohungen immer komplexer werden und grenzüberschreitend stattfinden.

Im Kontext der EU-Strategie für einen digitalen Binnenmarkt soll der CA das Vertrauen in digitale Lösungen stärken, indem er Transparenz bezüglich der Sicherheitseigenschaften von sogenannten IKT-Produkten, also Produkten der Informations- und Kommunikationstechnologie, schafft. Dies ist besonders wichtig, da die bisher begrenzte Nutzung von Zertifizierungen dazu führte, dass individuelle, organisatorische und geschäftliche Nutzer unzureichende Informationen über die Cybersicherheitsmerkmale von IKT-Produkten und -Diensten hatten.

b) Inkrafttreten/Anwendbarkeit

Der CA ist am 27. Juni 2019 in Kraft getreten. Die Umsetzung erfolgte jedoch stufenweise:

- Die Kernbestimmungen der Verordnung sind seit dem Inkrafttreten anwendbar.
- Die Vorschriften über die Benennung der nationalen Behörden für die Cybersicherheitszertifizierung, die Akkreditierung und Notifikation der

7 https://eur-lex.europa.eu/legal-content/DE/TXT/?uri=CELEX%3A32019R0881.

Konformitätsbewertungsstellen, das Beschwerderecht und das Recht auf gerichtlichen Rechtsbehelf sowie über Sanktionen gelten seit dem 28. Juni 2021.

c) Anwendungsbereich

Der Anwendungsbereich des CA umfasst zwei Hauptsäulen:

1. Die ENISA und ihre Aufgaben: Die Verordnung definiert das Mandat und die Aufgaben der EU-Agentur für Cybersicherheit, die als zentrales Kompetenzzentrum für Cybersicherheit in der EU fungiert.
2. Der europäische Rahmen für die Cybersicherheitszertifizierung: Dieser Rahmen gilt für IKT-Produkte, -Dienste und -Prozesse, die in der EU auf den Markt gebracht werden, und schafft ein harmonisiertes System zur Bewertung ihrer Cybersicherheitseigenschaften.

Die Zertifizierung nach dem CA erfolgt derzeit auf freiwilliger Basis, sofern dies nicht durch andere EU-Rechtsakte anders festgelegt wird. Der Anwendungsbereich wird durch ergänzende Rechtsakte, wie etwa den Cyber Resilience Act (CRA), erweitert.

Unter den CA fallen verschiedene Kategorien von IKT-Produkten, darunter:

- Hardware-Komponenten
- Software
- Netzwerkkomponenten
- Digitale Dienste und Prozesse.

d) Pflichten von Akteuren

Der CA definiert Pflichten für verschiedene Akteure:

1. ENISA:

- Unterstützung der Mitgliedstaaten und EU-Institutionen beim Aufbau von Cybersicherheitskapazitäten
- Förderung der Zusammenarbeit zwischen Mitgliedstaaten und mit dem privaten Sektor
- Bereitstellung von Fachwissen und Beratung zu Cybersicherheitsthemen
- Entwicklung und Pflege von Zertifizierungsschemata
- Sensibilisierung für Cybersicherheitsrisiken und -maßnahmen
- Unterstützung bei der Bewältigung von grenzüberschreitenden Cybersicherheitsvorfällen.

2. Hersteller und Anbieter von zertifizierten IKT-Produkten, -Diensten oder -Prozessen:

- Zugänglichmachung relevanter Informationen zur Cybersicherheit ihrer Produkte für die Öffentlichkeit
- Bereitstellung von Updates und Sicherheitspatches
- Information der Nutzer über Sicherheitsrisiken und Maßnahmen
- Einhaltung der in den Zertifizierungsschemata festgelegten Anforderungen.

3. Mitgliedstaaten:

- Benennung einer oder mehrerer nationaler Behörden für die Cybersicherheitszertifizierung mit ausreichenden Ressourcen und Befugnissen
- Überwachung und Durchsetzung der Regeln im Rahmen der europäischen Zertifizierungsschemata
- Zusammenarbeit mit anderen Mitgliedstaaten und der ENISA.

4. Europäische Kommission:

- Erstellung und regelmäßige Aktualisierung eines mehrjährigen Arbeitsprogramms für europäische Cybersicherheitszertifizierungsschemata
- Annahme von Durchführungsrechtsakten für die europäischen Zertifizierungsschemata
- Förderung der internationalen Anerkennung der EU-Zertifizierungsschemata.

e) Sanktionen/Geldbußen

Der CA selbst enthält keine detaillierten Bestimmungen zu Sanktionen, sondern überlässt es den Mitgliedstaaten, die Strafen für Verstöße gegen die Verordnung und die darauf basierenden Zertifizierungsschemata festzulegen. Besonders relevant sind Sanktionen für:

- Ausgabe einer Konformitätserklärung, die nicht den gesetzlichen Anforderungen entspricht
- Verletzung der gesetzlichen Informationspflichten.

Mit der fortschreitenden Umsetzung des CA und der Entwicklung weiterer Zertifizierungsschemata ist zu erwarten, dass die Mitgliedstaaten ihre Sanktionsregelungen weiter ausbauen und konkretisieren werden.

f) Zuständige Aufsichtsbehörden

Die Aufsicht und Durchsetzung des CA erfolgt auf zwei Ebenen, nämlich auf EU-Ebene sowie auch nationaler Ebene.

EU-Ebene	nationale Ebene
ENISA als zentrale Agentur für Cybersicherheit in der EU	nationale Behörden für die Cybersicherheitszertifizierung, die von jedem Mitgliedstaat benannt werden muss
Europäische Kommission, die die übergeordnete Aufsicht über den europäischen Zertifizierungsrahmen hat	in Deutschland ist das Bundesamt für Sicherheit in der Informationstechnik (BSI) die zuständige Behörde
Europäische Cybersicherheitszertifizierungsgruppe (ECCG), die aus Vertretern der nationalen Behörden für die Cybersicherheitszertifizierung besteht	diese Behörden sind für die Überwachung, Aufsicht und Durchsetzung der europäischen Zertifizierungsschemata im jeweiligen Mitgliedstaat verantwortlich

Die nationalen Behörden arbeiten eng mit der ENISA und untereinander zusammen, um einen konsistenten Ansatz für die Cybersicherheitszertifizierung in der gesamten EU zu gewährleisten.

g) Ergänzende Rechtsakte, Leitlinien, Normen & Co.

Der CA wird durch verschiedene ergänzende Rechtsakte, Leitlinien, Normen etc. unterstützt und erweitert. Ein entscheidender Punkt bei der Umsetzung des CA ist die Annahme des ersten europäischen Zertifizierungsschemas (EUCC) durch die Europäische Kommission im Januar 2024. Es ist das erste System, das im Rahmen des Zertifizierungsrahmens des CA verabschiedet wurde. Es wird EU-weit auf freiwilliger Basis angewandt und konzentriert sich auf die Zertifizierung der Cybersicherheit von IKT-Produkten in ihrem Lebenszyklus, wie z. B.:

- Biometrische Systeme
- Firewalls (Hardware und Software)
- Erkennungs- und Reaktionsplattformen
- Router
- Spezialisierte Software (wie SIEM- und IDS/IDP-Systeme)
- Betriebssysteme
- verschlüsselte Speicher
- Datenbanken
- Smartcards und sichere Elemente.

Das EU-Cybersicherheitszertifizierungssystem auf der Grundlage gemeinsamer Kriterien (engl.: EU Cybersecurity Certification Scheme on Common Criteria, EUCC) ist in einer Durchführungsverordnung[8] festgelegt worden,

8 https://eur-lex.europa.eu/eli/reg_impl/2024/482/oj.

die am 27. Februar 2024 in Kraft getreten und seit dem 27. Februar 2025 vollständig anwendbar ist.

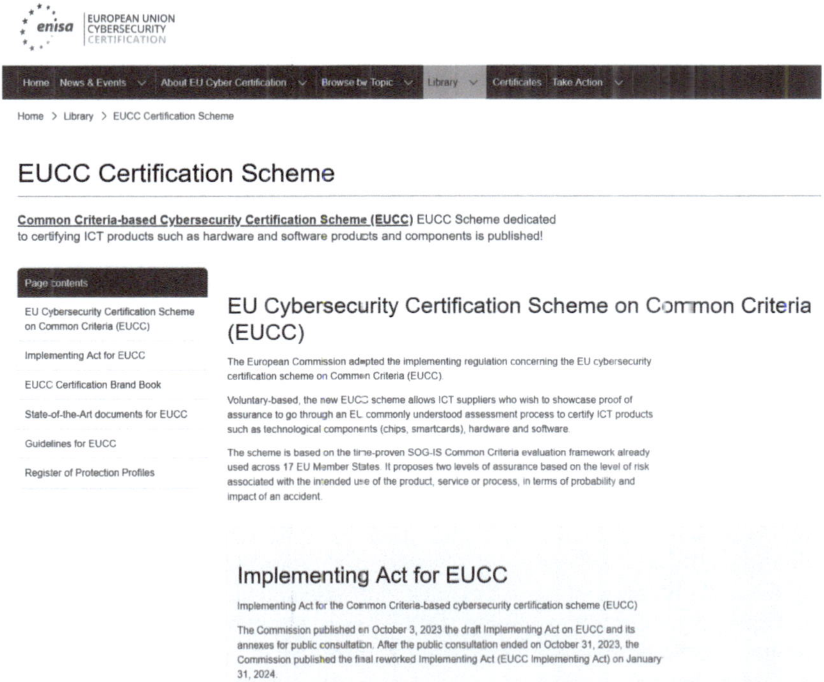

Auf der EUCC-Website finden sich neben dem Text der Durchführungsverordnung noch weiterführende Informationen

Das neue EUCC-System ist freiwillig und ermöglicht es IKT-Anbietern, die einen Nachweis ihrer Sicherheit erbringen möchten, ein EU-weit einheitliches Bewertungsverfahren zu durchlaufen, um IKT-Produkte wie technologische Komponenten (Chips, Smartcards), Hardware und Software zu zertifizieren. Das System sieht zwei Sicherheitsstufen vor, die sich nach dem mit der beabsichtigten Verwendung des Produkts, der Dienstleistung oder des Prozesses verbundenen Risiko in Bezug auf die Wahrscheinlichkeit und die Auswirkungen eines Vorfalls richten. Das EUCC-Schema konzentriert sich auf Hardware- und Softwareprodukte für drei Vertrauenswürdigkeitsstufen:

- „niedrig“
- „mittel“
- „hoch“.

Die Sicherheitsstufen enthalten eine Risikoabwägung im Hinblick auf die Wahrscheinlichkeit von Sicherheitsvorfällen. In der Stufe „niedrig“ können Herstellerunternehmen die Konformität ihrer Produkte und Dienstleistungen selbst bewerten. Die Stufe „hoch“ bestätigt hingegen umfangreiche Fähigkeiten, Cyberangriffe auf dem aktuellen Stand der Technik abzuwehren. Dadurch sollen letztlich private Endkunden informierte Entscheidungen treffen können. Insbesondere soll die Sicherheit von vernetzten Alltagsprodukten erhöht werden, wie etwa dem per App steuerbaren Thermostat oder dem smarten Kühlschrank.

Das BSI ist im März 2025 in Deutschland als alleinige staatliche Zertifizierungsstelle gemäß CA notifiziert worden[9]. Seitdem darf es Anträge von Herstellern entgegennehmen, die ein europäisches Sicherheitszertifikat für Produkte mit der Vertrauenswürdigkeitsstufe „hoch“ nach den EUCC-Anforderungen erhalten wollen.

Abgesehen davon ergänzt der Cyber Resilience Act (CRA) den CA, und zwar durch spezifische Anforderungen für alle vernetzten Produkte, die auf dem EU-Markt erhältlich sind, indem er verbindliche Mindeststandards für die Cybersicherheit festlegt. Die NIS2-Richtlinie ergänzt den CA ebenfalls, und zwar durch spezielle Anforderungen an kritische Infrastrukturen und wichtige Dienste in Bezug auf Cybersicherheitsmaßnahmen und Meldepflichten. Außerdem ist beim Umgang mit personenbezogenen Daten auch die Datenschutzgrundverordnung (DSGVO) zu nennen. Sie enthält Bestimmungen zur Sicherheit der Verarbeitung personenbezogener Daten, die mit den Cybersicherheitsanforderungen in Einklang stehen müssen.

Darüber hinaus gilt noch folgendes:

- ENISA-Leitlinien: Die ENISA[10] veröffentlicht regelmäßig Leitlinien und Best Practices zur Cybersicherheit, die bei der Umsetzung des CA helfen können.
- Common Criteria (ISO/IEC 15408): Internationale Norm für die Bewertung der Sicherheit von IT-Produkten, die die Grundlage für das EUCC-Schema bildet.
- SOG-IS-Abkommen: Ein Abkommen[11] zwischen 17 EU-Mitgliedstaaten zur gegenseitigen Anerkennung von Cybersicherheitszertifizierungen, das durch den CA und das EUCC-Schema schrittweise ersetzt wird.

9 https://www.bsi.bund.de/DE/Service-Navi/Presse/Pressemitteilungen/Presse2025/250320_EUCC-DV.html.

10 https://www.enisa.europa.eu/.

11 https://www.enisa.europa.eu/publications/sog-is-transposition.

In Entwicklung befinden sich weitere Zertifizierungsschemata, die spezifische Bereiche abdecken werden, wie z. B. für Cloud-Dienste oder das Internet der Dinge (engl.: Internet of Things, IoT).

2. Cyber Solidarity Act (CSA)

a) Zielrichtung

Die Verordnung (EU) 2025/38 des Europäischen Parlaments und des Rates vom 19. Dezember 2024 über Maßnahmen zur Stärkung der Solidarität und der Kapazitäten in der Union für die Erkennung von, Vorsorge für und Bewältigung von Cyberbedrohungen und Sicherheitsvorfällen und zur Änderung der Verordnung (EU) 2021/694 (Cybersolidaritätsverordnung)[12] wird auch als Cyber Solidarity Act (CSA) bezeichnet. Der zunehmende Anstieg von Cyberangriffen und die wachsende Bedrohungslage im digitalen Raum stellen die Europäische Union und ihre Mitgliedstaaten vor große Herausforderungen. Als Reaktion darauf hat die EU den CSA verabschiedet, der einen gemeinsamen europäischen Ansatz zur Stärkung der Cybersicherheit und zur Förderung der Zusammenarbeit zwischen den Mitgliedstaaten schafft.

Der CSA zielt darauf ab, die Fähigkeiten der Europäischen Union und ihrer Mitgliedstaaten zur Erkennung, Vorbereitung und Reaktion auf signifikante und großangelegte Cyberbedrohungen und -angriffe zu stärken. Die Verordnung verfolgt im Wesentlichen zwei Ziele:

1. Stärkung der Wettbewerbsposition der Industrie und Dienstleistungen in der Union im Bereich der digitalen Wirtschaft, einschließlich Kleinstunternehmen bzw. kleinen und mittleren Unternehmen sowie Startups
2. Beitrag zur technologischen Souveränität und strategischen Autonomie der Union im Bereich der Cybersicherheit durch Förderung von Innovation im digitalen Binnenmarkt

Diese Ziele werden durch spezifische Maßnahmen umgesetzt:

- Schaffung eines Europäischen Cybersicherheitswarnsystems („European Cybersecurity Alert System“ oder „European Cyber Shield“) zur Verbesserung der Erkennung, Analyse und Reaktion auf Cyberbedrohungen
- Einrichtung eines Cybersicherheits-Notfallmechanismus („Cyber Emergency Mechanism“) zur Unterstützung der Mitgliedstaaten bei der Vorbereitung, Reaktion und Wiederherstellung nach Cybersicherheitsvorfällen

12 https://eur-lex.europa.eu/eli/reg/2025/38/oj.

- Etablierung eines Cybersicherheitsvorfall-Überprüfungsmechanismus („Cybersecurity Incident Review Mechanism“) zur Bewertung und Analyse signifikanter Cybersicherheitsvorfälle.

b) Inkrafttreten/Anwendbarkeit

Der CSA ist am 4. Februar 2025 in Kraft getreten. Als EU-Verordnung ist er unmittelbar in allen EU-Mitgliedstaaten anwendbar, ohne dass eine Umsetzung in nationales Recht erforderlich ist. Die praktische Implementierung der verschiedenen Mechanismen erfolgt jedoch schrittweise. Die erste Phase des Europäischen Cybersicherheitswarnsystems wurde bereits im November 2022 eingeleitet, wobei drei Konsortien von grenzüberschreitenden Sicherheitseinsatzzentren (SOCs) ausgewählt wurden, die öffentliche Stellen aus 17 Mitgliedstaaten und Island im Rahmen des Programms „Digitales Europa“ zusammenbringen. Dieses Programm basiert auf der Verordnung (EU) 2021/694 des Europäischen Parlaments und des Rates vom 29. April 2021 zur Aufstellung des Programms „Digitales Europa“ und zur Aufhebung des Beschlusses (EU) 2015/2240.[13]

13 https://eur-lex.europa.eu/eli/reg/2021/694/oj.

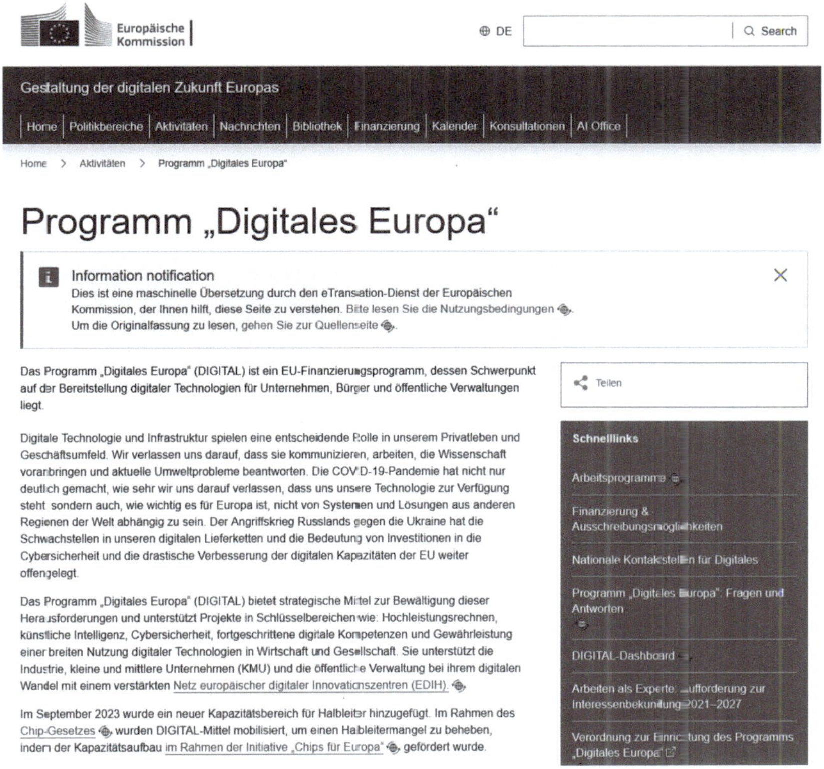
Europäische Kommission

DE | Search

Gestaltung der digitalen Zukunft Europas

Home | Politikbereiche | Aktivitäten | Nachrichten | Bibliothek | Finanzierung | Kalender | Konsultationen | AI Office

Home > Aktivitäten > Programm „Digitales Europa"

Programm „Digitales Europa"

Information notification
Dies ist eine maschinelle Übersetzung durch den eTranslation-Dienst der Europäischen Kommission, der Ihnen hilft, diese Seite zu verstehen. Bitte lesen Sie die Nutzungsbedingungen.
Um die Originalfassung zu lesen, gehen Sie zur Quellenseite.

Das Programm „Digitales Europa" (DIGITAL) ist ein EU-Finanzierungsprogramm, dessen Schwerpunkt auf der Bereitstellung digitaler Technologien für Unternehmen, Bürger und öffentliche Verwaltungen liegt.

Digitale Technologie und Infrastruktur spielen eine entscheidende Rolle in unserem Privatleben und Geschäftsumfeld. Wir verlassen uns darauf, dass sie kommunizieren, arbeiten, die Wissenschaft voranbringen und aktuelle Umweltprobleme beantworten. Die COVID-19-Pandemie hat nicht nur deutlich gemacht, wie sehr wir uns darauf verlassen, dass uns unsere Technologie zur Verfügung steht, sondern auch, wie wichtig es für Europa ist, nicht von Systemen und Lösungen aus anderen Regionen der Welt abhängig zu sein. Der Angriffskrieg Russlands gegen die Ukraine hat die Schwachstellen in unseren digitalen Lieferketten und die Bedeutung von Investitionen in die Cybersicherheit und die drastische Verbesserung der digitalen Kapazitäten der EU weiter offengelegt.

Das Programm „Digitales Europa" (DIGITAL) bietet strategische Mittel zur Bewältigung dieser Herausforderungen und unterstützt Projekte in Schlüsselbereichen wie: Hochleistungsrechnen, künstliche Intelligenz, Cybersicherheit, fortgeschrittene digitale Kompetenzen und Gewährleistung einer breiten Nutzung digitaler Technologien in Wirtschaft und Gesellschaft. Sie unterstützt die Industrie, kleine und mittlere Unternehmen (KMU) und die öffentliche Verwaltung bei ihrem digitalen Wandel mit einem verstärkten Netz europäischer digitaler Innovationszentren (EDIH).

Im September 2023 wurde ein neuer Kapazitätsbereich für Halbleiter hinzugefügt. Im Rahmen des Chip-Gesetzes wurden DIGITAL-Mittel mobilisiert, um einen Halbleitermangel zu beheben, indem der Kapazitätsaufbau im Rahmen der Initiative „Chips für Europa" gefördert wurde.

Teilen

Schnelllinks
Arbeitsprogramme
Finanzierung & Ausschreibungsmöglichkeiten
Nationale Kontaktstellen für Digitales
Programm „Digitales Europa": Fragen und Antworten
DIGITAL-Dashboard
Arbeiten als Experte: Aufforderung zur Interessenbekundung 2021–2027
Verordnung zur Einrichtung des Programms „Digitales Europa"

Das Programm „Digitales Europa" soll die Basis für die Digitalisierung der EU-Mitgliedstaaten und ihrer Bürger bilden

Die vollständige Umsetzung aller Maßnahmen wird über einen längeren Zeitraum erfolgen, wobei die Finanzierung durch das Programm „Digitales Europa" für den Zeitraum bis 2027 vorgesehen ist[14].

c) Anwendungsbereich

Der CSA findet räumlich Anwendung auf alle EU-Mitgliedstaaten sowie Länder, die am Programm „Digitales Europa" teilnehmen.

Der sachliche Anwendungsbereich zielt auf die Errichtung und den Betrieb des Europäischen Cybersicherheitswarnsystems ab sowie auf die Bereitstel-

14 https://digital-strategy.ec.europa.eu/de/activities/digital-programme.

lung von Unterstützung im Rahmen des Cybersicherheits-Notfallmechanismus und die Überprüfung und Analyse von Cybersicherheitsvorfällen.

Der persönliche Anwendungsbereich umfasst hingegen:
- Mitgliedstaaten und ihre nationalen Behörden
- Betreiber kritischer Infrastrukturen und Unternehmen in hochkritischen Sektoren
- EU-Institutionen, -Organe und –Agenturen.

Besonders im Fokus stehen Sektoren wie Finanzen, Energie und Gesundheitswesen, die als hochkritisch eingestuft werden und besonderen Schutz benötigen.

d) Pflichten von Akteuren

Der CSA definiert verschiedene Pflichten für unterschiedliche Akteure. Den EU-Mitgliedstaaten weist er folgende Anforderungen zu:
- freiwillige Teilnahme am Europäischen Cybersicherheitswarnsystem
- Benennung einer einzigen Stelle auf nationaler Ebene, die als National Cyber Hub fungiert und die Cyberbedrohungserkennung im jeweiligen Mitgliedstaat koordiniert
- Teilnahme an grenzüberschreitenden Cyberhubs (Cross-Border Cyber Hubs), die National Cyber Hubs aus mindestens drei Mitgliedstaaten zusammenbringen
- Austausch relevanter Informationen über Cyberbedrohungen unter Beachtung der Vertraulichkeitsregeln.

In Bezug auf grenzüberschreitende Stellen (sog. „Cross-Border Cyber Hubs") sieht der CSA hingegen folgendes vor:
- enge Zusammenarbeit mit dem CSIRT-Netzwerk (Computer Security Incident Response Teams)
- Vereinbarung von Verfahrensregelungen für die Zusammenarbeit und den Austausch relevanter Informationen
- Bereitstellung von Informationen an das CSIRT-Netzwerk und Benachrichtigung des EU Cyber Crisis Liaison Organisation Network (EU-CyCLONe) bei potenziellen oder laufenden großangelegten Cybersicherheitsvorfällen
- Sicherstellung eines hohen Maßes an Interoperabilität hinsichtlich Datenformate, Taxonomie, Datenverarbeitung und Datenanalysetools.

Die Europäische Kommission ist zuständig für die Verwaltung und Aktivierung der EU-Cybersicherheitsreserve im Rahmen des Cyber-Notfallmechanismus sowie für die Koordinierung von Maßnahmen mit anderen EU-Institutionen und Mitgliedstaaten.

Alle Beteiligten müssen die Einhaltung der Vertraulichkeitsbestimmungen beim Austausch von Informationen, die Respektierung der nationalen Sicherheitsinteressen der Mitgliedstaaten sowie die Sicherstellung der Datenverarbeitung gemäß EU- und nationalen Datenschutzgesetzen gewährleisten.

e) Sanktionen/Geldbußen

Im Gegensatz zu anderen EU-Rechtsakten im Bereich der Cybersicherheit (wie z. B. der NIS2-Richtlinie) enthält der CSA keine expliziten Bestimmungen zu Sanktionen oder Geldbußen bei Nichteinhaltung der Vorschriften. Denn der Schwerpunkt des Gesetzes liegt auf der Förderung der freiwilligen Zusammenarbeit und Solidarität zwischen den Mitgliedstaaten und weniger auf der Durchsetzung von Verpflichtungen.

Allerdings gibt es Konsequenzen für die Nichtteilnahme:

- Mitgliedstaaten, die nach der Auswahl zur Einrichtung eines National Cyber Hub nicht innerhalb von zwei Jahren an einem Cross-Border Cyber Hub teilnehmen, sind nicht berechtigt, an weiteren Unterstützungsmaßnahmen der Union im Rahmen des Europäischen Cybersicherheitswarnsystems teilzunehmen.
- Die Finanzierung im Rahmen des Programms „Digitales Europa“ kann an die Erfüllung bestimmter Bedingungen und Verpflichtungen geknüpft sein.

f) Zuständige Aufsichtsbehörden

Die Implementierung und Überwachung des CSA wird von verschiedenen EU-Institutionen und -Agenturen koordiniert:

1. Europäische Agentur für Cybersicherheit (ENISA)

- Verantwortlich für den Cybersicherheitsvorfall-Überprüfungsmechanismus
- überprüft und bewertet spezifische signifikante oder großangelegte Cybersicherheitsvorfälle
- erstellt Berichte mit Erkenntnissen und gegebenenfalls Empfehlungen
- gibt Interoperabilitätsrichtlinien für Cross-Border Cyber Hubs heraus.

2. Europäisches Kompetenzzentrum für Cybersicherheit in Industrie, Technologie und Forschung (ECCC)[15]

- basiert auf der Verordnung (EU) 2021/887 des Europäischen Parlaments und des Rates vom 20. Mai 2021 zur Einrichtung des Europäischen Kompetenzzentrums für Industrie, Technologie und Forschung im Bereich der Cybersicherheit und des Netzwerks nationaler Koordinierungszentren[16]
- führt Ausschreibungen zur Einrichtung oder Erweiterung der Fähigkeiten von National Cyber Hubs durch
- beteiligt sich gemeinsam mit den Mitgliedstaaten am Kauf relevanter Tools, Infrastrukturen oder Dienste
- verwaltet Teile der Finanzierung im Rahmen des Programms „Digitales Europa".

3. EU-Kommission

- verantwortlich für die Aktivierung der EU-Cybersicherheitsreserve
- koordiniert die Implementierung mit den Mitgliedstaaten und anderen EU-Institutionen
- verwaltet die Finanzierung im Rahmen des Programms „Digitales Europa".

Jeder EU-Mitgliedstaat bestimmt Behörden, die für die Koordination der Cybersicherheitsmaßnahmen auf nationaler Ebene zuständig sind. Diese arbeiten mit den europäischen Institutionen und den National Cyber Hubs zusammen.

g) Ergänzende Rechtsakte, Leitlinien, Normen & Co.

Der CSA ist in ein breiteres Regelungsumfeld eingebettet und arbeitet mit anderen EU-Rechtsakten und -Initiativen im Bereich der Cybersicherheit zusammen:

- NIS2-Richtlinie: Legt Maßnahmen für ein hohes gemeinsames Cybersicherheitsniveau in der Union fest und etabliert das CSIRTs-Netzwerk und EU-CyCLONe
- Verordnung zur Aufstellung des Programms „Digitales Europa": Soll die Finanzierung der neuen Instrumente ermöglichen
- Verordnung zur Einrichtung des ECCC: Etabliert das Europäische Kompetenzzentrum für Cybersicherheit
- Richtlinie 2013/40/EU über Angriffe auf Informationssysteme[17]: Regelt strafrechtliche Maßnahmen gegen Angriffe auf Informationssysteme.

---

15 https://cybersecurity-centre.europa.eu/index_en.
16 https://eur-lex.europa.eu/eli/reg/2021/887/oj.
17 https://eur-lex.europa.eu/eli/dir/2013/40/oj.

III. (Erweiterter) KRITIS-Bereich

Im Bereich der so genannten Kritischen Infrastrukturen gab es früher schon spezielle Vorgaben in puncto IT- bzw. Cybersecurity. Allerdings wird das Spektrum der erfassten Institutionen und Pflichten durch die NIS2-Richtlinie massiv erweitert. Die Ausweitung des Anwendungsbereichs bedeutet, dass in Deutschland schätzungsweise über 30.000 Einrichtungen als „wesentliche“ oder „wichtige“ Einrichtungen reguliert werden[18]. Dies stellt eine erhebliche Erweiterung gegenüber der vorherigen Beschränkung auf kritische Infrastrukturen (KRITIS-Bereich) dar.

Ergänzend gilt die CER-Richtlinie, die im Unterschied zu NIS2 die physische Sicherheit der betroffenen Einrichtungen im Blick hat.

NIS2 und CER sind Schwester-Richtlinien, die sowohl die Cyber- als auch die physische Sicherheit regeln

Aufgrund der Tatsache, dass es sich bei NIS2 und bei CER jeweils um EU-Richtlinien handelt, muss jeweils eine Umsetzung in nationales Recht erfolgen. Dies hätte in beiden Fällen laut den europäischen Vorgaben bis spätestens zum 17. Oktober 2024 geschehen müssen. Allerdings lassen die deutschen Umsetzungsgesetze – Stand heute – noch immer auf sich warten.

18 So u.a. auf OpenKRITIS (https://www.openkritis.de/it-sicherheitsgesetz/nis2-umsetzung-gesetz-cybersicherheit.html).

1. NIS2-Richtlinie (NIS2)

a) Zielrichtung

Die Richtlinie (EU) 2022/2555 des Europäischen Parlaments und des Rates vom 14. Dezember 2022 über Maßnahmen für ein hohes gemeinsames Cybersicherheitsniveau in der Union, zur Änderung der Verordnung (EU) Nr. 910/2014 und der Richtlinie (EU) 2018/1972 sowie zur Aufhebung der Richtlinie (EU) 2016/1148 (NIS2-Richtlinie)[19] stellt eine erhebliche Erweiterung des europäischen Cybersicherheitsrahmens dar. Sie verfolgt das zentrale Ziel, ein einheitliches und hohes gemeinsames Cybersicherheitsniveau in der gesamten EU zu schaffen. NIS2 stellt eine direkte Antwort auf die zunehmenden Cyberbedrohungen dar, denen kritische Infrastrukturen und wichtige Wirtschaftsbereiche ausgesetzt sind.

Die Richtlinie zielt konkret darauf ab…

- den unionsweiten Aufbau von Cybersicherheitskapazitäten zu fördern,
- Bedrohungen für Netz- und Informationssysteme in Schlüsselsektoren erheblich zu reduzieren,
- die Kontinuität wesentlicher Dienste bei Sicherheitsvorfällen zu gewährleisten und
- einen harmonisierten Rechtsrahmen für insgesamt 18 kritische Sektoren zu schaffen.

Dazu werden in NIS2 u. a. folgende Aspekte geregelt:

1. Die Pflicht für alle EU-Staaten, nationale Cybersicherheitsstrategien zu verabschieden sowie zuständige nationale Behörden, Behörden für das Cyberkrisenmanagement, zentrale Anlaufstellen für Cybersicherheit und Computer-Notfallteams zu benennen bzw. einzurichten.
2. Neue Pflichten in Bezug auf das Cybersicherheitsrisikomanagement sowie Berichtspflichten für bestimmte kritische Einrichtungen
3. Vorgaben zum Austausch von Cybersicherheitsinformationen
4. Aufsichts- und Durchsetzungspflichten für die EU-Mitgliedstaaten.

NIS2 reagiert dabei auf Schwächen ihrer Vorgängerin (Richtlinie (EU) 2016/1148 des Europäischen Parlaments und des Rates vom 6. Juli 2016 über Maßnahmen zur Gewährleistung eines hohen gemeinsamen Sicherheitsniveaus von Netz- und Informationssystemen in der Union[20], sog. NIS-Richtlinie), deren Umsetzung in den EU-Mitgliedstaaten sehr uneinheitlich erfolgte. Während die ursprüngliche NIS-Richtlinie primär darauf

---

19 https://eur-lex.europa.eu/eli/dir/2022/2555/oj?locale=de.
20 https://eur-lex.europa.eu/legal-content/de/ALL/?uri=CELEX%3A32016L1148.

abzielte, grundlegende Kapazitäten aufzubauen, geht NIS2 wesentlich weiter, wird sehr viel konkreter und inkludiert mehr Unternehmen.

b) Inkrafttreten/Anwendbarkeit

NIS2 ist am 16. Januar 2023 in Kraft getreten. Sie sieht eine Übergangsfrist vor, nach deren Ablauf die einzelnen EU-Mitgliedstaaten sie in ihr jeweiliges nationales Recht umsetzen müssen. Diese Übergangsfrist endete am 17. Oktober 2024, so dass die nationalen Gesetze ab dem 18. Oktober 2024 anwendbar hätten sein müssen. Die Formulierung muss hier im Konjunktiv erfolgen, da einige EU-Mitgliedstaaten die Richtlinie nicht fristgerecht umgesetzt haben, darunter beispielsweise Deutschland und Österreich. Die Europäische Kommission hat daher inzwischen Vertragsverletzungsverfahren gegen insgesamt 23 EU-Mitgliedstaaten eingeleitet, die die Umsetzungsfrist nicht eingehalten haben.[21]

Die Umsetzung in Deutschland soll durch das NIS2-Umsetzungs- und Cybersicherheitsstärkungsgesetz (NIS2UmsuCG) erfolgen, dessen Gesetzgebungsverfahren aufgrund der vorgezogenen Bundestagswahlen Anfang 2025 noch nicht abgeschlossen werden konnte.

c) Anwendungsbereich

Der Anwendungsbereich der NIS2-Richtlinie wurde im Vergleich zu ihrer Vorgängerin erheblich erweitert. Die Prüfung, wer in den Anwendungsbereich von NIS2 fällt, muss anhand von drei Kriterien erfolgen:

1. Zugehörigkeit zu bestimmten **Sektoren**
2. Erfüllen bestimmter **Größenordnungen**
3. Einstufung als **„Spezialfall“**

21 https://germany.representation.ec.europa.eu/news/cybersicherheit-und-resilienz-kritischer-einrichtungen-vertragsverletzungsverfahren-gegen-2024-11-28_de.

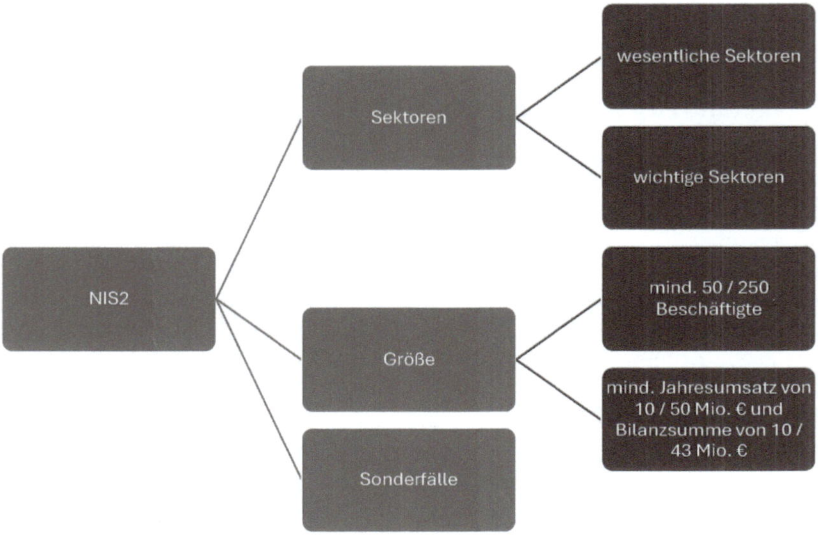

Vereinfachtes Prüfungsschema für den NIS2-Anwendungsbereich

NIS2 unterscheidet zunächst zwischen „wesentlichen“ und „wichtigen“ Einrichtungen.

Zu den **wesentlichen Einrichtungen** zählen solche, die in den folgenden Sektoren tätig sind:

Wesentliche Einrichtung gem. Art. 3 Abs. 1 lit. a), Anhang I NIS2	**Wesentliche Einrichtung gem. Art. 3 Abs. 1 lit. b) – g) NIS2**
Energie (Elektrizität, Fernwärme/-kälte, Erdöl, Erdgas, Wasserstoff)	qualifizierte **Vertrauensdiensteanbieter** und **Domänennamenregister** der Domäne oberster Stufe sowie **DNS-Diensteanbieter**
Verkehr (Luft-, Schienen-, Schiffs-, Straßenverkehr)	Anbieter öffentlicher **elektronischer Kommunikationsnetze** oder öffentlich zugänglicher **elektronischer Kommunikationsdienste**
Bankwesen (Kreditinstitute)	vom Mitgliedstaat **eingestufte Einrichtung der öffentlichen Verwaltung**
Finanzmarktinfrastrukturen (Handelsplätze, Zentrale Gegenpartien)	sonstige, vom Mitgliedstaat als **wesentliche eingestufte Einrichtung der in Anhang I & II NIS2** aufgeführten Art

Wesentliche Einrichtung gem. Art. 3 Abs. 1 lit. a), Anhang I NIS2	**Wesentliche Einrichtung gem. Art. 3 Abs. 1 lit. b) – g) NIS2**
Gesundheitswesen (Gesundheitsdienstleister, EU-Labore, Medizinforschung, Pharmazeutik, Medizinprodukte)	Einrichtungen aus dem **KRITIS-Bereich**
Trinkwasser	vom Mitgliedstaat als Betreiber eines **wesentlichen Dienstes eingestufte** Einrichtung
Abwasser	
digitale Infrastrukturen (Internet-Knoten, DNS-Anbieter, Top-Level-Domain-Registrare, Cloud-Computing-Anbieter, Rechenzentren, Content Delivery Networks (CDN), Vertrauensdiensteanbieter, Elektronische Kommunikation)	
IKT-Anbieter (B2B)	
öffentliche Verwaltung (Zentral- & regionale Regierung)	
Weltraum (Bodeninfrastruktur)	

In Bezug auf Finanzunternehmen stellt DORA einen sektorspezifischen Rechtsakt der Union i.S.v. Art. 4 NIS2 dar. Die DORA-Regelungen haben daher Anwendungsvorrang gegenüber den NIS2-Vorgaben zum Cybersicherheitsrisikomanagement und zum Meldewesen für erhebliche Sicherheitsvorfälle.

Hingegen zählen Einrichtungen der folgenden Sektoren gemäß Art. 3 Abs. 2 Anhang I, II NIS2 zu den **wichtigen Einrichtungen**:

- **Post- und Kurierdienste**
- **Abfallwirtschaft**
- **Chemikalien** (Produktion, Herstellung und Handel)
- **Lebensmittel** (Produktion, Herstellung und Handel)
- **Herstellung bestimmter industrieller Produkte** (Medizinprodukte und In-vitro, Datenverarbeitungsgeräte, Computer, Elektronik, Optik, elektrische Ausrüstung, Maschinenbau, Kraftwagen und Teile, sonstiger Fahrzeugbau)

- **digitale Dienste** (Online-Marktplätze, Suchmaschinen, Soziale Netzwerke)
- **Forschung** (Forschungseinrichtungen).

Die hier stichpunktartig aufgeführten Beschreibungen der als „wesentlich" bzw. „wichtig" eingestuften Sektoren erfordern jedoch ein genaueres Hinschauen, um im Einzelfall prüfen zu können, ob eine bestimmte Institution in den NIS2-Anwendungsbereich fällt oder nicht. Dabei sind die Definitionen aus Art. 6 NIS2, weitere EU-Rechtsakte, auf die in Anhang I, II NIS2 verwiesen wird, sowie die „Statistische Systematik der Wirtschaftszweige in der Europäischen Gemeinschaft (NACE Rev. 2)" des Statistischen Amtes der Europäischen Gemeinschaften[22] heranzuziehen.

Zu den für die Begriffseinordnung wichtigen NIS2-Definitionen gehören u. a. die folgenden:

- **„Online-Marktplatz"** (Art. 6 Nr. 28 NIS2): „digitaler Dienst im Sinne des Art. 2 lit. n) der Richtlinie 2005/29/EG des Europäischen Parlaments und des Rates (Richtlinie über unlautere Geschäftspraktiken)"
- **„Cloud-Computing-Dienst"** (Art. 6 Nr. 30 NIS2): „digitaler Dienst, der auf Abruf die Verwaltung und den umfassenden Fernzugang zu einem skalierbaren und elastischen Pool gemeinsam nutzbarer Rechenressourcen ermöglicht, auch wenn diese Ressourcen auf mehrere Standorte verteilt sind"
- **„Rechenzentrumsdienst"** (Art. 6 Nr. 31 NIS2): „Dienst, mit dem spezielle Strukturen oder Gruppen von Strukturen für die zentrale Unterbringung, die Verbindung und den Betrieb von IT- und Netzausrüstungen zur Erbringung von Datenspeicher-, Datenverarbeitungs- und Datentransportdiensten sowie alle Anlagen und Infrastrukturen für die Leistungsverteilung und die Umgebungskontrolle bereitgestellt werden".

Wer beispielsweise wissen will, welche Bereiche bzw. Unternehmen in den Sektor „Energie" fallen, der wird in Anhang I Nr. 1 NIS2 fündig. Dort werden verschiedene Teilsektoren genannt, wie etwa „Elektrizität". Da dies immer noch nicht exakt genug ist, wird dann auf die Definition von „Elektrizitätsunternehmen" in der Richtlinie (EU) 2019/944 des Europäischen Parlaments und des Rates vom 5. Juni 2019 mit gemeinsamen Vorschriften für den Elektrizitätsbinnenmarkt und zur Änderung der Richtlinie 2012/27/EU[23] verwiesen. In deren Art. 2 Nr. 57 findet sich dazu folgende Definition:

„natürliche oder juristische Person, die mindestens eine der Funktionen Erzeugung, Übertragung, Verteilung, Aggregierung, Laststeuerung, Energie-

---

22 https://ec.europa.eu/eurostat/documents/3859598/5902453/KS-RA-07-015-DE.PDF.pdf/680c5819-8a93-4c18-bea6-2e802379df86?t=1414781445000.

23 https://eur-lex.europa.eu/eli/dir/2019/944/oj.

speicherung, Lieferung oder Kauf von Elektrizität wahrnimmt und die kommerzielle, technische oder wartungsbezogene Aufgaben im Zusammenhang mit diesen Funktionen erfüllt, mit Ausnahme der Endkunden".

Ebenso wird für den Energiesektor etwa auf die Definitionen für Verteilernetzbetreiber, Übertragungsnetzbetreiber oder auch Erzeuger verwiesen. Dieses System aus der Angabe von Sektoren und Teilsektoren sowie eigenen Begriffsdefinitionen bzw. solchen in anderen Rechtsakten zieht sich wie ein „roter Faden" durch Anhang I, II NIS2. In bestimmten Abgrenzungsfällen wird es daher sicherlich zu erhöhtem Diskussionsbedarf darüber kommen, ob eine bestimmte Institution unter NIS2 fällt oder nicht.

Die NACE hingegen ist ein Grundelement des internationalen integrierten Systems der Wirtschaftssystematiken, das auf Systematiken der Statistischen Kommission der UN (UNSTAT), Systematiken von Eurostat und nationalen Systematiken basiert, die alle eng miteinander verbunden sind. Sie machen den Vergleich von weltweit durch verschiedene Institutionen erstellten Wirtschaftsstatistiken möglich. NACE modernisiert die EU-Statistik und ermöglicht eine bessere Economic Governance sowohl auf gemeinschaftlicher als auch auf nationaler Ebene, indem sie für besser vergleichbare und zweckdienlichere Daten sorgt. Wer also beispielsweise wissen möchte, ob die Herstellung von Luftaufbereitungseinrichtungen für pneumatische Systeme in den Bereich „Maschinenbau" und damit in den Anwendungsbereich von NIS2 fällt, der wird im Abschnitt C Abteilung 28 Punkt 28.12 der NACE (S. 183) fündig und erfährt, dass diese spezifische Tätigkeit tatsächlich von NIS2 erfasst wird.

NACE basiert auf der Verordnung (EG) Nr. 1893/2006 des Europäischen Parlaments und des Rates vom 20. Dezember 2006 zur Aufstellung der statistischen Systematik der Wirtschaftszweige NACE Revision 2 und zur Änderung der Verordnung (EWG) Nr. 3037/90 des Rates sowie einiger Verordnungen der EG über bestimmte Bereiche der Statistik[24].

24 https://eur-lex.europa.eu/legal-content/DE/ALL/?uri=CELEX%3A32006R1893.

Statistische Systematik der Wirtschaftszweige in der Europäischen Gemeinschaft (NACE Rev. 2)

Aber nicht jede Einrichtung, die in den genannten Sektoren tätig ist, gilt automatisch als „wesentlich“ bzw. „wichtig“. Es gibt hier Ausnahmen für kleine und Kleinstunternehmen, so dass Einrichtungen erst ab einer gewissen Größenordnung unter die NIS2-Regelungen fallen:

wesentliche Einrichtungen	wichtige Einrichtungen
mind. 250 Beschäftigte ODER	mind. 50 Beschäftigte ODER
Jahresumsatz von mehr als 50 Mio. € UND Bilanzsumme von über 43 Mio. €	Jahresumsatz von mehr als 10 Mio. € UND Bilanzsumme von über 10 Mio. €

Diese Größenordnungen gehen zurück auf die Empfehlung der Kommission vom 6. Mai 2003 betreffend die Definition der Kleinstunternehmen sowie der kleinen und mittleren Unternehmen[25] (vgl. Art. 3 Abs. 1 lit. a) NIS2). In deren Art. 2 finden sich die entsprechenden Schwellenwerte, in Art. 3 finden sich die bei der Berechnung der Mitarbeiterzahlen und der finanziellen Schwellenwerte berücksichtigten Unternehmenstypen, Art. 4 gibt die für die Mitarbeiterzahl und die finanziellen Schwellenwerte sowie für den Berichtszeitraum zugrunde zu legenden Daten an und Art. 5 enthält Vorgaben zur Ermittlung der Mitarbeiterzahl.

> Bis zum 17. April 2025 hätten die EU-Mitgliedstaaten eine Liste von wesentlichen und wichtigen Einrichtungen und von Einrichtungen, die Domänennamen-Registrierungsdienste erbringen, erstellen müssen (Art. 3 Abs. 3 S. 1 NIS2). Diese Liste muss durch die Mitgliedstaaten danach regelmäßig überprüft und ggf. aktualisiert werden, mindestens jedoch alle zwei Jahre (Art. 3 Abs. 3 S. 2 NIS2). Die betroffenen Einrichtungen müssen den zuständigen Aufsichtsbehörden dazu die folgenden Mindestinformationen bereitstellen:
>
> – den Namen der Einrichtung
> – die Anschrift und aktuellen Kontaktdaten, einschließlich der E-Mail-Adressen, IP-Adressbereiche und Telefonnummern
> – ggf. den relevanten Sektor und Teilsektor
> – ggf. eine Liste der Mitgliedstaaten, in denen sie Dienste erbringen, die in den Anwendungsbereich dieser Richtlinie fallen

Zu den größenunabhängigen **Sonderfällen** zählen gemäß Art. 2 Abs. 2 NIS2 folgende:

– Anbieter von **öffentlichen Kommunikationsnetzen** bzw. öffentlich zugänglichen **elektronischen Kommunikationsdiensten**, **Vertrauensdiensten** oder **Domain-Registrare** und **DNS-Diensten**
– **einziger Anbieter** eines Dienstes, der für die Aufrechterhaltung kritischer gesellschaftlicher oder wirtschaftlicher Tätigkeiten **unerlässlich** ist
– Betreiber eines Dienstes, deren **Störung** einen **signifikanten Effekt** auf die **öffentliche Sicherheit oder Gesundheit** hätte
– Betreiber eines Dienstes, deren **Störung** ein **signifikantes systemisches Risiko** für Sektoren und grenzüberschreitende Abhängigkeiten darstellt
– Einrichtung, die aufgrund der **besonderen Bedeutung**, die sie auf nationaler oder regionaler Ebene für den betreffenden Sektor oder die betref-

25 https://eur-lex.europa.eu/legal-content/DE/TXT/PDF/?uri=CELEX:32003H0361.

fende Art des Dienstes oder für andere voneinander abhängige Sektoren in dem Mitgliedstaat hat, kritisch ist.

Unabhängig von der Größe der Einrichtungen gilt NIS2 auch für Einrichtungen, die als kritische Einrichtungen (KRITIS-Bereich) eingestuft wurden, sowie für solche, die Domänennamenregistrierungsdienste erbringen (Art. 2 Abs. 3, 4 NIS2). Außerdem können die einzelnen EU-Mitgliedstaaten vorsehen, dass NIS2 auch auf Einrichtungen der öffentlichen Verwaltung auf lokaler Ebene sowie auf Bildungseinrichtungen (insbesondere, wenn sie kritische Forschungstätigkeiten durchführen) Anwendung findet (Art. 2 Abs. 5 NIS2).

Ausdrücklich ausgenommen aus dem NIS2-Anwendungsbereich sind hingegen Einrichtungen der öffentlichen Verwaltung, die ihre Tätigkeiten in den Bereichen nationale Sicherheit, öffentliche Sicherheit, Verteidigung oder Strafverfolgung ausüben, einschließlich der Verhütung, Ermittlung, Aufdeckung und Verfolgung von Straftaten (Art. 2 Abs. 7 NIS2).

Das BSI bietet ein Online-Tool zur NIS2-Betroffenheitsprüfung[26] an, das jedenfalls für eine hinreichende Ersteinschätzung genutzt werden kann. Vergleichbare Tools werden beispielsweise auch von Reusch Law[27], Oppenhoff[28], Isico[29] oder Active Mind[30] bereitgestellt.

26 https://www.bsi.bund.de/DE/Themen/Regulierte-Wirtschaft/NIS-2-regulierte-Unternehmen/NIS-2-Betroffenheitspruefung/nis-2-betroffenheitspruefung_node.html.
27 https://nis2-check.de/.
28 https://www.oppenhoff.eu/de/legaltech/nis-2-check/.
29 https://www.isico-datenschutz.de/nis2-checker.
30 https://www.activemind.de/informationssicherheit/nis2/test/.

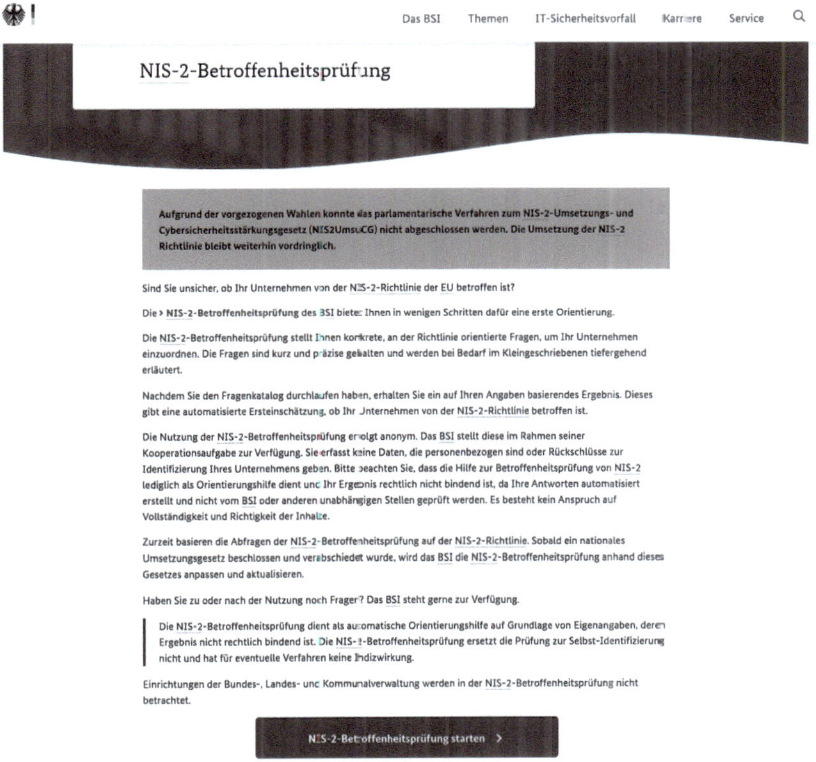

NIS2-Betroffenheitsprüfung auf der BSI-Website

d) Pflichten von Akteuren

NIS2 nimmt nicht nur die wesentlichen bzw. wichtigen Einrichtungen in die Pflicht, sondern auch Leitungspersonen sowie die EU-Mitgliedstaaten selbst.

EU-Mitgliedstaaten

Für die einzelnen Mitgliedstaaten der Europäischen ergeben sich die folgenden Aufgaben:

- Festlegung einer nationalen Cybersicherheitsstrategie
- Benennung/Einrichtung zuständiger Aufsichtsbehörden und zentraler Anlaufstellen (Verbindungsstelle für die grenzübergreifende Zusammenarbeit der einzelnen Behörden in den Mitgliedstaaten)

- Benennung bzw. Einrichtung von Behörden für das Cyberkrisenmanagement
- Benennung/Einrichtung von Cybersecurity-Incident-Response-Teams (CSIRT)
- Benennung/Einrichtung eines CSIRT-Netzwerks
- koordinierte Offenlegung von Schwachstellen bzw. Meldung an die europäische Schwachstellendatenbank
- Benennung/Einrichtung einer Kooperationsgruppe

Die verpflichtende **nationale Cybersicherheitsstrategie** muss gemäß Art. 7 Abs. 1 NIS2 folgende Aspekte umfassen:

- Ziele und Prioritäten der Cybersicherheitsstrategie sowie ein entsprechender Steuerungsrahmen zur Verwirklichung derselben
- Steuerungsrahmen, in dem die Aufgaben und Zuständigkeiten der jeweiligen Interessenträger auf nationaler Ebene klargestellt und die Zusammenarbeit sowie Koordinierung auf nationaler Ebene zwischen den zuständigen Behörden, zentralen Anlaufstellen und CSIRTs sowie die Koordinierung und Zusammenarbeit zwischen diesen Stellen und nach sektorspezifischen Rechtsakten der Union zuständigen Behörden untermauert werden
- Mechanismus zur Ermittlung von relevanten Anlagen und eine Bewertung der Cybersicherheitsrisiken
- Bestimmung von Maßnahmen zur Gewährleistung der Vorsorge, Reaktionsfähigkeit und Wiederherstellung bei Sicherheitsvorfällen, einschl. der Zusammenarbeit zwischen dem öffentlichen und dem privaten Sektor
- Liste der verschiedenen Behörden und Interessenträger, die an der Umsetzung der Cybersicherheitsstrategie beteiligt sind
- politischer Rahmen für eine verstärkte Koordinierung zwischen den zuständigen und anderen Behörden zum Zweck des Informationsaustauschs über Risiken, Bedrohungen und Sicherheitsvorfälle sowie über nicht cyberbezogene Risiken, Bedrohungen und Sicherheitsvorfälle und für die Wahrnehmung von Aufsichtsaufgaben
- Plan zur Steigerung des allgemeinen Grads der Sensibilisierung für Cybersicherheit bei den Bürgerinnen und Bürgern (einschließlich erforderlicher Maßnahmen)

Einrichtungen

Art. 21 NIS2 fordert als zentrale Norm bestimmte Risikomanagementmaßnahmen im Bereich der Cybersicherheit, die wesentliche sowie wichtige

Einrichtungen gleichermaßen erfüllen müssen. Im Einzelnen geht es um folgende Maßnahmen (Art. 21 Abs. 2 lit. a)-j) NIS2):

a) **Konzepte** in Bezug auf die **Risikoanalyse** und **Sicherheit** für Informationssysteme
b) Bewältigung von **Sicherheitsvorfällen**
c) **Aufrechterhaltung** des Betriebs (sog. Business Continuity Management, kurz: BCM) wie **Backup-Management** und Wiederherstellung nach einem Notfall und **Krisenmanagement**
d) **Sicherheit der Lieferkette** einschließlich sicherheitsbezogener Aspekte der Beziehungen zwischen den einzelnen Einrichtungen und ihren unmittelbaren Anbietern oder Diensteanbietern
e) **Sicherheitsmaßnahmen bei Erwerb, Entwicklung und Wartung** von Netz- und Informationssystemen, einschließlich **Management und Offenlegung von Schwachstellen**
f) Konzepte und Verfahren zur **Bewertung der Wirksamkeit von Risikomanagementmaßnahmen** im Bereich der Cybersicherheit
g) grundlegende **Verfahren** im Bereich der **Cyberhygiene** und **Schulungen** im Bereich der **Cybersicherheit**
h) Konzepte und Verfahren für den Einsatz von **Kryptografie** und ggf. **Verschlüsselung**
i) Sicherheit des **Personals**, Konzepte für die **Zugriffskontrolle** und Management von **Anlagen**
j) Verwendung von Lösungen zur **Multi-Faktor-Authentifizierung** oder kontinuierlichen Authentifizierung, **gesicherte Sprach-, Video- und Textkommunikation** sowie ggf. **gesicherte Notfallkommunikationssysteme** innerhalb der Einrichtung.

> Durch die Pflicht, die Sicherheit innerhalb der eigenen Lieferkette zu gewährleisten, werden zusätzlich zu den direkt durch NIS2 verpflichtete Institutionen auch Dritte verpflichtet, die selbst nicht von NIS2 erfasst werden. Denn solche Einrichtungen, die zwar nicht unter NIS2 fallen, aber z.B. Dienstleistungen für ein von NIS2 erfasstes Unternehmen erbringen, werden sicherlich durch vertragliche Vorgaben dazu verpflichtet, Sicherheitsmaßnahmen i.S.v. NIS2 zu realisieren.

Die angeführten Punkte müssen durch geeignete und verhältnismäßige **technische, operative und organisatorische Maßnahmen** umgesetzt werden und dabei den **Stand der Technik**, ggf. einschlägige **europäische und**

internationale Normen sowie die **Kosten der Umsetzung,** berücksichtigen (vgl. Art. 21 Abs. 1 NIS2). Bei der Bewertung der Verhältnismäßigkeit dieser Maßnahmen sind das Ausmaß der Risikoexposition der Einrichtung, die Größe der Einrichtung und die Wahrscheinlichkeit des Eintretens von Sicherheitsvorfällen und deren Schwere, einschließlich ihrer gesellschaftlichen und wirtschaftlichen Auswirkungen, gebührend zu berücksichtigen.

Wie in der DSGVO auch, fordert NIS2 kein absolutes, sondern ein dem eigenen Risiko angemessenes Schutzniveau (vgl. Art. 32 Abs. 1 DSGVO, Art. 21 Abs. 1 NIS2). Beide Rechtsakte verfolgen mithin einen risikobasierten Ansatz. Im Unterschied zur DSGVO definiert NIS2 den Risikobegriff. Nach Maßgabe von Art. 6 Nr. 9 NIS2 bezeichnet „Risiko“ das Potenzial für Verluste oder Störungen, die durch einen Sicherheitsvorfall verursacht werden, das als eine Kombination des Ausmaßes eines solchen Verlusts oder einer solchen Störung und der Wahrscheinlichkeit des Eintretens des Sicherheitsvorfalls zum Ausdruck gebracht wird.

Zudem besteht eine **Registrierungspflicht**. Einrichtungen müssen in Eigenverantwortung prüfen, ob sie unter NIS2 bzw. die nationalen Regelungen fallen. Wenn dies der Fall ist, müssen sie sich spätestens innerhalb von drei Monaten bei der zuständigen nationalen Behörde melden und ihre Unternehmensbezeichnung nebst Anschrift und Kontaktdaten sowie den Sektor und eine Liste aller EU-Mitgliedstaaten einreichen, in denen eine Tätigkeit erfolgt.

In Deutschland wird (vermutlich) das Bundesamt für Sicherheit in der Informationstechnik (BSI) als zuständige Behörde benannt werden.

Eine zentrale Pflicht besteht darin, **erhebliche Sicherheitsvorfälle zu melden** (Art. 23 NIS2). Ein „Sicherheitsvorfall“ ist gemäß Art. 6 Nr. 6 NIS2 ein Ereignis, das die Verfügbarkeit, Authentizität, Integrität oder Vertraulichkeit gespeicherter, übermittelter oder verarbeiteter Daten oder der Dienste, die über Netz- und Informationssysteme angeboten werden bzw. zugänglich sind, beeinträchtigt. Ein Sicherheitsvorfall gilt dann als „erheblich“, wenn er erhebliche Auswirkungen auf die Erbringung der Dienste von wesentlichen oder wichtigen Einrichtungen hat. Erhebliche Auswirkungen i. d. S. liegen vor, wenn der Sicherheitsvorfall…

- **schwerwiegende Betriebsstörungen** der Dienste oder **finanzielle Verluste** für die betreffende Einrichtung verursacht hat oder verursachen kann ODER

- andere **natürliche oder juristische Personen** durch erhebliche **materielle oder immaterielle Schäden** beeinträchtigt hat oder beeinträchtigen kann (vgl. Art. 23 Abs. 3 NIS2).

Die Meldepflichten gestalten sich wie folgt:

1. **frühe Erstmeldung**: unverzüglich, spätestens innerhalb von 24 Stunden nach Kenntniserlangung
2. **bestätigende Erstmeldung**: unverzüglich, spätestens innerhalb von 72 Stunden nach Kenntniserlangung
3. ggf. **Zwischenmeldung über Statusänderung** (in Abstimmung mit der Aufsichtsbehörde)
4. **Abschlussmeldung**: spätestens einen Monat nach Übermittlung der bestätigenden Erstmeldung (u.a. mit ausführlicher Beschreibung des Vorfalls und Angaben zu Schweregrad und Auswirkungen, Art der Bedrohung bzw. Vorfallursache, Abhilfemaßnahmen, evtl. grenzüberschreitenden Auswirkungen).

Leitungspersonen

NIS2 sieht darüber hinaus auch spezielle Pflichten für Leitungspersonen vor (vgl. Art. 20 NIS2). Zu diesen Pflichten gehören insbesondere die folgenden:

- **Billigungs- und Überwachungspflicht** in Bezug auf die nach Art. 21 NIS2 geforderten Maßnahmen
- regelmäßige **Teilnahme an Schulungsmaßnahmen** sowie **Nachweis** der Teilnahme
- Erwerb von **ausreichenden Kenntnissen** zur Erkennung und Bewertung von **Risiken** sowie von **Managementmaßnahmen** im Bereich **Cybersecurity.**

Eine Delegation der Umsetzung der erforderlichen NIS2-Maßnahmen ist möglich, gleichwohl verbleibt die Letztverantwortung stets bei der Leitungsperson.

e) Sanktionen/Geldbußen

Die NIS2-Richtlinie führt ein deutlich verschärftes Sanktionsregime ein, das wirksam, verhältnismäßig und abschreckend sein soll (vgl. Art. 32, 34 NIS2). Zu den Befugnissen der Aufsichtsbehörden zählt insbesondere das Recht zur Verhängung von Geldbußen. Diese müssen folgenden Vorgaben genügen:

Verstoß gegen Art. 21, 23 NIS2	
wesentliche Einrichtungen	**wichtige Einrichtungen**
Bußgeld von bis zu 10 Mio. € oder 2 % des gesamten weltweit im vorangegangenen Geschäftsjahr getätigten Umsatzes (Art. 34 Abs. 4 NIS2)	Bußgeld von bis zu 7 Mio. € oder 1,4 % des gesamten weltweit im vorangegangenen Geschäftsjahr getätigten Umsatzes (Art. 34 Abs. 5 NIS2)

Bei der Entscheidung über die Verhängung einer Geldbuße und deren Höhe sind in jedem Einzelfall zumindest die folgenden Elemente gebührend zu berücksichtigen (Art. 32 Abs. 7 lit. a)-h) NIS2):

a) die **Schwere** des Verstoßes und die **Wichtigkeit** der Bestimmungen, gegen die verstoßen wurde, wobei u. a. Folgendes immer als schwerer Verstoß anzusehen ist:
   - **wiederholte** Verstöße,
   - eine unterlassene Meldung oder Behebung von **erheblichen Sicherheitsvorfällen**,
   - eine Nichtbehebung von Mängeln nach **verbindlicher Anweisung** der zuständigen Behörden,
   - die **Behinderung von Prüfungen oder Überwachungstätigkeiten**, die nach der Feststellung eines Verstoßes von der zuständigen Behörde angeordnet wurden, sowie
   - **Übermittlung falscher oder grob verfälschender Informationen** in Bezug auf Risikomanagementmaßnahmen im Bereich der Cybersicherheit oder Berichtspflichten gemäß Art. 21, 23 NIS2.

b) die **Dauer** des Verstoßes

c) einschlägige **frühere Verstöße** der betreffenden Einrichtung

d) der verursachte **materielle oder immaterielle Schaden**, darunter finanzieller oder wirtschaftlicher Verlust, Auswirkungen auf andere Dienste und die Zahl der betroffenen Nutzer

e) etwaiger **Vorsatz** oder etwaige **Fahrlässigkeit** des Urhebers des Verstoßes

f) von der Einrichtung **ergriffene Maßnahmen zur Verhinderung oder Minderung** des materiellen oder immateriellen Schadens

g) Einhaltung **genehmigter Verhaltensregeln** oder **genehmigter Zertifizierungsverfahren**

h) **Umfang der Zusammenarbeit** der verantwortlichen natürlichen oder juristischen Personen mit den zuständigen Behörden.

Unbeschadet dessen kann jeder EU-Mitgliedstaat Vorschriften dafür festlegen, ob und in welchem Umfang gegen Einrichtungen der öffentlichen Verwaltung Geldbußen verhängt werden können (Art. 34 Abs. 7 NIS2).

Leitungspersonen können für etwaige Schäden, die durch Missachtung ihrer NIS2-Pflichten entstehen, unter Umständen auch persönlich, d. h. mit ihrem Privatvermögen haften. Ein eventuell vertraglich vereinbarter Verzicht der Einrichtung auf Ersatzansprüche gegen die Geschäftsleitung oder ein Vergleich über diese Ansprüche ist unwirksam. Eine solche Vereinbarung wäre ausnahmsweise nur dann zulässig, wenn eine Zahlungsunfähigkeit der betreffenden Leitungsperson vorliegt oder die Ersatzpflicht in einem Insolvenzplan geregelt wird.

f) Zuständige Aufsichtsbehörden

Die NIS2-Richtlinie etabliert einen umfassenden Rahmen für die Zusammenarbeit zwischen verschiedenen Aufsichtsbehörden auf nationaler und europäischer Ebene. In Deutschland soll das BSI die zentrale Aufsichtsbehörde werden. Mit der Umsetzung von NIS2 wird das BSI für deutlich mehr Unternehmen als zuvor zuständig sein.

Die zuständige Aufsichtsbehörde hat in Bezug auf wesentliche und wichtige Einrichtungen jeweils verschiedene Aufsichts- und Durchsetzungsbefugnisse:

	wesentliche Einrichtungen	**wichtige Einrichtungen**
Aufsichts-befugnisse:	Art. 32 Abs. 2 NIS2: a) **Vor-Ort-Kontrollen** & ext. Aufsichtsmaßnahmen, einschl. von geschulten Fachleuten durchgeführte Stichprobenkontrollen b) **regelmäßige & gezielte Sicherheitsprüfungen**, die von einer unabhängigen Stelle oder einer zuständigen Behörde durchgeführt werden c) **Ad-hoc-Prüfungen**, einschl. solcher, die aufgrund eines erheblichen Sicherheitsvorfalls oder Verstoßes gegen NIS2 der wesentlichen Einrichtung gerechtfertigt sind	Art. 33 Abs. 2 NIS2: a) **Vor-Ort-Kontrollen** & ext. nachträgliche Aufsichtsmaßnahmen, die von geschulten Fachkräften durchgeführt werden b) **gezielte Sicherheitsprüfungen**, die von einer unabhängigen Stelle oder einer zuständigen Behörde durchgeführt werden c) **Sicherheitsscans** auf der Grundlage objektiver, nicht-diskriminierender, fairer und transparenter Risikobewertungskriterien, erforderlichenfalls auch in Zusammenarbeit mit der betreffenden Einrichtung

	wesentliche Einrichtungen	wichtige Einrichtungen
	d) **Sicherheitsscans** auf der Grundlage objektiver, nicht-diskriminierender, fairer & transparenter Risikobewertungskriterien, erforderlichenfalls in Zusammenarbeit mit der betreffenden Einrichtung e) **Anforderung von Informationen**, die für die Bewertung der von der betreffenden Einrichtung ergriffenen Risikomanagementmaßnahmen im Bereich der Cybersicherheit erforderlich sind, einschließlich dokumentierter Cybersicherheitskonzepte, sowie die Einhaltung der Verpflichtungen zur Übermittlung von Informationen an die zuständigen Behörden nach Art. 27 NIS2 f) **Anforderung des Zugangs zu Daten**, Dokumenten & sonst. Informationen, die zur Erfüllung der Aufsichtsaufgaben erforderlich sind g) **Anforderung von Nachweisen** für die Umsetzung der Cybersicherheitskonzepte, z. B. der Ergebnisse von Sicherheitsprüfungen, die von einem qualifizierten Prüfer durchgeführt wurden, und der entsprechenden zugrunde liegenden Nachweise	d) **Anforderung von Informationen**, die für die nachträgliche Bewertung der von der betreffenden Einrichtung ergriffenen Risikomanagementmaßnahmen im Bereich der Cybersicherheit erforderlich sind, einschl. dokumentierter Cybersicherheitskonzepte, sowie der Einhaltung der Verpflichtungen zur Übermittlung von Informationen an die zuständigen Behörden nach Art. 27 NIS2 e) **Anforderung des Zugangs zu Daten**, Dokumenten & sonst. Informationen, die zur Erfüllung ihrer Aufsichtsaufgaben erforderlich sind
Durchsetzungsbefugnisse:	Art. 32 Abs. 4 NIS2: a) **Warnungen über Verstöße** gegen NIS2 durch die betreffenden Einrichtungen herauszugeben b) **verbindliche Anweisungen** zu erlassen, auch in Bezug auf Maßnahmen, die zur Verhütung oder Behebung eines Sicherheitsvorfalls erforderlich sind, sowie Fristen für die Durchführung dieser Maßnahmen und für	Art. 33 Abs. 4 NIS2: a) **Warnungen über Verstöße** gegen NIS2 durch die betreffenden Einrichtungen herauszugeben b) **verbindliche Anweisungen oder Anordnungen** zu erlassen, um die betreffenden Einrichtungen aufzufordern, die festgestellten Mängel oder den Verstoß gegen NIS2 zu beheben

	wesentliche Einrichtungen	wichtige Einrichtungen
	die Berichterstattung über ihre Durchführung zu setzen, oder Anordnungen zu erlassen, um diese Einrichtungen aufzufordern, die festgestellten Mängel oder die Verstöße gegen NIS2 zu beheben c) die betreffenden Einrichtungen anzuweisen, das gegen NIS2 verstoßende Verhalten **einzustellen & von Wiederholungen abzusehen** d) die betreffenden Einrichtungen anzuweisen, entsprechend bestimmten Vorgaben & innerhalb einer bestimmten Frist sicherzustellen, dass ihre **Risikomanagementmaßnahmen** im Bereich der Cybersicherheit mit Art. 21 NIS2 im Einklang stehen, bzw. die in Art. 23 NIS2 festgelegten Berichtspflichten zu erfüllen e) die betreffenden Einrichtungen anzuweisen, die nat. oder jur. Personen, für die sie Dienste erbringen oder Tätigkeiten ausüben & die potenziell von einer erheblichen Cyberbedrohung betroffen sind, **über die Art der Bedrohung & mögliche Abwehr- oder Abhilfemaßnahmen zu unterrichten**, die von diesen nat. oder jur. Personen als Reaktion auf diese Bedrohung ergriffen werden können f) die betreffenden Einrichtungen anzuweisen, die im Rahmen einer **Sicherheitsprüfung** formulierten Empfehlungen innerhalb einer angemessenen Frist umzusetzen g) für einen bestimmten Zeitraum einen mit genau festgelegten Aufgaben betrauten	c) die betreffenden Einrichtungen anzuweisen, das gegen NIS2 verstoßende Verhalten **einzustellen & von Wiederholungen abzusehen** d) die betreffenden Einrichtungen anzuweisen, entsprechend bestimmten Vorgaben & innerhalb einer bestimmten Frist sicherzustellen, dass ihre **Risikomanagement.-maßnahmen** im Bereich der Cybersicherheit mit Art. 21 NIS2 im Einklang stehen, bzw. die in Art. 23 NIS2 festgelegten Berichtspflichten zu erfüllen e) die betreffenden Einrichtungen anzuweisen, die nat. oder jur. Personen, für die sie Dienste erbringen oder Tätigkeiten ausüben & die potenziell von einer erheblichen Cyberbedrohung betroffen sind, **über die Art der Bedrohung & mögliche Abwehr- oder Abhilfemaßnahmen zu unterrichten**, die von diesen nat. oder jur. Personen als Reaktion auf diese Bedrohung ergriffen werden können f) die betreffenden Einrichtungen anzuweisen, die im Rahmen einer **Sicherheitsprüfung** formulierten Empfehlungen innerhalb einer angemessenen Frist umzusetzen g) die betreffenden Einrichtungen anzuweisen, Aspekte der Verstöße gegen NIS2 entsprechend bestimmten Vorgaben **öffentl. bekannt zu machen** h) gemäß einzelstaatlichem Recht zusätzlich zu den anderen Maßnahmen eine **Geldbuße** gem. Art. 34 NIS2 zu verhängen oder die zuständigen Stellen

	wesentliche Einrichtungen	wichtige Einrichtungen
	Überwachungsbeauftragten zu benennen, der die Einhaltung der Art. 21, 23 NIS2 durch die betreffenden Einrichtungen überwacht h) die betreffenden Einrichtungen anzuweisen, Aspekte der Verstöße gegen NIS2 entsprechend bestimmten Vorgaben **öffentl. bekannt zu machen** i) gemäß einzelstaatlichem Recht zusätzlich zu jeglichen der anderen Maßnahmen eine **Geldbuße** gem. Art. 34 NIS2 zu verhängen oder die zuständigen Stellen oder Gerichte um die Verhängung einer solchen Geldbuße zu ersuchen	oder Gerichte um die Verhängung einer solchen Geldbuße zu ersuchen

Auf europäischer Ebene gestalten sich die Koordinierungsstrukturen folgendermaßen:

1. **Netzwerk von Computer Security Incident Response Teams (CSIRTs)**:
- Austausch von Informationen über Cyberbedrohungen
- Reaktion auf Sicherheitsvorfälle

2. **Europäisches Netz der Verbindungsorganisationen für Cyberkrisen (EU-CyCLONe)**:
- Koordiniertes Management von Cybersicherheitsvorfällen und -krisen großen Ausmaßes
- Regelmäßiger Informationsaustausch zwischen den Mitgliedstaaten und EU-Institutionen

3. **NIS-Kooperationsgruppe**:
- Plattform für strategische Zusammenarbeit und Informationsaustausch
- Beteiligung von EU-Mitgliedstaaten, Europäischer Kommission und der Agentur der Europäischen Union für Cybersicherheit (ENISA)
- Veröffentlichung von Leitlinien und Empfehlungen zur Unterstützung der Umsetzung

g) Ergänzende Rechtsakte, Leitlinien, Normen & Co.

Die NIS2-Richtlinie wird durch verschiedene ergänzende Rechtsakte, Leitlinien und Normen unterstützt, die ihre praktische Umsetzung erleichtern sollen.

1. NIS2-Umsetzungsverordnung (NIS2UmsVO)

- Durchführungsrechtsakt C(2024) 7151 der EU-Kommission (Durchführungsverordnung der Kommission vom 17.10.2024 mit Durchführungsbestimmungen zur Richtlinie (EU) 2022/2555 im Hinblick auf die technischen und methodischen Anforderungen der Risikomanagementmaßnahmen im Bereich der Cybersicherheit und die Präzisierung der Fälle, in denen ein Sicherheitsvorfall in Bezug auf DNS-Diensteanbieter, TLD-Namenregister, Anbieter von Cloud-Computing-Diensten, Anbieter von Rechenzentrumsdiensten, Betreiber von Inhaltszustellnetzen, Anbieter verwalteter Dienste, Anbieter verwalteter Sicherheitsdienste, Anbieter von Online-Marktplätzen, Online-Suchmaschinen und Plattformen für Dienste sozialer Netzwerke und Vertrauensdiensteanbieter als erheblich gilt (NIS2UmsVO)[31]
- konkretisiert bestimmte Vorgaben der NIS2-Richtlinie
- gilt in allen EU-Mitgliedstaaten unmittelbar und hat Vorrang vor nationalen Gesetzen
- Fokus auf grenzüberschreitende Dienste und Harmonisierung der Cybersicherheitsanforderungen.

In der NIS2UmsVO werden nicht nur genaue Angaben zu den technischen und methodischen Anforderungen sowie zu erheblichen und wiederholten Sicherheitsvorfällen gemacht. So gilt ein Sicherheitsvorfall beispielsweise dann als erheblich, wenn eines oder mehrere der folgenden Kriterien erfüllt sind (Art. 3 Abs. 1 NIS2UmsVO):

a) der Vorfall hat der betreffenden Einrichtung einen direkten finanziellen Verlust in Höhe von mehr als 500.000 EUR oder 5 % ihres jährlichen Gesamtumsatzes im vorangegangenen Geschäftsjahr – je nachdem, welcher Wert niedriger ist – verursacht oder kann einen solchen Verlust verursachen;

b) der Vorfall hat den Abfluss von Geschäftsgeheimnissen der betreffenden Einrichtung im Sinne von Artikel 2 Nummer 1 der Richtlinie (EU) 2016/943 verursacht oder kann einen solchen Abfluss verursachen;

c) der Vorfall hat den Tod einer natürlichen Person verursacht oder kann einen solchen Tod verursachen;

---

31 https://eur-lex.europa.eu/legal-content/DE/TXT/?uri=PI_COM%3AC%282024%297151.

d) der Vorfall hat eine schwere Schädigung der Gesundheit einer natürlichen Person verursacht oder kann eine solche Schädigung verursachen;

e) es hat einen erfolgreichen, mutmaßlich böswilligen und unbefugten Zugriff auf Netz- und Informationssysteme gegeben, der geeignet ist, schwerwiegende Betriebsstörungen zu verursachen;

f) der Vorfall erfüllt die in Artikel 4 aufgeführten Kriterien;

g) der Vorfall erfüllt eines oder mehrere der in den Artikeln 5 bis 14 aufgeführten Kriterien.

Planmäßige Betriebsunterbrechungen und geplante Folgen planmäßiger Wartungsarbeiten, die von oder im Auftrag der betreffenden Einrichtungen durchgeführt werden, gelten nicht als erhebliche Sicherheitsvorfälle (Art. 3 Abs. 2 NIS2UmsVO).

In der NIS2UmsVO finden sich außerdem auch detaillierte Ausführungen dazu, unter welchen Voraussetzungen ein Sicherheitsvorfall bei einzelnen Akteuren als „erheblich" einzustufen ist. Exemplarisch sei an dieser Stelle auf Art. 7 NIS2UmsVO verwiesen, der für Anbieter von Cloud-Computing-Diensten Folgendes festlegt:

> *„In Bezug auf Anbieter von Cloud-Computing-Diensten gilt ein Sicherheitsvorfall als erheblich im Sinne von Artikel 3 Absatz 1 Buchstabe g, wenn er eines oder mehrere der folgenden Kriterien erfüllt:*
>
> *a) ein erbrachter Cloud-Computing-Dienst ist mehr als 30 Minuten lang vollständig nicht verfügbar;*
>
> *b) die Verfügbarkeit eines Cloud-Computing-Dienstes eines Anbieters ist für mehr als 5 % der Nutzer des Cloud-Computing-Dienstes in der Union oder für mehr als 1 Million Nutzer des Cloud-Computing-Dienstes in der Union – je nachdem, welche Zahl niedriger ist – für eine Dauer von mehr als einer Stunde eingeschränkt;*
>
> *c) die Integrität, Vertraulichkeit oder Authentizität der im Zusammenhang mit der Erbringung eines Cloud-Computing-Dienstes gespeicherten, übermittelten oder verarbeiteten Daten ist infolge einer mutmaßlich böswilligen Handlung beeinträchtigt;*
>
> *d) die Integrität, Vertraulichkeit oder Authentizität der im Zusammenhang mit der Erbringung eines Cloud-Computing-Dienstes gespeicherten, übermittelten oder verarbeiteten Daten ist beeinträchtigt, und dies wirkt sich auf mehr als 5 % der Nutzer des Cloud-Computing-Dienstes in der Union oder auf mehr als 1 Million Nutzer des Cloud-Computing-Dienstes in der Union – je nachdem, welche Zahl niedriger ist – aus."*

Einerseits helfen diese Details dabei, zu ermitteln, ob ein Sicherheitsvorfall als „erheblich" eingestuft werden muss, andererseits machen es diese umfangreichen Kriterien auch schwieriger, sie in der Praxis zu prüfen – zumal in einer akuten Notsituation.

2. ENISA-Leitlinien

- Implementierungsleitfaden für Sicherheitsmaßnahmen[32]
- Leitlinien zur Kategorisierung von Vorfällen gemäß Art. 23 Abs. 9 NIS2

3. NIS2-Umsetzungs- und Cybersicherheitsstärkungsgesetz (NIS2UmsuCG)

- deutsches Gesetz zur Umsetzung der NIS2-Vorgaben
- befindet sich – Stand heute – noch im Entwurfsstadium

4. ISO/IEC 27001

- internationale Norm[33]
- spezifiziert die Anforderungen für Einrichtung, Umsetzung, Aufrechterhaltung und fortlaufende Verbesserung eines Informationssicherheits-Managementsystems (ISMS)
- grundlegende Prinzipien: Vertraulichkeit, Integrität und Verfügbarkeit
- Implementierung der Anforderungen der ISO 27001 folgen dem PDCA-Zyklus (engl. Akronym für: Plan, Do, Check, Act, dt.: Planen, Umsetzen, Prüfen, Anpassen).
- folgt der Harmonized Structure (HS), die einen einheitlichen Aufbau für Managementsystemnormen vorgibt und 10 Hauptabschnitte umfasst
- enthält in der aktuellen Version 27001:2022 insgesamt 93 Controls, die in vier Kategorien unterteilt sind: organisatorische, personenbezogene, physische und technologische Maßnahmen.

Die ISO 27001 darf nicht für sich betrachtet werden. Es gibt vielmehr eine ganze Reihe von Normen, die sie ergänzen. Dazu zählen u. a. die Folgenden:

- ISO 27002, die Leitlinien zur Implementierung der in ISO/IEC 27001 spezifizierten Kontrollen bietet
- ISO 27003, die Implementierungsleitlinien für die Planung und Durchführung eines ISMS-Projekts enthält
- ISO 27004, in der Leitlinien zur Messung sowie zur Bewertung der Leistung und Effektivität eines ISMS geregelt werden

32 https://www.enisa.europa.eu/news/asking-for-your-feedback-enisa-technical-guidance-for-the-cybersecurity-measures-of-the-nis2-implementing-act.

33 https://de.wikipedia.org/wiki/ISO/IEC_27001.

- ISO 27005, die u.a. Leitlinien zur Etablierung von Risikomanagementprozessen vorsieht
- ISO 27015, in der Leitlinien für die Implementierung eines ISMS in Unternehmen aus dem Finanzdienstleistungsbereich enthalten sind
- ISO 27033, die Leitlinien und Best Practices für die Netzwerksicherheit bietet
- oder auch ISO 27799, die sich als sektorspezifische Norm an den Gesundheitssektor richtet und entsprechende Leitlinien enthält.

Außerdem existiert mit der ISO 27701 auch eine Erweiterung mit Blick auf das Datenschutzmanagement, also insbesondere auf die Umsetzung der Vorgaben der Datenschutzgrundverordnung (DSGVO).

> Die Umsetzung der NIS2-Richtlinie erfordert in vielen Fällen die Anpassung bestehender Informationssicherheitsmanagementsysteme (ISMS) an die neuen Anforderungen. Dies kann zusätzliche Maßnahmen in Bereichen wie Krisenmanagement, Geschäftskontinuität und Lieferkettensicherheit erfordern.

NIS2 und ISO 27001 verfolgen beide das Ziel, die Informationssicherheit in Organisationen zu verbessern, unterscheiden sich jedoch in ihrer rechtlichen Natur, ihrem Anwendungsbereich und einigen spezifischen Anforderungen. Während die NIS2-Richtlinie ein verbindlicher Rechtsakt der EU ist, der sich auf kritische Sektoren konzentriert und spezifische gesetzliche Verpflichtungen enthält, ist die ISO 27001 eine freiwillige internationale Norm, die einen umfassenden Rahmen für das Informationssicherheitsmanagement bietet.

Die überwiegenden NIS2-Anforderungen können durch eine ISO-27001-Implementierung abgedeckt werden, insbesondere im Bereich des Risikomanagements, der Governance und der technischen und organisatorischen Maßnahmen:

Aspekt	NIS2	ISO 27001
Risikobasierter Ansatz	Art. 21 Abs. 2 lit. a) fordert Risikobewertung und -management	Kapitel 6 und 8 definieren Anforderungen an Risikobewertung und -behandlung
Führungsverantwortung	Art. 20 legt Governance-Anforderungen fest	Kapitel 5 definiert Anforderungen an Führung und Verpflichtung
Technische und organisatorische Maßnahmen	Art. 21 fordert geeignete Sicherheitsmaßnahmen	Anhang A bietet 93 Controls für versch. Sicherheitsaspekte

Aspekt	NIS2	ISO 27001
Vorfallmanagement	Art. 21 Abs. 2 lit. b) fordert Verfahren zur Behandlung von Vorfällen	Controls A.5.24-A.5.28 betreffen Vorfallmanagement
Business Continuity Management (BCM)	Art. 21 Abs. 2 lit. c) fordert BCM	Controls A.5.29, A.5.30, A.8.14 betreffen BCM
Lieferkettensicherheit	Art. 21Abs. 2 lit. d) fordert Management der Lieferkette	Controls A.5.19-A.5.23 betreffen Lieferantenbeziehungen
Schulungen	Art. 20 Abs. 2 fordert Schulungen zur Cybersicherheit	Kapitel 7.3 und Control A.6.3 betreffen Awareness und Schulungen
Kryptographie	Art. 21 Abs. 2 lit. h) fordert den Einsatz von Kryptographie	Control A.8.24 betrifft den Einsatz von Kryptographie
Zugangs-/ Zugriffskontrolle	Art. 21Abs. 2 lit. i) fordert Zugangs-/Zugriffskontrolle	Controls A.5.15-A.5.18, A.8.1-A.8.3 betreffen Zugangskontrolle
Kontinuierliche Verbesserung	Art. 21 Abs. 2 lit. f) fordert Bewertung der Wirksamkeit	Kapitel 10 fordert kontinuierliche Verbesserung

Für vollständige NIS2-Compliance müssen jedoch zusätzliche Maßnahmen ergriffen werden, insbesondere in Bezug auf Meldepflichten und sektorspezifische Anforderungen.

5. BSI IT-Grundschutz

Der BSI IT-Grundschutz ist ein vom BSI entwickeltes Konzept, das eine systematische Vorgehensweise zur Gewährleistung der Informationssicherheit bietet[34]. Es umfasst eine Reihe von Standards, Methoden und Werkzeugen, die Organisationen dabei unterstützen, ihre IT-Systeme und Daten vor potenziellen Bedrohungen zu schützen.

Der IT-Grundschutz verfolgt das Ziel, ein robustes Sicherheitsniveau zu schaffen, das mit branchenüblichen Praktiken und regulatorischen Anforderungen übereinstimmt. Er richtet sich insbesondere an Behörden, Unternehmen und andere Organisationen, die mit sensiblen Daten arbeiten oder hohe Sicherheitsanforderungen haben. Durch einen Soll-Ist-Vergleich zwischen den empfohlenen und den bereits umgesetzten Anforderungen lassen sich

34 https://www.bsi.bund.de/DE/Themen/Unternehmen-und-Organisationen/Standards-und-Zertifizierung/IT-Grundschutz/it-grundschutz_node.html.

mit der IT-Grundschutz-Methodik Sicherheitsdefizite und notwendige Maßnahmen identifizieren. Bei erhöhtem Schutzbedarf ist zusätzlich eine individuelle Risikoanalyse nötig.

Durch die Umsetzung des IT-Grundschutzes können Institutionen nachweisen, dass ihre Maßnahmen zur Informationssicherheit anerkannten internationalen Standards entsprechen, wie z.B. der ISO 27001.

Der IT-Grundschutz verfolgt einen ganzheitlichen Ansatz, der sowohl das Sicherheitsmanagement als auch konkrete technische, infrastrukturelle, organisatorische und personelle Sicherheitsanforderungen umfasst. Dazu stellt das BSI alle Materialien kostenfrei zur Verfügung, u.a. das IT-Grundschutz-Kompendium, die verschiedenen Bausteine sowie vorgefertigte Profile für bestimmte Anwendungsfälle. Das IT-Grundschutz-Kompendium ist ein umfangreiches Arbeitsinstrument, das die in den BSI-Standards formulierten allgemeinen Empfehlungen konkretisiert und umsetzbar macht. Es ist modular aufgebaut und enthält Bausteine, die beschreiben, was für ein angemessenes Maß an Sicherheit getan werden sollte.

Der IT-Grundschutz enthält folgende zentrale Bestandteile:

- **BSI-Standard 200-1**: Dieser regelt Managementsysteme für Informationssicherheit
- **BSI-Standard 200-2**: Dieser beinhaltet die IT-Grundschutz-Methodik
- **BSI-Standard 200-3**: Hierbei geht es um Risikoanalyse auf der Basis des IT-Grundschutzes
- **BSI-Standard 200-4**: Darin wird das Thema Business Continuity Management behandelt.

Im IT-Grundschutz werden 47 elementare Gefährdungen adressiert, u.a. Feuer, Naturkatastrophen, Spionage, Schadsoftware oder Überschwemmungen. Um entsprechende Sicherheitsmaßnahmen zu ergreifen, werden verschiedene Maßnahmen in den Bereichen…

- Sicherheitsmanagement,
- Organisation und Personal,
- Konzepte und Vorgehensweisen,
- Betrieb,
- Detektion und Reaktion,
- Anwendungen,
- IT-Systeme bzw. Industrielle IT,
- Netze und Kommunikation
- sowie Infrastruktur

vorgeschlagen.

Je nach Anforderungen müssen oder sollten bestimmte Vorgaben umgesetzt werden.

> Mit dem „Weg in die Basis-Absicherung (WiBA)“ bietet das BSI eine niedrigschwellige Möglichkeit an, grundlegende Maßnahmen zur Gewährleistung der IT- bzw. Informationssicherheit umzusetzen.[35] Dieses Projekt wurde ins Leben gerufen, um den Einstieg in den IT-Grundschutz weiter zu vereinfachen.

Quelle: Bundesamt für Sicherheit in der Informationstechnik

Auf der BSI-Website finden sich zum Projekt „WiBA“ diverse Materialien, Checklisten etc.

Der IT-Grundschutz ist für verschiedene Organisationen relevant, darunter Bundesbehörden, Betreiber Kritischer Infrastrukturen sowie Einrichtungen mit hohen Sicherheitsanforderungen (wie z. B. Rüstungsunternehmen).

35 https://www.bsi.bund.de/DE/Themen/Unternehmen-und-Organisationen/Standards-und-Zertifizierung/IT-Grundschutz/WIBA/Weg_in_die_Basis_Absicherung_WiBA_node.html.

2. NIS2-Umsetzungs- und Cybersicherheitsstärkungsgesetz (NIS2UmsuCG)

a) Zielrichtung

Das NIS2-Umsetzungs- und Cybersicherheitsstärkungsgesetz (NIS2UmsuCG)[36] soll eine umfassende Neuregulierung der Cybersicherheitslandschaft in Deutschland schaffen. Es dient der nationalen Umsetzung der NIS-2-Richtlinie und zielt darauf ab, ein hohes gemeinsames Cybersicherheitsniveau in der gesamten Europäischen Union zu gewährleisten. Das aktuell erst im Entwurfsstadium vorliegende NIS2UmsuCG adressiert, basierend auf den NIS2-Vorgaben, die zunehmenden Cybersicherheitsbedrohungen für Wirtschaft und Verwaltung.

Ein konkretes Ziel ist die Reduzierung wirtschaftlicher Schäden durch Cyberangriffe. Wie die Begründung zum Referentenentwurf des NIS2UmsuCG vom 23. Juni 2025[37] darlegt, schätzt der Branchenverband Bitkom das jährliche Gesamtschadensvolumen für deutsche Unternehmen auf durchschnittlich rund 210 Milliarden Euro in den letzten drei Jahren. Das NIS2UmsuCG soll dazu beitragen, mindestens die Hälfte dieser Schäden bei betroffenen Unternehmen abzuwehren, was einem geschätzten abgewehrten Gesamtschaden von ca. 3,6 Milliarden Euro entspricht.

b) Inkrafttreten/Anwendbarkeit

Das NIS2UmsuCG sollte ursprünglich zum 17. Oktober 2024 in Kraft treten, da dies die Frist für die Umsetzung der NIS-2-Richtlinie in nationales Recht war. Aufgrund der vorgezogenen Bundestagswahlen konnte das parlamentarische Verfahren jedoch nicht abgeschlossen werden.

Inzwischen sieht der Zeitplan wohl so aus, dass der Bundesrat im September 2025 mit dem NIS2UmsuCG befasst werden soll und der Bundestag dann letztlich im Oktober 2025 entscheiden soll. Bis Ende des Jahres 2025 soll demnach damit zu rechnen sein, dass das Gesetz endlich in Kraft treten kann.

c) Anwendungsbereich

Das NIS2UmsuCG führt zu einer signifikanten Ausweitung des Anwendungsbereichs im Vergleich zu den bisherigen IT-Sicherheitsgesetzen. Es umfasst nun folgende Kategorien von Einrichtungen:

– besonders wichtige Einrichtungen

---

36 https://www.bmi.bund.de/SharedDocs/gesetzgebungsverfahren/DE/CI1/nis2umsucg.html.

37 https://ag.kritis.info/wp-content/uploads/2025/06/Stand_2025_06_24_ReferentenentwurfNIS2UmsuCG.pdf.

- wichtige Einrichtungen
- Betreiber kritischer Anlagen (vormals „Kritische Infrastrukturen“, KRITIS-Bereich).

Insgesamt werden schätzungsweise rund 30.000 Unternehmen aus den verschiedenen Sektoren von den Regelungen betroffen sein. Die Einstufung erfolgt gemäß NIS2 nach Sektorzugehörigkeit und Unternehmensgröße.

Die Anlagen 1 und 2 zum BSIG umfassen folgende Sektoren:

1. Sektoren besonders wichtiger und wichtiger Einrichtungen (Anlage 1)

- **Energie** (Stromversorgung, Fernwärmeversorgung oder Fernkälteversorgung, Kraftstoff- und Heizölversorgung, Gasversorgung)
- **Transport und Verkehr** (Luftverkehr, Schienenverkehr, Schifffahrt, Straßenverkehr)
- **Finanzwesen** (Bankwesen, Finanzmarktinfrastrukturen)
- **Gesundheit** (Erbringer von Gesundheitsdienstleistungen, EU-Referenzlaboratorien, Unternehmen, die Forschungs- und Entwicklungstätigkeiten in Bezug auf Arzneimittel durchführen sowie Unternehmen, die pharmazeutische Erzeugnisse und Medizinprodukte herstellen)
- **Wasser** (Trinkwasserversorgung, Abwasserbeseitigung)
- **Digitale Infrastruktur** (Betreiber von Internet Exchange Points, DNS-Diensteanbieter, Top Level Domain Name Registry, Anbieter von Cloud-Computing-Diensten, Anbieter von Rechenzentrumsdiensten, Betreiber von Content Delivery Networks, Vertrauensdiensteanbieter, Betreiber öffentlicher Telekommunikationsnetze, Anbieter öffentlich zugänglicher Telekommunikationsdienste, Managed Services Provider, Managed Security Services Provider)
- **Weltraum** (Bodeninfrastrukturen).

2. Sektoren wichtiger Einrichtungen (Anlage 2)

- **Transport und Verkehr** (Post- und Kurierdienste)
- **Abfallbewirtschaftung**
- Produktion, Herstellung und Handel mit **chemischen Stoffen**
- Produktion, Verarbeitung und Vertrieb von **Lebensmitteln**
- **Verarbeitendes Gewerbe/Herstellung von Waren** (Herstellung von Medizinprodukten und In-vitro-Diagnostika, Herstellung von Datenverarbeitungsgeräten, elektronischen und optischen Erzeugnissen, Herstellung von elektrischen Ausrüstungen, Maschinenbau, Herstellung von Kraftwagen und Kraftwagenteilen, sonstiger Fahrzeugbau)
- **Anbieter digitaler Dienste** (Anbieter von Online-Marktplätzen, von Online-Suchmaschinen oder von Plattformen für Dienste sozialer Netzwerke)

– **Forschung.**

Im Unterschied zu NIS2 spricht das deutsche Umsetzungsgesetz nicht von „wesentlichen Einrichtungen“, sondern von „besonders wichtigen Einrichtungen“. Diese Differenzierung ist jedoch rein sprachlicher Natur.

Hinsichtlich der Größenordnungen müssen sich die Vorgaben auch in den nationalen Regelungen an die NIS2-Vorgaben halten. So gelten Einrichtungen nur dann als „besonders wichtig“, wenn sie mindestens 250 Mitarbeiter beschäftigen oder einen Jahresumsatz von über 50 Millionen Euro und zudem eine Jahresbilanzsumme von über 43 Millionen Euro aufweisen. Als „wichtige“ Einrichtungen gelten solche, die mindestens 50 Mitarbeiter beschäftigen oder einen Jahresumsatz und eine Jahresbilanzsumme von jeweils über 10 Millionen Euro aufweisen. Beide Alternativen setzen voraus, dass die betreffende Einrichtung einem Sektor nach Anlage 1 oder 2 des BSIG angehört. Zudem gibt es in beiden Fällen auch Institutionen, die unabhängig vom Erreichen der Schwellenwerte als „besonders wichtige“ oder „wichtige“ Einrichtung eingestuft werden, darunter KRITIS-Betreiber, Top Level Domain Name Registries oder DNS-Diensteanbieter, Vertrauensdiensteanbieter, Anbieter öffentlich zugänglicher Telekommunikationsdienste oder Betreiber öffentlicher Telekommunikationsnetze.

Als so genanntes Artikel-Gesetz enthält das NIS2UmsuCG keine eigenen Regelungen, sondern nimmt Änderungen an verschiedenen anderen, bereits existierenden Normen vor. Es werden folgende Regelwerke an die NIS2-Vorgaben angepasst:

- Artikel 1: Gesetz über das Bundesamt für Sicherheit in der Informationstechnik und über die Sicherheit in der Informationstechnik von Einrichtungen (BSI-Gesetz, BSIG)[38]
- Artikel 2: Änderung des BND-Gesetzes[39]
- Artikel 3: Änderung der Sicherheitsüberprüfungsfeststellungsverordnung[40]
- Artikel 4: Änderung des Telekommunikation-Digitale-Dienste-Datenschutz-Gesetzes[41]

38 https://www.gesetze-im-internet.de/bsig_2009/.
39 https://www.gesetze-im-internet.de/bndg/.
40 https://www.gesetze-im-internet.de/s_fv_2023/.
41 https://www.gesetze-im-internet.de/ttdsg/.

- Artikel 5: Änderung der Gleichstellungsbeauftragtenwahlverordnung[42]
- Artikel 6: Änderung des Zweiten Gesetzes zur Erhöhung der Sicherheit informationstechnischer Systeme[43]
- Artikel 7: Änderung der BSI-Zertifizierungs- und Anerkennungsverordnung[44]
- Artikel 8: Änderung der Änderung der BSI-Kritisverordnung[45]
- Artikel 9: Änderung der BSI IT-Sicherheitskennzeichenverordnung[46]
- Artikel 10: Änderung des De-Mail-Gesetzes[47]
- Artikel 11: Änderung des E-Government-Gesetzes[48]
- Artikel 12: Änderung der Passdatenerfassungs- und Übermittlungsverordnung[49]
- Artikel 13: Änderung der Personalausweisverordnung[50]
- Artikel 14: Änderung des Hinweisgeberschutzgesetzes[51]
- Artikel 15: Änderung der Kassensicherungsverordnung[52]
- Artikel 16 Änderung des Atomgesetzes[53]
- Artikel 17: Änderung des Energiewirtschaftsgesetzes[54]
- Artikel 18: Änderung des Messstellenbetriebsgesetzes[55]
- Artikel 19: Änderung des Energiesicherungsgesetzes[56]
- Artikel 20: Änderung des Wärmeplanungsgesetzes[57]
- Artikel 21: Änderung des Fünften Buches Sozialgesetzbuch[58]

42 https://www.gesetze-im-internet.de/gleibwv_2015/.
43 https://www.buzer.de/gesetz/14639/index.htm.
44 https://www.gesetze-im-internet.de/bsizertv_2014/.
45 https://www.gesetze-im-internet.de/bsi-kritisv/.
46 https://www.gesetze-im-internet.de/bsi-itsikv/.
47 https://www.gesetze-im-internet.de/de-mail-g/.
48 https://www.gesetze-im-internet.de/egovg/.
49 https://www.gesetze-im-internet.de/passde_v/.
50 https://www.gesetze-im-internet.de/pauswv/.
51 https://www.gesetze-im-internet.de/hinschg/.
52 https://www.gesetze-im-internet.de/kassensichv/.
53 https://www.gesetze-im-internet.de/atg/.
54 https://www.gesetze-im-internet.de/enwg_2005/.
55 https://www.gesetze-im-internet.de/messbg/.
56 https://www.gesetze-im-internet.de/ensig_1975/.
57 https://www.gesetze-im-internet.de/wpg/.
58 https://www.gesetze-im-internet.de/sgb_5/.

- Artikel 22: Änderung der Digitale Gesundheitsanwendungen-Verordnung[59]
- Artikel 23: Änderung der Verordnung zum Barrierefreiheitsstärkungsgesetz[60]
- Artikel 24: Änderung des Elften Buches Sozialgesetzbuch[61]
- Artikel 25: Änderung des Telekommunikationsgesetzes[62]
- Artikel 26: Änderung der Krankenhausstrukturfonds-Verordnung[63]
- Artikel 27: Änderung der Außenwirtschaftsverordnung[64]
- Artikel 28: Änderung des Vertrauensdienstegesetzes[65]

d) Pflichten von Akteuren

Das NIS2UmsuCG definiert umfassende Pflichten für die betroffenen Einrichtungen.

1. Risikomanagementmaßnahmen (§ 30 BSIG)

Besonders wichtige Einrichtungen und wichtige Einrichtungen sind verpflichtet, geeignete, verhältnismäßige und wirksame technische und organisatorische Maßnahmen zu ergreifen, um Störungen der Verfügbarkeit, Integrität und Vertraulichkeit der informationstechnischen Systeme, Komponenten und Prozesse, die sie für die Erbringung ihrer Dienste nutzen, zu vermeiden und Auswirkungen von Sicherheitsvorfällen möglichst gering zu halten. Diese Maßnahmen sollen den Stand der Technik einhalten, die einschlägigen europäischen und internationalen Normen berücksichtigen und müssen auf einem gefahrenübergreifenden Ansatz beruhen. Die Maßnahmen müssen zumindest Folgendes umfassen:

- Konzepte in Bezug auf die Risikoanalyse und auf die Sicherheit in der Informationstechnik
- Bewältigung von Sicherheitsvorfällen
- Aufrechterhaltung des Betriebs, wie Backup-Management und Wiederherstellung nach einem Notfall, und Krisenmanagement

59 https://www.gesetze-im-internet.de/digav/.
60 https://www.gesetze-im-internet.de/bfsgv/BJNR092800022.html.
61 https://www.gesetze-im-internet.de/sgb_11/.
62 https://www.gesetze-im-internet.de/tkg_2021/.
63 https://www.gesetze-im-internet.de/khsfv/.
64 https://www.gesetze-im-internet.de/awv_2013/.
65 https://www.gesetze-im-internet.de/vdg/.

- Sicherheit der Lieferkette einschließlich sicherheitsbezogener Aspekte der Beziehungen zu unmittelbaren Anbietern oder Diensteanbietern
- Sicherheitsmaßnahmen bei Erwerb, Entwicklung und Wartung von informationstechnischen Systemen, Komponenten und Prozessen einschließlich Management und Offenlegung von Schwachstellen
- Konzepte und Verfahren zur Bewertung der Wirksamkeit von Risikomanagementmaßnahmen im Bereich der Sicherheit in der Informationstechnik
- grundlegende Schulungen und Sensibilisierungsmaßnahmen im Bereich der Sicherheit in der Informationstechnik
- Konzepte und Prozesse für den Einsatz von kryptographischen Verfahren, Erstellung von Konzepten für die Sicherheit des Personals, die Zugriffskontrolle und für die Verwaltung von IKT-Systemen, -Produkten und -Prozessen
- Verwendung von Lösungen zur Multi-Faktor-Authentifizierung oder kontinuierlichen Authentifizierung, gesicherte Sprach-, Video- und Textkommunikation sowie gegebenenfalls gesicherte Notfallkommunikationssysteme innerhalb der Einrichtung.

2. Meldepflichten (§ 32 BSIG)

Die Meldepflichten wurden erheblich verschärft und folgen einem mehrstufigen Melderegime:

- **Erstmeldung**: unverzüglich, spätestens jedoch innerhalb von 24 Stunden nach Kenntniserlangung von einem erheblichen Sicherheitsvorfall
- **Aktualisierte Meldung**: unverzüglich, spätestens jedoch innerhalb von 72 Stunden nach Kenntniserlangung von einem erheblichen Sicherheitsvorfall
- **Abschlussmeldung**: spätestens einen Monat nach Übermittlung der Meldung des Sicherheitsvorfalls.

Auf Ersuchen des BSI müssen zudem **Zwischenmeldungen über relevante Statusaktualisierungen** erfolgen.

3. Registrierungspflicht (§ 33 BSIG)

Alle betroffenen Einrichtungen müssen sich beim BSI registrieren und dabei relevante Kontakt- und Identifikationsdaten übermitteln. Dies muss spätestens drei Monate, nachdem sie erstmals oder erneut als eine der erfassten Einrichtungen gelten oder Domain-Name-Registry-Dienste anbieten, erfolgen. Spezielle Vorgaben hinsichtlich der Meldung/Registrierung existieren für bestimmte Einrichtungen, nämlich für DNS-Diensteanbieter, Top Level

Domain Name Registries, Domain-Name-Registry-Dienstleister, Anbieter von Cloud-Computing-Diensten, Anbieter von Rechenzentrumsdiensten, Betreiber von Content Delivery Networks, Managed Service Provider, Managed Security Service Provider, Anbieter von Online-Marktplätzen, Online-Suchmaschinen oder Plattformen für Dienste sozialer Netzwerke (§ 34 BSIG).

4. Unterrichtungspflichten (§ 35 BSIG)

Bestimmte Einrichtungen, beispielsweise aus dem Sektor Finanzwesen, müssen ihre Nutzer über erhebliche Cyberbedrohungen, die deren Interessen beeinträchtigen könnten, und über mögliche Schutzmaßnahmen unterrichten.

5. Besondere Pflichten für Geschäftsleitungen

Die Geschäftsleitungen von betroffenen Einrichtungen müssen die Umsetzung der Risikomanagementmaßnahmen gewährleisten und die Umsetzung in der Einrichtung überwachen (§ 38 BSIG). Darüber hinaus müssen sie regelmäßig an Cybersicherheitsschulungen teilnehmen, um ausreichende Kenntnisse und Fähigkeiten zur Erkennung und Bewertung von Risiken und von Risikomanagementpraktiken im Bereich der Sicherheit in der Informationstechnik zu erlangen sowie um die Auswirkungen von Risiken sowie Risikomanagementpraktiken auf die von der Einrichtung erbrachten Dienste beurteilen zu können.

e) Sanktionen/Geldbußen

Das NIS2UmsuCG enthält umfangreiche Bußgeldvorschriften in § 65 BSIG. Die Bußgeldtatbestände wurden im Vergleich zu früheren Regelungen erweitert und die Höhe der Bußgelder deutlich angehoben. Die maximalen Bußgelder sind nach der Art der Einrichtung gestaffelt:

- Besonders wichtige Einrichtungen: Bis zu 10 Millionen Euro oder 2 % des weltweiten Jahresumsatzes (bei Unternehmen mit mehr als 500 Millionen Euro Umsatz)
- Wichtige Einrichtungen: Bis zu 7 Millionen Euro oder 1,4 % des weltweiten Jahresumsatzes (bei Unternehmen mit mehr als 500 Millionen Euro Umsatz).

Der Bußgeldkatalog ist in fünf Stufen gestaffelt, wobei die übrigen vier Stufen je nach Art und Schwere des Verstoßes zwischen 100.000 Euro und 2 Millionen Euro liegen. Zu den bußgeldbewehrten Verstößen gehören u. a.:

- Nichteinhaltung der Risikomanagementmaßnahmen
- Fehlende, unvollständige oder verspätete Meldungen von Sicherheitsvorfällen

- Fehlende, unvollständige oder verspätete Registrierung
- Missachtung von Anordnungen des BSI.

f) Zuständige Aufsichtsbehörden

Das BSI ist die zentrale Behörde für die Umsetzung und Überwachung des NIS2UmsuCG. Zu seinen Kompetenzen und Befugnisse zählen insbesondere:

- Aufsicht und Überwachung
- Prüf- und Anordnungsbefugnisse (z. B. Verpflichtung von Einrichtungen zu Prüfungen und Audits, Einfordern von Nachweisen zur Umsetzung von Anforderungen, Erteilen von verbindlichen Anweisungen zur Umsetzung von Pflichten, Erteilen von Anweisungen zur Verhütung oder Behebung von Vorfällen)
- Eingriffsbefugnisse (z. B. vorübergehender Entzug von Genehmigungen, Untersagung der Tätigkeit für Geschäftsleitungen bei schwerwiegenden Verstößen)
- Funktion als zentrale Meldestelle.

Neben dem BSI sind weitere Behörden an der Regulierung beteiligt, wie die Bundesnetzagentur (BNetzA) für den Telekommunikationssektor und das Bundesamt für Bevölkerungsschutz und Katastrophenhilfe (BBK) für bestimmte Aspekte der kritischen Infrastrukturen.

g) Ergänzende Rechtsakte, Leitlinien, Normen & Co.

Zur Umsetzung und Konkretisierung des NIS2UmsuCG gibt es verschiedene ergänzende Rechtsakte, Leitlinien und Normen:

- **Internationale Standards**: Die ISO 27001 als internationale Norm für Informationssicherheitsmanagementsysteme spielt eine wichtige Rolle bei der Umsetzung der Anforderungen von NIS2 bzw. des deutschen Umsetzungsgesetzes. Organisationen, die bereits nach ISO 27001 zertifiziert sind, haben einen Vorsprung bei der Implementierung der Anforderungen.
- **ENISA-Leitlinien**: Die Europäische Agentur für Cybersicherheit (ENISA) stellt Implementierungsleitlinien zu Sicherheitsmaßnahmen bereit, die bei der Auslegung und Umsetzung der Anforderungen helfen können. So finden sich beispielsweise im Papier „Implementing Guidance" aus Oktober 2024[66] speziell für DNS-Dienstleister, TLD-Namensregistrierungsstellen, Cloud-Computing-Dienstleister, Rechenzentrumsdienstleister, Content-Delivery-Netzwerk-Anbieter, Managed-Service-Provider, Ma-

66 https://www.enisa.europa.eu/sites/default/files/2024-11/Implementation%20guidance%20on%20security%20measures_FOR%20PUBLIC%20CONSULTATION.pdf.

naged-Security-Service-Provider, Anbieter von Online-Marktplätzen, von Online-Suchmaschinen und von Plattformen für soziale Netzwerke sowie für Vertrauensdienstleister entsprechende Hinweise.
- **BSI-Handreichungen**: Das BSI plant, noch vor Inkrafttreten des Gesetzes branchenspezifische Handreichungen zu veröffentlichen, um Rechtsunsicherheiten in der Anwendung des NIS2UmsuCG zu vermeiden.

Der ENISA „Implementing Guidance" enthält zahlreiche Details und Tipps zur Umsetzung in die Praxis in Bezug auf folgende Punkte:
- Richtlinie die Netz- und Informationssicherheit
- Risikomanagement-Richtlinie
- Behandlung von Zwischenfällen
- Business Continuity Management (BCM) und Krisenmanagement
- Lieferkettensicherheit
- Sicherheit bei Erwerb, Entwicklung und Wartung von Netz- und Informationssystem
- Strategien und Verfahren zur Bewertung der Wirksamkeit von Maßnahmen zum Risikomanagement im Bereich der Cybersicherheit
- Kryptographie
- Sicherheit bei der Personalplanung
- Zugangskontrolle
- Asset Management
- Ökologische und physische Sicherheit

Das Gesetz enthält verschiedene Verordnungsermächtigungen (§ 56 BSIG), die es dem Bundesministerium des Inneren ermöglichen, Details wie die genaue Definition kritischer Anlagen oder konkrete technische Anforderungen durch Rechtsverordnungen zu regeln.

3. CER-Richtlinie (CER)

a) Zielrichtung

Die Richtlinie (EU) 2022/2557 des Europäischen Parlaments und des Rates vom 14. Dezember 2022 über die Resilienz kritischer Einrichtungen (engl.: Critical Entities Resilience Directive, kurz: CER-Richtlinie)[67] schafft einen einheitlichen europäischen Rechtsrahmen für die Stärkung der Resilienz kritischer Einrichtungen in bestimmten Sektoren gegen verschiedene Gefah-

67 https://eur-lex.europa.eu/legal-content/DE/TXT/?qid=1747904294282&uri=CELEX%3A32022L2557.

ren. Während sich die parallel eingeführte NIS2-Richtlinie auf die Cybersicherheit konzentriert, adressiert die CER-Richtlinie die physische Resilienz kritischer Einrichtungen gegenüber allen Arten von Bedrohungen, seien sie natürlich oder vom Menschen verursacht, zufällig oder beabsichtigt.

Das zentrale Ziel besteht darin, einheitliche Mindestverpflichtungen für Betreiber bestimmter Einrichtungen festzulegen und deren Umsetzung durch angemessene Unterstützungs- und Aufsichtsmaßnahmen zu garantieren. Die Richtlinie soll sicherstellen, dass Dienste, die für die Aufrechterhaltung wichtiger gesellschaftlicher Funktionen oder wirtschaftlicher Tätigkeiten unerlässlich sind, im EU-Binnenmarkt ungehindert erbracht werden können.

b) Inkrafttreten/Anwendbarkeit

Die CER-Richtlinie ist am 16. Januar 2023 in Kraft getreten. Die EU-Mitgliedstaaten waren verpflichtet, bis zum 17. Oktober 2024 die erforderlichen Maßnahmen zu erlassen und zu veröffentlichen, um dieser Richtlinie nachzukommen. Ab dem 18. Oktober 2024 sind die nationalen Umsetzungsmaßnahmen anzuwenden. Die CER-Richtlinie ersetzt die bisherige Richtlinie 2008/114/EG[68], die sich nur auf die Sektoren Energie und Verkehr beschränkte.

Für die weitere Umsetzung gelten folgende Fristen:

- Bis zum 17. Januar 2026 muss jeder Mitgliedstaat eine Strategie zur Stärkung der Resilienz kritischer Einrichtungen verabschieden.
- Bis zum 17. Juli 2026 müssen die Mitgliedstaaten kritische Einrichtungen identifizieren.
- Die Kommission muss bis zum 17. Juli 2027 dem Europäischen Parlament und dem Rat einen Bericht vorlegen, der bewertet, inwieweit jeder Mitgliedstaat die notwendigen Maßnahmen zur Einhaltung der Richtlinie ergriffen hat.

c) Anwendungsbereich

Die CER-Richtlinie umfasst 11 kritische Sektoren:

- **Energie** (Strom, Fernwärme und -kälte, Erdöl, Erdgas, Wasserstoff)
- **Verkehr** (Luftfahrt, Schienenverkehr, Schifffahrt, Straßenverkehr, Öffentlicher Verkehr)
- **Bankwesen**
- **Finanzmarktinfrastrukturen** (Betreiber von Handelsplätzen, Zentrale Gegenparteien)

68 https://eur-lex.europa.eu/legal-content/DE/ALL/?uri=celex:32008L0114.

- **Gesundheit** (Gesundheitsdienstleister, EU-Referenzlaboratorien, Einrichtungen, die Forschungs- und Entwicklungstätigkeiten in Bezug auf Arzneimittel durchführen, Einrichtungen, die pharmazeutische Erzeugnisse herstellen, Einrichtungen, die bestimmte Medizinprodukte herstellen, Einrichtungen, die eine Großhandelsgenehmigung besitzen)
- **Trinkwasser**
- **Abwasser**
- **Digitale Infrastruktur** (Betreiber von Internet-Knoten, DNS-Diensteanbieter (ausgenommen Betreiber von Root-Namenservern), TLD-Namenregister, Anbieter von Cloud-Computing-Diensten, Anbieter von Rechenzentrumsdiensten, Betreiber von Inhaltszustellnetzen, Vertrauensdiensteanbieter, Anbieter öffentlicher elektronischer Kommunikationsnetze, Anbieter elektronischer Kommunikationsdienste)
- **Öffentliche Verwaltung** (Einrichtungen der öffentlichen Verwaltung von Zentralregierungen)
- **Weltraum** (Bodeninfrastruktur)
- Produktion, Verarbeitung und Vertrieb von **Lebensmitteln.**

Die erfassten „kritischen Einrichtungen" sind durch nationale Behörden zu identifizieren bzw. entsprechend einzustufen. Die Einstufung soll nach folgenden Kriterien erfolgen:

- Die Einrichtung erbringt einen oder mehrere wesentliche Dienste.
- Die Erbringung dieses Dienstes ist von in dem betreffenden Mitgliedstaat befindlichen Infrastrukturen abhängig.
- Ein Sicherheitsvorfall würde eine erhebliche Störung bei der Erbringung dieses Dienstes oder anderer wesentlicher Dienste in den im Anhang der Richtlinie genannten Sektoren bewirken.

Bei der Bestimmung des Ausmaßes einer „erheblichen Störung" in diesem Sinne berücksichtigen die EU-Mitgliedstaaten die folgenden Kriterien:

- die Zahl der Nutzer, die den von der betreffenden Einrichtung erbrachten wesentlichen Dienst in Anspruch nehmen;
- das Ausmaß der Abhängigkeit anderer im Anhang festgelegten Sektoren und Teilsektoren von dem betreffenden wesentlichen Dienst;
- die möglichen Auswirkungen von Sicherheitsvorfällen – hinsichtlich Ausmaß und Dauer – auf wirtschaftliche und gesellschaftliche Tätigkeiten, die Umwelt, die öffentliche Ordnung und Sicherheit oder die Gesundheit der Bevölkerung;
- den Marktanteil der Einrichtung auf dem Markt für wesentliche Dienste oder für die betreffenden wesentlichen Dienste;

- das geografische Gebiet, das von einem Sicherheitsvorfall betroffen sein könnte, einschließlich etwaiger grenzüberschreitender Auswirkungen, unter Berücksichtigung der Schwachstellen, die mit dem Grad der Isolierung bestimmter Arten geografischer Gebiete – zum Beispiel Inselregionen, abgelegene Regionen oder Berggebiete – verbunden sind;
- die Bedeutung der Einrichtung für die Aufrechterhaltung des wesentlichen Dienstes in ausreichendem Umfang, unter Berücksichtigung der Verfügbarkeit von alternativen Mitteln für die Erbringung des betreffenden wesentlichen Dienstes.

Eine besondere Kategorie bilden die „kritischen Einrichtungen von besonderer europäischer Bedeutung". Eine kritische Einrichtung wird insbesondere dann als solche betrachtet, wenn sie einen wesentlichen Dienst für sechs oder mehr EU-Länder erbringt.

d) Pflichten von Akteuren

Pflichten der Mitgliedstaaten:

- Durchführung von Risikobewertungen für wesentliche Dienste
- Identifizierung kritischer Einrichtungen bis Juli 2026
- Erstellung einer nationalen Strategie zur Stärkung der Resilienz kritischer Einrichtungen bis Januar 2026
- Überwachung und Unterstützung der kritischen Einrichtungen.

Jeder EU-Mitgliedstaat muss spätestens am 17. Januar 2026 eine Strategie zur Verbesserung der Resilienz kritischer Einrichtungen verabschieden (Art. 4 CER). Diese Strategie enthält mindestens folgende Elemente:

- strategische Ziele und Prioritäten zur Verbesserung der Gesamtresilienz kritischer Einrichtungen unter Berücksichtigung grenzüberschreitender und sektorübergreifender Abhängigkeiten und gegenseitiger Abhängigkeiten;
- einen Steuerungsrahmen zur Verwirklichung der strategischen Ziele und Prioritäten, einschließlich einer Beschreibung der Aufgaben und Zuständigkeiten der jeweiligen Behörden, kritischen Einrichtungen und sonstigen an der Umsetzung der Strategie beteiligten Akteure
- eine Beschreibung der Maßnahmen, die zur Verbesserung der Gesamtresilienz kritischer Einrichtungen erforderlich sind, einschließlich einer Beschreibung der Risikobewertung
- eine Beschreibung des Verfahrens zur Ermittlung kritischer Einrichtungen
- eine Beschreibung des Prozesses zur Unterstützung kritischer Einrichtungen gemäß diesem Kapitel, einschließlich Maßnahmen zur Verbesserung der Zusammenarbeit zwischen dem öffentlichen Sektor einerseits und

dem privaten Sektor und öffentlichen und privaten Einrichtungen andererseits

- eine Liste der wichtigsten Behörden und entsprechenden Interessenvertretern – bei denen es sich nicht um kritische Einrichtungen handelt –, die an der Umsetzung der Strategie beteiligt sind
- einen politischen Rahmen für die Koordinierung zwischen den gemäß der vorliegenden Richtlinie zuständigen Behörden und den gemäß der NIS2-Richtlinie zuständigen Behörden für die Zwecke des Informationsaustauschs über Cybersicherheitsrisiken, Cyberbedrohungen und Cybersicherheitsvorfälle und über nicht cyberbezogene Risiken, Bedrohungen und Sicherheitsvorfälle sowie die Wahrnehmung von Aufsichtsaufgaben
- eine Beschreibung der bereits bestehenden Maßnahmen zur Erleichterung der Umsetzung von Verpflichtungen gemäß Kapitel III der vorliegenden Richtlinie durch kleine und mittlere Unternehmen im Sinne des Anhangs der Empfehlung 2003/361/EG der Kommission[69], die von den betreffenden Mitgliedstaaten als kritische Einrichtungen eingestuft wurden.

Pflichten der kritischen Einrichtungen:

- Durchführung umfassender Risikobewertungen unter Berücksichtigung aller relevanten Risiken, mindestens alle vier Jahre
- Implementierung angemessener technischer, sicherheitsbezogener und organisatorischer Maßnahmen zur Stärkung der Resilienz
- Meldung sicherheitsrelevanter Vorfälle, die die Bereitstellung kritischer Dienstleistungen erheblich stören oder stören können, innerhalb von 24 Stunden nach Bekanntwerden an die zuständigen Behörden.

Die erfassten Einrichtungen müssen geeignete und verhältnismäßige technische, sicherheitsbezogene und organisatorische Maßnahmen zur Gewährleistung ihrer Resilienz ergreifen, unter anderem Maßnahmen, die erforderlich sind, um

- das Auftreten von Sicherheitsvorfällen zu verhindern, unter gebührender Berücksichtigung von Katastrophenvorsorge und Maßnahmen zur Anpassung an den Klimawandel;
- einen angemessenen physischen Schutz ihrer Räumlichkeiten und kritischen Infrastrukturen zu gewährleisten, unter gebührender Berücksichtigung zum Beispiel von dem Aufstellen von Zäunen und Sperren, Instrumenten und Verfahren für die Überwachung der Umgebung, Detektionsgeräten und Zugangskontrollen;
- auf Sicherheitsvorfälle zu reagieren, sie abzuwehren und die Folgen solcher Vorfälle zu begrenzen, unter gebührender Berücksichtigung der Um-

69 https://eur-lex.europa.eu/legal-content/DE/TXT/HTML/?uri=CELEX:32003H0361.

setzung von Risiko- und Krisenmanagementverfahren und -protokollen und vorgegebener Abläufe im Alarmfall;
- nach Sicherheitsvorfällen die Wiederherstellung zu gewährleisten, unter gebührender Berücksichtigung von Maßnahmen zur Aufrechterhaltung des Betriebs und der Ermittlung alternativer Lieferketten, um die Erbringung des wesentlichen Dienstes wiederaufzunehmen;
- ein angemessenes Sicherheitsmanagement hinsichtlich der Mitarbeiter zu gewährleisten, unter gebührender Berücksichtigung von Maßnahmen wie der Festlegung von Kategorien von Personal, das kritische Funktionen wahrnimmt, der Festlegung von Zugangsrechten zu Räumlichkeiten, kritischen Infrastrukturen und zu sensiblen Informationen und der Einführung von Verfahren für Zuverlässigkeitsüberprüfungen und der Benennung von Kategorien von Personal, die solche Zuverlässigkeitsüberprüfungen durchlaufen müssen, und der Festlegung angemessener Schulungsanforderungen und Qualifikationen;
- das entsprechende Personal für die genannten Maßnahmen unter gebührender Berücksichtigung von Schulungen, Informationsmaterial und Übungen zu sensibilisieren.

Speziell für die Geschäftsleitung kritischer Einrichtungen gilt die Pflicht, die Umsetzung der Resilienzmaßnahmen zu überwachen und entsprechende Schulungen zu absolvieren, die auf Verlangen nachzuweisen sind.

e) Sanktionen/Geldbußen

Die CER-Richtlinie selbst sieht keine einheitlichen Bußgelder oder Strafen auf EU-Ebene vor. Stattdessen müssen die Mitgliedstaaten Vorschriften über Sanktionen erlassen, die bei Verstößen gegen die nationalen Umsetzungsgesetze verhängt werden können. Diese Sanktionen müssen wirksam, verhältnismäßig und abschreckend sein.

f) Zuständige Aufsichtsbehörden

Die CER-Richtlinie überlässt es den Mitgliedstaaten, die für die Überwachung und Durchsetzung zuständigen Behörden zu bestimmen. Die nationalen Behörden sind auch für die Identifizierung kritischer Einrichtungen und die Überwachung der Einhaltung der Verpflichtungen verantwortlich. Für kritische Einrichtungen von besonderer europäischer Bedeutung gibt es zusätzliche Beratungsmissionen auf EU-Ebene.

g) Ergänzende Rechtsakte, Leitlinien, Normen & Co.

Die CER-Richtlinie wird durch verschiedene ergänzende Rechtsakte und nationale Umsetzungsgesetze konkretisiert. Hier spielt insbesondere die Delegierte Verordnung (EU) 2023/2450 der Kommission vom 25. Juli 2023 zur Ergänzung der Richtlinie (EU) 2022/2557 des Europäischen Parlaments und des Rates durch eine Liste wesentlicher Dienste[70] eine wichtige Rolle. Denn diese ergänzt die CER-Richtlinie durch eine nicht erschöpfende Liste wesentlicher Dienste in den genannten Sektoren und Teilsektoren. In ihrem Art. 2 werden folgende Bereiche genannt:

1. Sektor „Energie“:

a) Teilsektor „Strom“:

- i) Elektrizitätsversorgung (Elektrizitätsunternehmen);
- ii) Betrieb, Wartung und Ausbau eines Elektrizitätsverteilernetzes (Verteilernetzbetreiber);
- iii) Betrieb, Wartung und Ausbau eines Elektrizitätsübertragungsnetzes (Übertragungsnetzbetreiber);
- iv) Elektrizitätserzeugung (Erzeuger);
- v) Dienste nominierter Strommarktbetreiber (nominierte Strommarktbetreiber);
- vi) Laststeuerung (Strommarktteilnehmer);
- vii) Aggregierung von Elektrizität (Strommarktteilnehmer);
- viii) Energiespeicherung (Strommarktteilnehmer);

b) Teilsektor „Fernwärme und -kälte“: Bereitstellung von Fernwärme oder -kälte (Betreiber von Fernwärme oder -kälte);

c) Teilsektor „Erdöl“:

- i) Fernleitung von Erdöl (Betreiber von Erdöl-Fernleitungen);
- ii) Produktion von Erdöl (Betreiber von Anlagen zur Produktion von Erdöl);
- iii) Raffination und Aufbereitung von Erdöl (Betreiber von Anlagen zur Raffination und Aufbereitung von Erdöl);
- iv) Lagerung von Erdöl (Betreiber von Erdöllagern);
- v) Verwaltung von Erdölvorräten, einschließlich Notvorräten und spezifischen Erdölvorräten (zentrale Bevorratungsstellen);

d) Teilsektor „Erdgas“:

- i) Lieferung von Erdgas (Versorgungsunternehmen);
- ii) Verteilung von Erdgas (Verteilernetzbetreiber);
- iii) Fernleitung von Erdgas (Fernleitungsnetzbetreiber);

70 https://eur-lex.europa.eu/eli/reg_del/2023/2450/.

iv) Speicherung von Erdgas (Betreiber von Speicheranlagen);

v) Betrieb eines Flüssigerdgassystems (Betreiber von LNG-Anlagen);

vi) Gewinnung von Erdgas (Erdgasunternehmen);

vii) Ankauf von Erdgas (Erdgasunternehmen);

viii) Raffination und Aufbereitung von Erdgas (Betreiber von Anlagen zur Raffination und Aufbereitung von Erdgas);

e) Teilsektor „Wasserstoff“:

i) Erzeugung von Wasserstoff (Betreiber im Bereich Wasserstofferzeugung);

ii) Speicherung von Wasserstoff (Betreiber im Bereich Wasserstoffspeicherung);

iii) Fernleitung von Wasserstoff (Betreiber im Bereich Wasserstofffernleitung);

2. Sektor „Verkehr“:

a) Teilsektor „Luftfahrt“:

i) zu gewerblichen Zwecken genutzte Luftverkehrsdienste (Passagiere und Fracht) (Luftfahrtunternehmen);

ii) Betrieb, Verwaltung und Instandhaltung von Flughäfen und Flughafennetzinfrastruktur (Flughafenleitungsorgane);

iii) Flugverkehrskontrolldienste (Betreiber von Verkehrsmanagement- und Verkehrssteuerungssystemen);

b) Teilsektor „Schienenverkehr“:

i) Schienenverkehrsdienstleistungen (Passagiere und Fracht) (Eisenbahnunternehmen);

ii) Betrieb, Verwaltung und Instandhaltung von Eisenbahninfrastruktur, einschließlich Personenbahnhöfen, Güterterminals, Betriebshöfen und Verkehrskontrollzentren (Infrastrukturbetreiber);

iii) Betrieb, Management und Instandhaltung von Schienenverkehr-Serviceeinrichtungen (Betreiber von Serviceeinrichtungen);

iv) Betrieb, Verwaltung und Instandhaltung von Systemen für Schienenverkehrsmanagement, Zugsteuerung/Zugsicherung und Signalgebung sowie von Telekommunikationseinrichtungen und -systemen für die Zugsteuerung, Zugsicherung und Signalgebung (Infrastrukturbetreiber);

c) Teilsektor „Schifffahrt“:

i) Binnen-, See- und Küstenschifffahrtsdienste (Passagiere und Fracht) (Passagier- und Frachtbeförderungsunternehmen der Binnen-, See- und Küstenschifffahrt);

ii) Betrieb, Verwaltung und Instandhaltung von Häfen und Hafenanlagen sowie Betrieb von Einrichtungen, die innerhalb von Häfen befindliche Anlagen und Ausrüstung betreiben, einschließlich Bunkern, Ladungsumschlag, Festmachen, Personenverkehrsdienste, Sammlung von Schiffsabfällen und Ladungsrückständen, Lotsen-, Schleppdienste (Leitungsorgane von Häfen und Einrichtungen, die innerhalb von Häfen befindliche Anlagen und Ausrüstung betreiben);

iii) Schiffsverkehrsdienste (Betreiber von Schiffsverkehrsdiensten);

d) Teilsektor „Straßenverkehr“:

i) Verkehrsmanagementkontrolle, einschließlich Aspekten im Zusammenhang mit der Straßennetzplanung sowie Verkehrsmanagement- und -steuerungsdiensten, mit Ausnahme des Verkehrsmanagements oder des Betriebs intelligenter Verkehrssysteme, sofern sie nicht wesentlicher Bestandteil der allgemeinen Tätigkeit öffentlicher Einrichtungen sind (Straßenverkehrsbehörden);

ii) Intelligente Verkehrsdienste (Betreiber intelligenter Verkehrssysteme);

e) Teilsektor „öffentlicher Verkehr“: öffentliche Personenverkehrsdienste mit der Eisenbahn, anderen Arten des Schienenverkehrs und auf der Straße (Betreiber öffentlicher Dienste);

3. Sektor „Bankwesen“:

i) Entgegennahme von Einlagen (Kreditinstitute);

ii) Kreditvergabe (Kreditinstitute);

4. Sektor „Finanzmarktinfrastrukturen“:

i) Betrieb eines Handelsplatzes (Betreiber von Handelsplätzen);

ii) Betrieb von Clearingsystemen (zentrale Gegenparteien);

5. Sektor „Gesundheit“:

i) Erbringung von Gesundheitsdienstleistungen (Gesundheitsdienstleister);

ii) Analysen durch ein Referenzlaboratorium der Europäischen Union (EU-Referenzlaboratorien);

iii) Erforschung und Entwicklung von Arzneimitteln (Einrichtungen, die Forschungs- und Entwicklungstätigkeiten in Bezug auf Arzneimittel ausüben);

iv) Herstellung von pharmazeutischen Grundstoffen und grundlegenden pharmazeutischen Zubereitungen (Einrichtungen, die pharmazeutische Erzeugnisse herstellen);

v) Einrichtungen, die Medizinprodukte herstellen, die während einer Notlage im Bereich der öffentlichen Gesundheit als kritisch eingestuft werden (Einrichtungen, die Medizinprodukte herstellen);

vi) Vertrieb von Arzneimitteln (Einrichtungen, die eine Großhandelsgenehmigung besitzen);

6. **Sektor „Trinkwasser“**: Trinkwasserversorgung und -lieferung unter Ausschluss der Lieferung von Wasser für den menschlichen Gebrauch, sofern dieser Dienst ein nicht wesentlicher Teil der allgemeinen Tätigkeit von Lieferanten anderer Rohstoffe und Güter ist (Lieferanten von und Unternehmen der Versorgung mit Wasser für den menschlichen Gebrauch);

7. **Sektor „Abwasser“**: Sammlung, Entsorgung und Behandlung von Abwasser mit Ausnahme der Sammlung, Entsorgung oder Behandlung von kommunalem, häuslichem oder industriellem Abwasser, sofern diese Dienste ein nicht wesentlicher Bestandteil der allgemeinen Tätigkeit von Unternehmen sind (Unternehmen, die kommunales, häusliches oder industrielles Abwasser sammeln, entsorgen oder behandeln);

8. **Sektor „digitale Infrastruktur“:**

i) Bereitstellung und Betrieb von Internet-Knoten (Betreiber von Internet-Knoten);

ii) Erbringung von Diensten für Domänennamensysteme (DNS-Dienste), ausgenommen Dienste im Zusammenhang mit Root-Namenservern (DNS-Diensteanbieter);

iii) Betrieb und Verwaltung von Namensregistern für Domänen oberster Stufe (TLD-Namenregister);

iv) Erbringung von Cloud-Computing-Diensten (Anbieter von Cloud-Computing-Diensten);

v) Erbringung von Rechenzentrumsdiensten (Anbieter von Rechenzentrumsdiensten);

vi) Bereitstellung von Inhaltszustellnetzen (Betreiber von Inhaltszustellnetzen);

vii) Erbringung von Vertrauensdiensten (Vertrauensdiensteanbieter);

viii) Bereitstellung öffentlich zugänglicher elektronischer Kommunikationsdienste (Anbieter elektronischer Kommunikationsdienste);

ix) Bereitstellung öffentlicher elektronischer Kommunikationsnetze (Anbieter öffentlicher elektronischer Kommunikationsnetze);

9. **Sektor „öffentliche Verwaltung"**: Dienstleistungen, die von Einrichtungen der öffentlichen Verwaltung im Sinne von Art. 2 Nr. 10 CER von Zentralregierungen entsprechend der jeweiligen Definition der Mitgliedstaaten gemäß nationalem Recht erbracht werden (Einrichtungen der öffentlichen Verwaltung von Zentralregierungen);

10. **Sektor „Weltraum"**: Betreiber von Bodeninfrastrukturen, die sich im Eigentum von Mitgliedstaaten oder privaten Parteien befinden und von diesen verwaltet und betrieben werden und die Erbringung von weltraumgestützten Diensten unterstützen, ausgenommen Anbieter öffentlicher elektronischer Kommunikationsnetze (Betreiber von Bodeninfrastrukturen);

11. **Sektor „Produktion, Verarbeitung und Vertrieb von Lebensmitteln"** (Lebensmittelunternehmen, die ausschließlich Logistik und Großhandel sowie industrielle Großproduktion und -verarbeitung betreiben):

    i) industrielle Großproduktion und -verarbeitung von Lebensmitteln;

    ii) Lebensmittelkettendienste, einschließlich Lagerung und Logistik;

    iii) Großhandelsvertrieb von Lebensmitteln.

Die CER-Richtlinie steht in engem Zusammenhang mit der NIS2-Richtlinie. Während die NIS2-Richtlinie speziell auf Cybersicherheit ausgerichtet ist und wesentliche sowie wichtige Einrichtungen ins Visier nimmt, um eine robuste Cyberverteidigung zu gewährleisten, befasst sich die CER-Richtlinie mit der physischen Resilienz bestimmter kritischer Einrichtungen.

4. KRITIS-Dachgesetz

a) Zielrichtung

Mit dem fortschreitenden digitalen Wandel und zunehmenden Bedrohungen durch Naturkatastrophen, Sabotageakte und terroristische Angriffe rückt der Schutz kritischer Infrastrukturen immer stärker in den Fokus der nationalen Sicherheitsstrategien. Das Gesetz zur Umsetzung der Richtlinie (EU) 2022/2557 und zur Stärkung der Resilienz kritischer Anlagen (sog. KRITIS-Dachgesetz)[71] ist das deutsche Umsetzungsgesetz der CER-Richtlinie. Es schafft erstmals einen bundesweit einheitlichen, sektorübergreifenden

71 https://www.bmi.bund.de/SharedDocs/gesetzgebungsverfahren/DE/KRITIS-DachG.html.

Rahmen für den Schutz vor physischen Gefahren für Kritische Infrastrukturen (KRITIS-Bereich). Während für den Bereich der Cybersicherheit bereits mit dem BSI-Gesetz (BSIG) ein umfassendes Regelwerk existiert, fehlte bislang eine gesetzliche Regelung zum Schutz vor physischen Einwirkungen. Diese Lücke schließt das KRITIS-Dachgesetz.

Die Ziele des KRITIS-Dachgesetzes sind deutlich:

- Kritische Infrastrukturen werden eindeutig identifiziert.
- Die Resilienz des gesamten KRITIS-Bereichs wird durch einheitliche Mindestvorgaben für Resilienzmaßnahmen in allen Sektoren gestärkt.
- KRITIS-Betreiber, egal ob private Unternehmen oder öffentliche Einrichtungen, müssen ihre Funktionsfähigkeit gewährleisten. Das soll u. a. durch verpflichtende Schutzstandards für die physische Sicherheit erreicht werden.
- Das vorgeschriebene Meldewesen im Bereich der physischen Sicherheit ergänzt das bereits bestehende Meldewesen im Bereich der Cybersicherheit.
- Der Schutz von Kritischen Infrastrukturen ist neben der fachspezifischen auch eine Querschnittsaufgabe, die alle Ressorts in die Verantwortung nimmt und ein zielgerichtetes Zusammenwirken erfordert.
- Kritische Infrastrukturen müssen in der Lage sein, Sicherheitsvorfälle, die zu schwerwiegenden und potenziell sektoren- und grenzübergreifenden Störungen führen können, zu verhindern, sich davor zu schützen, darauf zu reagieren und abzuwehren. Außerdem müssen die Folgen eines solchen Vorfalls begrenzt, aufgefangen und bewältigt werden.
- Der physische Schutz Kritischer Infrastrukturen wird als eigenständiges Thema behandelt und durch eine zuständige Behörde koordiniert. Auch grenzüberschreitende Auswirkungen werden durch eine noch engere Kooperation in einem europäischen Rahmen berücksichtigt.

Der Staat soll KRITIS-Betreiber, wie bisher auch schon, durch Analysen, Leitfäden, Beratung, Übungen und Schulungen so gut wie möglich unterstützen.

Das Hauptziel des Gesetzes liegt in der „Schaffung von einheitlichen Mindestverpflichtungen für Betreiber Kritischer Anlagen und deren Umsetzung durch kohärente, gezielte Unterstützungs- und Aufsichtsmaßnahmen". Besonders hervorzuheben ist der so genannte „All-Gefahren-Ansatz", der sowohl Naturkatastrophen als auch menschlich verursachte Risiken berücksichtigt. Indem Kritische Infrastrukturen definiert und einheitliche Mindestvorgaben für Sicherheitsmaßnahmen vorgegeben werden, soll die Resilienz des Gesamtsystems gestärkt werden.

b) Inkrafttreten/Anwendbarkeit

Das KRITIS-Dachgesetz hat sich ebenso verzögert wie das Umsetzungsgesetz für die NIS2-Richtlinie. Ursprünglich hätte die CER-Richtlinie bis zum 17. Oktober 2024 in nationales Recht umgesetzt werden müssen. Voraussichtlich wird das KRITIS-Dachgesetz jedoch erst gegen Ende des Jahres 2025 in Kraft treten.

c) Anwendungsbereich

Das KRITIS-Dachgesetz richtet sich an Betreiber kritischer Anlagen. Der Begriff der kritischen Infrastruktur umfasst Organisationen oder Einrichtungen mit wichtiger Bedeutung für das staatliche Gemeinwesen, bei deren Ausfall oder Beeinträchtigung nachhaltig wirkende Versorgungsengpässe, erhebliche Störungen der wirtschaftlichen Tätigkeit, der öffentlichen Sicherheit oder andere dramatische Folgen eintreten würden.

Die Regulierung erstreckt sich über verschiedene Sektoren:

- Energie
- Transport und Verkehr
- Finanzwesen
- Leistungen der Sozialversicherung sowie Grundsicherung für Arbeitsuchende
- Gesundheitswesen
- Wasser
- Ernährung
- Informationstechnik und Telekommunikation
- Weltraum
- Siedlungsabfallentsorgung
- Bundesverwaltung.

> Es gibt einzelne Ausnahmen beispielsweise für Einrichtungen aus dem Finanzbereich, die vorrangig durch DORA reguliert werden, oder auch für den Energiesektor.

Genau wie beim NIS2UmsuCG könnten bis zu 30.000 Betreiber und deren kritische Anlagen unter das KRITIS-Dachgesetz fallen. Dabei sind nicht nur große Unternehmen betroffen, sondern auch viele mittelständische Betriebe. Ob eine Einrichtung oder Anlage betroffen ist, hängt nicht von der Größe der Betreiberorganisation ab, sondern von bestimmten Schwellwerten. Betroffen sind in der Regel Betreiber kritischer Anlagen, wenn diese über 500.000 Personen mit ihren Anlagen versorgen. Aber auch Einrichtungen, die keine kritischen Anlagen betreiben, können von „erheblicher Bedeutung“ sein, wie z.B. Betreuungsangebote, die für die Erhaltung der personellen Arbeitsfähigkeit in kritischen Anlagen erforderlich sind.

d) Pflichten von Akteuren

Das KRITIS-Dachgesetz sieht drei grundlegende gesetzliche Pflichten für Betreiber kritischer Anlagen vor:

1. **Registrierung**: Betreiber kritischer Anlagen sind dazu verpflichtet, spätestens drei Monate, nachdem eine Anlage als kritische Anlage in diesem Sinne gilt, frühestens jedoch bis einschließlich zum 17. Juli 2026, bestimmte Angaben zu übermitteln, u.a. Name der Einrichtung, Anschrift, Kontaktdaten, Angabe des Sektors sowie eine Kontaktstelle, über die der Betreiber kritischer Anlagen erreichbar ist.
2. **Erstellung eines Resilienzplans**: Zur Sicherstellung einer betrieblichen Gesamtresilienzstrategie müssen Betreiber Resilienzpläne erstellen, die Risikoanalysen und geplante Maßnahmen sowie deren Umsetzung darlegen. Es geht hierbei um Maßnahmen, um das Auftreten von Vorfällen zu verhindern, einen angemessenen physischen Schutz von Liegenschaften und kritischen Anlagen zu gewährleisten, auf Vorfälle zu reagieren, sie abzuwehren und die negativen Auswirkungen solcher Vorfälle zu begrenzen und nach Vorfällen die zügige Wiederherstellung der kritischen Dienstleistung zu gewährleisten. Alle Absicherungsmaßnahmen müssen dem gängigen Stand der Technik entsprechen.
3. **Meldepflicht** bei erheblichen Störungen: Tritt eine Störung auf, die die Erbringung der kritischen Dienstleistung erheblich beeinträchtigen kann, sind Betreiber verpflichtet, diese binnen 24 Stunden nach Feststellung zu melden. Spätestens einen Monat nach dem Vorfall muss ein ausführlicher Bericht vorgelegt werden.

Darüber hinaus müssen Betreiber Maßnahmen zum Risikomanagement, Krisenmanagement und Business Continuity Management (BCM) implementieren sowie die Personalsicherheit und physische Sicherheit gewährleisten. Außerdem müssen Qualifikation und Sensibilisierung der Beschäftigten vom Betreiber sichergestellt werden.

e) Sanktionen/Geldbußen

Das KRITIS-Dachgesetz enthält ein differenziertes Sanktionsregime bei Nichteinhaltung der gesetzlichen Vorgaben. Die Höhe der Bußgelder variiert je nach Art und Schwere des Verstoßes:

- Bis zu 50.000 EUR: Für Verstöße bei der Registrierung, wenn Angaben nicht, nicht richtig, nicht vollständig oder nicht rechtzeitig übermittelt werden
- Bis zu 100.000 EUR: Für bestimmte Fälle der Zuwiderhandlung gegen behördliche Anordnungen
- Bis zu 200.000 EUR: Wenn Ergebnisse nicht übermittelt werden
- Bis zu 500.000 EUR: Für schwerwiegendere Fälle der Zuwiderhandlung gegen behördliche Anordnungen.

Das Gesetz etabliert auch eine Haftung der Geschäftsleitung. Leitungspersonen von erfassten Betreibern müssen die Resilienzmaßnahmen umsetzen und die Umsetzung durch geeignete Organisationsmaßnahmen sicherstellen. Sie haften ihrer Einrichtung bei Pflichtverletzungen nach dem Gesellschaftsrecht oder nach dem KRITIS-Dachgesetz, wenn die gesellschaftsrechtlichen Bestimmungen keine entsprechenden Haftungsregeln enthalten.

f) Zuständige Aufsichtsbehörden

Die Zuständigkeiten für das KRITIS-Dachgesetz sind auf verschiedene Behörden verteilt. Das Bundesamt für Bevölkerungsschutz und Katastrophenhilfe (BBK) fungiert als nationale zuständige Behörde im Sinne der CER-Richtlinie und unterstützt die Betreiber kritischer Anlagen. Das BBK hat weitreichende Aufsichts- und Durchsetzungsrechte, einschließlich der Überprüfung der Einhaltung von Anforderungen, ggf. durch Dritte, auch durch Betreten der Räumlichkeiten und Einsichtnahme in Unterlagen.

Je nach Sektor sind jedoch unterschiedliche Fachbehörden zuständig:

Behörde	Zuständigkeitsbereich
Bundesnetzagentur (BNetzA)	Energie (Strom, Erdgas, Wasserstoff), Betrieb von öffentlichen Telekommunikationsnetzen, Erbringung von öffentlich zugänglichen Telekommunikationsdiensten
Bundesministerium für Wirtschaft und Klimaschutz (BMWK)	Energie (Mineralöl)
Eisenbahnbundesamt (EBA)	Eisenbahnverkehr

Behörde	Zuständigkeitsbereich
Generaldirektion Wasserstraßen und Schifffahrt (GDWS)	See- und Binnenschifffahrt
Bundesamt für Seeschifffahrt und Hydrographie (BSH)	Wasserstands- und Gezeitenvorhersage des Bundes
Fernstraßen-Bundesamt (FBA)	Straßenverkehr
Deutscher Wetterdienst (DWD)	Wettervorhersage
Bundesamt für Sicherheit in der Informationstechnik (BSI)	Sprach- und Datenübertragung, Datenspeicherung und -verarbeitung
Bundesanstalt für Finanzdienstleistungsaufsicht (BAFIN)	Finanzwesen
Für den jeweiligen Leistungsträger nach dem Sozialgesetzbuch zuständige Aufsichtsbehörde bzw. Bundesagentur für Arbeit	Sozialversicherung
Bundesamt für Wirtschaft und Ausfuhrkontrolle (BAFA)	Weltraum (Bodeninfrastrukturen)
Bundesministerium des Inneren (BMI)	Bundesverwaltung
Bundesministerium des Inneren bzw. die zuständigen Landesbehörden	restliche Dienstleistungen (sektorenübergreifend)

Die Zusammenarbeit zwischen dem BBK und dem Bundesamt für Sicherheit in der Informationstechnik (BSI) ist besonders wichtig, da das BSI bereits für die Cybersicherheit zuständig ist. Empfangszuständig für Meldungen soll eine vom BBK im Einvernehmen mit dem BSI geschaffene Meldestelle sein.

g) Ergänzende Rechtsakte, Leitlinien, Normen & Co.

Es sollen Änderungen an der Verordnung zur Bestimmung Kritischer Infrastrukturen nach dem BSI-Gesetz (sog. BSI-Kritisverordnung, kurz: BSI-KritisV)[72] vorgenommen werden, die die jeweiligen Schwellenwerte und Sektorenzugehörigkeit für die Einstufung als Betreiber einer kritischen Anlage festlegen. Diese werdeb entscheidend sein, um den genauen Anwendungsbereich des Gesetzes zu bestimmen. Ebenso soll die BSI-KritisV gemäß den Vorgaben aus NIS2 angepasst werden.

72 https://www.gesetze-im-internet.de/bsi-kritisv/.

5. IT-Sicherheitsgesetz 2.0 (IT-SiG2)

a) Zielrichtung

Das Zweite Gesetz zur Erhöhung der Sicherheit informationstechnischer Systeme (IT-SiG2), auch IT-Sicherheitsgesetz 2.0[73] genannt, stellt eine wichtige Erweiterung des deutschen Rechtsrahmens für Cybersicherheit dar. Es baut auf dem 1. IT-Sicherheitsgesetz aus dem Jahre 2015 auf und führt weitreichende neue Anforderungen und Befugnisse ein. Es handelt sich um ein so genanntes Artikelgesetz, also ein Regelwerk, das Änderungen in diversen anderen Gesetzen vorsieht. Es nimmt neben dem BSI-Gesetz (BSIG) auch das Energiewirtschaftsgesetz, das Telekommunikationsgesetz sowie weitere Gesetze in den Blick.

Das IT-SiG2 verfolgt primär das Ziel, die Sicherheit der digitalen Infrastrukturen in Deutschland signifikant zu erhöhen. Die Gesetzgebung reagiert auf die zunehmende Digitalisierung und die damit verbundenen steigenden Cyberbedrohungen, insbesondere für kritische Infrastrukturen. Die Hauptziele des Gesetzes umfassen:

- Stärkung des Bundesamts für Sicherheit in der Informationstechnik (BSI) als zentrale Cybersicherheitsbehörde
- Verbesserung des Schutzes kritischer Infrastrukturen (KRITIS)
- Erweiterung der Pflichten für KRITIS-Betreiber und Unternehmen im besonderen öffentlichen Interesse
- Erhöhung der Cybersicherheit in Mobilfunknetzen
- Einführung des digitalen Verbraucherschutzes als neuen Aufgabenbereich des BSI
- Verbesserung der IT-Sicherheit in Bundesbehörden durch verbindliche Mindeststandards.

b) Inkrafttreten/Anwendbarkeit

Das IT-SiG2 ist am 28. Mai 2021 in Kraft getreten. Für bestimmte Verpflichtungen gelten Übergangsfristen, um den betroffenen Organisationen Zeit für die Umsetzung zu geben:

- Die Pflicht zum Einsatz von Systemen zur Angriffserkennung (SzA) wurde ab dem 1. Mai 2023 verpflichtend.
- Neue und alte KRITIS-Anlagen, die die Schwellenwerte ab 2021 überschreiten, mussten bis zum 1. April 2022 registriert werden.
- Die Umsetzung von Cybersecurity-Maßnahmen nach § 8a BSIG war bis zum 1. April 2022 erforderlich.

---

73 https://www.buzer.de/gesetz/14639/index.htm.

- Der Nachweis der Umsetzung durch KRITIS-Prüfungen musste spätestens bis zum 1. April 2024 erfolgen.

c) Anwendungsbereich

Das Gesetz betrifft einen erweiterten Kreis von Organisationen und Unternehmen im Bereich der Kritischen Infrastrukturen (KRITIS). Als Kritische Infrastrukturen gelten „Organisationen und Einrichtungen mit wichtiger Bedeutung für das staatliche Gemeinwesen, bei deren Ausfall oder Beeinträchtigung nachhaltig wirkende Versorgungsengpässe, erhebliche Störungen der öffentlichen Sicherheit oder andere dramatische Folgen eintreten würden". Dazu zählen Institutionen aus folgenden Sektoren:

- Energie
- Wasser
- Ernährung
- Informationstechnik und Telekommunikation
- Gesundheit
- Finanz- und Versicherungswesen
- Transport und Verkehr
- Siedlungsabfallentsorgung.

Das IT-SiG 2.0 definiert inzwischen zahlreiche neue KRITIS-Anlagen und hat einige Schwellenwerte gesenkt. So sind beispielsweise Gasgrenzübergabestellen und Gashandel, Flughafenleitungsorgane und Verkehrszentralen von Fluggesellschaften, Hafenleitungsorgane und Hafenbetriebe oder auch intelligente Verkehrssysteme hinzugekommen.

Außerdem wurden mit dem IT-SiG 2.0 zusätzlich zu den KRITIS-Betreibern die so genannten „Unternehmen im besonderen öffentlichen Interesse" (UBI) eingeführt. Diese Unternehmen haben eine „große Bedeutung in Bezug auf die IT-Sicherheit in Deutschland". In die UBI-Gruppe fallen folgende Bereiche:

- **Rüstung**: Hersteller von Rüstung und Produkten für staatliche Verschlusssachen
- **Volkswirtschaftliche Bedeutung**: Unternehmen von erheblicher volkswirtschaftlicher Bedeutung sowie deren Zulieferer, sofern diese von wesentlicher Bedeutung für sie sind.
- **Gefahrstoffe**: Betriebsbereiche der oberen Klasse mit gefährlichen Stoffen.

Die als UBI erfassten Einrichtungen erhielten durch das IT-SiG 2.0 verschiedene Pflichten, nämlich u. a. Identifikation und Registrierung, eine

Selbsterklärung zur IT-Sicherheit oder auch die Pflicht zur Meldung von bestimmten Störfällen.

Mit der bevorstehenden Umsetzung der NIS2-Richtlinie sollen die UBI als eigene Gruppe wieder entfallen.

d) Pflichten von Akteuren

KRITIS-Betreiber bekommen durch das IT-SiG 2.0 insbesondere folgende Pflichten auferlegt:

- **Registrierung**: KRITIS-Betreiber müssen sich unmittelbar nach Feststellung als KRITIS-Betreiber beim BSI registrieren und eine Kontaktstelle benennen.
- **Implementierung von Sicherheitsmaßnahmen**: Betreiber müssen angemessene organisatorische und technische Vorkehrungen treffen, um Störungen zu vermeiden und ihre informationstechnischen Systeme integer, authentisch und vertraulich zu betreiben.
- **Betrieb von Systemen zur Angriffserkennung (SzA)**: Seit dem 1. Mai 2023 müssen KRITIS-Betreiber Systeme zur kontinuierlichen Erkennung von Bedrohungen im laufenden Betrieb einsetzen. Diese umfassen sowohl technische Werkzeuge als auch unterstützende Prozesse.
- **Meldung von Störfällen**: Bei erheblichen Störungen müssen KRITIS-Betreiber Meldung an das BSI erstatten und auf Nachfrage Informationen zur Störungsbewältigung bereitstellen, einschließlich personenbezogener Daten.
- **Nachweise**: Die Umsetzung der Sicherheitsmaßnahmen muss regelmäßig durch KRITIS-Prüfungen nachgewiesen werden.
- **Meldepflicht für kritische Komponenten**: KRITIS-Betreiber müssen den Einsatz kritischer Komponenten dem BSI melden.

Mit seiner „Orientierungshilfe zum Einsatz von Systemen zur Angriffserkennung" (aktuelle Fassung 1.1 vom 18. November 2024)[74] unterstützt das BSI die verpflichteten Einrichtungen bei der Umsetzung von SzA in die Praxis.

74 https://www.bsi.bund.de/SharedDocs/Downloads/DE/BSI/KRITIS/oh-sza.pdf?__blob=publicationFile&v=18.

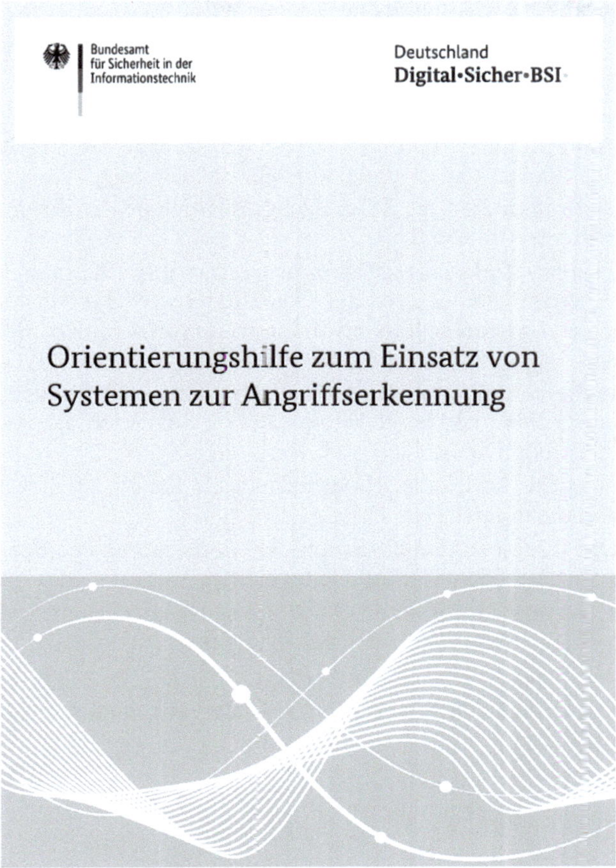

Die Orientierungshilfe des BSI zu den SzA ist eine wertvolle Praxishilfe.

e) Sanktionen/Geldbußen

Das IT-SiG 2.0 hat die Sanktionen für Verstöße erheblich verschärft. Zum einen sieht es deutlich höhere Bußgelder vor, diese stiegen auf bis zu 2 Millionen Euro. Zudem wurden die Vorgaben zu den Ordnungswidrigkeiten erweitert. Es wurden deutlich mehr vorsätzliche oder fahrlässige Verstöße geregelt, wie etwa fehlende Nachweise, fehlende Störungsmeldungen, mangelnde Zusammenarbeit, fehlende Registrierung und Kontaktstelle, mangelnde Informationsbereitstellung oder Fehler bei Zertifizierungen.

f) Zuständige Aufsichtsbehörden

Als zentrale Aufsichtsbehörde fungiert das Bundesamt für Sicherheit in der Informationstechnik. Das BSI hat folgende Funktionen:

- **Nationale Cybersicherheitsbehörde**: Das BSI wurde durch das IT-SiG 2.0 in seiner Rolle als zentrale Cybersicherheitsbehörde des Bundes gestärkt.
- **Zertifizierungsstelle**: Das BSI fungiert als nationale Zertifizierungsstelle für IT-Sicherheit im Bund.
- **Regulierungs- und Kontrollbefugnisse**: Das BSI erhält durch das Gesetz erweiterte Kompetenzen zur Detektion von Sicherheitslücken, zur Abwehr von Cyberangriffen, etwa durch Anordnungen zur Störungsbeseitigung.
- **Verbraucherschutz**: Als neue Aufgabe übernimmt das BSI den Digitalen Verbraucherschutz und berät Verbraucher zu Sicherheitsaspekten digitaler Produkte und Dienste.
- **Vorgaben**: Das BSI kann Mindeststandards für die IT-Sicherheit von Bundesbehörden festlegen.
- **Tests**: Das BSI ist zur Durchführung von Portscans an den Schnittstellen öffentlich erreichbarer IT-Systeme berechtigt.
- **Kennzeichnung**: Das BSI kann IT-Sicherheitskennzeichen zur Verbesserung der IT-Sicherheit für Verbraucher vergeben.

Das Bundesministerium des Innern hat die Aufsicht über das BSI und kann die vom BSI erarbeiteten Mindeststandards als Verwaltungsvorschriften für den Bund erlassen.

6. BSI-Gesetz (BSIG)

a) Zielrichtung

Das Gesetz über das Bundesamt für Sicherheit in der Informationstechnik (sog. BSI-Gesetz, kurz: BSIG)[75] bildet die rechtliche Grundlage für das Bundesamt für Sicherheit in der Informationstechnik (BSI) und definiert dessen Aufgaben, Befugnisse sowie die Verpflichtungen verschiedener Akteure zur Gewährleistung der IT-Sicherheit in Deutschland. Dieses umfassende Gesetz wurde im Laufe der Jahre mehrfach angepasst, um den steigenden Anforderungen an die Cybersicherheit gerecht zu werden. Es enthält weitreichende Bestimmungen zum Schutz kritischer Infrastrukturen, zur Meldung von Sicherheitsvorfällen und zur Durchsetzung von Sicherheitsstandards. Insbesondere nach den Novellierungen durch das IT-Sicherheits-

75 https://www.gesetze-im-internet.de/bsig_2009/.

gesetz 2.0 (IT-SiG2) im Jahr 2021 und mit Blick auf die kommende Umsetzung der europäischen NIS2-Richtlinie gewinnt das BSIG zunehmend an Bedeutung für Unternehmen und Behörden in Deutschland. Es verfolgt das primäre Ziel, die Sicherheit der Informationstechnik in Deutschland zu gewährleisten und zu fördern.

Mit dem BSIG soll die IT-Infrastruktur Deutschlands vor Angriffen geschützt werden. Es schafft hierzu einen rechtlichen Rahmen, der es dem BSI ermöglicht, als zentrale Stelle für Cybersicherheit zu agieren und sowohl präventive als auch reaktive Maßnahmen zu ergreifen.

Ein besonderer Fokus liegt auf dem Schutz kritischer Infrastrukturen (KRITIS-Bereich), deren Ausfall oder Beeinträchtigung erhebliche Versorgungsengpässe oder Gefährdungen der öffentlichen Sicherheit zur Folge haben könnte.

b) Inkrafttreten/Anwendbarkeit

Die Geschichte des BSI-Gesetzes reicht bis in die frühen 1990er Jahre zurück. Das ursprüngliche BSI-Errichtungsgesetz trat am 1. Januar 1991 in Kraft und war bis zum 19. August 2009 gültig. Es diente primär der Errichtung des Bundesamtes für Sicherheit in der Informationstechnik als eigenständige Behörde. Das aktuelle BSIG trat am 20. August 2009 als „Gesetz zur Stärkung der Sicherheit in der Informationstechnik des Bundes" in Kraft und legte den Grundstein für die erweiterten Aufgaben und Befugnisse des BSI. Die rechtliche Basis wurde damit deutlich gestärkt, um den neuen Bedrohungen zu begegnen und der zunehmenden Bedeutung der Informations- und Kommunikationstechnologie Rechnung zu tragen.

Die derzeit noch gültige Fassung des BSIG stammt vom 14. August 2009, welche durch das IT-SiG2 erfolgte. Es wurden Bußgeldvorschriften verschärft und weitere Verpflichtungen für betroffene Unternehmen eingeführt. Mit der künftigen Umsetzung der NIS2-Richtlinie steht eine weitere umfassende Überarbeitung des Gesetzes an.

c) Anwendungsbereich

Das BSIG findet Anwendung auf verschiedene Akteure im Bereich der IT-Sicherheit, wobei der Anwendungsbereich je nach Akteursgruppe unterschiedlich weit gefasst ist.

Bundesverwaltung und öffentlicher Sektor

Der primäre Anwendungsbereich umfasst zunächst die Bundesverwaltung selbst. Das BSIG gilt für Stellen des Bundes, Körperschaften, Anstalten und Stiftungen des öffentlichen Rechts sowie ihrer Vereinigungen ungeachtet ihrer Rechtsform auf Bundesebene, soweit von der jeweils zuständigen obersten Bundesbehörde angeordnet, sowie öffentlichen Unternehmen, die mehrheitlich im Eigentum des Bundes stehen und die IT-Dienstleistungen für die Bundesverwaltung erbringen.

Kritische Infrastrukturen (KRITIS)

Ein besonderer Fokus des Gesetzes liegt auf den Betreibern Kritischer Infrastrukturen. Diese umfassen Einrichtungen, Anlagen oder Teile davon, die den Sektoren

- Energie,
- Informationstechnik und Telekommunikation,
- Transport und Verkehr,
- Gesundheit,
- Wasser,
- Ernährung,
- Finanz- und Versicherungswesen sowie
- Siedlungsabfallentsorgung

angehören.

Zusätzlich sollen solche Einrichtungen als kritisch im Sinne des BSIG gelten, die von hoher Bedeutung für das Funktionieren des Gemeinwesens sind, weil durch ihren Ausfall oder ihre Beeinträchtigung erhebliche Versorgungsengpässe oder Gefährdungen für die öffentliche Sicherheit eintreten würden. Die genaue Definition, welche Anlagen als kritisch gelten, wird durch die KRITIS-Verordnung (BSI-KritisV) konkretisiert.

> Die NIS2-Richtlinie erweitert den Anwendungsbereich auf deutlich mehr Sektoren und Einrichtungen.

d) Pflichten von Akteuren

Das BSI-Gesetz legt umfangreiche Rechte und Pflichten für verschiedene Akteure fest, die je nach Kategorie variieren.

Aufgaben des BSI

Das BSI selbst hat nach Maßgabe von § 3 BSIG folgende zentrale Aufgaben:

1. Abwehr von Gefahren für die Sicherheit der Informationstechnik des Bundes.
2. Sammlung und Auswertung von Informationen über Sicherheitsrisiken und Sicherheitsvorkehrungen und Zurverfügungstellung der gewonnenen Erkenntnisse für andere Stellen, soweit dies zur Erfüllung ihrer Aufgaben erforderlich ist, sowie für Dritte, soweit dies zur Wahrung ihrer Sicherheitsinteressen erforderlich ist.
3. Untersuchung von Sicherheitsrisiken bei Anwendung der Informationstechnik sowie Entwicklung von Sicherheitsvorkehrungen, insbesondere von informationstechnischen Verfahren und Geräten für die Sicherheit in der Informationstechnik (IT-Sicherheitsprodukte), soweit dies zur Erfüllung von Aufgaben des Bundes erforderlich ist, einschließlich der Forschung im Rahmen seiner gesetzlichen Aufgaben.
4. Entwicklung von Kriterien, Verfahren und Werkzeugen für die Prüfung und Bewertung der Sicherheit von informationstechnischen Systemen oder Komponenten und für die Prüfung und Bewertung der Konformität im Bereich der IT-Sicherheit.
5. Prüfung und Bewertung der Sicherheit von informationstechnischen Systemen oder Komponenten und Erteilung von Sicherheitszertifikaten.

5a. Wahrnehmung der Aufgaben und Befugnisse nach Art. 58 Abs. 7, 8 Cybersecurity Act als nationale Behörde für die Cybersicherheitszertifizierung.

6. Prüfung und Bestätigung der Konformität im Bereich der IT-Sicherheit von informationstechnischen Systemen und Komponenten mit technischen Richtlinien des Bundesamtes.
7. Prüfung, Bewertung und Zulassung von informationstechnischen Systemen oder Komponenten, die für die Verarbeitung amtlich geheim gehaltener Informationen nach § 4 des Sicherheitsüberprüfungsgesetzes (SÜG)[76] im Bereich des Bundes oder bei Unternehmen im Rahmen von Aufträgen des Bundes eingesetzt werden sollen.
8. Herstellung von Schlüsseldaten und Betrieb von Krypto- und Sicherheitsmanagementsystemen für informationssichernde Systeme des Bundes, die im Bereich des staatlichen Geheimschutzes oder auf Anforderung der betroffenen Behörde auch in anderen Bereichen eingesetzt werden.
9. Unterstützung und Beratung bei organisatorischen und technischen Sicherheitsmaßnahmen sowie Durchführung von technischen Prüfungen

76 https://www.gesetze-im-internet.de/s_g/.

zum Schutz amtlich geheim gehaltener Informationen nach § 4 des Sicherheitsüberprüfungsgesetzes (SÜG) gegen die Kenntnisnahme durch Unbefugte.

10. Entwicklung von sicherheitstechnischen Anforderungen an die einzusetzende Informationstechnik des Bundes und an die Eignung von Auftragnehmern im Bereich von Informationstechnik mit besonderem Schutzbedarf.

11. Bereitstellung von IT-Sicherheitsprodukten für Stellen des Bundes.

12. Unterstützung der für Sicherheit in der Informationstechnik zuständigen Stellen des Bundes, insbesondere soweit sie Beratungs- oder Kontrollaufgaben wahrnehmen; dies gilt vorrangig für den Bundesbeauftragten für den Datenschutz[77], dessen Unterstützung im Rahmen der Unabhängigkeit erfolgt, die ihm bei der Erfüllung seiner Aufgaben nach dem Bundesdatenschutzgesetz zusteht.

12a. Beratung und Unterstützung der Stellen des Bundes in Fragen der Sicherheit in der Informationstechnik.

13. Unterstützung
    a) der Polizeien und Strafverfolgungsbehörden bei der Wahrnehmung ihrer gesetzlichen Aufgaben,
    b) der Verfassungsschutzbehörden und des Militärischen Abschirmdienstes bei der Auswertung und Bewertung von Informationen, die bei der Beobachtung terroristischer Bestrebungen oder nachrichtendienstlicher Tätigkeiten im Rahmen der gesetzlichen Befugnisse nach den Verfassungsschutzgesetzen des Bundes und der Länder bzw. dem MAD-Gesetz anfallen,
    c) des Bundesnachrichtendienstes bei der Wahrnehmung seiner gesetzlichen Aufgaben.

13a. auf Ersuchen der zuständigen Stellen der Länder Unterstützung dieser Stellen in Fragen der Abwehr von Gefahren für die Sicherheit in der Informationstechnik.

14. Beratung, Information und Warnung der Stellen des Bundes, der Länder sowie der Hersteller, Vertreiber und Anwender in Fragen der Sicherheit in der Informationstechnik, insbesondere unter Berücksichtigung der möglichen Folgen fehlender oder unzureichender Sicherheitsvorkehrungen.

14a. Verbraucherschutz und Verbraucherinformation im Bereich der Sicherheit in der Informationstechnik, insbesondere durch Beratung und War-

77 https://www.bfdi.bund.de/DE/Home/home_node.html.

nung von Verbrauchern in Fragen der Sicherheit in der Informationstechnik und unter Berücksichtigung der möglichen Folgen fehlender oder unzureichender Sicherheitsvorkehrungen.

15. Aufbau geeigneter Kommunikationsstrukturen zur Krisenfrüherkennung, Krisenreaktion und Krisenbewältigung sowie Koordinierung der Zusammenarbeit zum Schutz der Sicherheit in der Informationstechnik Kritischer Infrastrukturen im Verbund mit der Privatwirtschaft.
16. Aufgaben als zentrale Stelle im Bereich der Sicherheit in der Informationstechnik im Hinblick auf die Zusammenarbeit mit den zuständigen Stellen im Ausland, unbeschadet besonderer Zuständigkeiten anderer Stellen.
17. Aufgaben nach den §§ 8a-8c, 8f BSIG als zentrale Stelle für die Sicherheit in der Informationstechnik Kritischer Infrastrukturen, digitaler Dienste und der Unternehmen im besonderen öffentlichen Interesse.
18. Unterstützung bei der Wiederherstellung der Sicherheit oder Funktionsfähigkeit informationstechnischer Systeme in herausgehobenen Fällen nach § 5a BSIG.
19. Empfehlungen für Identifizierungs- und Authentisierungsverfahren und Bewertung dieser Verfahren im Hinblick auf die Informationssicherheit.
20. Beschreibung und Veröffentlichung eines Stands der Technik bei sicherheitstechnischen Anforderungen an IT-Produkte unter Berücksichtigung bestehender Normen und Standards sowie Einbeziehung der betroffenen Wirtschaftsverbände.

Das BSI kann die Länder auf Anfrage bei der Sicherung ihrer Informationstechnik unterstützen. Zudem kann es KRITIS-Betreiber auf deren Ersuchen bei der Sicherung ihrer Informationstechnik beraten und unterstützen oder auf qualifizierte Sicherheitsdienstleister verweisen.

Pflichten von KRITIS-Betreibern

Betreiber Kritischer Infrastrukturen haben nach dem BSI-Gesetz besondere Verpflichtungen:

1. **Registrierungspflicht**: KRITIS-Betreiber müssen sich beim BSI registrieren
2. **Implementierung von Sicherheitsmaßnahmen**: Sie müssen angemessene organisatorische und technische Vorkehrungen zum Schutz ihrer IT-Systeme nach dem Stand der Technik treffen. Dies umfasst auch Systeme zur Angriffserkennung (SzA).

3. **Nachweis- und Prüfpflichten**: KRITIS-Betreiber müssen regelmäßig Nachweise über ihre IT-Sicherheitsmaßnahmen erbringen.
4. **Meldepflichten**: Bei erheblichen Störungen in ihren KRITIS-Anlagen besteht eine Meldepflicht an das BSI.
5. **Erreichbarkeit**: KRITIS-Betreiber müssen eine Kontaktstelle einrichten und deren Erreichbarkeit sicherstellen.
6. **Meldung kritischer Komponenten**: Der Einsatz bestimmter kritischer IT-Komponenten ist ebenfalls meldepflichtig.

e) Sanktionen/Geldbußen

Das BSIG enthält verschiedene Sanktionsmöglichkeiten bei Verstößen gegen die gesetzlichen Verpflichtungen. Diese wurden insbesondere mit dem IT-SiG2 im Jahre 2021 erheblich verschärft. Je nach Verstoß drohen Geldbußen zwischen 100.000 Euro und 2 Millionen Euro.

f) Ergänzende Rechtsakte, Leitlinien, Normen & Co.

Das BSI-Gesetz wird durch verschiedene ergänzende Rechtsakte, Leitlinien und Normen konkretisiert und erweitert.

So konkretisiert die KRITIS-Verordnung (BSI-KritisV) die Umsetzung des BSIG. Sie definiert im Detail, welche Anlagen als kritische Infrastrukturen gelten und legt die entsprechenden Schwellenwerte fest.

Die NIS2-Richtlinie und deren Umsetzung wird den Anwendungsbereich des BSIG weiter ausdehnen und neue Verpflichtungen für Unternehmen einführen.

Die Mindeststandards des BSI definieren ein verbindliches Mindestniveau für die Informationssicherheit der Bundesverwaltung. Hier ist insbesondere der IT-Grundschutz zu nennen, der einen methodischen Rahmen für die Implementierung von Informationssicherheit bietet.

IV. Datenschutz

Im Bereich Datenschutz existieren neben den europäischen Regelungen im Rahmen der Datenschutzgrundverordnung (DSGVO) auch nationale Vorschriften, insbesondere in Form des Bundesdatenschutzgesetzes (BDSG) und den jeweiligen Landesdatenschutzgesetzen. Während die DSGVO als EU-Verordnung unmittelbar und zwingend in den einzelnen Mitgliedstaaten anwendbar ist, regelt das BDSG in einigen Aspekten ergänzende Punkte. Denn beispielsweise bei folgenden Aspekten sieht die DSGVO entsprechende Öffnungsklauseln vor:

- mögliche **Absenkung der Altersgrenze zur Einwilligung** durch Kinder auf bis zu 13 Jahre (Deutschland: 16 Jahre)
- Einschränkung der **Informationsansprüche** der Betroffenen
- Beschränkungsmöglichkeit in Bezug auf die **Betroffenenrechte**
- Schaffung nationaler Vorgaben für **Auftragsverarbeiter**
- Erweiterung der Voraussetzungen für die Benennungspflicht eines **Datenschutzbeauftragten**
- Ausnahmen bei Datenverarbeitungen für journalistische Zwecke (sog. **Medienprivileg**)
- Spezialregelungen im Bereich des **Beschäftigtendatenschutzes.**

Zu der Rechtsgrundlage für die Verarbeitung von Beschäftigtendaten, die sich in § 86 Abs. 4 des Hessischen Beamtengesetzes (HBG) und nahezu wortgleich in § 26 Abs. 1 S. 1 BDSG findet, hat sich der Europäische Gerichtshof im Jahre 2023 geäußert.[78] Darin hat er Folgendes festgestellt:

„Um als ‚spezifischere Vorschrift' im Sinne von Art. 88 Abs. 1 DSGVO eingestuft werden zu können, muss eine Rechtsvorschrift folglich die Vorgaben von Art. 88 Abs. 2 DSGVO erfüllen. Abgesehen davon, dass diese ***spezifischeren Vorschriften*** *einen zu dem geregelten Bereich passenden* ***Regelungsgehalt*** *haben müssen, der sich* ***von den allgemeinen Regeln der DSGVO unterscheidet****, müssen sie auf den* ***Schutz der Rechte und Freiheiten der Beschäftigten*** *hinsichtlich der Verarbeitung ihrer personenbezogenen Daten im Beschäftigungskontext abzielen und* ***geeignete und besondere Maßnahmen*** *zur Wahrung der menschlichen Würde, der berechtigten Interessen und der Grundrechte der betroffenen Person umfassen. Dabei ist insbesondere im Hinblick auf die* ***Transparenz*** *der Verarbeitung, die Übermittlung personenbezogener Daten innerhalb einer Unternehmensgruppe oder einer Gruppe von*

78 EuGH, Urteil vom 30. März 2023, Az. C-34/21.

Unternehmen, die eine gemeinsame Wirtschaftstätigkeit ausüben, und die Überwachungssysteme am Arbeitsplatz vorzugehen."

Diese Vorgaben erfüllen wohl weder § 86 Abs. 4 HBG noch § 26 Abs. 1 S. 1 BDSG, so dass es nahe liegt, dass beide Normen als europarechtswidrig einzustufen sind und folglich nicht angewendet werden dürfen, jedenfalls in Bezug auf Beschäftigungsverhältnisse im nicht-öffentlichen Bereich.[79] Daher haben das Bundesministerium für Arbeit und Soziales und das Bundesministerium des Innern und für Heimat am 8. Oktober 2024 einen Entwurf für ein Beschäftigtendatengesetz veröffentlicht. Dieser Entwurf war viel diskutiert[80], ist jedoch nicht zuletzt aufgrund des Endes der „Ampel-Regierung" und der damit verbundenen Neuwahlen Anfang 2025 (noch) nicht als Gesetz verabschiedet worden.

---

79 Vgl. „Rechtsgrundlagen bei Beschäftigtendaten – FAQ zum EuGH-Urteil vom 30. März 2023 – C-34/21", FAQ des LfDI BW (https://www.baden-wuerttemberg.datenschutz.de/faq-rechtsgrundlagen-bei-beschaeftigtendaten/).

80 Vgl. u. a. Bericht „Wie das neue Beschäftigtendatenschutzgesetz aussehen sollte" im Handelsblatt am 20.05.2024 (https://www.handelsblatt.com/finanzen/steuern-recht/recht/entwurf-soll-kommen-wie-das-neue-beschaeftigtendatenschutzgesetz-aussehen-sollte/100037831.html).

Menü Handelsblatt Anmelden Abo

Finanzen Steuern + Recht Recht Entwurf soll kommen: Wie das neue Beschäftigtendatenschutzgesetz aussehen sollte

Entwurf soll kommen

Wie das neue Beschäftigtendatenschutzgesetz aussehen sollte

Die Vorschriften sollen Unternehmen den lang ersehnten Rechtsrahmen für Datenverarbeitung am Arbeitsplatz bieten. Doch der Schutz von Mitarbeiterdaten muss modern umgesetzt werden.

Tobias Neufeld
20.05.2024 - 12:34 Uhr

Diskussionen über ein Beschäftigtendatenschutzgesetz gab es auch schon vor 2024 immer mal wieder

Der zentrale Gedanken im Datenschutz ist der, dass Daten von Menschen, welche in Unternehmen oder Behörden verarbeitet werden, geschützt werden müssen. Dabei verfolgt die DSGVO einen risikobasierten Ansatz. Faustregel: je höher das Risiko, desto mehr muss für die Sicherheit getan werden. Der Begriff „Risiko“ bezieht sich im DSGVO-Kontext nicht auf das Risiko der datenverarbeitenden, verantwortlichen Stellen, sondern auf das Risiko für die Menschen, deren Daten verarbeitet werden. Demzufolge haben die Verantwortlichen durch geeignete technische und organisatorische Maßnahmen (TOMs) ein angemessenes Schutzniveau sicherzustellen (vgl. Art. 32 Abs. 1 DSGVO). Dies ergibt sich bereits zwanglos aus einem der zentralen Grundsätze des Datenschutzrechts, nämlich dem Grundsatz der Integrität und Vertraulichkeit (Art. 5 Abs. 1 lit. f) DSGVO). Ziel der datenschutzrechtlichen Vorgaben ist es, das mit einer Verarbeitung von personenbezogenen Daten einhergehende Risiko möglichst zu minimieren, indem die Eintrittswahrscheinlichkeit einerseits und die Höhe des Schadens andererseits so weit wie möglich abgesenkt werden (vgl. Art. 32 Abs. 1 DSGVO). Unter dem Strich gilt es also, eine Verletzung des Schutzes personenbezogener Daten, sprich: „Datenpannen“, zu vermeiden.

In Art. 4 Nr. 12 wird „Verletzung des Schutzes personenbezogener Daten“ wie folgt definiert:

> *„eine* ***Verletzung der Sicherheit****, die, ob unbeabsichtigt oder unrechtmäßig, zur* ***Vernichtung****, zum* ***Verlust****, zur* ***Veränderung****, oder zur* ***unbefugten Offenlegung*** *von beziehungsweise zum* ***unbefugten Zugang*** *zu personenbezogenen Daten führt, die übermittelt, gespeichert oder auf sonstige Weise verarbeitet wurden“.*

Im Kern geht es im Datenschutz darum, genau solche Situationen, also etwa den unbeabsichtigten Verlust oder die Offenlegung gegenüber unbefugten Dritten, zu vermeiden. Datenschutz und IT-Sicherheit sind zwar nicht deckungsgleich, haben aber viele Berührungspunkte.

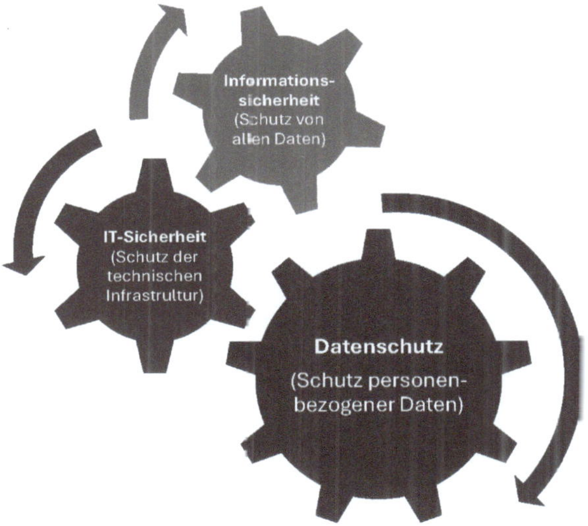

Datenschutz, Informationssicherheit und IT-Sicherheit sind drei Elemente von Informationssicherheit

1. Datenschutzgrundverordnung (DSGVO)

a) Zielrichtung

Die Verordnung (EU) 2016/679 des Europäischen Parlaments und des Rates vom 27. April 2016 zum Schutz natürlicher Personen bei der Verarbeitung personenbezogener Daten, zum freien Datenverkehr und zur Aufhebung der Richtlinie 95/46/EG (Datenschutzgrundverordnung)[81], oder kurz: DSGVO, regelt den richtigen Umgang mit personenbezogenen Daten. Die Definition des Begriffs „personenbezogene Daten" in Art. 4 Nr. 1 DSGVO liest sich wie folgt:

> *„alle Informationen, die sich auf eine identifizierte oder identifizierbare natürliche Person (im Folgenden „betroffene Person") beziehen; als identifizierbar wird eine natürliche Person angesehen, die direkt oder indirekt, insbesondere mittels Zuordnung zu einer Kennung wie einem Namen, zu einer Kennnummer, zu Standortdaten, zu einer Online-Kennung oder zu einem oder mehreren besonderen Merkmalen, die Ausdruck der physischen, physiologischen, genetischen, psychischen, wirtschaftlichen, kulturellen oder sozialen Identität dieser natürlichen Person sind, identifiziert werden kann".*

81 https://eur-lex.europa.eu/eli/reg/2016/679/oj..

Dabei handelt es sich also um einen sehr weitreichenden Begriff, so dass es im Arbeitsalltag regelmäßig um Daten mit Personenbezug geht. Ausgenommen sind hier nur Daten mit Bezug ausschließlich zu juristischen Personen oder rein anonyme Daten, etwa Statistik- oder Maschinendaten.

Die wichtigsten Grundsätze des Datenschutzrechts finden sich in Art. 5 Abs. 1 DSGVO, deren Einhaltung von zentraler Bedeutung für das Verständnis des Datenschutzes einerseits und dessen praktische Umsetzung andererseits.

Alle in Art. 5 Abs. 1 DSGVO festgelegten Grundsätze sind bei der Verarbeitung personenbezogener Daten zu beachten

Grundsatz	Beschreibung	Merksatz
	Personenbezogene Daten müssen…	
Art. 5 Abs. 1 lit. a) DSGVO: – **Rechtmäßigkeit** – **Verarbeitung nach Treu und Glauben** – **Transparenz**	…auf rechtmäßige Weise, nach Treu und Glauben und in einer für die betroffene Person nachvollziehbaren Weise verarbeitet werden	– Keine Datenverarbeitung ohne Rechtsgrundlage! – Sei fair! – Tu was Du sagst und sag was Du tust!
Art. 5 Abs. 1 lit. b) DSGVO: **Zweckbindung**	…für festgelegte, eindeutige und legitime Zwecke erhoben werden und dürfen nicht in einer mit diesen Zwecken nicht zu vereinbarenden Weise weiterverarbeitet werden	Wozu brauchen wir die Daten?
Art. 5 Abs. 1 lit. c) DSGVO: **Datenminimierung**	…dem Zweck angemessen und erheblich sowie auf das für die Zwecke der Verarbeitung notwendige Maß beschränkt sein	So viel wie nötig, so wenig wie möglich!

Grundsatz	Beschreibung	Merksatz
Art. 5 Abs. 1 lit. d) DSGVO: **Richtigkeit**	…sachlich richtig und erforderlichenfalls auf dem neuesten Stand sein; es sind alle angemessenen Maßnahmen zu treffen, damit personenbezogene Daten, die im Hinblick auf die Zwecke ihrer Verarbeitung unrichtig sind, unverzüglich gelöscht oder berichtigt werden	Sind die Daten korrekt?
Art. 5 Abs. 1 lit. e) DSGVO: **Speicherbegrenzung**	…in einer Form gespeichert werden, die die Identifizierung der betroffenen Personen nur so lange ermöglicht, wie es für die Zwecke, für die sie verarbeitet werden, erforderlich ist	Wenn weg, dann weg!
Art. 5 Abs. 1 lit. f) DSGVO: **Integrität und Vertraulichkeit**	…in einer Weise verarbeitet werden, die eine angemessene Sicherheit der personenbezogenen Daten gewährleistet, einschließlich Schutz vor unbefugter oder unrechtmäßiger Verarbeitung und vor unbeabsichtigtem Verlust, unbeabsichtigter Zerstörung oder unbeabsichtigter Schädigung durch geeignete technische und organisatorische Maßnahmen	Safety first!

Die Einhaltung all dieser Grundsätze muss im Zweifel durch den Verantwortlichen nachgewiesen werden können (sog. Rechenschaftspflicht, Art. 5 Abs. 2 DSGVO).

b) Inkrafttreten/Anwendbarkeit

Die DSGVO trat am 24. Mai 2016 in Kraft. Die praktische Anwendung begann jedoch erst zum 25. Mai 2018, wodurch Unternehmen und Organisationen eine zweijährige Übergangsfrist erhielten, um ihre Datenschutzpraktiken an die neuen Anforderungen anzupassen.

Die DSGVO löste die bis dahin geltende Richtlinie 95/46/EG des Europäischen Parlaments und des Rates vom 24. Oktober 1995 zum Schutz natürlicher Personen bei der Verarbeitung personenbezogener Daten und zum freien Datenverkehr (Datenschutzrichtlinie)[82] aus dem Jahr 1995 ab, die von den Mitgliedstaaten sehr unterschiedlich umgesetzt worden war.

c) Anwendungsbereich

Sachlicher Anwendungsbereich

Die DSGVO gilt für die ganz oder teilweise automatisierte Verarbeitung personenbezogener Daten sowie für die nicht-automatisierte Verarbeitung personenbezogener Daten, die in einem Dateisystem gespeichert sind oder gespeichert werden sollen. Dies umfasst in der Praxis einen sehr weiten Anwendungsbereich.

Die DSGVO findet hingegen keine Anwendung auf die Verarbeitung personenbezogener Daten…

- im Rahmen von Tätigkeiten, die nicht in den Anwendungsbereich des Unionsrechts fallen,
- durch die Mitgliedstaaten im Rahmen bestimmter Tätigkeiten,
- durch natürliche Personen zur Ausübung ausschließlich persönlicher oder familiärer Tätigkeiten (sog. Haushaltsausnahme),
- durch zuständige Behörden zum Zwecke der Verhütung, Ermittlung, Aufdeckung oder Verfolgung von Straftaten oder der Strafvollstreckung.

Räumlicher Anwendungsbereich

Die DSGVO hat einen erweiterten räumlichen Anwendungsbereich. Sie gilt für jeden Verantwortlichen oder Auftragsverarbeiter, unabhängig vom Ort, an dem die Verarbeitung stattfindet, wenn die Verarbeitung im Rahmen der Tätigkeiten einer Niederlassung in der EU erfolgt.

Auch Unternehmen außerhalb der EU unterliegen mithin der DSGVO, wenn sie Waren oder Dienstleistungen in der EU anbieten oder das Verhalten von Personen in der EU beobachten (sog. Marktortprinzip).

d) Pflichten von Akteuren

Die DSGVO legt verschiedene Pflichten für Verantwortliche und Auftragsverarbeiter fest, die personenbezogene Daten verarbeiten.

82 https://eur-lex.europa.eu/eli/dir/1995/46/oj.

Nach Art. 24 DSGVO muss der Verantwortliche unter Berücksichtigung der Art, des Umfangs, der Umstände und der Zwecke der Verarbeitung sowie der unterschiedlichen Eintrittswahrscheinlichkeit und Schwere der Risiken für die Rechte und Freiheiten natürlicher Personen **geeignete technische und organisatorische Maßnahmen** (TOMs) umsetzen. Durch diese Maßnahmen muss sichergestellt und der Nachweis dafür erbracht werden können, dass die Verarbeitung gemäß der DSGVO erfolgt.

Art. 30 Abs. 1 DSGVO verpflichtet jeden Verantwortlichen, ein **Verzeichnis der Verarbeitungstätigkeiten** (VVT), auch Verarbeitungsverzeichnis genannt, zu führen. Auch Auftragsverarbeiter müssen ein Verzeichnis zu allen Kategorien von im Auftrag eines Verantwortlichen durchgeführten Tätigkeiten der Verarbeitung führen (Art. 30 Abs. 2 DSGVO).

Bei Verarbeitungsvorgängen, die voraussichtlich ein hohes Risiko für die Rechte und Freiheiten natürlicher Personen zur Folge haben, muss der Verantwortliche gemäß Art. 35 DSGVO vorab eine **Datenschutz-Folgenabschätzung** (DSFA) durchführen. Dies ist insbesondere bei systematischer und umfangreicher Bewertung persönlicher Aspekte natürlicher Personen, bei der umfangreichen Verarbeitung besonderer Kategorien von Daten oder bei systematischer umfangreicher Überwachung öffentlich zugänglicher Bereiche erforderlich.

In Art. 32 Abs. 1 DSGVO heißt es, dass geeignete technische und organisatorische Maßnahmen (TOMs) umgesetzt werden müssen, um ein dem Risiko **angemessenes Schutzniveau** zu gewährleisten. Weiter enthält diese Norm einzelne Vorgaben für solche TOMs, die jeweils mit Blick auf die konkrete Datenverarbeitung umgesetzt werden können:

1. die **Pseudonymisierung** und die **Verschlüsselung** von Daten
2. die Fähigkeit, die **Vertraulichkeit**, **Integrität**, **Verfügbarkeit** und **Belastbarkeit** der Systeme und Dienste zur Datenverarbeitung auf Dauer sicherzustellen
3. die Fähigkeit, die **Verfügbarkeit** der Daten und den Zugang zu ihnen bei einem physischen oder technischen Zwischenfall schnell **wiederherzustellen**
4. ein **Verfahren zur regelmäßigen Überprüfung, Bewertung und Evaluierung** der Wirksamkeit der TOMs.

Leider enthält die DSGVO hier – mit Ausnahme von Pseudonymisierung und Verschlüsselung – keine konkreten Maßnahmen, sondern lediglich allgemeine formulierte **Gewährleistungsziele**. Jede für die Datenverarbeitung verantwortliche Stelle muss also selbst festlegen, welche konkreten TOMs sinnvoll sind. Nach Maßgabe von Art. 32 DSGVO sollen dabei jedenfalls…

- der Stand der Technik,
- die Implementierungskosten,
- aber auch die Art, der Umfang, die Umstände und die Zwecke der Datenverarbeitung
- sowie die Eintrittswahrscheinlichkeit und Schwere des Risikos

berücksichtigt werden.

Mit dem Risiko, das man hier in den Blick nehmen soll, ist nicht das eigene Risiko gemeint, sondern das Risiko für die Menschen, deren Daten verarbeitet werden. Ziel ist es, mit geeigneten TOMs zu verhindern, dass es zur Vernichtung, zum Verlust, zur Veränderung der verarbeiteten Daten kommt. Zudem sollen auch unbefugte Dritte keinen Zugang zu diesen Daten erhalten.

Der Bundesverband IT-Sicherheit e.V. TeleTrust veröffentlicht eine regelmäßig aktualisierte Handreichung zum „Stand der Technik in der IT-Sicherheit“ (aktuelle Fassung 2025)[83]. Darin findet sich u.a. auch folgende Definition: „Somit kann der ‚Stand der Technik‘ als die im Waren- und Dienstleistungsverkehr verfügbaren Verfahren, Einrichtungen oder Betriebsweisen bezeichnet werden, deren Anwendung die Erreichung der jeweiligen gesetzlichen Schutzziele wirkungsvoll gewährleisten kann.“. Zudem werden in der Handreichung konkrete Beispiele für Sicherheitsmaßnahmen nach dem Stand der Technik genannt:

- Multi-Faktor-Authentifizierung
- Gegenseitige Authentisierung
- Verschlüsselung der Kommunikation während des Transports
- Verschlüsselung der Daten (z.B. bei der Speicherung)
- Sicherung des privaten Schlüssels und der Software-Zertifikate vor unberechtigtem Kopieren
- Einsatz von sicheren Boot-Prozessen
- Sichere Software-Administration einschl. Patch-Management
- Sichere Benutzer-Administration mit aktiver Sperrmöglichkeit
- Sichere Abbildung von Netzwerkzonen zum zusätzlichen Schutz auf Netzwerk-Ebene
- Sichere Daten-Kommunikation zwischen unterschiedlichen Netzwerkzonen
- Sicheres Internet-Browsen
- Umsetzung des Need-To-Know-Prinzips

83 https://www.teletrust.de/publikationen/broschueren/stand-der-technik/.

- Umsetzung des Minimal-Ansatzes (einschl. Härtung)
- Umsetzung von Logging-, Monitoring-, Reporting- und Response-Management-Systemen
- Umsetzung von Malware-Schutz
- Einsatz von sicheren Backup-Systemen zur Sicherung vor Verlust von Daten
- Mehrfache Auslegung der Systeme zur Umsetzung von Hochverfügbarkeit,
- Vertrauliche Datenverarbeitung,
- Umsetzung des Zero Trust Prinzips.

e) Sanktionen/Geldbußen

Die DSGVO hat die Durchsetzungsmöglichkeiten bei Datenschutzverstößen im Vergleich zur vorherigen Rechtslage erheblich verstärkt. Bei Datenschutzverstößen können die Datenschutzaufsichtsbehörden u. a. Geldbußen bis zu 20 Millionen Euro oder bis zu 4 % des weltweit erzielten Vorjahresgesamtumsatzes eines Unternehmens verhängen, je nachdem, welcher Betrag höher ist.

f) Zuständige Aufsichtsbehörden

Zur Gewährleistung einer einheitlichen Rechtsanwendung hat die DSGVO den Europäischen Datenschutzausschuss (EDSA)[84] eingerichtet, der sich aus den Vertretern der Aufsichtsbehörden aller Mitgliedstaaten zusammensetzt. Der EDSA kann verbindliche Entscheidungen über zentrale Fragen der DSGVO treffen.

Ein wichtiges Konzept in diesem Zusammenhang ist das „One-Stop-Shop-Prinzip“. Für Unternehmen mit grenzüberschreitenden Datenverarbeitungstätigkeiten fungiert die Aufsichtsbehörde am Ort der Hauptniederlassung als federführende Behörde und zentraler Ansprechpartner. Dies vereinfacht die Kommunikation und Zusammenarbeit für Unternehmen, die in mehreren EU-Ländern tätig sind.

84 https://european-union.europa.eu/institutions-law-budget/institutions-and-bodies/search-all-eu-institutions-and-bodies/european-data-protection-board-edpb_de.

g) Ergänzende Rechtsakte, Leitlinien, Normen & Co.

Zur Umsetzung der in Art. 32 DSGVO geforderten technischen oder organisatorischen Maßnahmen gibt es im Gesetz selbst keine konkreten Vorgaben (mit Ausnahme von Verschlüsselung und Pseudonymisierung), es werden hier lediglich Gewährleistungsziele genannt. Zur Erreichung dieser Ziele gibt es verschiedene Ansätze. Hier kann beispielsweise der BSI IT-Grundschutz zum Einsatz kommen oder auch die ISO 27001. Eine speziell auf die DSGVO abgestimmte Methode bietet jedoch das Standard-Datenschutzmodell (SDM)[85]. Der IT-Planungsrat, der die IT-Aktivitäten des Bundes, der Länder und Kommunen untereinander koordiniert, empfiehlt die Anwendung des SDM für sämtliche öffentliche Verwaltungen Deutschlands. Der IT-Grundschutz des BSI empfiehlt in seinem Datenschutzbaustein CON2 ebenfalls die Anwendung des SDM. Die katholische und die protestantische Kirche Deutschland lehnen sich mit dem „Kirchen-Datenschutzmodell“ (KDM)[86] ganz eng an das SDM an.

Das SDM nennt sieben **Gewährleistungsziele**:

- Datenminimierung
- Verfügbarkeit
- Integrität
- Vertraulichkeit
- Nichtverkettung
- Transparenz
- Intervenierbarkeit.

Um die Anforderungen der DSGVO und die Gewährleistungsziele des SDM „unter einen Hut“ zu bringen, wurde der **SDM-Würfel** entwickelt[87]:

> *„Auf der x-Achse werden die Vorgangsgruppen bzw. die Lebenszyklus-Phasen abgetragen. Auf der y-Achse werden die drei verschiedenen Ebenen der Darstellung wesentlicher Einflussgrößen oder Bestandteile einer Verarbeitung erfasst (Ebene 1 „Fachverfahren“/„Geschäftsprozess“, Ebene 2 „Fachapplikation“ und Ebene 3 „technische Infrastruktur“, siehe Kap. D2.2). Die zu einer Gruppe von Vorgängen bzw. Phase gehörigen Komponenten-Prozesse sowie Systeme und Dienste finden sich auf der jeweiligen Ebene wieder. Die Zuordnung eines Prozesses oder eines Systems bzw. Dienstes zu einer Vorgangsgruppe bzw. einer Phase erfolgt in Abhängigkeit der verarbeiteten Daten (vgl. Annotationen in Abbildung 4). Abbildung 5 zeigt diese Zuordnung beispielhaft basierend auf Abbildung 4 für „Daten 1“. Hierbei ist anzumerken, dass*

85 https://www.datenschutzzentrum.de/sdm/.
86 https://www.kirchliches-datenschutzmodell.de/das-kdm/.
87 SDM-Methodik-Handbuch V3.1, S. 47.

nicht jede Verarbeitungstätigkeit alle Gruppen oder Phasen umfasst. Weiterhin können die Komponenten ggf. mehreren Vorgängen bzw. Phasen zugeordnet werden (bspw., wenn ein System oder Dienst an der Umsetzung mehrerer Prozesse beteiligt ist). Diese Komponenten sind dann bezüglich aller zugeordneter Vorgänge bzw. Phasen zu untersuchen. Die z-Achse listet die sieben Gewährleistungsziele auf, mit denen die zu bearbeitenden Anforderungen und Risiken, gemäß der Risikostufe, erzeugt werden.“

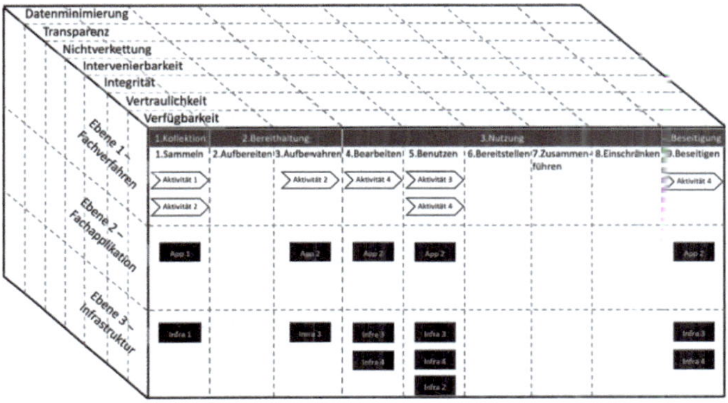

Auszug aus dem SDM-Methodik-Handbuch, Darstellung des SDM-Würfels

In Bezug auf jedes der sieben Gewährleistungsziele nennt das SDM jeweils einzelne, **generische Schutzmaßnahmen**:

Gewährleistungsziel	generische Maßnahmen
Datenminimierung	– Reduzierung von erfassten Attributen der betroffenen Personen – Reduzierung der Verarbeitungsoptionen in Verarbeitungsprozessschritten – Reduzierung von Möglichkeiten der Kenntnisnahme vorhandener Daten – Festlegung von Voreinstellungen für betroffene Personen, die die Verarbeitung ihrer Daten auf das für den Verarbeitungszweck erforderliche Maß beschränken – Bevorzugung von automatisierten Verarbeitungsprozessen (nicht Entscheidungsprozessen), die eine Kenntnisnahme verarbeiteter Daten entbehrlich machen und die Einflussnahme begrenzen, gegenüber im Dialog gesteuerten Prozessen

Gewährleistungsziel	generische Maßnahmen
	– Implementierung von Datenmasken, die Datenfelder unterdrücken, sowie automatischer Sperr- und Löschroutinen, Pseudonymisierungs- und Anonymisierungsverfahren – Festlegung und Umsetzung eines Löschkonzepts – Regelungen zur Kontrolle von Prozessen zur Änderung von Verarbeitungstätigkeiten
Verfügbarkeit	– Anfertigung von Sicherheitskopien von Daten, Prozesszuständen, Konfigurationen, Datenstrukturen, Transaktionshistorien u. ä. gemäß einem getesteten Konzept – Schutz vor äußeren Einflüssen (Schadsoftware, Sabotage, höhere Gewalt) – Dokumentation der Syntax der Daten – Redundanz von Hard- und Software sowie Infrastruktur – Umsetzung von Reparaturstrategien und Ausweichprozessen – Erstellung eines Notfallkonzepts zur Wiederherstellung einer Verarbeitungstätigkeit – Vertretungsregelungen für abwesende Mitarbeitende
Integrität	– Einschränkung von Schreib- und Änderungsrechten – Einsatz von Prüfsummen, elektronischen Siegeln und Signaturen in Datenverarbeitungsprozessen gemäß eines Kryptokonzepts – dokumentierte Zuweisung von Berechtigungen und Rollen – Löschen oder Berichtigen falscher Daten – Härten von IT-Systemen, so dass diese keine oder möglichst wenige Nebenfunktionalitäten aufweisen – Prozesse zur Aufrechterhaltung der Aktualität von Daten – Prozesse zur Identifizierung und Authentifizierung von Personen und Gerätschaften – Festlegung des Sollverhaltens von Prozessen und regelmäßiger Durchführung von Tests zur Feststellung und Dokumentation der Funktionalität, von Risiken sowie Sicherheitslücken und Nebenwirkungen von Prozessen – Festlegung des Sollverhaltens von Abläufen bzw. Prozessen und regelmäßiger Durchführung von Tests zur Feststellbarkeit bzw. Feststellung der Ist-Zustände von Prozessen – Schutz vor äußeren Einflüssen (Spionage, Hacking)
Vertraulichkeit	– Festlegung eines Berechtigungs- und Rollenkonzeptes nach dem Erforderlichkeitsprinzip auf der Basis eines Identitätsmanagements durch die verantwortliche Stelle

Gewährleistungsziel	generische Maßnahmen
	– Implementierung eines sicheren Authentifizierungsverfahrens – Eingrenzung der zulässigen Personalkräfte auf solche, die nachprüfbar zuständig (örtlich, fachlich), fachlich befähigt, zuverlässig (ggf. sicherheitsüberprüft) und formal zugelassen sind sowie keine Interessenskonflikte bei der Ausübung aufweisen – Festlegung und Kontrolle der Nutzung zugelassener Ressourcen insbesondere Kommunikationskanäle – spezifizierte, für die Verarbeitungstätigkeit ausgestattete Umgebungen (Gebäude, Räume) – Festlegung und Kontrolle organisatorischer Abläufe, interner Regelungen und vertraglicher Verpflichtungen (Verpflichtung auf Datengeheimnis, Verschwiegenheitsvereinbarungen usw.) – Verschlüsselung von gespeicherten oder transferierten Daten sowie Prozesse zur Verwaltung und zum Schutz der kryptografischen Informationen (Kryptokonzept) – Schutz vor äußeren Einflüssen (Spionage, Hacking)
Nichtverkettung	– Einschränkung von Verarbeitungs-, Nutzungs- und Übermittlungsrechten – programmtechnische Unterlassung bzw. Schließung von Schnittstellen bei Verarbeitungsverfahren und Komponenten – regelnde Maßgaben zum Verbot von Backdoors sowie qualitätssichernde Revisionen zur Compliance bei der Softwareentwicklung – Trennung nach Organisations-/ Abteilungsgrenzen – Trennung mittels Rollenkonzepten mit abgestuften Zugriffsrechten auf der Basis eines Identitätsmanagements durch die verantwortliche Stelle und eines sicheren Authentifizierungsverfahrens – Zulassung von nutzerkontrolliertem Identitätsmanagement durch die verarbeitende Stelle – Einsatz von zweckspezifischen Pseudonymen, Anonymisierungsdiensten, anonymen Credentials, Verarbeitung pseudonymer bzw. anonymisierter Daten – geregelte Zweckänderungsverfahren
Transparenz	– Dokumentation im Sinne einer Inventarisierung aller Verarbeitungstätigkeiten gemäß Art. 30 DSGVO – Dokumentation der Bestandteile von Verarbeitungstätigkeiten, insbesondere der Geschäftsprozesse, Datenbestände, Datenflüsse und Netzpläne, dafür genutzte IT-Systeme, Betriebsabläufe, Beschreibungen von

Gewährleistungsziel	generische Maßnahmen
	Verarbeitungstätigkeiten, Zusammenspiel mit anderen Verarbeitungstätigkeiten – Dokumentation von Tests, der Freigabe und ggf. der Datenschutz-Folgenabschätzung von neuen oder geänderten Verarbeitungstätigkeiten – Dokumentation der Faktoren, die für eine Profilierung, zum Scoring oder für teilautomatisierte Entscheidungen genutzt werden – Dokumentation der Verträge mit den internen Mitarbeitenden, Verträge mit externen Dienstleistern und Dritten, von denen Daten erhoben bzw. an die Daten übermittelt werden, Geschäftsverteilungspläne, Zuständigkeitsregelungen – Dokumentation von Einwilligungen, deren Widerruf sowie Widersprüche – Protokollierung von Zugriffen und Änderungen – Versionierung – Dokumentation der Verarbeitungsprozesse mittels Protokollen auf der Basis eines Protokollierungs- und Auswertungskonzepts – Dokumentation der Quellen von Daten, bspw. des Umsetzens der Informationspflichten gegenüber Betroffenen, wo deren Daten erhoben wurden sowie des Umgangs mit Datenpannen – Benachrichtigung von Betroffenen bei Datenpannen oder bei Weiterverarbeitungen zu einem anderen Zweck – Nachverfolgbarkeit der Aktivitäten der verantwortlichen Stelle zur Gewährung der Betroffenenrechte – Berücksichtigung der Auskunftsrechte von Betroffenen im Protokollierungs- und Auswertungskonzept – Bereitstellung von Informationen über die Verarbeitung von personenbezogenen Daten an Betroffene
Intervenierbarkeit	– Maßnahmen für differenzierte Einwilligungs-, Rücknahme- sowie Widerspruchsmöglichkeiten, Schaffung notwendiger Datenfelder z. B. für Sperrkennzeichen, Benachrichtigungen, Einwilligungen, Widersprüche, Gegendarstellungen – dokumentierte Bearbeitung von Störungen, Problembearbeitungen und Änderungen an Verarbeitungstätigkeiten sowie an den technischen und organisatorischen Maßnahmen – Deaktivierungsmöglichkeit einzelner Funktionalitäten ohne Mitleidenschaft für das Gesamtsystem

Gewährleistungsziel	generische Maßnahmen
	– Implementierung standardisierter Abfrage- und Dialogschnittstellen für Betroffene zur Geltendmachung und/oder Durchsetzung von Ansprüchen – Betreiben einer Schnittstelle für strukturierte maschinenlesbare Daten zum Abruf durch Betroffene – Identifizierung und Authentifizierung der Personen, die Betroffenenrechte wahrnehmen möchten – Einrichtung eines Single Point of Contact (SPoC) für Betroffene – operative Möglichkeit zur Zusammenstellung, konsistenten Berichtigung, Sperrung und Löschung aller zu einer Person gespeicherten Daten – Bereitstellen von Optionen für Betroffene um Programme datenschutzgerecht einstellen zu können

Im SDM-Methodik-Handbuch findet sich zudem eine Liste mit generischen Bausteinen zu Referenz-Schutzmaßnahmen des Datenschutzes. Diese **SDM-Bausteine** sind deutschlandweit unter allen Datenschutzaufsichtsbehörden sowohl für den Privat- als auch den öffentlichen Bereich abgestimmt. Aktuell gibt es folgende Bausteine[88]:

- Baustein 11 „Aufbewahren“
- Baustein 41 „Planen und Spezifizieren“
- Baustein 42 „Dokumentieren“
- Baustein 43 „Protokollieren“
- Baustein 50 „Trennen“
- Baustein 51 „Zugriffe auf Daten, Systeme und Prozesse regeln“
- Baustein 60 „Löschen und Vernichten“
- Baustein 61 „Berichtigen“
- Baustein 62 „Einschränken der Verarbeitung“.

Die Umsetzung des SDM ist für die meisten verantwortlichen Stellen nicht verpflichtend, wenngleich sinnvoll.

2. Bundesdatenschutzgesetz (BDSG)

a) Zielrichtung

Das Bundesdatenschutzgesetz (BDSG)[89] stellt neben der DSGVO das zentrale Regelwerk für den Datenschutz in Deutschland dar. Durch das BDSG

88 https://www.datenschutz-mv.de/datenschutz/datenschutzmodell/.
89 https://www.gesetze-im-internet.de/bdsg_2018/.

sollen die Grundrechte und Grundfreiheiten natürlicher Personen bei der Verarbeitung ihrer personenbezogenen Daten geschützt werden. Es konkretisiert die Vorgaben der DSGVO für den deutschen Rechtsraum und ergänzt diese durch nationale Besonderheiten. Im Kern geht es darum, das verfassungsrechtlich verankerte Recht auf informationelle Selbstbestimmung zu wahren.

Das Recht auf informationelle Selbstbestimmung wurde vom Bundesverfassungsgericht in seinem „Volkszählungsurteil" aus dem Jahr 1983 entwickelt[90]. Darin trafen die Karlsruher Richter u. a. folgende, aus heutiger Sicht schon fast visionäre Aussage: „Unter den Bedingungen der modernen Datenverarbeitung wird der Schutz des Einzelnen gegen unbegrenzte Erhebung, Speicherung, Verwendung und Weitergabe seiner persönlichen Daten von dem allgemeinen Persönlichkeitsrecht des GG Art 2 Abs. 1 in Verbindung mit GG Art 1 Abs. 1 umfasst. Das Grundrecht gewährleistet insoweit die Befugnis des Einzelnen, grundsätzlich selbst über die Preisgabe und Verwendung seiner persönlichen Daten zu bestimmen."

Das BDSG legt klare Regeln fest, unter welchen Bedingungen Behörden, Unternehmen und sonstige Organisationen mit personenbezogenen Daten umgehen dürfen. Es gibt den Betroffenen zugleich wirksame Rechte an die Hand, um die Kontrolle über ihre Daten zu behalten.

b) Inkrafttreten/Anwendbarkeit

Die überarbeitete Fassung des BDSG ist zeitgleich mit dem Wirksamwerden der DSGVO zum 25. Mai 2018 in Kraft getreten und löste die vorherige Fassung des Gesetzes (BDSG-alt) ab. Die Einführung erfolgte im Rahmen des Datenschutz-Anpassungs- und -Umsetzungsgesetz EU (DSAnpUG-EU). Das BDSG füllt die zahlreichen Öffnungsklauseln aus, die die DSGVO den EU-Mitgliedstaaten zur nationalen Ausgestaltung überlassen hat.

Das BDSG wurde zuletzt durch das Gesetz zur Durchführung der Verordnung (EU) 2022/2065 des Europäischen Parlaments und des Rates vom 19. Oktober 2022 über einen Binnenmarkt für digitale Dienste und zur Änderung der Richtlinie 2000/31/EG (Gesetz über digitale Dienste), den Digital Services Act (DSA)[91] geändert, welches am 14. Mai 2024 in Kraft getreten ist.

---

90 https://www.bundesverfassungsgericht.de/SharedDocs/Entscheidungen/DE/1983/12/rs19831215_1bvr020983.html.

91 https://eur-lex.europa.eu/eli/reg/2022/2065/oj.

c) Anwendungsbereich

Der Anwendungsbereich des Gesetzes erstreckt sich gemäß § 1 BDSG auf die Verarbeitung personenbezogener Daten durch öffentliche Stellen des Bundes sowie durch öffentliche Stellen der Länder, soweit der Datenschutz nicht durch Landesgesetz geregelt ist und soweit sie Bundesrecht ausführen oder als Organe der Rechtspflege tätig werden und es sich nicht um Verwaltungsangelegenheiten handelt.

Auf nicht-öffentliche Stellen, also auf private Unternehmen, findet das BDSG Anwendung, soweit sie personenbezogene Daten verarbeiten und nicht bereits durch die DSGVO-Vorgaben abgedeckt sind.

d) Pflichten von Akteuren

Das BDSG legt verschiedene Pflichten für Akteure fest, die personenbezogene Daten verarbeiten. Eine zentrale Verpflichtung ist die Benennung eines Datenschutzbeauftragten (DSB) unter bestimmten Umständen. Gemäß § 38 BDSG ist ein DSB zu benennen, soweit mindestens 20 Personen ständig mit der automatisierten Verarbeitung personenbezogener Daten beschäftigt sind. Diese Schwelle wurde von ursprünglich 10 auf 20 Mitarbeiter angehoben, um kleine und mittlere Unternehmen zu entlasten. Wichtig ist hierbei, dass zu den relevanten Personen neben Vollzeitkräften auch Teilzeitkräfte, Aushilfen, freie Mitarbeiter, Leiharbeitnehmer und Praktikumskräfte zählen, sofern sie mit der automatisierten Datenverarbeitung befasst sind.

Außerdem besteht die DSB-Pflicht unabhängig von der Beschäftigtenanzahl, wenn ein Unternehmen Verarbeitungen personenbezogener Daten vornimmt, die einer Datenschutz-Folgenabschätzung (Art. 35 DSGVO) unterliegen, oder personenbezogene Daten geschäftsmäßig zum Zweck der Übermittlung, der anonymisierten Übermittlung oder für Zwecke der Markt- oder Meinungsforschung verarbeitet werden.

Das BDSG regelt zudem spezifische Anforderungen für:

- den Beschäftigtendatenschutz
- die Datenverarbeitung durch öffentliche Stellen
- die Videoüberwachung öffentlich zugänglicher Räume
- die Ausgestaltung der Betroffenenrechte wie Auskunft, Löschung und Widerspruch.

Darüber hinaus enthält das BDSG Regelungen zur Verarbeitung besonderer Kategorien personenbezogener Daten, zur Weiterverarbeitung und zu Datenübermittlungen.

Spezielle Anforderungen an die Sicherheit der Datenverarbeitung stellt § 64 BDSG im Bereich der Umsetzung der JI-Richtlinie. In dessen 3. Absatz werden diverse TOMs zur Gewährleistung eines angemessenen Schutzniveaus genannt.

Maßnahme	**Beschreibung**
§ 64 Abs. 3 Nr. 1 BDSG: **Zugangskontrolle**	Verwehrung des Zugangs zu Verarbeitungsanlagen, mit denen die Verarbeitung durchgeführt wird, für Unbefugte
§ 64 Abs. 3 Nr. 2 BDSG: **Datenträgerkontrolle**	Verhinderung des unbefugten Lesens, Kopierens, Veränderns oder Löschens von Datenträgern
§ 64 Abs. 3 Nr. 3 BDSG: **Speicherkontrolle**	Verhinderung der unbefugten Eingabe von personenbezogenen Daten sowie der unbefugten Kenntnisnahme, Veränderung und Löschung von gespeicherten personenbezogenen Daten
§ 64 Abs. 3 Nr. 4 BDSG: **Benutzerkontrolle**	Verhinderung der Nutzung automatisierter Verarbeitungssysteme mit Hilfe von Einrichtungen zur Datenübertragung durch Unbefugte
§ 64 Abs. 3 Nr. 5 BDSG: **Zugriffskontrolle**	Gewährleistung, dass die zur Benutzung eines automatisierten Verarbeitungssystems Berechtigten ausschließlich zu den von ihrer Zugangsberechtigung umfassten personenbezogenen Daten Zugang haben
§ 64 Abs. 3 Nr. 6 BDSG: **Übertragungskontrolle**	Gewährleistung, dass überprüft und festgestellt werden kann, an welche Stellen personenbezogene Daten mit Hilfe von Einrichtungen zur Datenübertragung übermittelt oder zur Verfügung gestellt wurden oder werden können
§ 64 Abs. 3 Nr. 7 BDSG: **Eingabekontrolle**	Gewährleistung, dass nachträglich überprüft und festgestellt werden kann, welche personenbezogenen Daten zu welcher Zeit und von wem in automatisierte Verarbeitungssysteme eingegeben oder verändert worden sind
§ 64 Abs. 3 Nr. 8 BDSG: **Transportkontrolle**	Gewährleistung, dass bei der Übermittlung personenbezogener Daten sowie beim Transport von Datenträgern die Vertraulichkeit und Integrität der Daten geschützt werden
§ 64 Abs. 3 Nr. 9 BDSG: **Wiederherstellbarkeit**	Gewährleistung, dass eingesetzte Systeme im Störungsfall wiederhergestellt werden können
§ 64 Abs. 3 Nr. 10 BDSG: **Zuverlässigkeit**	Gewährleistung, dass alle Funktionen des Systems zur Verfügung stehen und auftretende Fehlfunktionen gemeldet werden

Maßnahme	Beschreibung
§ 64 Abs. 3 Nr. 11 BDSG: **Datenintegrität**	Gewährleistung, dass gespeicherte personenbezogene Daten nicht durch Fehlfunktionen des Systems beschädigt werden können
§ 64 Abs. 3 Nr. 12 BDSG: **Auftragskontrolle**	Gewährleistung, dass personenbezogene Daten, die im Auftrag verarbeitet werden, nur entsprechend den Weisungen des Auftraggebers verarbeitet werden können
§ 64 Abs. 3 Nr. 13 BDSG: **Verfügbarkeitskontrolle**	Gewährleistung, dass personenbezogene Daten gegen Zerstörung oder Verlust geschützt sind
§ 64 Abs. 3 Nr. 14 BDSG: **Trennbarkeit**	Gewährleistung, dass zu unterschiedlichen Zwecken erhobene personenbezogene Daten getrennt verarbeitet werden können

e) Sanktionen/Geldbußen

Bei Verstößen gegen datenschutzrechtliche Bestimmungen drohen erhebliche Sanktionen. Das BDSG unterscheidet zwischen Ordnungswidrigkeiten und Straftaten.

Gemäß § 43 BDSG kann eine Ordnungswidrigkeit mit einer Geldbuße bis zu 50.000 Euro geahndet werden. Zu den Ordnungswidrigkeiten zählen beispielsweise der Verstoß gegen die Auskunftspflicht oder die nicht rechtzeitige Unterrichtung des Betroffenen.

Gegen Behörden und sonstige öffentliche Stellen werden allerdings keine Geldbußen verhängt (§ 43 Abs. 3 BDSG).

Besonders schwerwiegende Verstöße können strafrechtliche Konsequenzen haben:

- Die wissentliche, gewerbsmäßige und unberechtigte Weitergabe zahlreicher personenbezogener Daten kann eine Freiheitsstrafe bis zu drei Jahren oder eine Geldstrafe zur Folge haben
- Ein vorsätzlicher Verstoß, der in der Absicht der Bereicherung oder gegen Entgelt erfolgt, kann mit einer Freiheitsstrafe bis zu zwei Jahren oder einer Geldstrafe bestraft werden.

Ansonsten gelten die Bußgeldvorschriften der DSGVO.

f) Zuständige Aufsichtsbehörden

Die Kontrolle der Einhaltung datenschutzrechtlicher Vorschriften obliegt in Deutschland verschiedenen Aufsichtsbehörden:

- Die Bundesbeauftragte für den Datenschutz und die Informationsfreiheit (BfDI) ist für die Überwachung der Bundesbehörden sowie in Sonderzuständigkeit für bestimmte Träger der sozialen Sicherung verantwortlich. Außerdem beaufsichtigt sie die Finanzbehörden und ist für die Telekommunikations- und Postdienstunternehmen zuständig.
- Die Aufsichtsbehörden der Länder (Landesdatenschutzbeauftragte) kontrollieren private Unternehmen sowie die öffentlichen Stellen der Länder.

Die BfDI nimmt im Anwendungsbereich der DSGVO die Befugnisse gemäß Artikel 58 der Verordnung wahr. Dazu gehören umfassende Untersuchungs- und Abhilfebefugnisse sowie die Genehmigung bestimmter Datenverarbeitungsvorgänge.

g) Ergänzende Rechtsakte, Leitlinien, Normen & Co.

Das BDSG steht nicht isoliert, sondern ist in ein Netzwerk verschiedener Rechtsakte eingebettet:

- **DSGVO**: Das BDSG ergänzt die unmittelbar geltende DSGVO und füllt deren Öffnungsklauseln aus.
- **Datenschutz-Richtlinie Polizei und Justiz**: Teil 3 des BDSG dient der Umsetzung der Richtlinie (EU) 2016/680 des Europäischen Parlaments und des Rates vom 27. April 2016 zum Schutz natürlicher Personen bei der Verarbeitung personenbezogener Daten durch die zuständigen Behörden zum Zwecke der Verhütung, Ermittlung, Aufdeckung oder Verfolgung von Straftaten oder der Strafvollstreckung sowie zum freien Datenverkehr und zur Aufhebung des Rahmenbeschlusses 2008/977/JI des Rates (sog. JI-Richtlinie)[92], soweit diese nicht gesondert im Fachrecht vorgenommen wird.
- **Landesdatenschutzgesetze**: Für öffentliche Stellen der Länder gelten oft die jeweiligen Landesdatenschutzgesetze.
- **Spezialgesetzliche Regelungen**: Bestimmte Bereiche sind spezialgesetzlich geregelt, z.B. durch das Sozialgesetzbuch (SGB) für Arbeitsämter oder auch für den Onlinebereich durch das Gesetz über den Datenschutz und den Schutz der Privatsphäre in der Telekommunikation und bei digitalen Diensten (sog. Telekommunikation-Digitale-Dienste-Datenschutz-Gesetz, kurz: TDDDG)[93].

---

92 https://eur-lex.europa.eu/eli/dir/2016/680/oj.

93 https://www.gesetze-im-internet.de/ttdsg/.

V. Verbraucherschutz

Der Gesetzgeber hat erkannt, dass fast alle Produkte bzw. Dienstleistungen heutzutage immer digitaler werden. Es gibt zunehmend Produkte, die ohne ihre digitalen Komponenten nicht mehr sinnvoll einsetzbar sind. Bei anderen Angeboten sind die digitalen Elemente nur eine nette Ergänzung für die Hauptfunktion, aber nicht wirklich wichtig. Dennoch besteht die Notwendigkeit, in puncto Verbraucherschutz die Sicherheit solcher digitalen Bestandteile von Produkten und Dienstleistungen, die für Privatpersonen gedacht sind, zu regulieren. Daher haben inzwischen die Themen Umgang mit Daten einerseits und Cybersicherheit andererseits beispielsweise in das Bürgerliche Gesetzbuch (BGB) Einzug gehalten.

Ausgangspunkt hierfür waren Vorgaben aus dem europäischen Recht, und zwar in Form der Digitale-Inhalte-Richtlinie (DIRL) und der Warenkauf-Richtlinie (WKRL). Die meisten dadurch notwendig gewordenen Neuerungen im BGB zielen auf das Verhältnis zwischen Unternehmen und Privatpersonen ab (B2C-Bereich); nur wenige Aspekte beziehen sich auf das Verhältnis zwischen zwei Unternehmen (B2B-Bereich).

Zu den wichtigen Inhalten der EU-Vorgaben gehört die Tatsache, dass inzwischen das Bezahlen mit persönlichen Daten oder mit digitalen Währungen als zulässige Gegenleistung im Rahmen eines „entgeltlichen Vertrags“ angesehen wird. Faktisch ist dies schon länger möglich und wird von vielen Anbietern so gehandhabt. Seit dem 1. Januar 2022 existieren nun entsprechende gesetzlichen Regelungen.

Eine weitere wichtige Regel stellt die Pflicht zur Aktualisierung von rein digitalen Waren bzw. Waren mit digitalen Elementen dar. Privatpersonen können nun ihr Recht auf Updates durchsetzen. Wer also beispielsweise ein Smartphone, einen Sprachassistenten, einen Smart-TV, eine per WLAN eingebundene Waschmaschine oder einen smarten Kühlschrank mit Anbindung ans Internet erwirbt, dem steht ein solches „Update-Recht“ zu. Verkäufer sind im B2C-Bereich dazu verpflichtet, ihre Kundschaft über Aktualisierungen zu informieren und ihnen diese auch bereitzustellen. Upgrades mit reinen Funktionserweiterungen bzw. -verbesserungen sollen von dieser Regelung allerdings nicht umfasst sein. Dies trägt insgesamt zu einem erhöhten Sicherheitsniveau bei, weil insbesondere Sicherheitslücken effektiver geschlossen werden können.

Die gesetzliche Update-Pflicht kann per Vereinbarung zwischen den Vertragsparteien verkürzt und sogar ganz ausgeschlossen werden. Darüber muss die Privatperson allerdings vor Abgabe ihrer Vertragserklärung ausdrücklich informiert werden. Zusätzlich muss dies im Vertrag selbst ausdrücklich und gesondert vereinbart werden. Eine simple Klausel in den Allgemeinen Geschäftsbedingungen (AGB) reicht hier also nicht aus. Im Alltag ist es zwar regelmäßig so, dass nicht Verkäufer die Updates z. B. für von ihnen verkaufte Smartphones bereitstellen, sondern die Herstellerunternehmen. Dennoch können sich Privatpersonen nach dem Kauf direkt an denjenigen wenden, mit dem sie den Vertrag geschlossen haben. Der Verkäufer wiederum wird sich an das Zwischenhandelsunternehmen oder ggf. auch an den Hersteller wenden, um die Kundenrechte zu gewährleisten. Aus Sicht der Kundschaft stellt das Recht auf Updates nicht nur eine Verbesserung ihrer Rechtsposition dar, es besteht dadurch vielmehr ein weiterer Baustein zur Verbesserung der IT-Sicherheit insgesamt.

1. Digitale-Inhalte-Richtlinie (DIRL)

a) Zielrichtung

Die Richtlinie (EU) 2019/770 des Europäischen Parlaments und des Rates vom 20. Mai 2019 über bestimmte vertragsrechtliche Aspekte der Bereitstellung digitaler Inhalte und digitaler Dienstleistungen, kurz auch als Digitale-Inhalte-Richtlinie (DIRL)[94] bezeichnet, stellt einen wichtigen Baustein im europäischen Verbraucherrecht dar. Sie schafft einen einheitlichen Rechtsrahmen für Verträge über digitale Inhalte und Dienstleistungen innerhalb der EU.

Die DIRL will zum reibungslosen Funktionieren des digitalen Binnenmarktes beitragen und gleichzeitig ein hohes Verbraucherschutzniveau gewährleisten. Sie ist ein wesentlicher Bestandteil der europäischen Strategie für einen digitalen Binnenmarkt[95], die darauf abzielt, die größten Hindernisse für die Entwicklung des grenzüberschreitenden elektronischen Handels in der Europäischen Union zu beseitigen.

Durch die DIRL werden gemeinsame Vorschriften für bestimmte Anforderungen an Verträge zwischen Unternehmen und Verbrauchern über die Bereitstellung digitaler Inhalte oder digitaler Dienstleistungen geschaffen. So soll ein ausgewogenes Verhältnis zwischen dem Erreichen eines hohen Verbraucherschutzniveaus einerseits und der Förderung der Wettbewerbsfähigkeit von Unternehmen andererseits hergestellt werden.

Ein besonderer Fokus liegt auf...

- der Harmonisierung der Vorschriften über die Vertragsmäßigkeit digitaler Inhalte oder digitaler Dienstleistungen,

94 https://eur-lex.europa.eu/eli/dir/2019/770/oj?eliuri=eli%3Adir%3A2019%3A770%3Aoj&locale=de.

95 https://www.consilium.europa.eu/de/policies/digital-single-market/.

- den Abhilfen im Fall von Vertragswidrigkeit oder nicht erfolgter Bereitstellung,
- der Art und Weise der Inanspruchnahme dieser Abhilfen sowie
- der Regelung zur Änderung digitaler Inhalte oder digitaler Dienstleistungen.

b) Inkrafttreten/Anwendbarkeit

Die DIRL trat am 11. Juni 2019 in Kraft. Sie musste von den EU-Mitgliedstaaten bis zum 1. Juli 2021 in nationales Recht umgesetzt werden.

In Deutschland wurde die Richtlinie durch das Gesetz zur Umsetzung der Richtlinie über bestimmte vertragsrechtliche Aspekte der Bereitstellung digitaler Inhalte und digitaler Dienstleistungen[96] umgesetzt, das am 1. Januar 2022 in Kraft trat. Die Bestimmungen gelten für Verträge, die nach diesem Datum geschlossen wurden.

c) Anwendungsbereich

Die Vorgaben der DIRL gelten für alle Verträge, auf deren Grundlage Unternehmen Verbrauchern digitale Inhalte oder digitale Dienstleistungen bereitstellen oder deren Bereitstellung zusagen. Sie findet grundsätzlich auch dann Anwendung, wenn der Verbraucher als Gegenleistung personenbezogene Daten anbietet.

Die Richtlinie definiert wichtige Begriffe, nämlich u. a.:

- **„Digitale Inhalte“**: Daten, die in digitaler Form erstellt und bereitgestellt werden (z. B. Software, Musik, Videos, E-Books)
- **„Digitale Dienstleistungen“**: Dienstleistungen, die dem Verbraucher die Erstellung, Verarbeitung oder Speicherung von Daten in digitaler Form oder den Zugang zu diesen ermöglichen (z. B. Cloud-Speicher, soziale Netzwerke, Streaming-Dienste).

d) Pflichten von Akteuren

In der DIRL werden umfangreiche Pflichten für solche Unternehmen festgelegt, die digitale Inhalte und Dienstleistungen bereitstellen.

Bereitstellungspflicht und Konformitätsanforderungen

Unternehmen müssen digitale Inhalte und Dienste unverzüglich nach Vertragsschluss bereitstellen und dabei sicherstellen, dass diese den subjektiven

96 https://www.bmjv.de/SharedDocs/Downloads/DE/Gesetzgebung/BGBl/Bgbl_Digitale_Inhalte.pdf?__blob=publicationFile&v=3.

(vertraglich vereinbarten) und objektiven (allgemein erwartbaren) Anforderungen entsprechen. Es gilt hier also ein gemischt subjektiv-objektiver Mangelbegriff, der zu einer Stärkung der Verbraucherrechte führt.

Updatepflicht

Eine der wichtigsten Neuerungen ist die Pflicht zur Bereitstellung von Updates. Diese besteht nicht nur bei Dauerschuldverhältnissen, sondern erstmalig auch bei der einmaligen Bereitstellung für einen Zeitraum, den der Verbraucher erwarten kann. Updates umfassen sowohl Sicherheitsupdates als auch funktionserhaltende Updates.

Rückgabe digitaler Inhalte

Nach Vertragsbeendigung müssen Unternehmen dem Verbraucher ermöglichen, seine bereitgestellten oder erstellten digitalen Inhalte zurückzuerhalten.

Einschränkungen bei Kontosperrung und Inhaltslöschung

Die DIRL beeinflusst auch die Möglichkeiten der Unternehmen, Nutzerkonten zu sperren oder Nutzerinhalte zu löschen.

Keine „As-is"-Klauseln mehr

Seitdem die Bestimmungen der DIRL Anfang Januar 2022 wirksam wurden, ist die Bedeutung von so genannten „As-is"-Klauseln (Bereitstellung ohne Gewährleistung) stark eingeschränkt, da die objektiven Konformitätsanforderungen explizit auf die Erwartungen der Verbraucher an den Service und nicht nur auf seinen tatsächlichen Zustand verweisen.

e) Sanktionen/Geldbußen

Die DIRL selbst enthält keine spezifischen Bestimmungen zu Sanktionen oder Geldbußen. Stattdessen überlässt sie es den Mitgliedstaaten, wirksame, verhältnismäßige und abschreckende Sanktionen für Verstöße gegen die nationalen Vorschriften zur Umsetzung der Richtlinie festzulegen.

In Deutschland wurden im Rahmen der Umsetzung Bußgeldvorschriften für Verstöße gegen bestimmte Verbraucherschutzvorschriften eingeführt. So können Ordnungswidrigkeiten mit Geldbußen bis zu 50.000 Euro geahndet werden. Bei Unternehmen, die in den betroffenen EU-Mitgliedstaaten einen höheren Jahresumsatz erzielen, kann die Geldbuße sogar bis zu 4 % des Jahresumsatzes betragen.

Die Durchsetzung der Verbraucherrechte erfolgt jedoch primär auf zivilrechtlichem Weg, indem dem Verbraucher bei Vertragswidrigkeit oder Nichtlieferung bestimmte Abhilfen zur Verfügung stehen, wie z. B.:

- Herstellung des vertragsgemäßen Zustands
- Preisminderung
- Vertragsbeendigung und Rückzahlung.

f) Zuständige Aufsichtsbehörden

In der DIRL selbst werden keine spezifischen Aufsichtsbehörden für ihre Durchsetzung definiert. Die Überwachung und Durchsetzung der Richtlinie fallen in die Zuständigkeit der in den jeweiligen Mitgliedstaaten für Verbraucherschutz verantwortlichen Behörden.

In Deutschland ist das Bundesamt für Justiz als Verwaltungsbehörde für bestimmte Ordnungswidrigkeiten im Zusammenhang mit Verbraucherverträgen zuständig. Zusätzlich spielen die Verbraucherschutzverbände eine wichtige Rolle bei der Durchsetzung von Verbraucherrechten, indem sie beispielsweise Abmahnungen gegen Unternehmen aussprechen können, die gegen Verbraucherschutzvorschriften verstoßen.

Die eigentliche Durchsetzung individueller Ansprüche obliegt jedoch den ordentlichen Gerichten, vor denen Verbraucher ihre Rechte geltend machen können.

2. Warenkauf-Richtlinie (WKRL)

a) Zielrichtung

Die Richtlinie (EU) 2019/771 des Europäischen Parlaments und des Rates vom 20. Mai 2019 über bestimmte vertragsrechtliche Aspekte des Warenkaufs, zur Änderung der Verordnung (EU) 2017/2394 und der Richtlinie 2009/22/EG sowie zur Aufhebung der Richtlinie 1999/44/EG[97], kurz: Warenkauf-Richtlinie (WKRL), stellt einen zentralen Aspekt in der europaweiten Harmonisierung des Kaufrechts dar. Sie zielt darauf ab, den Verbraucherschutz zu stärken, die Rechtssicherheit im grenzüberschreitenden Handel zu erhöhen und den digitalen Binnenmarkt zu fördern. Mit der Ablösung der bisherigen Verbrauchsgüterkaufrichtlinie[98] und der Einführung neuer, insbesondere auf Waren mit digitalen Elementen zugeschnittener Regelungen, reagiert die Richtlinie auf die Herausforderungen der digita-

97 https://eur-lex.europa.eu/eli/dir/2019/771/oj?eliuri=eli%3Adir%3A2019%3A771%3Aoj&locale=de.

98 https://eur-lex.europa.eu/legal-content/DE/TXT/HTML/?uri=CELEX:31999L0044.

len Transformation. Die WKRL schafft nicht nur einheitliche Anforderungen an die Vertragsmäßigkeit von Waren, sondern verpflichtet Verkäufer zu umfassenden Informations- und Aktualisierungspflichten, regelt die Rechte der Verbraucher im Falle von Mängeln und sieht bei Verstößen erhebliche Sanktionen vor.

Die Zielrichtung der WKRL ist eng mit der Strategie für einen digitalen Binnenmarkt und der Stärkung des Verbraucherschutzes in Europa verknüpft. Die Richtlinie verfolgt das Ziel, das Funktionieren des Binnenmarktes zu verbessern, insbesondere durch die Beseitigung von Rechtsunsicherheiten und Hindernissen für den grenzüberschreitenden Handel mit Waren, einschließlich solcher mit digitalen Elementen. Ein besonderes Augenmerk liegt auf der Harmonisierung der Anforderungen an Kaufverträge zwischen Unternehmen und Verbrauchern (B2C-Bereich). Dies betrifft sowohl klassische Waren als auch Produkte, die digitale Inhalte oder Dienstleistungen integrieren, wie etwa Smart-TVs, vernetzte Haushaltsgeräte oder Wearables.

Die WKRL will insbesondere die Fragmentierung des Vertragsrechts in den Mitgliedstaaten überwinden, die bislang vor allem für kleine und mittlere Unternehmen (KMU-Bereich) ein erhebliches Hindernis für die Expansion in andere EU-Länder darstellte. Unterschiedliche nationale Regelungen führten zu Unsicherheiten, erhöhten Kosten und erschwerten die Durchsetzung von Verbraucherrechten. Durch die Schaffung eines einheitlichen Rechtsrahmens sollen Verbraucher in allen Mitgliedstaaten das gleiche Schutzniveau genießen und Unternehmen von klaren, vorhersehbaren Regeln profitieren.

Ein zentrales Anliegen der WKRL ist die Anpassung des Kaufrechts an die Anforderungen der Digitalisierung. Immer mehr Waren enthalten digitale Komponenten, deren Funktionsfähigkeit und Aktualität für den Wert und die Nutzbarkeit des Produkts entscheidend sind. Die Richtlinie trägt dem Rechnung, indem sie erstmals europaweit eine Aktualisierungspflicht für digitale Elemente vorsieht und den Begriff der Vertragsmäßigkeit sowohl subjektiv (nach den Vereinbarungen im Vertrag) als auch objektiv (nach den berechtigten Erwartungen eines Durchschnittsverbrauchers) definiert.

b) Inkrafttreten/Anwendbarkeit

Die WKRL trat, wie auch die DIRL, am 11. Juni 2019 in Kraft. Die Mitgliedstaaten waren verpflichtet, die Vorgaben der Richtlinie bis spätestens 1. Juli 2021 in nationales Recht umzusetzen. In Deutschland erfolgte die Umsetzung durch das Gesetz zur Regelung des Verkaufs von Sachen mit digitalen Elementen und anderer Aspekte des Kaufvertrags[99], das am 1. Januar 2022 in Kraft trat. Die WKRL gilt für Kaufverträge, die ab dem 1. Januar 2022 geschlossen wurden. Auf Verträge, die vor diesem Stichtag abgeschlossen wurden, findet weiterhin das bis dahin geltende nationale Recht Anwendung.

c) Anwendungsbereich

Der Anwendungsbereich der WKRL umfasst Kaufverträge zwischen einem Verbraucher und einem Verkäufer über bewegliche, körperliche Sachen, einschließlich solcher mit digitalen Elementen. Ein besonderes Augenmerk liegt auf Waren mit digitalen Elementen. Hierzu zählen Produkte, die ohne die Integration digitaler Inhalte oder Dienstleistungen ihre Funktionen nicht erfüllen könnten, wie etwa Smartwatches, internetfähige Haushaltsgeräte oder vernetzte Fahrzeuge. Die Richtlinie erfasst sowohl den Kauf bereits hergestellter Waren als auch solcher, die noch herzustellen oder zu erzeugen sind, wie etwa individuell konfigurierte Computer.

Nicht in den Anwendungsbereich fallen Verträge über die Bereitstellung digitaler Inhalte oder Dienstleistungen, die nicht Bestandteil eines Warenkaufs sind. Diese werden durch die DIRL geregelt.

Die DIRL ist von der WKRL abzugrenzen. Während die WKRL für klassische Kaufverträge zwischen Unternehmen und Verbrauchern gilt und beim Verkauf von Waren, d. h. beweglichen körperlichen Gegenständen, zur Anwendung kommt, bezieht sich die DIRL auf rein digitale Inhalte und Dienstleistungen. Bei Waren mit digitalen Elementen (z. B. Smart-TVs oder Smartwatches) gelten besondere Regeln: Digitale Inhalte oder Dienstleistungen, die in Waren enthalten oder mit ihnen verbunden sind, fallen unter die WKRL, wenn sie im Rahmen eines Kaufvertrags über diese Waren bereitgestellt werden. Kauft also beispielsweise ein Verbraucher ein Smartphone, auf dem ein Betriebssystem und vorinstallierte Apps integraler Bestandteil sind, fällt der gesamte Vertrag unter die WKRL. Lädt der Verbraucher später eine zusätzliche App aus einem App-Store herunter, so unterliegt dieser Vertrag der DIRL (sofern deren Bedingungen erfüllt sind).

Die WKRL gilt für sämtliche Vertriebswege, also sowohl für den stationären Einzelhandel als auch für den Online-Handel und andere Fernabsatzformen.

99 https://www.bmjv.de/SharedDocs/Downloads/DE/Gesetzgebung/BGBl/Bgbl_Regelung_des_Verkaufs_von_Sachen_mit_digitalen_Elementen.pdf?__blob=publicationFile&v=3.

Damit trägt sie der zunehmenden Bedeutung des E-Commerce Rechnung und sorgt für gleiche Wettbewerbsbedingungen in allen Absatzkanälen.

d) Pflichten von Akteuren

In der WKRL werden umfassende Pflichten für die beteiligten Akteure geregelt, insbesondere für Verkäufer, aber auch für Hersteller. Die zentralen Pflichten betreffen die Vertragsmäßigkeit der Waren, die Aktualisierungspflicht bei Waren mit digitalen Elementen, Informationspflichten sowie die Gewährleistungsrechte der Verbraucher.

Pflichten der Verkäufer

Verkäufer sind verpflichtet, dem Verbraucher eine Ware zu liefern, die sowohl den subjektiven als auch den objektiven Anforderungen an die Vertragsmäßigkeit entspricht. Subjektive Anforderungen ergeben sich aus dem Kaufvertrag selbst, etwa hinsichtlich der vereinbarten Beschaffenheit, Funktionalität oder Kompatibilität der Ware. Objektive Anforderungen beziehen sich auf die berechtigten Erwartungen eines Durchschnittsverbrauchers, wie etwa die Eignung der Ware für gewöhnliche Verwendungszwecke, die übliche Haltbarkeit oder die Lieferung mit Zubehör und Anleitungen.

Eine zentrale Neuerung ist die Aktualisierungspflicht für Waren mit digitalen Elementen. Verkäufer müssen sicherstellen, dass die digitalen Komponenten der Ware für einen angemessenen Zeitraum aktualisiert werden, um die Vertragsmäßigkeit und Sicherheit zu gewährleisten. Die Dauer der Aktualisierungspflicht richtet sich nach den berechtigten Erwartungen des Verbrauchers und kann je nach Art der Ware variieren. Beispielsweise erwartet ein Käufer eines hochwertigen Smart-TVs, dass Software-Updates für mehrere Jahre bereitgestellt werden, während bei einem günstigen Fitness-Tracker eine kürzere Aktualisierungsdauer als angemessen gelten kann.

Verkäufer müssen zudem sicherstellen, dass die Montage oder Installierung der Ware sachgemäß erfolgt, sofern dies vertraglich vereinbart ist oder die Montage Teil des Kaufvertrags ist. Bei unsachgemäßer Montage, die vom Verkäufer oder in dessen Verantwortung durchgeführt wurde, gilt die Ware als mangelhaft.

Informationspflichten spielen eine zentrale Rolle. Verkäufer müssen den Verbraucher vor Vertragsschluss umfassend über die wesentlichen Merkmale der Ware, die Funktionsweise digitaler Elemente, die Kompatibilität mit Hard- und Software sowie über die Dauer und Bedingungen der Aktualisierungspflicht informieren. Verstöße gegen diese Pflichten können zu erheblichen Sanktionen führen.

Im Falle eines Mangels stehen dem Verbraucher verschiedene Rechte zu: Er kann zunächst Nacherfüllung verlangen, also Nachbesserung oder Ersatzlieferung. Scheitert die Nacherfüllung oder ist sie unmöglich, kann der Verbraucher den Kaufpreis mindern oder vom Vertrag zurücktreten. In bestimmten Fällen kann auch Schadensersatz verlangt werden. Die Beweislastumkehr zugunsten des Verbrauchers wurde auf ein Jahr verlängert: Tritt ein Mangel innerhalb eines Jahres nach Lieferung auf, wird vermutet, dass der Mangel bereits bei Übergabe vorlag, es sei denn, der Verkäufer kann das Gegenteil beweisen.

Pflichten der Hersteller

Obwohl die WKRL primär Pflichten für Verkäufer vorsieht, können auch Hersteller betroffen sein, insbesondere wenn sie gewerbliche Garantien anbieten oder als Verkäufer auftreten. Hersteller, die eine Garantie für die Haltbarkeit oder Funktionalität ihrer Produkte geben, sind an die Bedingungen der Richtlinie gebunden und müssen sicherstellen, dass die Garantiebedingungen klar und verständlich sind und dem Verbraucher keine Rechte vorenthalten werden, die ihm nach der Richtlinie zustehen.

e) Sanktionen/Geldbußen

Die WKRL verpflichtet die EU-Mitgliedstaaten, wirksame, verhältnismäßige und abschreckende Sanktionen für Verstöße gegen die nationalen Umsetzungsbestimmungen vorzusehen. Die konkrete Ausgestaltung der Sanktionen obliegt den einzelnen Mitgliedstaaten, wobei in der Richtlinie Mindeststandards vorgegeben werden. In Deutschland wurden die Sanktionen insbesondere im Zusammenhang mit Verstößen gegen Informationspflichten und Verbraucherschutzvorschriften geregelt.

Bei Verstößen gegen die Informationspflichten, etwa wenn ein Verkäufer den Verbraucher nicht über die Aktualisierungspflicht oder die Kompatibilität digitaler Elemente informiert, können Bußgelder bis zu 50.000 Euro verhängt werden.

Es ist zudem vorgesehen, dass Verbraucherverbände und andere qualifizierte Einrichtungen das Recht haben, im Interesse der Verbraucher Verbandsklagen einzureichen, um die Einhaltung der Vorschriften durchzusetzen.

f) Zuständige Aufsichtsbehörden

Die Überwachung der Einhaltung der nationalen Umsetzungsbestimmungen der EU-Warenkauf-Richtlinie obliegt in Deutschland verschiedenen Behörden, abhängig vom jeweiligen Verstoß und der betroffenen Branche. Zentral ist die Zuständigkeit der Marktüberwachungsbehörden, die für die Kontrolle von Produkten und deren Sicherheit verantwortlich sind. Bei Verstößen gegen Verbraucherschutzvorschriften, insbesondere im Online-Handel, sind zudem die Landesbehörden für Verbraucherschutz und die Bundesnetzagentur zuständig.

Die Bundesanstalt für Finanzdienstleistungsaufsicht (BaFin)[100] kann bei Finanzprodukten mit digitalen Elementen einschreiten, während die Bundesnetzagentur[101] für Telekommunikationsprodukte zuständig ist. Die Marktüberwachungsbehörden arbeiten eng mit den Verbraucherzentralen und anderen qualifizierten Einrichtungen zusammen, um Verstöße zu identifizieren und zu ahnden.

Auf europäischer Ebene ist die Europäische Kommission für die Überwachung der Umsetzung der Richtlinie in den Mitgliedstaaten verantwortlich. Sie kann Vertragsverletzungsverfahren einleiten, wenn ein Mitgliedstaat die Vorgaben der Richtlinie nicht ordnungsgemäß umsetzt oder durchsetzt.

3. Digital Fairness Act (DFA)

a) Zielrichtung

Der Digital Fairness Act (DFA)[102] ist ein geplantes Gesetzgebungsvorhaben der Europäischen Union, das den Verbraucherschutz im digitalen Raum stärken soll. Er verfolgt das Ziel, ein höheres Maß an Fairness und Transparenz im digitalen Umfeld zu gewährleisten. Der DFA soll unethische Techniken und kommerzielle Praktiken bekämpfen, die im Online-Bereich zum Nachteil von Verbrauchern eingesetzt werden. Im Mittelpunkt stehen dabei vier Hauptbereiche:

- **Dark Patterns**: Manipulative Designelemente auf Websites und Apps, die Nutzer zu unbeabsichtigten Handlungen verleiten, wie etwa versteckte Kosten, die erst am Ende eines Bestellprozesses erscheinen, oder zusätzliche Produkte, die automatisch im Warenkorb landen.
- **Influencer-Marketing**: Regulierung der Werbepraktiken auf Social-Media-Plattformen, insbesondere im Hinblick auf Transparenzanforderungen bei kommerziellen Inhalten.
- **Suchterzeugendes Design („Addictive Design“)**: Bekämpfung von Designelementen, die zur übermäßigen Nutzung digitaler Produkte anregen,

100 https://www.bafin.de/DE/Startseite/startseite_node.html.
101 https://www.bundesnetzagentur.de/DE/Home/home_node.html.
102 https://ec.europa.eu/info/law/better-regulation/have-your-say/initiatives/13413-Digitale-Fairness-Eignungsprufung-des-EU-Verbraucherrechts_de.

wie z. B. so genannte „Loot Boxes“ in Spielen oder endlose Scrollfunktionen in sozialen Medien.
- **Online-Profiling und personalisierte Werbung**: Stärkerer Schutz vor Praktiken, die gezielt Schwächen von Verbrauchern für kommerzielle Zwecke ausnutzen.

Die EU-Kommission strebt an, dass Verbraucher ein vergleichbares Schutzniveau und Fairness online genießen können wie offline.

b) Inkrafttreten/Anwendbarkeit

Der DFA befindet sich derzeit noch in der Entwicklungsphase. Ihm liegt folgender Zeitplan[103] zugrunde:
- Oktober 2024: Veröffentlichung des finalen Berichts zum „Digital Fairness Fitness Check“ durch die EU-Kommission.
- Frühjahr 2025: geplanter Start einer 12-wöchigen öffentlichen Konsultation.
- Ende 2025/Anfang 2026: erwarteter Legislativvorschlag für den DFA.

Da es sich um einen noch nicht vorliegenden Gesetzesvorschlag handelt, ist mit einer Anwendbarkeit frühestens 2026/2027 zu rechnen, abhängig vom Gesetzgebungsverfahren und möglichen Übergangsfristen.

c) Anwendungsbereich

Der Anwendungsbereich des DFA wird sich voraussichtlich auf den gesamten digitalen Binnenmarkt der EU erstrecken und folgende Bereiche umfassen:
- **Online-Plattformen und digitale Dienste**: Websites, Apps und andere digitale Dienste, die Verbrauchern angeboten werden.
- **E-Commerce und digitale Verträge**: Besonderer Fokus auf die Vertragsgestaltung bei digitalen Abonnements, vereinfachte Kündigungsmöglichkeiten und Transparenz bei der Verlängerung von Verträgen.
- **Social-Media- und Content-Plattformen**: Insbesondere im Hinblick auf Influencer-Marketing und suchterzeugendes Design.
- **Digitale Produkte mit manipulativem Design**: Games mit Suchtpotenzial, Apps mit Dark Patterns und ähnliche Produkte.

Der DFA basiert auf drei EU-Verbraucherschutzrichtlinien:

103 vgl. https://en.wikipedia.org/wiki/Digital_Fairness_Act.

- Richtlinie 2005/29/EG des Europäischen Parlaments und des Rates vom 11. Mai 2005 über unlautere Geschäftspraktiken im binnenmarktinternen Geschäftsverkehr zwischen Unternehmen und Verbrauchern und zur Änderung der Richtlinie 84/450/EWG des Rates, der Richtlinien 97/7/EG, 98/27/EG und 2002/65/EG des Europäischen Parlaments und des Rates sowie der Verordnung (EG) Nr. 2006/2004 des Europäischen Parlaments und des Rates, kurz: Richtlinie über unlautere Geschäftspraktiken (engl.: Unfair Commercial Practices Directive, kurz: UCPD)[104]
- Richtlinie 2011/83/EU des Europäischen Parlaments und des Rates vom 25. Oktober 2011 über die Rechte der Verbraucher, zur Abänderung der Richtlinie 93/13/EWG des Rates und der Richtlinie 1999/44/EG des Europäischen Parlaments und des Rates sowie zur Aufhebung der Richtlinie 85/577/EWG des Rates und der Richtlinie 97/7/EG des Europäischen Parlaments und des Rates (engl.: Consumer Rights Directive, kurz: CRD)[105]
- Richtlinie 93/13/EWG des Rates vom 5. April 1993 über mißbräuchliche Klauseln in Verbraucherverträgen (engl.: Unfair Terms in Consumer Contracts Directive, kurz: UCTD)[106].

Diese Richtlinien sind zwar grundsätzlich relevant und notwendig, jedoch nicht ausreichend an die spezifischen schädlichen Praktiken und Herausforderungen angepasst, mit denen Verbraucher im Online-Bereich konfrontiert werden. Daher besteht Bedarf, aktuelle Regelungen in Form des DFA zu erlassen.

d) Pflichten von Akteuren

Obwohl der konkrete Gesetzestext noch nicht vorliegt, lassen sich insbesondere aus dem Digital Fairness Fitness Check[107] potenzielle Pflichten für Unternehmen ableiten:

- Vermeidung von Dark Pattern
- Transparenz im Influencer-Marketing
- Einschränkung süchtig machender Designelemente
- verständliche Vertragsgestaltung
- Datenschutz und Personalisierung.

Andere Details, etwa zu den Sanktionen oder der Struktur der Aufsichtsbehörden, sind derzeit noch nicht bekannt.

104 https://eur-lex.europa.eu/legal-content/DE/TXT/?uri=celex:32005L0029.
105 https://eur-lex.europa.eu/legal-content/DE/TXT/?uri=celex:32011L0083.
106 https://eur-lex.europa.eu/legal-content/DE/TXT/?uri=celex%3A31993L0013.
107 https://ec.europa.eu/info/law/better-regulation/have-your-say/initiatives/13413-Digitale-Fairness-Eignungsprufung-des-EU-Verbraucherrechts_de.

4. Ökodesign-Verordnung (ÖkodesignVO)

a) Zielrichtung

Die Verordnung (EU) 2024/1781 des Europäischen Parlaments und des Rates vom 13. Juni 2024 zur Schaffung eines Rahmens für die Festlegung von Ökodesign-Anforderungen für nachhaltige Produkte, zur Änderung der Richtlinie (EU) 2020/1828 und der Verordnung (EU) 2023/1542 und zur Aufhebung der Richtlinie 2009/125/EG, auch Ökodesign-Verordnung oder abgekürzt „ÖkodesignVO" genannt (engl.: Ecodesign for Sustainable Products Regulation, kurz: ESPR)[108], erweitert den bisherigen Ökodesign-Ansatz erheblich und schafft einen umfassenden Rechtsrahmen für nachhaltige Produkte im EU-Binnenmarkt.

Die ÖkodesignVO verfolgt das Ziel, nachhaltige Produkte zur Norm im EU-Binnenmarkt zu machen und deren Umwelt- und Klimaauswirkungen erheblich zu verringern. Die Verordnung ist ein zentraler Baustein des Europäischen Green Deals[109] und zielt darauf ab, die EU bis 2050 zum ersten klimaneutralen Kontinent zu machen.

Das Regelwerk strebt eine grundlegende Transformation der Produktgestaltung an, indem sie folgende Aspekte verbessert:

- **Haltbarkeit und Zuverlässigkeit**: Produkte sollen länger halten und weniger häufig ersetzt werden müssen
- **Reparierbarkeit und Nachrüstbarkeit**: Erleichterung von Reparaturen und Produktaktualisierungen
- **Energie- und Ressourceneffizienz**: Reduzierung des Energie- und Materialverbrauchs über den gesamten Lebenszyklus
- **Recyclingfähigkeit**: Verbesserung der Verwertung am Ende der Produktlebensdauer
- **CO2- und Umweltfußabdruck**: Minimierung der Umweltauswirkungen.

Es wird angestrebt, den Übergang zu einer Kreislaufwirtschaft zu schaffen, in der Ressourcen möglichst lange im Wirtschaftskreislauf gehalten werden.

b) Inkrafttreten/Anwendbarkeit

Die ÖkodesignVO ist am 18. Juli 2024 in Kraft getreten. Es handelt sich um eine Rahmenverordnung, deren konkrete Anwendung erst durch delegierte Rechtsakte der Europäischen Kommission ausgestaltet wird.

108 https://eur-lex.europa.eu/eli/reg/2024/1781/oj?locale=de.
109 https://commission.europa.eu/strategy-and-policy/priorities-2019-2024/european-green-deal_de.

Die praktische Umsetzung erfolgt in mehreren Phasen:

- **19. Juli 2025**: Frühester Zeitpunkt für das Inkrafttreten der ersten delegierten Rechtsakte
- **19. Juli 2026**: Verbot der Vernichtung unverkaufter Textilien für Großunternehmen
- **19. Juli 2030**: Ausweitung des Vernichtungsverbots auf mittlere Unternehmen

Bestehende Regelungen der alten Ökodesign-Richtlinie[110] bleiben bis zu ihrer Ablösung durch neue delegierte Rechtsakte in Kraft. Für energieverbrauchsrelevante Produkte gelten Übergangsfristen bis 31. Dezember 2026 oder 31. Dezember 2030, je nach Produktkategorie.

c) Anwendungsbereich

In der ÖkodesignVO existiert ein sehr breiter Anwendungsbereich, dieser erfasst grundsätzlich alle physischen Waren, die in der EU in Verkehr gebracht oder in Betrieb genommen werden, einschließlich Bauteile und Zwischenprodukte. Es geht um folgende Produkte bzw. Produktkategorien:

1. Endprodukte mit höchster Priorität:

- Textilien/Bekleidung
- Möbel
- Reifen
- Matratzen.

2. Zwischenprodukte:

- Eisen und Stahl
- Aluminium.

Folgende Produktkategorien sind allerdings explizit **ausgenommen**:

- Lebensmittel und Futtermittel
- Arzneimittel für Menschen und Tiere
- Lebende Pflanzen, Tiere und Mikroorganismen
- Erzeugnisse menschlichen Ursprungs
- Kraftfahrzeuge (soweit bereits durch sektorspezifische EU-Rechtsakte geregelt).

Zusätzlich sieht die ÖkodesignVO noch horizontale Maßnahmen vor, nämlich einerseits die Reparierbarkeit für Unterhaltungselektronik und kleine Haushaltsgeräte und andererseits die Recyclingfähigkeit elektrischer bzw. elektronischer Geräte.

---

110 2009/125/EG.

d) Pflichten von Akteuren

Hersteller als Hauptverantwortliche

Die Produkthersteller tragen die hauptsächliche Verantwortung für die Einhaltung der ÖkodesignVO-Vorgaben. Ihre Hauptpflichten umfassen insbesondere Folgendes:

1. Produktgestaltung und -herstellung:
- Einhaltung der Leistungsanforderungen gemäß den delegierten Rechtsakten
- Durchführung von Konformitätsbewertungsverfahren
- Anbringung der CE-Kennzeichnung
- Erstellung technischer Unterlagen.

2. Informationspflichten:
- Bereitstellung eines digitalen Produktpasses
- Zur Verfügungstellung einer digitalen Gebrauchsanleitung
- Angabe von Kontaktdaten im öffentlichen Teil des digitalen Produktpasses.

3. Dokumentation und Aufbewahrung:
- Aufbewahrung technischer Unterlagen für 10 Jahre
- Führung eines Beschwerderegisters für 5 Jahre.

Regeln für Importeure

Importeure müssen sicherstellen, dass die von ihnen eingeführten Produkte den Anforderungen der Ökodesign-VO entsprechen. Diesbezüglich umfassen ihre Pflichten u. a.:
- Überprüfung der Herstellerpflichten vor dem Inverkehrbringen
- Sicherstellung der Verfügbarkeit von digitalen Produktpässen und Sicherungskopien
- eigene Kontaktdaten im digitalen Produktpass und auf dem Produkt
- Aufbewahrung von Konformitätserklärungen für 10 Jahre.

Pflichten von Vertreibern und Händlern

Vertreiber müssen sicherstellen, dass eine CE-Kennzeichnung vorhanden ist, dass alle erforderlichen Unterlagen vorliegen und, dass ein Zugang zur digitalen Gebrauchsanleitung besteht.

Händler haben spezifische Verpflichtungen bezüglich der Produktkennzeichnung und müssen sicherstellen, dass Kunden einfachen Zugang zu allen relevanten Produktinformationen haben.

Regeln für Online-Marktplätze

Anbieter von Online-Marktplätzen müssen eine zentrale Kontaktstelle für Marktüberwachungsbehörden einrichten, bei der Entfernung nicht-konformer Produkte kooperieren sowie eindeutige Informationen über Hersteller und Produktidentifikation bereitstellen.

Digitaler Produktpass als zentrales Element

Der Digitale Produktpass (DPP) ist ein Kernelement der Ökodesign-VO. Er muss folgende Informationen enthalten:

- Produktidentifikation und Kontaktdaten vom Hersteller bzw. Importeur
- Materialzusammensetzung und gefährliche Stoffe
- Energieeffizienz und CO_2-Fußabdruck
- Reparier- und Recyclinginformationen
- Gebrauchsanleitungen.

Der DPP kann etwa über QR-Codes oder RFID-Tags zugänglich gemacht werden. Er soll Verbrauchern, Unternehmen und Behörden den Zugang zu relevanten Produktinformationen ermöglichen.

e) Sanktionen/Geldbußen

Die Ökodesign-VO verpflichtet die EU-Mitgliedstaaten, wirksame, verhältnismäßige und abschreckende Sanktionen für Verstöße gegen die Verordnung zu erlassen. Diese müssen mindestens folgende Maßnahmen umfassen: Geldbußen oder auch zeitlich befristete Ausschlüsse von der Vergabe öffentlicher Aufträge.

Bei der Verhängung von Sanktionen müssen folgende Aspekte berücksichtigt werden:

- Art, Schwere und Dauer des Verstoßes
- Vorsätzlicher oder fahrlässiger Charakter
- Finanzielle Lage des Verantwortlichen
- Wirtschaftlicher Nutzen aus dem Verstoß
- Verursachter Umweltschaden
- Schadensbegrenzungsmaßnahmen
- Wiederholungscharakter des Verstoßes.

Die Marktüberwachungsbehörden sind befugt, sich die Kosten von Dokumentenüberprüfungen und Produktprüfungen vom verantwortlichen Wirtschaftsteilnehmer erstatten zu lassen, Korrekturmaßnahmen bis hin zum Produktrückruf anzuordnen und außerdem auch Produktvernichtungsverbote durchzusetzen.

f) Zuständige Aufsichtsbehörden

Die Marktüberwachung liegt in der Zuständigkeit der einzelnen EU-Mitgliedstaaten. In Deutschland sind unterschiedliche Behörden zuständig, so z. B. in Baden-Württemberg das Regierungspräsidium Tübingen, in Berlin das Landesamt für Arbeitsschutz, Gesundheitsschutz und technische Sicherheit (LAGetSi) oder in Hamburg die Behörde für Umwelt und Energie.

Die Administrative Cooperation Groups (AdCOs)[111] koordiniert die Marktüberwachungsaktivitäten zwischen den Mitgliedstaaten und hat folgende Aufgaben:

- Festlegung gemeinsamer Prioritäten für die Marktüberwachung
- Organisation gemeinsamer Testprojekte
- Entwicklung von Leitlinien für einheitliche Durchsetzung.

Die Zollbehörden spielen eine wichtige Rolle bei der Durchsetzung der Ökodesign-VO, insbesondere bei importierten Produkten. Sie müssen…

- das Vorhandensein der eindeutigen Registrierungskennung des digitalen Produktpasses (DPP),
- die Übereinstimmung der Zollanmeldung mit den im DPP-Register gespeicherten Daten sowie
- die Einhaltung der gesetzlichen Kriterien bei der Einfuhr

überprüfen.

Die Marktüberwachungsbehörden müssen alle vier Jahre umfassende Berichte erstellen, die folgende Informationen enthalten:

- Art und Anzahl der durchgeführten Kontrollen
- Festgestellte Nichtkonformitäten und verhängte Sanktionen
- Benchmarking und Referenzwerte für die Marktüberwachung.

g) Ergänzende Rechtsakte, Leitlinien, Normen & Co.

Herzstück der ÖkodesignVO sind die entsprechenden Delegierten Rechtsakte. Diese legen für spezifische Produktgruppen Folgendes fest:

---

111 https://single-market-economy.ec.europa.eu/single-market/goods/building-blocks/market-surveillance/organisation/adcos_en.

- Konkrete Ökodesign-Anforderungen
- Leistungsparameter und Grenzwerte
- Informationsanforderungen und DPP-Inhalte
- Konformitätsbewertungsverfahren
- Etikettierungsvorschriften.

Zudem verweist die Ökodesign-VO auf verschiedene internationale Normen, u.a. auf die ISO/IEC 15459 (Eindeutige Kennzeichnung von Produkten für den digitalen Produktpass), sowie auf branchenspezifische Leitlinien, etwa aus der Textilbranche oder der Elektronikindustrie.

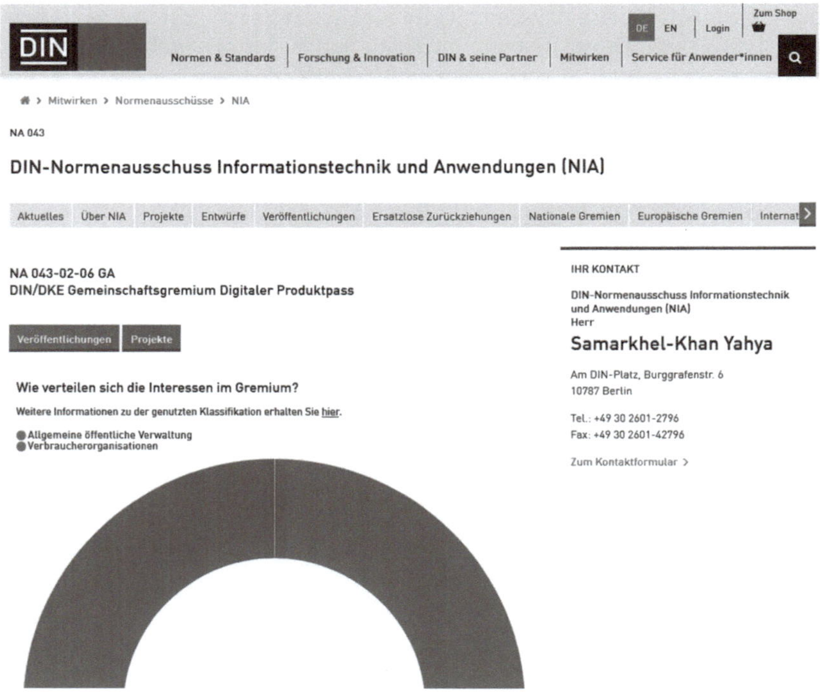

Der DIN e. V. hat ein Gemeinschaftsgremium Digitaler Produktpass gegründet

VI. Produktsicherheit

1. Produktsicherheitsverordnung (GPSR)

a) Zielrichtung

Die Verordnung (EU) 2023/988 des Europäischen Parlaments und des Rates vom 10. Mai 2023 über die allgemeine Produktsicherheit, zur Änderung der Verordnung (EU) Nr. 1025/2012 des Europäischen Parlaments und des Rates und der Richtlinie (EU) 2020/1828 des Europäischen Parlaments und des Rates sowie zur Aufhebung der Richtlinie 2001/95/EG des Europäischen Parlaments und des Rates und der Richtlinie 87/357/EWG des Rates[112], kurz als Produktsicherheitsverordnung oder häufiger noch mit der englischen Abkürzung (engl.: General Product Safety Regulation) als GPSR bezeichnet, bringt weitreichende Änderungen für Wirtschaftsakteure mit sich und reagiert auf die Herausforderungen des digitalen Zeitalters.

Die GPSR zielt darauf ab, ein hohes Verbraucherschutzniveau innerhalb des EU-Binnenmarktes sicherzustellen. Sie ersetzt die bisher geltende Richtlinie 2001/95/EG zur allgemeinen Produktsicherheit[113], die angesichts neuer Technologien und der zunehmenden Bedeutung des Online-Handels einer grundlegenden Überarbeitung bedurfte. Mit der GPSR reagiert der europäische Gesetzgeber auf den technologischen Wandel und schafft einen einheitlichen Rahmen für Produktsicherheit, der speziell auch die Herausforderungen digitaler Vertriebswege berücksichtigt.

Die GPSR etabliert nicht nur verbindliche Verpflichtungen für Wirtschaftsakteure und Betreiber von Online-Marktplätzen, sondern präzisiert auch die Regeln für die Marktüberwachung und die Befugnisse nationaler Behörden. Ein zentrales Anliegen ist dabei die Stärkung der Produktsicherheit durch verbesserte Rückrufmechanismen sowie ein effizienteres Frühwarnsystem für gefährliche Produkte. Es soll letztlich einen klareren Rahmen geben und mehr Kohärenz mit anderen EU-Rechtsvorschriften erzielt werden.

> Die GPSR enthält Vorgaben für die Sicherheit von Verbraucherprodukten. Um dieses Ziel zu erreichen, fußt die Produktsicherheitsverordnung auf zwei Säulen: einerseits auf der sicheren Konstruktion und Gestaltung der Produkte und andererseits auf Warnhinweisen sowie Sicherheitsinformationen über Produkte, ihre Gebrauchsweise und potentielle Gefahren, die von ihnen ausgehen.

---

112 https://eur-lex.europa.eu/eli/reg/2023/988/oj?eliuri=eli%3Areg%3A2023%3A988%3Aoj&locale=de.

113 https://eur-lex.europa.eu/legal-content/DE/ALL/?uri=celex:32001L0095.

b) Inkrafttreten/Anwendbarkeit

Die GPSR trat am 12. Juni 2023 in Kraft. Ihre Wirkung entfaltete sie nach einer Übergangsfrist ab dem 13. Dezember 2024.

Für den Online-Handel gilt eine wichtige Besonderheit: Die Pflichtangaben nach Art. 19 GPSR müssen nur für solche Produkte umgesetzt werden, die ab dem 13. Dezember 2024 erstmals in der EU in Verkehr gebracht werden. Dies bedeutet, dass für bereits vor diesem Datum auf dem Markt befindliche Produkte keine rückwirkende Anpassungspflicht besteht.

c) Anwendungsbereich

Die GPSR gilt für eine Vielzahl von unterschiedlichen Produkten. Sie erfasst sowohl neue als auch gebrauchte, reparierte oder wiederaufgearbeitete Produkte. Der Geltungsbereich erstreckt sich auf alle nicht-lebensmittelbezogenen Verbraucherprodukte und sämtliche Vertriebskanäle, einschließlich des Online-Handels.

Als Produkt in diesem Sinne gilt jeder Gegenstand, der folgende Voraussetzungen erfüllt:

1. er wird für sich allein oder in Verbindung mit anderen Gegenständen geliefert oder bereitgestellt
2. entgeltlich oder unentgeltlich
3. auch im Rahmen der Erbringung einer Dienstleistung
4. er ist für Privatpersonen bestimmt oder er wird unter vernünftigerweise vorhersehbaren Bedingungen wahrscheinlich von Privatpersonen benutzt.

Damit wird im Grunde jeder Alltagsgegenstand erfasst, egal ob neu, gebraucht oder repariert; eine Ausnahme bilden nicht mehr funktionsfähige Produkte. Die GPSR gilt grundsätzlich auch für solche Produkte, die bereits durch andere Vorschriften reguliert werden, wie beispielsweise Medizinprodukte; in diesen Fällen dann allerdings nur ergänzend etwa im Hinblick auf die speziellen Informationspflichten. Ausgenommen sind hingegen solche Produkte, die gerade nicht für den Privatgebrauch gedacht sind, wie etwa Industriemaschinen oder andere typische Produkte für den B2B-Bereich. Außerdem sind folgende Produktkategorien von der Anwendung der GPSR explizit ausgenommen:

- Arzneimittel für die Human- oder Veterinärmedizin
- Lebensmittel und Futtermittel

- Lebende Pflanzen und Tiere, genetisch veränderte Organismen
- Tierische Nebenprodukte
- Pflanzenschutzmittel
- Von Dienstleistern betriebene Transportmittel
- Risikoarme Luftfahrzeuge
- Antiquitäten
- Produkte, die eindeutig als reparatur- oder aufarbeitungsbedürftig gekennzeichnet sind.

d) Pflichten von Akteuren

Die GPSR enthält umfassende Kriterien zur Beurteilung der Sicherheit von Produkten. Berücksichtigt werden dabei u. a.:

- Eigenschaften des Produkts (wie Gestaltung, technische Merkmale, Zusammensetzung, Verpackung, Anleitungen für den Zusammenbau, Installation, Verwendung und Wartung),
- Einwirkung des Produkts auf andere Produkte bzw. Einwirkung anderer Produkte auf das Produkt (zumindest bei vorhersehbarer gemeinsamer Verwendung),
- Aufmachung, Kennzeichnung, Warnhinweise und Anweisungen zur sicheren Verwendung des Produkts,
- zielgruppenspezifische Aspekte (wie besonders schutzbedürftige Personengruppen oder Auswirkungen geschlechtsspezifischer Unterschiede auf Gesundheit und Sicherheit),
- Erscheinungsbild des Produkts, wenn dieses dazu geeignet ist, Privatpersonen dazu zu verleiten, das Produkt in einer anderen Weise als derjenigen zu verwenden, für die es bestimmt war (also z. B. bei einer Verwechslungsgefahr mit Lebensmitteln oder Spielzeugen), sowie auch
- Cybersicherheitsmerkmale.

Außerdem besteht für jedes Produkt die Pflicht, eine interne Risikoanalyse durchzuführen und technische Unterlagen zu erstellen, die zumindest eine allgemeine Beschreibung des Produkts und seiner für die Sicherheitsbewertung relevanten wesentlichen Eigenschaften enthält.

Die verschiedenen Wirtschaftsakteure entlang der Lieferkette werden zu folgenden Maßnahmen verpflichtet:

1. Hersteller:

- Sicherstellung, dass nur sichere Produkte auf den Markt gebracht werden
- Durchführung einer angemessenen Risikobewertung
- Bereitstellung von Sicherheitsinformationen und Gebrauchsanweisungen

- Rückverfolgbarkeit der Produkte durch Kennzeichnung mit Typennummer, Chargen- oder Seriennummer
- Durchführung von Stichproben vermarkteter Produkte
- Unverzügliche Information der zuständigen Behörden über gefährliche Produkte und bereits ergriffene Korrekturmaßnahmen.

2. Importeure:

- Überprüfung, ob Hersteller ihren Verpflichtungen nachgekommen sind
- Sicherstellung der Produktkonformität vor dem Inverkehrbringen
- Angabe ihres Namens, Handelsnamens oder ihrer Marke sowie ihrer Kontaktadresse auf dem Produkt
- Gewährleistung angemessener Lager- und Transportbedingungen.

3. Händler:

- Überprüfung, ob Produkte mit den erforderlichen Informationen versehen sind
- Keine Bereitstellung von Produkten, die sie als unsicher erkennen
- Gewährleistung angemessener Lager- und Transportbedingungen
- Unverzügliche Information der Hersteller oder Importeure sowie der Behörden über unsichere Produkte.

4. Betreiber von Online-Marktplätzen:

- Einrichtung eines Single Contact Point für Produktsicherheitsfragen
- Zusammenarbeit mit Marktüberwachungsbehörden
- Überprüfung von Produktrückrufen und -warnungen im Safety Gate System
- Information der Nutzer über erkannte gefährliche Produkte.

Eine zentrale Neuerung der GPSR ist die Anforderung, dass für jedes Produkt ein verantwortlicher Wirtschaftsakteur in der EU benannt werden muss (EU-Hersteller, Importeur, Bevollmächtigter oder Fulfillment-Dienstleister). Dadurch wird sichergestellt, dass für jedes Produkt ein Ansprechpartner innerhalb der EU existiert.

> Beim Vertrieb von Produkten in mehrere EU-Mitgliedstaaten müssen die Warnhinweise und Sicherheitsinformationen in sämtlichen Sprachen angegeben werden, die die betreffenden Mitgliedstaaten in ihren jeweiligen nationalen Produktsicherheitsgesetzen vorschreiben.

e) Sanktionen/Geldbußen

Bei Verstößen drohen empfindliche Sanktionen. Die GPSR selbst enthält keine unmittelbaren Strafbestimmungen, verpflichtet jedoch die Mitgliedstaaten dazu, wirksame, verhältnismäßige und abschreckende Sanktionen in ihrem nationalen Recht vorzusehen.

In Deutschland soll diese Umsetzung durch eine Überarbeitung des Produktsicherheitsgesetzes (ProdSG)[114] erfolgen. Der bisherige Entwurf[115], der aufgrund der vorgezogenen Neuwahlen in Deutschland Anfang 2025 nicht verabschiedet werden konnte und nun neu eingebracht werden muss, sieht Geldbußen von 10.000 bis 100.000 Euro vor, je nach Schwere des Verstoßes. Bei besonders schwerwiegenden Fällen, insbesondere bei beharrlicher Wiederholung vorsätzlichen Handelns, könnten sogar Freiheitsstrafen von bis zu einem Jahr drohen.

Neben diesen staatlichen Sanktionen müssen Unternehmen auch mit zivilrechtlichen Konsequenzen rechnen. Dazu zählen kostenpflichtige Abmahnungen durch Wettbewerber und Verbraucherschutzverbände sowie mögliche Schadensersatzansprüche im Falle von Personenschäden durch unsichere Produkte.

f) Zuständige Aufsichtsbehörden

Die Durchsetzung der GPSR obliegt einem Netzwerk nationaler Marktüberwachungsbehörden[116], die von der Europäischen Kommission koordiniert werden. Dieses so genannte „Consumer Safety Network“ tauscht Informationen aus und ermöglicht auf diese Weise eine grenzüberschreitende Zusammenarbeit.

Die nationalen Marktüberwachungsbehörden sind mit weitreichenden Befugnissen ausgestattet:

- Durchführung von Produktkontrollen und -prüfungen
- Anordnung von Warnhinweisen gegenüber Verbrauchern
- Anordnung der Rücknahme oder des Rückrufs gefährlicher Produkte vom Markt
- Verhängung von Sanktionen bei Verstößen gegen die GPSR.

Ein zentrales Instrument der Behördenkooperation ist das Schnellwarnsystem für gefährliche Verbraucherprodukte, das künftig unter dem Namen „Safety Gate“ laufen wird[117]. Über dieses System haben die Behörden der

114 https://www.gesetze-im-internet.de/prodsg_2021/.
115 https://dserver.bundestag.de/btd/20/127/2012716.pdf.
116 https://www.eumonitor.eu/9353000/1/j9vvik7m1c3gyxp/vk66hitty9sb.
117 https://ec.europa.eu/safety-gate/#/screen/home.

EU-Mitgliedstaaten die Möglichkeit, in Echtzeit Informationen über gefährliche Produkte auszutauschen.

g) Ergänzende Rechtsakte, Leitlinien, Normen & Co.

Die GPSR steht nicht isoliert, sondern ist in ein komplexes Regelungsgefüge eingebettet. Im Einzelnen geht es um folgendes:

1. **Marktüberwachungsverordnung**: Die Verordnung (EU) 2019/1020 des Europäischen Parlaments und des Rates vom 20. Juni 2019 über Marktüberwachung und die Konformität von Produkten sowie zur Änderung der Richtlinie 2004/42/EG und der Verordnungen (EG) Nr. 765/2008 und (EU) Nr. 305/2011 (sog. Marktüberwachungsverordnung)[118] bildet gemeinsam mit der GPSR den Kern des EU-Produktsicherheitsrechts. Sie regelt insbesondere die Befugnisse der Marktüberwachungsbehörden und die Kontrolle von Produkten an den EU-Außengrenzen.
2. **Digital Services Act (DSA)**: Als Teil des digitalen Regelungsrahmens der EU enthält der DSA ergänzende Vorschriften für Online-Plattformen, die auch für die Produktsicherheit relevant sind.
3. **Der „Blue Guide"**: Der Leitfaden für die Umsetzung der Produktvorschriften der EU 2022 (sog. „Blue Guide")[119] der Europäischen Kommission bietet praktische Hilfestellung für Unternehmen zum Verständnis der EU-Produktvorschriften. Er behandelt u. a. Anforderungen zur CE-Kennzeichnung, Produktsicherheitsstandards und Konformitätsbewertungsverfahren.

118 https://eur-lex.europa.eu/eli/reg/2019/1020/oj.

119 https://www.ce-richtlinien.eu/richtlinien/NLF/Sonst_Komm/2022_Blue%20Guide_Deutsch.pdf.

29.6.2022 DE Amtsblatt der Europäischen Union C 247/1

II

(Mitteilungen)

MITTEILUNGEN DER ORGANE, EINRICHTUNGEN UND SONSTIGEN STELLEN DER EUROPÄISCHEN UNION

EUROPÄISCHE KOMMISSION

BEKANNTMACHUNG DER KOMMISSION

Leitfaden für die Umsetzung der Produktvorschriften der EU 2022 („Blue Guide")

(Text von Bedeutung für den EWR)

(2022/C 247/01)

INHALTSÜBERSICHT

Leitfaden für die Umsetzung der Produktvorschriften

2. Produkthaftungsrichtlinie (ProdHaftRL)

a) Zielrichtung

Die Richtlinie (EU) 2024/2853 des Europäischen Parlaments und des Rates vom 23. Oktober 2024 über die Haftung für fehlerhafte Produkte und zur Aufhebung der Richtlinie 85/374/EWG des Rates, auch als Produkthaftungsrichtlinie oder kurz: ProdHaftRL bezeichnet (engl.: Product Liability

Directive, PLD)[120], führt neue Haftungsregelungen ein und passt das bestehende Recht an die Herausforderungen der digitalen Welt an.

Die erste Fassung der EU-Produkthaftungsrichtlinie stammt aus dem Jahr 1985.

Die ProdHaftRL verfolgt im Wesentlichen zwei Hauptziele:

1. Schutz von Verbrauchern vor Schäden durch fehlerhafte Produkte
2. Harmonisierung des Binnenmarktes in diesem Bereich.

Ziel ist es also, die Haftung von Herstellerunternehmen für Schäden zu regeln, die durch fehlerhafte Produkte verursacht werden. Dies umfasst sowohl körperliche Verletzungen als auch Sachschäden. Ersatzfähig sind nunmehr aber auch immaterielle Schäden sowie Schäden, die auf einer Zerstörung oder Beschädigung von bestimmten Daten beruhen.

Es sollen einheitliche Vorschriften geschaffen werden, die für mehr Rechtssicherheit sorgen und gleichzeitig ein hohes Schutzniveau für natürliche Personen gewährleisten.

Der europäische Gesetzgeber hat Anpassungsbedarf des vorhandenen Rechts an neue Technologien (z.B. Künstliche Intelligenz), an neue Geschäftsmodelle der Kreislaufwirtschaft und an neue globale Lieferketten festgestellt. Die Richtlinie zielt insbesondere darauf ab, sicherzustellen, dass Produkte, die durch Software-Updates oder KI-Funktionen dynamisch verändert werden können, über ihren gesamten Lebenszyklus hinweg sicher bleiben.

b) Inkrafttreten/Anwendbarkeit

Die ProdHaftRL trat am 9. Dezember 2024 in Kraft. Die EU-Mitgliedstaaten haben zwei Jahre Zeit, bis zum 9. Dezember 2026, um die Richtlinie in nationales Recht umzusetzen. Ab diesem Stichtag wird die Vorgängerrichtlinie (Richtlinie 85/374/EWG des Rates vom 25. Juli 1985 zur Angleichung der Rechts- und Verwaltungsvorschriften der Mitgliedstaaten über die Haftung für fehlerhafte Produkte)[121] aufgehoben.

In der Praxis bedeutet dies, dass Unternehmen einen Übergangszeitraum von zwei Jahren haben, um ihre Prozesse für Produktentwicklung und Qualitätsmanagement anzupassen.

120 https://eur-lex.europa.eu/eli/dir/2024/2853/oj?eliuri=eli%3Adir%3A2024%3A2853%3Aoj&locale=de.

121 https://eur-lex.europa.eu/legal-content/DE/ALL/?uri=celex%3A31985L0374.

c) Anwendungsbereich

Der Anwendungsbereich der Richtlinie wurde erheblich erweitert, um den Anforderungen moderner Technologien gerecht zu werden.

Der Begriff „Produkt" umfasst nun ausdrücklich auch Software. Dadurch wird die bisher bestehende Unsicherheit beseitigt, ob auch (nicht verkörperte) Software vom Produktbegriff umfasst ist. Der Softwarebegriff erfasst ferner explizit Künstliche Intelligenz. Laut Art. 4 Nr. 1 ProdHaftRL wird als Produkt jede bewegliche Sache bezeichnet, auch wenn diese in eine andere bewegliche oder unbewegliche Sache integriert oder damit verbunden ist. Außerdem werden unter den Produktbegriff nun auch Elektrizität, digitale Konstruktionsunterlagen, Rohstoffe sowie Software gefasst.

Ausgenommen vom Anwendungsbereich der Produkthaftungsrichtlinie ist freie und quelloffene Software, die außerhalb einer gewerblichen Tätigkeit entwickelt oder bereitgestellt wird. Es wird zudem klargestellt, dass digitale Dateien grundsätzlich keine Produkte sind, die in den Anwendungsbereich der neuen ProdHaftRL fallen. Anders hingegen unterfallen digitale Bauunterlagen explizit dem Produktbegriff.

Die Haftung wird zudem auf integrierte oder verbundene digitale Dienste („verbundene Dienste") ausgeweitet. Darunter fallen digitale Dienste, die in ein Produkt integriert oder mit ihm verbunden sind und ohne die eine oder mehrere seiner Funktionen nicht ausgeführt werden könnten (z. B. Cloud-Services für Smart-Home-Geräte oder Streamingdienste auf einem Smart-TV).

d) Pflichten von Akteuren

Unter der reformierten ProdHaftRL bleibt es bei dem bisher schon existierenden Grundsatz der verschuldensunabhängigen Haftung. Geschädigte Verbraucher müssen demnach keine Fahrlässigkeit oder Vorsatz des Unternehmens nachweisen.

Der Herstellerbegriff wurde erweitert und umfasst nun nicht mehr nur denjenigen, der ein Produkt, einen Grundstoff oder ein Teilprodukt hergestellt hat, sondern auch denjenigen, der ein Produkt entwickelt, herstellt oder produziert. Unter den Herstellerbegriff fällt ebenfalls, wer ein Produkt entwickeln oder herstellen lässt oder es unter seinem eigenen Namen oder der eigenen Marke vermarktet.

> Hersteller müssen die Verantwortung für die Sicherheit ihrer Produkte über den gesamten Lebenszyklus übernehmen, insbesondere wenn sie durch Software-Updates oder KI-Funktionen verändert werden können.

Neben dem eigentlichen Hersteller können auch folgende Akteure haften:
- Quasi-Hersteller (die sich als Hersteller ausgeben)
- Importeure
- Bevollmächtigte des Herstellers
- Händler (wenn der Hersteller nicht in der EU niedergelassen ist).

Ein Produkt soll dann als fehlerhaft gelten, wenn es entweder den Sicherheitserwartungen, die eine durchschnittliche Person an das Produkt haben darf, nicht gerecht wird, oder es die Sicherheitsanforderungen nach europäischem oder nationalem Recht nicht erfüllt. Bei der Beurteilung der Fehlerhaftigkeit sind u. a. die Eigenschaften eines Produkts, dessen technische Funktionsfähigkeit, aber auch seine Verpackung sowie die Produktkennzeichnung zu berücksichtigen. Eine Software kann außerdem auch wegen ausbleibender Sicherheitsupdates oder mangelnder Nutzbarkeit verbundener Dienste fehlerhaft sein.

Das nationale Gegenstück ist insbesondere im deutschen Bürgerlichen Gesetzbuch verankert, und zwar in § 327f BGB („Recht auf Updates"): „Der Unternehmer hat sicherzustellen, dass dem Verbraucher während des maßgeblichen Zeitraums Aktualisierungen, die für den Erhalt der Vertragsmäßigkeit des digitalen Produkts erforderlich sind, bereitgestellt werden und der Verbraucher über diese Aktualisierungen informiert wird. Zu den erforderlichen Aktualisierungen gehören auch Sicherheitsaktualisierungen" (§ 327f Abs. 1 S. 1, 2 BGB).

Ein Produkt gilt somit als fehlerhaft, wenn es nicht die Sicherheit bietet, die man berechtigterweise erwarten kann. Es sind eine Reihe von Umständen bei der Beurteilung zu berücksichtigen:
- **Aufmachung und Merkmale des Produkts**, einschließlich Kennzeichnung, Design, technischer Merkmale, Zusammensetzung und Verpackung und Anleitungen für Montage, Installation, Gebrauch und Wartung
- vernünftigerweise vorhersehbarer **Gebrauch des Produkts**
- Auswirkungen der Fähigkeit des Produkts, nach dem Inverkehrbringen oder der Inbetriebnahme weiter zu **lernen** oder **neue Funktionen** zu erwerben
- vernünftigerweise vorhersehbare **Auswirkungen anderer Produkte.**

e) Sanktionen/Geldbußen

Die ProdHaftRL selbst enthält keine direkten Angaben zu konkreten Bußgeldhöhen, da die genauen Sanktionen von den EU-Mitgliedstaaten festzulegen sind. Diese müssen wirksam, verhältnismäßig und abschreckend sein.

Behördliche Maßnahmen können zudem in Warnungen der Öffentlichkeit vor Produktrisiken, Verhinderung der Bereitstellung auf dem Markt oder auch Vernichtung des Produkts oder seiner Funktionsfähigkeit bestehen.

f) Zuständige Aufsichtsbehörden

In Deutschland ist u. a. die Bundesnetzagentur als Marktüberwachungsbehörde tätig. Sie verfolgt insbesondere folgende Ziele:

- Verbraucherschutz (Schutz vor nicht-konformen bzw. gefährlichen Geräten)
- Herstellen bzw. Sicherstellen von Wettbewerbsgleichheit zwischen deutschen und europäischen Wirtschaftsakteuren
- Sicherstellen der effizienten Frequenznutzung
- Schutz der sicherheitsrelevanten Funkdienste
- Schutz von Telekommunikationsnetzen und des Rundfunks.

Die genauen Zuständigkeiten für die Durchsetzung der ProdHaftRL werden im Rahmen der nationalen Umsetzung durch die EU-Mitgliedstaaten festgelegt werden.

g) Ergänzende Rechtsakte, Leitlinien, Normen & Co.

Die neue ProdHaftRL ist Teil eines umfassenderen Regulierungsrahmens für den digitalen Binnenmarkt der EU. Sie ist ein Baustein und fügt sich in eine ganze Reihe von Rechtsakten der EU zur Produktregulierung ein. Dazu zählen u. a.:

1. Cyber Resilience Act (CRA):

Der CRA zielt darauf ab, Verbraucher und Unternehmen vor Produkten mit digitalen Komponenten zu schützen, die unzureichende Cybersicherheitsmerkmale aufweisen. Er führt verbindliche Cybersicherheitsanforderungen für Hersteller und Händler ein, die bei der Planung, Entwicklung und Wartung solcher Produkte zu beachten sind. Produkte, die diesen Anforderungen entsprechen, tragen die CE-Kennzeichnung.

2. KI-Verordnung (KI-VO):

Die KI-VO wurde zusammen mit der ProdHaftRL als Teil eines Pakets verabschiedet. Sie setzt einen verbindlichen Rechtsrahmen für den Einsatz von

Künstlicher Intelligenz in der EU und definiert Anforderungen an verschiedene Risikoklassen von KI-Systemen.

3. KI-Haftungsrichtlinie:

Die Europäische Kommission hat im September 2022 einen Vorschlag für eine Richtlinie über KI-Haftung als Teil eines Pakets mit der KI-VO und der ProdHaftRL veröffentlicht. Allerdings ist inzwischen absehbar, dass die KI-Haftungsrichtlinie wohl nicht mehr kommen wird.

3. Cyber Resilience Act (CRA)

a) Zielrichtung

Die Verordnung (EU) 2024/2847 des Europäischen Parlaments und des Rates vom 23. Oktober 2024 über horizontale Cybersicherheitsanforderungen für Produkte mit digitalen Elementen und zur Änderung der Verordnungen (EU) Nr. 168/2013 und (EU) 2019/1020 und der Richtlinie (EU) 2020/1828 (Cyberresilienz-Verordnung)[122], der so genannte Cyber Resilience Act (CRA), ist die erste europäische Verordnung, die ein verbindliches Mindestmaß an Cybersicherheit für alle vernetzten Produkte festlegt, die auf dem EU-Markt erhältlich sind. Dieses Regelwerk zielt darauf ab, ein einheitliches Cybersicherheitsniveau zu schaffen, auf das sich Nutzer und Nutzerinnen von Produkten mit digitalen Elementen verlassen können.

Die EU verfolgt mit dem CRA mehrere Kernziele:

- Erhöhung der Cybersicherheit innerhalb der Europäischen Union
- Verbesserung der Sicherheit von vernetzten Produkten durch verbindliche Anforderungen
- Bekämpfung des aktuell als zu niedrig eingestuften Cybersicherheitsniveaus bei vernetzten Produkten
- Förderung eines stärkeren Bewusstseins für Cybersicherheit bei Endnutzern.

Zur Erreichung dieser Ziele soll:

1. sichergestellt werden, dass die herstellenden Unternehmen die Sicherheit von Produkten mit digitalen Elementen ab der Entwurfs- und Entwicklungsphase und während des gesamten Lebenszyklus verbessern;
2. ein Cybersicherheitsrahmen gewährleistet werden, der die Einhaltung der Vorschriften für Hardware- und Softwareherstellende Unternehmen erleichtert;

---

122 https://eur-lex.europa.eu/eli/reg/2024/2847/oj/.

3. die Transparenz der Sicherheitseigenschaften von Produkten mit digitalen Elementen erhöht werden und
4. Unternehmen und Privatpersonen in die Lage versetzt werden, Produkte mit digitalen Elementen sicher zu nutzen.

Die vom CRA erfassten Produkte sollen so konzipiert werden, dass sie ein den Risiken angemessenes Niveau an Cybersicherheit gewährleisten und, dass sie ohne bekannte ausnutzbare Schwachstellen ausgeliefert werden. Darüber hinaus werden konkrete Anforderungen an den Umgang mit Schwachstellen genannt, wie etwa die Pflicht zur unverzüglichen Beseitigung dieser Schwachstellen oder auch die Durchführung regelmäßiger Sicherheitstests. Außerdem müssen der Kundschaft bestimmte Mindestinformationen bereitgestellt werden, wie z. B. Name, Anschrift und Kontaktdaten des herstellenden Unternehmens, die bestimmungsgemäße Verwendung des Produkts oder auch die Art der herstellerseitig angebotenen technischen Sicherheitsunterstützung. Letztlich werden hier auch Vorgaben in Bezug auf die EU-Konformitätserklärung sowie auf die technische Dokumentation gemacht.

Für die Praxis bedeutet dies etwa, dass ein Hersteller von vernetzten Industrieanlagen bereits bei der Entwicklung relevante Cybersicherheitsrisiken bewerten und entsprechende Schutzmaßnahmen implementieren muss. Nur Produkte, die die vom CRA geforderten Sicherheitsanforderungen erfüllen, dürfen das CE-Kennzeichen tragen und damit auf dem EU-Binnenmarkt verkauft werden.

b) Inkrafttreten/Anwendbarkeit

Der CRA ist am 10. Dezember 2024 in Kraft getreten. Er enthält einem gestaffelten Zeitplan für die Anwendbarkeit seiner Bestimmungen:

- **11. Juni 2026**: Vorgaben für Konformitätsbewertungsstellen werden wirksam
- **11. September 2026**: Meldepflichten für Hersteller
- **11. Dezember 2027**: Volle Anwendbarkeit des CRA.

c) Anwendungsbereich

Der Anwendungsbereich des CRA ist bewusst breit gefasst und umfasst praktisch alle Produkte mit digitalen Elementen. Es geht im Kern also um Produkte, die mit einem Gerät oder einem Netzwerk verbunden werden können. Der CRA differenziert hier zwischen folgenden Kategorien:

- **Wichtige Produkte** mit digitalen Elementen, **Klasse I**
- **Wichtige Produkte** mit digitalen Elementen, **Klasse II**
- **Kritische Produkte** mit digitalen Elementen.

Der CRA erfasst jedes Software- oder Hardware-Produkt und deren Datenfernverarbeitungslösungen, sowie Software- oder Hardware-Komponenten, die separat in Verkehr gebracht werden. Ausgenommen sind jedoch sowohl „Produkte mit digitalen Inhalten“ als auch „Digitale Produkte“. Die Erstgenannten zeichnen sich dadurch aus, dass der digitale Teil des Produkts für dessen Funktionsfähigkeit nicht von zentraler Bedeutung ist (wie z. B. bei einem Kühlschrank mit Bestellfunktion via App). Bei den „Digitalen Produkten“ handelt es sich um rein digitale Produkte, beispielsweise Apps oder Musik-Dateien.

Die **wichtigen Produkte** mit digitalen Elementen finden sich im Anhang III des CRA. Demgemäß werden von der **Klasse I** folgende Produktkategorien erfasst:

1. Identitätsmanagementsysteme sowie Software und Hardware für die Verwaltung privilegierter Zugänge bzw. Zugriffe, einschließlich Lesegeräte für die Authentifizierung und Zugangskontrolle, auch biometrische Lesegeräte
2. eigenständige und eingebettete Browser
3. Passwort-Manager
4. Software für die Suche, Entfernung und Quarantäne von Schadsoftware
5. Produkte mit digitalen Elementen mit der Funktion eines virtuellen privaten Netzes (VPN)
6. Netzmanagementsysteme
7. Systeme für die Verwaltung von Sicherheitsinformationen und -ereignissen (SIEM)
8. Bootmanager
9. Public-Key-Infrastrukturen und Software für die Ausstellung digitaler Zertifikate
10. physische und virtuelle Netzschnittstellen
11. Betriebssysteme
12. Router, Modems für die Internetanbindung und Switches
13. Mikroprozessoren mit sicherheitsrelevanten Funktionen
14. Mikrocontroller mit sicherheitsrelevanten Funktionen
15. anwendungsspezifische integrierte Schaltungen (ASIC) und FPGA (Field Programmable Gate Array) mit sicherheitsrelevanten Funktionen

16. virtuelle Assistenten für die intelligente häusliche Umgebung mit allgemeinem Zweck
17. Produkte für die intelligente häusliche Umgebung mit Sicherheitsfunktionen, einschließlich intelligenter Türschlösser, Sicherheitskameras, Babyüberwachungssysteme und Alarmanlagen
18. mit dem Internet verbundenes Spielzeug, das unter die Richtlinie 2009/48/EG des Europäischen Parlaments und des Rates (1) fällt und über Funktionen zur sozialen Interaktion (z. B. sprechen oder filmen) oder zur Ortung verfügt
19. am Körper tragbare Produkte, die zum Zwecke der Gesundheitsüberwachung (z. B. Tracking) bestimmt sind und nicht unter die Verordnungen (EU) 2017/745 (Medizinprodukte)[123] oder (EU) 2017/746 (In-Vitro-Diagnostika)[124] fallen, oder am Körper tragbare Produkte, die für die Verwendung durch und für Kinder bestimmt sind.

In die **Klasse II** der **wichtigen Produkte** mit digitalen Elementen fallen hingegen deutlich weniger Kategorien, nämlich folgende:

1. Hypervisoren und Container-Runtime-Systeme, die eine virtualisierte Ausführung von Betriebssystemen und ähnlichen Umgebungen unterstützen
2. Firewalls, Intrusion-Detection-Systeme und Intrusion-Prevention-Systeme
3. manipulationssichere Mikroprozessoren
4. manipulationssichere Mikrocontroller.

Zu den **kritischen Produkten** mit digitalen Elementen werden im Anhang IV des CRA folgende aufgelistet:

1. Hardwaregeräte mit Sicherheitsboxen
2. Smart-Meter-Gateways in intelligenten Messsystemen im Sinne des Artikels 2 Nummer 23 der Richtlinie (EU) 2019/944 (Vorschriften für den Elektrizitätsbinnenmarkt)[125] sowie andere Geräte für fortgeschrittene Sicherheitszwecke, einschließlich der sicheren Kryptoverarbeitung
3. Chipkarten oder ähnliche Geräte, einschließlich Sicherheitselemente.

Explizit ausgenommen vom Anwendungsbereich sind nicht-kommerzielle Open-Source-Softwareprodukte, diese müssen die CRA-Anforderungen nicht erfüllen. Auch Software-as-a-Service- bzw. Cloud-An-

123 https://eur-lex.europa.eu/legal-content/DE/ALL/?uri=CELEX:32017R0745.
124 https://eur-lex.europa.eu/legal-content/de/ALL/?uri=CELEX%3A32017R0746.
125 https://eur-lex.europa.eu/legal-content/de/ALL/?uri=CELEX%3A32019L0944.

gebote sollen ebenfalls gesondert geregelt werden, insbesondere durch NIS2.

Der CRA gilt nicht für…
- Medizinprodukte,
- In-Vitro-Diagnostika,
- Kraftfahrzeuge und Kraftfahrzeuganhänger sowie Systeme, Bauteile und selbstständige technische Einheiten für diese Fahrzeuge,
- zertifizierte Produkte mit digitalen Elementen für die Zivilluftfahrt,
- Geräte im Bereich Schiffsausrüstung,
- Ersatzteile, die auf dem Markt bereitgestellt werden, um identische Komponenten in Produkten mit digitalen Elementen zu ersetzen, und die nach denselben Spezifikationen hergestellt werden wie die Bauteile, die sie ersetzen sollen, und auch nicht für
- Produkte mit digitalen Elementen, die ausschließlich für Zwecke der nationalen Sicherheit oder für Verteidigungszwecke entwickelt oder geändert wurden, und auch nicht für Produkte, die speziell für die Verarbeitung von Verschlusssachen konzipiert sind.

Die CRA-Regelungen betreffen alle Wirtschaftsakteure entlang der Lieferkette, also Hersteller, Importeure und Händler. Es gibt keine Ausnahmen für Unternehmen bestimmter Größenklassen.

d) Pflichten von Akteuren

Der CRA legt umfangreiche Pflichten für verschiedene Wirtschaftsakteure fest, wobei die Hauptlast bei den Herstellern liegt.

1. Pflichten der Hersteller:
- „Security by Design"-Strategie: Sicherheitsmaßnahmen müssen von Beginn an in die Produktentwicklung eingebettet sein
- Risikobewertung: Durchführung einer umfassenden Bewertung von Cybersicherheitsrisiken für ihre Produkte
- Implementierung eines Secure Software Development Lifecycle: Systematische Integration von Sicherheit in den gesamten Entwicklungsprozess
- Bereitstellung kostenloser Sicherheitsupdates: Bereitstellung von Updates während der gesamten Produktlebensdauer
- Schnelle Meldung von Sicherheitsvorfällen: Verpflichtung der Hersteller, Cybersicherheitsvorfälle zu melden

- Kontinuierliche Überwachung: Pflicht zur regelmäßigen Überprüfung auf Sicherheitsrisiken und entsprechende Anpassung der Produkte
- Aufbau eines Product Security Incident Response Teams (PSIRT): soll sicherstellen, dass Schwachstellen rechtzeitig gemeldet und behoben werden.

2. Pflichten der Importeure und Händler:

Für Importeure und Händler gelten abgestufte Pflichten, um den Sicherheitsstandard entlang der gesamten Wertschöpfungskette sicherzustellen. Sie müssen beispielsweise überprüfen, ob die von ihnen vertriebenen Produkte mit den CRA-Anforderungen konform sind.

3. Cybersicherheitsanforderungen

Außerdem werden in Anhang I zum CRA Cybersicherheitsanforderungen in Bezug auf die Eigenschaften von Produkten mit digitalen Elementen (Teil 1) sowie Anforderungen an die Behandlung von Schwachstellen (Teil 2) festgelegt.

Zu den Cybersicherheitsanforderungen zählen die Folgenden:

1. Produkte mit digitalen Elementen werden so konzipiert, entwickelt und hergestellt, dass sie angesichts der Risiken ein **angemessenes Cybersicherheitsniveau** gewährleisten.
2. Auf der Grundlage der Bewertung der Cybersicherheitsrisiken gemäß Art. 13 Abs. 2 CRA müssen Produkte mit digitalen Elementen, soweit zutreffend,
   a) **ohne bekannte ausnutzbare Schwachstellen** auf dem Markt bereitgestellt werden,
   b) mit einer **sicheren Standardkonfiguration** auf dem Markt bereitgestellt werden, sofern zwischen dem Hersteller und dem gewerblichen Nutzer in Bezug auf ein maßgeschneidertes Produkt mit digitalen Elementen nichts anderes vereinbart wurde, und die Möglichkeit bieten, das Produkt in seinen ursprünglichen Zustand zurückzusetzen,
   c) sicherstellen, dass **Schwachstellen durch Sicherheitsaktualisierungen behoben werden können**, ggf. auch durch automatische Sicherheitsaktualisierungen, die als Standardeinstellung innerhalb eines angemessenen Zeitrahmens installiert werden sowie über einen klaren und benutzerfreundlichen Opt-out-Mechanismus verfügen, bei dem die Nutzer über verfügbare Aktualisierungen informiert werden und sie vorübergehend verschieben können;
   d) durch geeignete Kontrollmechanismen **Schutz vor unbefugtem Zugriff bieten**, darunter u. a. zumindest Authentifizierungs-, Identitäts- oder Zugangsverwaltungssysteme, und einen möglicherweise unbefugten Zugriff melden,

e) die **Vertraulichkeit** gespeicherter, übermittelter oder anderweitig verarbeiteter personenbezogener oder sonstiger Daten schützen, z.B. durch Verschlüsselung relevanter Daten, die gespeichert sind oder gerade verwendet oder übermittelt werden, durch modernste Mechanismen und durch den Einsatz anderer technischer Mittel,

f) die **Integrität** gespeicherter, übermittelter oder anderweitig verarbeiteter Daten, ob personenbezogener oder sonstiger Daten, Befehle, Programme und Konfigurationen vor einer vom Nutzer nicht genehmigten Manipulation oder Veränderung schützen und deren Beschädigung melden,

g) die Verarbeitung personenbezogener oder sonstiger Daten auf solche, die angemessen und von Bedeutung sind, und auf das für die Zweckbestimmung des Produkts mit digitalen Elementen erforderliche Maß beschränken („**Datenminimierung**"),

h) die **Verfügbarkeit** wesentlicher und grundlegender Funktionen, auch nach einem Sicherheitsvorfall, einschließlich über Abwehr- und Eindämmungsmaßnahmen gegen Überlastungsangriffe auf Server (Denial-of-Service-Angriffe), sicherstellen,

i) die **negativen Auswirkungen** von den Produkten selbst oder von vernetzten Geräten auf die Verfügbarkeit der von anderen Geräten oder Netzen bereitgestellten Dienste **minimieren**,

j) so konzipiert, entwickelt und hergestellt werden, dass sie – auch bei externen Schnittstellen – **möglichst geringe Angriffsflächen** bieten,

k) so konzipiert, entwickelt und hergestellt werden, dass die **Auswirkungen eines Sicherheitsvorfalls** durch geeignete Mechanismen und Techniken zur Minderung der möglichen Ausnutzung **verringert** werden,

l) **sicherheitsbezogene Informationen** durch Aufzeichnung und/oder Überwachung einschlägiger interner Vorgänge wie Zugang zu Daten, Diensten oder Funktionen und Änderungen daran bereitstellen und den Nutzern einen Opt-out-Mechanismus zur Verfügung stellen,

m) den Nutzern die Möglichkeit bieten, alle Daten und Einstellungen **dauerhaft sicher und einfach zu löschen**, und, wenn diese Daten auf andere Produkte oder Systeme übertragen werden können, sicherstellen, dass dies auf sichere Weise geschieht.

In Bezug auf die Anforderungen an die Behandlung von Schwachstellen werden ebenfalls bestimmte Punkte gefordert. Die Hersteller von Produkten mit digitalen Elementen müssen…

1. Schwachstellen und Komponenten der Produkte mit digitalen Elementen **ermitteln und dokumentieren**, u. a. durch Erstellung einer **Software-Stückliste** in einem gängigen maschinenlesbaren Format, aus der zumindest die obersten Abhängigkeiten der Produkte hervorgehen;
2. im Hinblick auf die Risiken im Zusammenhang mit den Produkten mit digitalen Elementen unverzüglich **Schwachstellen behandeln und beheben**, u. a. durch Bereitstellung von Sicherheitsaktualisierungen; soweit technisch machbar, müssen neue Sicherheitsaktualisierungen getrennt von den Funktionsaktualisierungen bereitgestellt werden;
3. die Sicherheit des Produkts mit digitalen Elementen regelmäßig und wirksam **testen und überprüfen**;
4. sobald eine Sicherheitsaktualisierung bereitgestellt worden ist, **Informationen über beseitigte Schwachstellen teilen und veröffentlichen**, einschließlich einer Beschreibung der Schwachstellen mit Angaben, anhand deren die Nutzer das betroffene Produkt mit digitalen Elementen, die Auswirkungen der Schwachstellen und ihre Schwere erkennen können, sowie eindeutige und verständliche Informationen, die den Nutzern helfen, die Schwachstellen zu beheben; in hinreichend begründeten Fällen, in denen die Hersteller der Auffassung sind, dass die Risiken der Veröffentlichung die Vorteile in Bezug auf die Sicherheit überwiegen, können sie die Veröffentlichung von Informationen über eine behobene Schwachstelle so lange aufschieben, bis den Nutzern die Möglichkeit gegeben wurde, den entsprechenden Patch anzuwenden;
5. eine **Strategie für die koordinierte Offenlegung von Schwachstellen** aufstellen und umsetzen;
6. Maßnahmen ergreifen, um den **Austausch von Informationen über mögliche Schwachstellen** in ihrem Produkt mit digitalen Elementen und darin enthaltenen Komponenten Dritter zu erleichtern, und dazu u. a. eine Kontaktadresse für die Meldung der in dem Produkt mit digitalen Elementen entdeckten Schwachstellen angeben;
7. Mechanismen für die **sichere Verbreitung von Aktualisierungen** für Produkte mit digitalen Elementen bereitstellen, damit Schwachstellen rechtzeitig und im Falle von Sicherheitsaktualisierungen gegebenenfalls automatisch behoben oder eingedämmt werden;
8. dafür sorgen, dass **Sicherheitsaktualisierungen**, die zur Bewältigung festgestellter Sicherheitsprobleme zur Verfügung stehen, unverzüglich und – sofern zwischen dem Hersteller und dem gewerblichen Nutzer in Bezug auf ein maßgeschneidertes Produkt mit digitalen Elementen nichts anderes vereinbart wurde – **kostenlos** verbreitet werden, zusammen mit

Hinweisen und einschlägigen Informationen, auch über zu treffende mögliche Maßnahmen.

Hinsichtlich der Pflichtinformationen und Nutzer-Anleitungen gemäß Anhang II des CRA besteht die Pflicht, dem Produkt mit digitalen Elementen mindestens Folgendes beizufügen:

1. Name, eingetragener Handelsname oder eingetragene Handelsmarke des Herstellers, die Postanschrift, E-Mail-Adresse oder andere digitale Kontaktmöglichkeiten und, falls vorhanden, Website, unter denen der Hersteller erreichbar ist;
2. die zentrale Kontaktstelle, bei der Informationen über Schwachstellen des Produkts mit digitalen Elementen gemeldet werden können und entgegengenommen werden und das Konzept für die koordinierte Offenlegung von Schwachstellen zu finden ist;
3. Name und Typ sowie alle zusätzlichen Informationen, die eine eindeutige Identifizierung des Produkts mit digitalen Elementen ermöglichen;
4. die Zweckbestimmung des Produkts mit digitalen Elementen, einschließlich des vom Hersteller bereitgestellten Sicherheitsumfelds, sowie die Hauptfunktionen des Produkts und Informationen über die Sicherheitseigenschaften;
5. alle bekannten oder vorhersehbaren Umstände im Zusammenhang mit der Zweckbestimmung des Produkts mit digitalen Elementen oder dessen vernünftigerweise vorhersehbaren Fehlanwendung, die zu erheblichen Cybersicherheitsrisiken führen können;
6. ggf. die Internetadresse, unter der die EU-Konformitätserklärung abrufbar ist;
7. die Art der vom Hersteller angebotenen technischen Sicherheitsunterstützung und das Enddatum des Unterstützungszeitraums, in dem die Nutzer die Behebung von Schwachstellen und den Erhalt von Sicherheitsaktualisierungen erwarten können;
8. ausführliche Anleitungen oder eine Internetadresse, unter der auf solche ausführlichen Anleitungen und Informationen verwiesen wird, dazu,
   a) welche Maßnahmen bei der ersten Inbetriebnahme und während der gesamten Lebensdauer des Produkts mit digitalen Elementen getroffen werden müssen, um dessen sichere Verwendung sicherzustellen,
   b) wie sich Änderungen am Produkt mit digitalen Elementen auf die Datensicherheit auswirken können,
   c) wie sicherheitsrelevante Aktualisierungen installiert werden können,

d) wie eine sichere Außerbetriebnahme des Produkts mit digitalen Elementen erfolgt und wie Nutzerdaten sicher entfernt werden können;

e) wie die Standardeinstellung, die die automatische Installation von Sicherheitsaktualisierungen gemäß Anhang I Teil I Buchstabe c ermöglicht, deaktiviert werden kann;

f) wie der Integrator die grundlegenden Cybersicherheitsanforderungen in Anhang I und die Anforderungen an die technische Dokumentation in Anhang VII erfüllen kann, wenn das Produkt mit digitalen Elementen für die Integration in andere Produkte mit digitalen Elementen bestimmt ist;

9. für den Fall, dass der Hersteller dem Nutzer die Software-Stückliste zur Verfügung stellt, wo auf die Software-Stückliste zugegriffen werden kann.

e) Sanktionen/Geldbußen

Der CRA sieht empfindliche Sanktionen für Verstöße vor, die in drei Kategorien unterteilt sind:

1. **Schwerwiegende Verstöße**: Bei Nichteinhaltung der grundlegenden Cybersicherheitsanforderungen oder Verstößen gegen die in den Art. 13, 14 CRA festgelegten Pflichten können Geldbußen von bis zu 15 Millionen Euro oder – im Falle von Unternehmen – von bis zu 2,5 % des gesamten weltweiten Jahresumsatzes des vorangegangenen Geschäftsjahres verhängt werden (je nachdem, welcher Betrag höher ist).
2. **Mittelschwere Verstöße**: Bei Verstößen gegen andere festgelegte Pflichten (Art. 18–23, 28, 30 Abs. 1–4, 31 Abs. 1–4, 32 Abs. 1–3, Art. 33 Abs. 5, 39, 41, 47, 49, 53 CRA) können Geldbußen von bis zu 10 Millionen Euro oder – im Falle von Unternehmen – von bis zu 2 % des gesamten weltweiten Jahresumsatzes des vorangegangenen Geschäftsjahres verhängt werden (je nachdem, welcher Betrag höher ist).
3. **Leichtere Verstöße**: Werden gegenüber notifizierten Stellen und Marktüberwachungsbehörden falsche, unvollständige oder irreführende Angaben gemacht, können Geldbußen von bis zu 5 Millionen Euro oder — im Falle von Unternehmen — von bis zu 1 % des gesamten weltweiten Jahresumsatzes verhängt werden (je nachdem, welcher Betrag höher ist).

Bei der Festsetzung der Geldbuße werden verschiedene Faktoren berücksichtigt:

– Art, Schwere und Dauer des Verstoßes und dessen Folgen
– Ob bereits dieselben oder andere Marktüberwachungsbehörden demselben Wirtschaftsakteur für einen ähnlichen Verstoß Geldbußen auferlegt haben

– Die Größe des Unternehmens, insbesondere im Hinblick auf kleine und mittlere Unternehmen.

Neben Geldbußen können die Behörden auch Verkaufsverbote für nicht-konforme Produkte verhängen.

Die Anforderungen an die technische Dokumentation sind nicht minder anspruchsvoll. Nach Anhang VII des CRA muss die technische Dokumentation (Art. 31 CRA) mindestens die folgenden Informationen enthalten, soweit sie für das betreffende Produkt mit digitalen Elementen von Bedeutung sind:

1. eine allgemeine Beschreibung des Produkts mit digitalen Elementen, einschließlich
   a) seiner Zweckbestimmung,
   b) Softwareversionen, die sich auf die Erfüllung der grundlegenden Cybersicherheitsanforderungen auswirken,
   c) wenn es sich bei dem Produkt mit digitalen Elementen um ein Hardwareprodukt handelt: Fotografien oder Abbildungen, aus denen äußere Merkmale, Kennzeichnungen und innerer Aufbau hervorgehen;
   d) Informationen und Anleitungen für die Nutzer gemäß Anhang II;
2. eine Beschreibung der Konzeption, Entwicklung und Herstellung des Produkts mit digitalen Elementen und der Verfahren zur Behandlung von Schwachstellen, einschließlich
   a) erforderliche Informationen über die Konzeption und Entwicklung des Produkts mit digitalen Elementen, ggf. mit Zeichnungen und Schemata und/oder einer Beschreibung der Systemarchitektur, aus der hervorgeht, wie Softwarekomponenten aufeinander aufbauen, miteinander zusammenwirken und sich in die Gesamtverarbeitung integrieren;
   b) erforderliche Informationen und Spezifikationen bezüglich der vom Hersteller festgelegten Verfahren zur Behandlung von Schwachstellen, einschließlich der Software-Stückliste, des Konzepts für die koordinierte Offenlegung von Schwachstellen, des Nachweises der Bereitstellung einer Kontaktadresse für die Meldung der Schwachstellen und einer Beschreibung der gewählten technischen Lösungen für die sichere Verbreitung von Aktualisierungen;
   c) erforderliche Informationen und Spezifikationen bezüglich der Herstellungs- und Überwachungsprozesse des Produkts mit digitalen Elementen und der Validierung dieser Prozesse;
3. eine Bewertung der Cybersicherheitsrisiken, die bei der Konzeption, Entwicklung, Herstellung, Lieferung und Wartung des Produkts mit digitalen

Elementen nach Art. 13 berücksichtigt werden, einschließlich der Frage, inwieweit die grundlegenden Cybersicherheitsanforderungen gemäß Anhang I Teil I Anwendung finden;

4. einschlägige Informationen, die bei der Festlegung des Unterstützungszeitraums des Produkts mit digitalen Elementen berücksichtigt wurden;
5. eine Aufstellung der vollständig oder teilweise angewandten harmonisierten Normen, deren Fundstellen im Amtsblatt der Europäischen Union veröffentlicht wurden, der in Art. 27 genannten gemeinsamen Spezifikationen oder der in Art. 27 Abs. 8 genannten europäischen Schemata für die Cybersicherheitszertifizierung, angenommen gemäß der Verordnung (EU) 2019/881 (Cybersecurity Act)[126], und, falls keine solchen harmonisierten Normen, gemeinsamen Spezifikationen und europäischen Schemata für die Cybersicherheitszertifizierung angewandt werden, Beschreibungen der Lösungen, mit denen die grundlegenden Cybersicherheitsanforderungen in Anhang I Teile I und II erfüllt werden, mit einer Aufstellung sonstiger angewandter einschlägiger technischer Spezifikationen. Bei einer teilweisen Anwendung harmonisierter Normen, gemeinsamer Spezifikationen oder europäischer Schemata für die Cybersicherheitszertifizierung ist in der technischen Dokumentation anzugeben, welche Teile angewandt wurden;
6. Berichte über die Tests und Prüfungen, die durchgeführt wurden, um die Konformität des Produkts mit digitalen Elementen und der Verfahren zur Behandlung von Schwachstellen mit den geltenden grundlegenden Cybersicherheitsanforderungen in Anhang I Teile I und II zu überprüfen;
7. ein Exemplar der EU-Konformitätserklärung;
8. ggf. auf begründetes Verlangen der Marktüberwachungsbehörde die Software-Stückliste, sofern dies erforderlich ist, damit diese Behörde die Einhaltung der grundlegenden Cybersicherheitsanforderungen in Anhang I überprüfen kann.

f) Zuständige Aufsichtsbehörden

Die Umsetzung und Überwachung des CRA obliegt nationalen Marktüberwachungsbehörden. In Deutschland könnten aufgrund ihrer Kompetenzen das Bundesamt für Sicherheit in der Informationstechnik (BSI) oder die Bundesnetzagentur (BNetzA) diese Rolle übernehmen.

Die Marktüberwachungsbehörden haben folgende Hauptaufgaben:

1. Erstellung von Leitlinien und Ratschlägen zur Durchführung des CRA
2. Verfassung eines jährlichen Tätigkeitsberichts

126 https://eur-lex.europa.eu/eli/reg/2019/881/oj.

3. Überprüfung von Produkten bei Annahme eines erheblichen Cybersicherheitsrisikos
4. Anforderung von Unterlagen und Informationen von den Herstellern
5. Aufforderung zur Vornahme von Abhilfemaßnahmen oder Anordnung der Rücknahme eines Produktes vom Markt.

Zusätzlich können die Marktüberwachungsbehörden koordinierte Kontrollen („Sweeps“) zu bestimmten Produktkategorien durchführen (Art. 60 CRA). Diese werden durch die EU-Kommission koordiniert, wobei auch die Europäische Agentur für Cybersicherheit (ENISA) ein Vorschlagsrecht bezüglich der zu überprüfenden Produktkategorien hat.

g) Ergänzende Rechtsakte, Leitlinien, Normen & Co.

Es gibt einige Regelungen, die gemeinsam mit dem CRA betrachtet werden müssen:

– **BSI TR-03183**: Diese Technische Richtlinie des BSI[127] beschreibt bereits Cyber-Resilienz-Anforderungen an Hersteller und Produkte und kann als Orientierungshilfe für die Umsetzung des CRA dienen. Sie enthält drei Teile: „General Requirements“ (Teil 1), Software Bill of Materials (SBOM) (Teil 2), Vulnerability Reports and Notifications (Teil 3).
– **NIS2-Richtlinie**: Es besteht ein Zusammenspiel zwischen dem CRA und NIS2. Während sich NIS2 auf die Sicherheit von Netzwerk- und Informationssystemen, insbesondere bei kritischen Infrastrukturen und Dienstleistern konzentriert, adressiert der CRA die Produktebene.
– **CE-Kennzeichnung**: Der CRA baut auf dem bekannten CE-Kennzeichnungssystem auf. Hersteller, die diese Nachweisprozesse bereits kennen und anwenden, haben einen Vorteil bei der Umsetzung.
– **ENISA-Leitlinien**: Die Europäische Agentur für Cybersicherheit (ENISA) soll Leitlinien zur Umsetzung des CRA veröffentlichen.

Der Bundesverband IT-Sicherheit e.V. (TeleTrust) stellt auf seiner Website kostenfrei den „Leitfaden Software Bill of Materials“ bereit.[128]

127 https://www.bsi.bund.de/DE/Themen/Unternehmen-und-Organisationen/Standards-und-Zertifizierung/Technische-Richtlinien/TR-nach-Thema-sortiert/tr03183/TR-03183_node.html.

128 https://www.teletrust.de/fileadmin/user_upload/2024-TeleTrusT-Leitfaden_SBOM.pdf.

4. Maschinenverordnung (MaschinenVO)

a) Zielrichtung

Vor dem Hintergrund rasch voranschreitender technologischer Entwicklungen hat die Europäische Union ihre Regelungen für Maschinen und deren Sicherheit grundlegend überarbeitet. Die Verordnung (EU) 2023/1230 des Europäischen Parlaments und des Rates vom 14. Juni 2023 über Maschinen und zur Aufhebung der Richtlinie 2006/42/EG des Europäischen Parlaments und des Rates und der Richtlinie 73/361/EWG des Rates (Maschinenverordnung)[129] hat wichtige Änderungen mit sich gebracht, die Hersteller, Importeure und Händler von Maschinen betreffen.

Die MaschinenVO strebt mehrere entscheidende Ziele an, um den Maschinensektor in der Europäischen Union zukunftsfähig zu gestalten und gleichzeitig ein hohes Sicherheitsniveau zu gewährleisten. Ein Ziel ist die Anpassung der Vorgaben zur Maschinensicherheit an den aktuellen „Stand der Technik". Dies umfasst insbesondere die Berücksichtigung neuer technologischer Entwicklungen wie Künstliche Intelligenz, autonome Systeme und vernetzte Maschinen, die in der bisherigen Maschinenrichtlinie nicht ausreichend abgedeckt waren.

Das Regelwerk zielt zudem darauf ab, das Vertrauen der Nutzer in neue Technologien zu stärken, indem die Sicherheitsanforderungen an Maschinenprodukte erweitert und präzisiert werden. Auch soll der Verwaltungsaufwand für Hersteller reduziert werden, beispielsweise durch die Einführung digitaler Formate für Betriebsanleitungen.

b) Inkrafttreten/Anwendbarkeit

Die MaschinenVO ist am 19. Juli 2023 in Kraft getreten. Bis zum 19. Januar 2027 können Maschinen weiterhin nach der bisherigen Richtlinie 2006/42/EG (Maschinen-Richtlinie)[130] in Verkehr gebracht werden. Ab dem 20. Januar 2027 gilt ausschließlich die neue MaschinenVO für alle neu in Verkehr gebrachten Maschinen.

> Es gibt keine Überschneidung der beiden Regelwerke. Der Stichtag 19. Januar 2027 ist entscheidend, wobei das Datum des erstmaligen Inverkehrbringens maßgeblich ist. Für die praktische Umsetzung bedeutet dies, dass Hersteller von Serienprodukten unter Umständen zwei verschiedene EU-Konformitätserklärungen bereitstellen müssen: eine ge-

129 https://eur-lex.europa.eu/eli/reg/2023/1230/oj.
130 https://eur-lex.europa.eu/eli/dir/2006/42/oj.

mäß der Maschinenrichtlinie (gültig bis 19. Januar 2027) und eine gemäß der neuen Maschinenverordnung (gültig ab 20. Januar 2027).

c) Anwendungsbereich

Der Anwendungsbereich der MaschinenVO wurde im Vergleich zur Maschinenrichtlinie erweitert und präzisiert. Es werden im Wesentlichen drei Hauptkategorien von Produkten erfasst:

1. **Vollständige Maschinen**: Komplette, funktionsfähige Maschinen
2. **Unvollständige Maschinen**: Maschinenteile, die für sich allein keine bestimmte Funktion erfüllen können
3. **Dazugehörige Produkte**, wie z.B. auswechselbare Ausrüstungen, Sicherheitsbauteile (die jetzt auch Software und digitale Komponenten umfassen), Lastaufnahmemittel, abnehmbare Gelenkwellen sowie Ketten, Seile und Gurte.

Eine wichtige Neuerung ist die ausdrückliche Einbeziehung von wesentlich veränderten Maschinen in den Anwendungsbereich. Dies betrifft Maschinen, die so modifiziert wurden, dass ihre ursprüngliche Bestimmung oder Art geändert wurde oder sich ihr Risikoprofil verändert hat. Ebenso umfasst die MaschinenVO nun explizit Software und digitale Komponenten als eigenständige Sicherheitsbauteile. Dies trägt der zunehmenden Digitalisierung sowie der Vernetzung von Maschinen Rechnung.

Nach Art. 3 Nr. 3 MaschinenVO bezeichnet der Begriff „Sicherheitsbauteil" ein physisches oder digitales Bauteil, einschließlich Software, eines in den Anwendungsbereich dieser Verordnung fallenden Produkts, die zur Gewährleistung einer Sicherheitsfunktion konstruiert oder bestimmt ist, gesondert in Verkehr gebracht wird und dessen Ausfall oder Fehlfunktion die Sicherheit von Personen gefährdet, die aber für das Funktionieren dieses Produkts nicht erforderlich ist oder durch normale Bauteile ersetzt werden kann, um den Betrieb dieser Produkte zu gewährleisten. In Anhang II zur MaschinenVO findet sich eine **nicht erschöpfende Liste der Sicherheitsbauteile**:

1. Trennende Schutzeinrichtungen für abnehmbare Gelenkwellen.
2. Schutzeinrichtungen zur Personendetektion.
3. Kraftbetriebene bewegliche trennende Schutzeinrichtungen mit Verriegelung für die in Anhang I Teil B Nummern 9, 10 und 11 genannten Maschinen.
4. Logikeinheiten zur Gewährleistung von Sicherheitsfunktionen.

5. Ventile mit zusätzlicher Ausfallerkennung für die Steuerung gefährlicher Maschinenbewegungen.
6. Systeme zur Beseitigung von Emissionen von Maschinen.
7. Trennende und nicht-trennende Schutzeinrichtungen zum Schutz von Personen vor beweglichen Teilen, die direkt am Arbeitsprozess der Maschine beteiligt sind.
8. Einrichtungen zur Überlastsicherung und Bewegungsbegrenzung bei Hebezeugen.
9. Personen-Rückhalteeinrichtungen für Sitze.
10. NOT-HALT-Befehlsgeräte.
11. Ableitungssysteme, die eine potenziell gefährliche elektrostatische Aufladung verhindern.
12. Energiebegrenzer und Entlastungseinrichtungen gemäß Anhang III Abschnitte 1.5.7, 3.4.7 und 4.1.2.6.
13. Systeme und Einrichtungen zur Verminderung von Lärm- und Vibrationsemissionen.
14. Überrollschutzaufbau (ROPS).
15. Schutzaufbau gegen herabfallende Gegenstände (FOPS).
16. Zweihandschaltungen.
17. Die folgenden Bauteile von Maschinen für die Auf- und/oder Abwärtsbeförderung von Personen zwischen unterschiedlichen Ebenen:
    a) Verriegelungseinrichtung mit Zuhaltung für Fahrschachttüren;
    b) Fangvorrichtungen, die einen Absturz oder unkontrollierte Aufwärtsbewegungen des Lastträgers verhindern;
    c) Geschwindigkeitsbegrenzer;
    d) energiespeichernde Puffer mit nicht-linearer Kennlinie oder mit Rücklaufdämpfung;
    e) energieverzehrende Puffer;
    f) Sicherheitseinrichtungen an Zylindern der Hydraulikhauptkreise, wenn sie als Fangvorrichtungen verwendet werden;
    g) Sicherheitsschaltungen mit elektronischen Bauteilen.
18. Software, die Sicherheitsfunktionen wahrnimmt.
19. Sicherheitsbauteile mit vollständig oder teilweise selbstentwickelndem Verhalten unter Verwendung von Ansätzen des maschinellen Lernens, die Sicherheitsfunktionen gewährleisten.

20. Filterungssysteme, die dazu bestimmt sind, zum Schutz der Bediener oder anderer Personen vor gefährlichen Stoffen und Substanzen einschließlich Pflanzenschutzmitteln in Maschinenkabinen eingebaut zu werden, und Filter für solche Filterungssysteme.

Bestimmte Produkte bleiben vom Anwendungsbereich ausgenommen, wie beispielsweise Beförderungsmittel in der Luft, auf dem Wasser und auf Schienennetzen, wobei die MaschinenVO gleichwohl für die auf diesen Beförderungsmitteln montierten Maschinen gilt.

d) Pflichten von Akteuren

Die MaschinenVO definiert präzise Verantwortlichkeiten für alle beteiligten Wirtschaftsakteure, also für Hersteller, Importeure, Händler und Bevollmächtigte.

In Anhang III der MaschinenVO finden sich dezidierte Vorgaben für grundlegende Sicherheits- und Gesundheitsschutzanforderungen für Konstruktion und Bau von Maschinen oder dazugehörigen Produkten. In den allgemeinen Grundsätzen geht es primär um die Risikobeurteilung. Anschließend folgen sehr umfangreiche und detaillierte Vorgaben für zahlreiche Aspekte, wie etwa Grundsätze für die Integration der Sicherheit, Materialien und Produkte, Beleuchtung, Ergonomie, Bedienungsplätze, Sitze, Sicherheit und Zuverlässigkeit von Steuerungen, Stellteile, Störung der Energieversorgung oder der Kommunikationsnetzverbindung, Risiko des Verlusts der Standsicherheit oder auch Bruchrisiko beim Betrieb. Darüber hinaus werden die diversen Pflichtinhalte für Betriebsanleitungen vorgegeben.

Hersteller

Als primär Verantwortliche für die Sicherheit ihrer Produkte müssen Hersteller…

- die Konformität mit den grundlegenden Sicherheits- und Gesundheitsschutzanforderungen sicherstellen,
- eine technische Dokumentation erstellen und aufbewahren,
- die Maschine mit dem CE-Kennzeichen versehen,
- eine EU-Konformitätserklärung ausstellen und beifügen,
- bei erkannten Produktrisiken diese den Behörden melden und
- für bestimmte Hochrisikomaschinen strengere Prüf- und Zertifizierungsverfahren durchführen.

Importeure

Wenn der Hersteller außerhalb der EU ansässig ist, müssen Importeure…
- vor dem Inverkehrbringen prüfen, ob die Maschine den Anforderungen der Verordnung entspricht,
- sicherstellen, dass der Hersteller die Konformitätsbewertung durchgeführt und die technische Dokumentation erstellt hat,
- ihren Namen, ihre eingetragene Handelsmarke und ihre Kontaktdaten auf dem Produkt angeben und
- erkannte Produktrisiken den Behörden melden.

Händler

Als neuer Wirtschaftsakteur in der Maschinenverordnung haben Händler spezifische Pflichten:
- Prüfen auf offensichtliche Mängel (z. B. Fehlen der Konformitätserklärung, Betriebsanleitung oder korrekter Kennzeichnung)
- Unterstützung der Marktüberwachungsbehörden
- Bei Mängeln geeignete Maßnahmen (z. B. Rückrufe) durchführen
- Für „unschädliche" Lager- und Transportbedingungen sorgen

Bevollmächtigte

Ein Bevollmächtigter kann vom Hersteller schriftlich beauftragt werden, bestimmte Aufgaben zu übernehmen, wie etwa:
- Aufbewahrung der technischen Dokumentation
- Bereitstellung von Informationen und Dokumenten auf Anfrage der Behörden
- Zusammenarbeit mit den Behörden zur Risikominderung.

e) Sanktionen/Geldbußen

Zur Durchsetzung der gesetzlichen Regelungen sind wirksame Sanktionen vorgesehen. Die MaschinenVO legt fest, dass die EU-Mitgliedstaaten Regelungen zu Sanktionen bei Verstößen umsetzen müssen. Diese Sanktionen können von Verwarnungen über Geldbußen bis hin zu strafrechtlichen Konsequenzen reichen.

Die EU-Staaten sind verpflichtet, ihre festgelegten Verordnungen zu den Sanktionen bis zum 20. Oktober 2026 an die EU-Kommission zu melden. Die Sanktionen sollen laut Vorgaben der MaschinenVO wirksam, verhältnismäßig und abschreckend sein, um die Einhaltung der gesetzlichen Vorgaben zu fördern. Die genaue Höhe der Geldbußen wird von den einzelnen EU-Mitgliedstaaten festgelegt.

In Deutschland werden die notwendigen Bußgeld- und Strafvorschriften im Entwurf des Gesetzes zur Durchführung der Verordnung (EU) 2023/1230 des Europäischen Parlaments und des Rates vom 14. Juni 2023 über Maschinen und zur Aufhebung der Richtlinie 2006/42/EG des Europäischen Parlaments und des Rates und der Richtlinie 73/361/EWG des Rates, kurz: Maschinenverordnung-Durchführungsgesetz (MaschinenDG)[131], enthalten sein. Das entsprechende Gesetz befindet sich noch im Entwurfsstadium.

f) Zuständige Aufsichtsbehörden

Die Überwachung der Einhaltung der MaschinenVO obliegt verschiedenen Behörden. In Deutschland ist die Bundesanstalt für Arbeitsschutz und Arbeitsmedizin (BAuA) mit der fachlichen Begleitung der Umsetzung der MaschinenVO betraut. Die operative Marktüberwachung erfolgt jedoch durch die zuständigen Behörden der Bundesländer.

Für die Konformitätsbewertung bestimmter Hochrisikomaschinen sind zudem so genannte „Benannte Stellen" zuständig. Diese unabhängigen Prüforganisationen müssen von den Mitgliedstaaten benannt und der EU-Kommission gemeldet werden. Sie sind befugt, Konformitätsbewertungsverfahren für bestimmte Maschinenkategorien durchzuführen.

Die MaschinenVO stärkt die Rolle der Marktüberwachungsbehörden und verbessert die Koordination zwischen den Mitgliedstaaten, um eine wirksamere Kontrolle zu ermöglichen.

5. Funkanlagen-Richtlinie (RED)

a) Zielrichtung

Die Richtlinie 2014/53/EU des Europäischen Parlaments und des Rates vom 16. April 2014 über die Harmonisierung der Rechtsvorschriften der Mitgliedstaaten über die Bereitstellung von Funkanlagen auf dem Markt und zur Aufhebung der Richtlinie 1999/5/EG, kurz auch Funkanlagenrichtlinie genannt (engl.: Radio Equipment Directive, RED)[132], regelt die Bereitstellung von Funkanlagen auf dem europäischen Markt. Sie wurde zuletzt geändert durch die Richtlinie (EU) 2022/2380 des Europäischen Parlaments und des Rates vom 23. November 2022 zur Änderung der Richtlinie 2014/53/EU

---

131 https://www.bmas.de/DE/Service/Gesetze-und-Gesetzesvorhaben/maschinenverordnung-durchfuehrungsgesetz-maschinendg.html.

132 https://eur-lex.europa.eu/eli/dir/2014/53/oj.

über die Harmonisierung der Rechtsvorschriften der Mitgliedstaaten über die Bereitstellung von Funkanlagen auf dem Markt.[133]

Die RED verfolgt mehrere zentrale Ziele. In erster Linie soll sie einen einheitlichen Markt für Funkanlagen schaffen, indem grundlegende Anforderungen für Sicherheit, Gesundheitsschutz, elektromagnetische Verträglichkeit und die effiziente Nutzung des Funkfrequenzspektrums festgelegt werden. Ein weiteres wichtiges Ziel ist der Verbraucherschutz. Die Richtlinie stellt sicher, dass alle auf dem EU-Markt angebotenen Funkanlagen bestimmten Sicherheitsstandards entsprechen, wenn sie ordnungsgemäß installiert, gewartet und genutzt werden. Dies bietet Schutz vor potenziell gefährlichen oder nicht funktionsfähigen Produkten.

Die Zielrichtung der RED wurde zudem um den Aspekt der Cybersicherheit erweitert. Für mit dem Internet verbundene Geräte mit Funkschnittstellen gelten nun klare Cybersicherheitsregeln zum Schutz von Netzwerken, der Privatsphäre und vor Betrug.

b) Inkrafttreten/Anwendbarkeit

Die RED trat am 13. Juni 2016 in Kraft. Die Aktualisierung durch die Richtlinie (EU) 2022/2380 des Europäischen Parlaments und des Rates vom 23. November 2022 zur Änderung der Richtlinie 2014/53/EU über die Harmonisierung der Rechtsvorschriften der Mitgliedstaaten über die Bereitstellung von Funkanlagen auf dem Markt[134] ist seit dem 28. Dezember 2024 anzuwenden. Die RED wird ständig weiterentwickelt. Besonders hervorzuheben sind folgende Regelungen:

- Seit dem **28. Dezember 2024** müssen zahlreiche Funkanlagen wie Mobiltelefone, Tablets, Kopfhörer und andere elektronische Geräte mit einer USB-C-Ladeschnittstelle ausgestattet sein. Für Laptops gilt diese Anforderung erst ab dem **28. April 2026**.
- Am **1. August 2025** traten die neuen Cybersicherheitsanforderungen vollständig in Kraft, die durch das CE-Kennzeichen bestätigt werden.

c) Anwendungsbereich

Die RED definiert ihren Anwendungsbereich sehr breit und umfasst folgende Bereiche:

- Elektrische oder elektronische Erzeugnisse, die zum Zweck der Funkkommunikation und/oder der Funkortung bestimmungsgemäß Funkwellen ausstrahlen und/oder empfangen.

---

133 https://eur-lex.europa.eu/eli/dir/2022/2380/oj.
134 https://eur-lex.europa.eu/eli/dir/2022/2380/oj.

- Elektrische oder elektronische Erzeugnisse, die Zubehör, wie z. B. eine Antenne, benötigen, um diesen Zweck zu erfüllen.

Das gesamte elektromagnetische Spektrum unterhalb von 3.000 GHz wird als Funkwellen betrachtet, ohne Ausnahme für niedrige Frequenzen. Auch gibt es keine Ausnahmen für Anwendungen mit geringer Leistung oder Reichweite, wie etwa Nahfeldkommunikation (engl.: Near field communicatio, NFC).

Explizit ausgenommen von der RED sind jedoch:
- Funkanlagen, die von Funkamateuren verwendet und nicht auf dem Markt bereitgestellt werden
- Schiffsausrüstungen (Ausrüstungen für Sportboote sind allerdings nicht ausgenommen)
- Luftfahrzeuge und deren Ausrüstung
- Kunden- und anwendungsspezifisch angefertigte Erprobungsmodule für Forschungs- und Entwicklungszwecke
- Geräte ausschließlich für öffentliche Sicherheit, Verteidigung oder Staatssicherheit.

d) Pflichten von Akteuren

Die RED legt verschiedene Pflichten für die beteiligten Wirtschaftsakteure fest.

1. Hersteller:
- Sicherstellung der Konformität mit den grundlegenden Anforderungen (Schutz der Gesundheit und Sicherheit, elektromagnetische Verträglichkeit, effiziente und störungsfreie Funkfrequenznutzung)
- Durchführung von Konformitätsbewertungsverfahren
- Erstellung der technischen Dokumentation
- Anbringen des CE-Kennzeichens
- Implementierung der Cybersicherheitsanforderungen.

2. Importeure und Händler:
- Überprüfung, ob das Produkt mit CE gekennzeichnet ist
- Sicherstellung, dass die erforderlichen Dokumente vorhanden sind
- Anbringung von bestimmten Symbolen und Etiketten in der Nähe des Preises, insbesondere bei Online-Angeboten.

e) Sanktionen/Geldbußen

Bei Verstößen gegen die RED drohen verschiedene Sanktionen. Es können Abmahnungen durch Wettbewerber oder Verbraucherschutzorganisationen erfolgen, insbesondere bei fehlenden Kennzeichnungen oder technischen Dokumentationen. Auch behördliche Maßnahmen sind möglich, denn die EU-Mitgliedstaaten können Maßnahmen ergreifen, um nicht konforme Geräte außer Betrieb zu nehmen, deren Betrieb zu verbieten oder den freien Verkehr zu beschränken.

Je nach nationaler Umsetzung können auch Geldbußen verhängt werden. Die konkrete Höhe der Sanktionen variiert je nach Mitgliedstaat, da die RED selbst keine spezifischen Bußgelder festlegt. Die Umsetzung erfolgt durch nationales Recht.

f) Zuständige Aufsichtsbehörden

Die Überwachung der Einhaltung der RED obliegt den jeweiligen nationalen Marktüberwachungsbehörden in den einzelnen EU-Mitgliedstaaten. In Deutschland ist die Bundesnetzagentur die zuständige Marktüberwachungsbehörde. Das BSI ist in Deutschland hingegen für die Cybersicherheitsaspekte der Richtlinie verantwortlich. In anderen EU-Ländern sind vergleichbare nationale Regulierungsbehörden zuständig

Die zuständigen Behörden führen Stichprobenkontrollen durch, reagieren auf Beschwerden und können nicht konforme Produkte vom Markt nehmen.

g) Ergänzende Rechtsakte, Leitlinien, Normen & Co.

Die RED wird durch verschiedene ergänzende Rechtsakte und Normen konkretisiert.

Insbesondere sind hier die Delegierte Verordnung (EU) 2022/30 der Kommission vom 29. Oktober 2021 zur Ergänzung der Richtlinie 2014/53/EU des Europäischen Parlaments und des Rates im Hinblick auf die Anwendung der grundlegenden Anforderungen, auf die in Artikel 3 Absatz 3 Buchstaben d, e und f der Richtlinie Bezug genommen wird (Regelungen zu den Cybersicherheitsanforderungen)[135] sowie die Delegierte Verordnung (EU) 2023/1717 der Kommission vom 27. Juni 2023 zur Änderung der Richtlinie 2014/53/EU des Europäischen Parlaments und des Rates hinsichtlich der technischen Spezifikationen für Ladeanschlüsse und Ladeprotokolle für alle Kategorien oder Klassen von Funkanlagen mit kabelgebundener Ladefunktion (Regelungen in Bezug auf die USB-Ladeschnittstelle)[136] zu nennen.

---

135 https://eur-lex.europa.eu/eli/reg_del/2022/30/oj.
136 https://eur-lex.europa.eu/eli/reg_del/2023/1717/oj.

Die RED enthält nur grundlegende Anforderungen, keine konkreten Maßnahmen. Die technische Konkretisierung erfolgt in harmonisierten Normen, die von den europäischen Normungsorganisationen erarbeitet werden. Für die Cybersicherheitsanforderungen existiert die Harmonisierte Norm EN 18031 und für die USB-C-Ladeschnittstellen gibt es die Normen EN IEC 62680 und EN IEC 62680.

Die Europäische Kommission hat einen Leitfaden zur Anwendung der RED veröffentlicht.[137]

137 https://ec.europa.eu/docsroom/documents/33162.

VII. Künstliche Intelligenz

Im Bereich der Künstlichen Intelligenz (KI) gibt es auf europäischer Ebene im Wesentlichen zwei Regelwerke, nämlich die KI-Verordnung auf der einen und die KI-Haftungsrichtlinie auf der anderen Seite. Spezielle Gesetze auf nationaler Ebene, die ausschließlich KI regulieren, sind – Stand heute – nicht existent. Es gibt zwar diverse Einzelvorschriften, die sich zumindest auch mit dieser Technologie auseinandersetzen, wie z.B. im Gesundheitsdatennutzungsgesetz (GDNG), aber nationale Spezialgesetze im Stile etwa der KI-Verordnung gibt es (noch) nicht. Allerdings hat die Deutsche Bundesregierung bereits 2018 ihre „Nationale KI-Strategie" sowie zwei Jahre später deren Fortschreibung vorgestellt.[138]

138 https://www.ki-strategie-deutschland.de/.

5-Jahres-KI-Stategie der Deutschen Bundesregierung

Die deutsche KI-Strategie enthält insgesamt 12 Punkte:

1. Forschung in Deutschland und Europa stärken, um Innovationstreiber zu sein
2. Innovationswettbewerbe und europäische Innovationscluster
3. Transfer in die Wirtschaft, Mittelstand stärken
4. Gründungsdynamik wecken und zum Erfolg führen
5. Arbeitswelt und Arbeitsmarkt: Strukturwandel gestalten
6. Ausbildung stärken und Fachkräfte/Expertinnen und Experten gewinnen
7. KI für hoheitliche Aufgaben nutzen und Kompetenzen der Verwaltung anpassen
8. Daten verfügbar machen und Nutzung erleichtern
9. Ordnungsrahmen anpassen
10. Standards setzen
11. Nationale und internationale Vernetzung
12. Dialoge in der Gesellschaft führen und den politischen Handlungsrahmen weiterentwickeln.

Am 5. September 2024 ist das Rahmenübereinkommen des Europarates über künstliche Intelligenz und Menschenrechte, Demokratie und Rechtsstaatlichkeit, die so genannte KI-Konvention (SEV Nr. 225)[139], während einer Konferenz der Justizminister des Europarates zustande gekommen. Dieses Übereinkommen wurde von Andorra, Georgien, Island, Norwegen, der Republik Moldau, San Marino, dem Vereinigten Königreich, Israel, den Vereinigten Staaten von Amerika und der Europäischen Union (in ihrem Namen sowie im Namen ihrer 27 Mitgliedstaaten) unterzeichnet. Es ist technologieneutral formuliert und bietet einen Rechtsrahmen, der den gesamten Lebenszyklus von KI-Systemen abdeckt. Zudem fördert es den Fortschritt und die Innovation im Bereich der KI und geht gleichzeitig auch auf die Risiken ein, die KI für die Menschenrechte, die Demokratie und die Rechtsstaatlichkeit darstellen kann.

139 https://www.coe.int/en/web/conventions/full-list?module=treaty-detail&treatynum=225.

1. KI-Verordnung (KI-VO)

a) Zielrichtung

Die Verordnung (EU) 2024/1689 des Europäischen Parlaments und des Rates vom 13. Juni 2024 zur Festlegung harmonisierter Vorschriften für künstliche Intelligenz und zur Änderung der Verordnungen (EG) Nr. 300/2008, (EU) Nr. 167/2013, (EU) Nr. 168/2013, (EU) 2018/858, (EU) 2018/1139 und (EU) 2019/2144 sowie der Richtlinien 2014/90/EU, (EU) 2016/797 und (EU) 2020/1828 (Verordnung über künstliche Intelligenz)[140], kurz auch KI-VO oder AI Act genannt, etabliert den weltweit ersten umfassenden Rechtsrahmen für Künstliche Intelligenz, um Innovationen zu fördern und gleichzeitig Grundrechte zu schützen. Zweck dieser Verordnung ist es, das Funktionieren des Binnenmarkts zu verbessern und die Einführung einer auf den Menschen ausgerichteten und vertrauenswürdigen künstlichen Intelligenz (KI) zu fördern und gleichzeitig ein hohes Schutzniveau in Bezug auf **Gesundheit**, **Sicherheit** und die in der EU-Grundrechtecharta verankerten **Grundrechte**, einschließlich Demokratie, Rechtsstaatlichkeit und Umweltschutz, vor schädlichen Auswirkungen von KI-Systemen in der Union zu gewährleisten und die Innovation zu unterstützen (vgl. Art. 1 Abs. 1 KI-VO).

Die KI-VO ist im Bereich Produktregulierung angesiedelt und verfolgt – ähnlich wie die DSGVO – einen risikobasierten Ansatz. Im Unterschied zur DSGVO enthält die KI-VO jedoch eine Definition des Begriffs „Risiko“, und zwar als Kombination aus der Wahrscheinlichkeit des Auftretens eines Schadens und der Schwere dieses Schadens (Art. 3 Nr. 2 KI-VO). In Art. 32 Abs. 1, ErwGr 76 S. 1 DSGVO werden diese beiden Faktoren, Eintrittswahrscheinlichkeit und Schwere des Schadens, zwar ebenfalls benannt, aber nicht als Teil einer gesetzlich vorgegebenen Definition. Bei KI-VO und DSGVO bestehen diverse Parallelen, allerdings auch deutliche Unterschiede. So verfolgt die DSGVO beispielsweise den Ansatz der Datenminimierung („so viel wie nötig, so wenig wie möglich“), was mit dem „Datenhunger“ von KI-Modellen bzw. KI-Systemen nur schwer in Einklang zu bringen ist.

Die KI-VO unterteilt KI-Systeme folglich in unterschiedliche Risikoklassen. Ihre Vorgaben zielen letztlich darauf ab, Risiken durch KI-Systeme zu minimieren, Transparenz zu erhöhen und ethische Standards durchzusetzen. Die KI-VO soll Grundrechte schützen, indem sie etwa diskriminierende oder manipulativ eingesetzte KI-Systeme verbietet, und zugleich Innovation fördern, indem sie klare Regeln für Entwicklung und Marktzugang setzt.

140 https://eur-lex.europa.eu/legal-content/DE/TXT/?uri=OJ:L_202401689.

Besonders risikoreiche Anwendungen, wie Social Scoring oder emotionale Erkennung in sensiblen Bereichen, werden untersagt, während niedrige Risikoklassen (z. B. Spamfilter) kaum reguliert sind. Adressaten der KI-VO sind primär die KI-Hersteller, also u. a. OpenAI, Meta, Apple oder Google. Pflichten können unter Umständen aber auch Dritte treffen wie etwa Hersteller von Produkten mit integrierter KI, Importeure und (Zwischen-)Händler von KI-Systemen oder sogar ihre Nutzer. Die meisten Regelungen der KI-VO zielen jedoch auf Anbieter, also Hersteller von KI-Systemen ab.

Aufbau/Struktur des Gesetzes

Die KI-Verordnung ist ein wahres „Textmonster", sie zählt über 140 Seiten in der offiziellen PDF-Version der EU. Verglichen mit der DSGVO enthält sie zwar auch „nur" 113 Artikel, zusätzlich aber noch 13 Anhänge. Hinzu kommen die Erwägungsgründe.

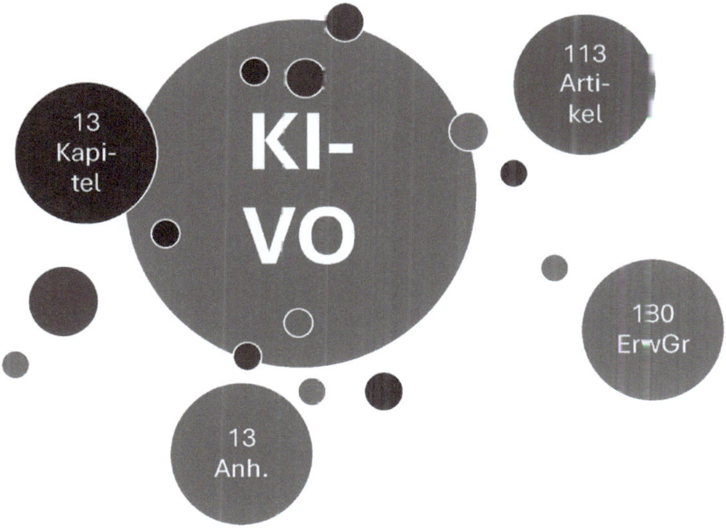

Die KI-VO weist einen beachtlichen Umfang auf

Wenn man sich das Inhaltsverzeichnis der KI-VO vor Augen hält, fällt auf, dass in der Praxis von den insgesamt 13 Kapiteln wohl „nur" die ersten 5 regelmäßig relevant sein dürften. Natürlich findet sich auch in den Kapiteln 6–13 geltendes Recht, für den täglichen Bedarf dürfte sich jedoch „die Musik" in den Kapiteln 1–5 abspielen. Denn dort geht es neben den allgemeinen Bestimmungen um die verbotenen sowie um die Hochrisiko-KI-Systeme, um Transparenzpflichten, um KI-Modelle mit allgemeinem

Verwendungszweck (z. B. OpenAI ChatGPT, Mistral le Chat, Google Gemini, Microsoft Copilot) oder auch um das Thema KI-Kompetenz.

Kapitel 1 (Art. 1-4)	•**Allg. Bestimmungen; KI-Kompetenz**
Kapitel 2 (Art. 5)	•**Verbotene Praktiken**
Kapitel 3 (Art. 6-49)	•**Hochrisiko-KI-Systeme**
Kapitel 4 (Art. 50)	•**Transparenzpflichten**
Kapitel 5 (Art. 51-56)	•**KI-Modelle mit allg. Verwendungszweck**
Kapitel 6 (Art. 57-63)	•Maßnahmen zur Innovationsförderung
Kapitel 7 (Art. 64-70)	•Governance
Kapitel 8 (Art. 71)	•EU-Datenbank für Hochrisiko-KI-Systeme
Kapitel 9 (Art. 72-94)	•Beobachtung nach dem Inverkehrbringen/Marktüberwachung
Kapitel 10 (Art. 95-96)	•Verhaltenskodizes und Leitlinien
Kapitel 11 (Art. 97-98)	•Befugnisübertragung und Ausschussverfahren
Kapitel 12 (Art. 99-101)	•Sanktionen
Kapitel 13 (Art. 102-113)	•Schlussbestimmungen (u.a. Geltungsbeginn)

Inhaltsverzeichnis der KI-VO

Um auf Entwicklungen im Bereich KI schneller reagieren und die KI-VO ggf. anpassen zu können, hat die EU insbesondere technische Dinge in den 13 Anhängen geregelt. So finden sich dort beispielsweise Vorgaben zur technischen Dokumentation, zur Registrierung von Hochrisiko-KI-Systemen oder auch zur EU-Konformitätserklärung.

Anhang	**Inhalt**
Anhang I	Liste der Harmonisierungsrechtsvorschriften der Union
Anhang II	Liste der Straftaten gem. Art. 5 Abs. 1 UAbs. 1 lit. h) Zif. iii
Anhang III	Hochrisiko-KI-Systeme gem. Art. 6 Abs. 2
Anhang IV	Techn. Dokumentation gem. Art. 11 Abs. 1
Anhang V	EU-Konformitätserklärung
Anhang VI	Konformitätsbewertungsverfahren auf der Grundlage einer internen Kontrolle
Anhang VII	Konformität auf der Grundlage einer Bewertung des QM-Systems und einer Bewertung der techn. Dokumentation

Anhang	Inhalt
Anhang VIII	Bei der Registrierung des Hochrisiko-KI-Systems gem. Art. 49 bereitzustellende Informationen
Anhang IX	in Bezug auf Tests unter Realbedingungen gem. Art. 60 bei der Registrierung von in Anhang III aufgeführten Hochrisiko-KI-Systemen bereitzustellende Infos
Anhang X	Rechtsvorschriften der Union über IT-Großsysteme im Raum der Freiheit, der Sicherheit und des Rechts
Anhang XI	Techn. Dokumentation gem. Art. 53 Abs. 1 lit. a)/techn. Dokumentation für Anbieter von KI-Modellen mit allg. Verwendungszweck
Anhang XII	Transparenzinformationen gem. Art. 53 Abs. 1 lit. b)/techn. Dokumentation für Anbieter von KI-Modellen mit allg. Verwendungszweck für nachgelagerte Anbieter, die das Modell in ihr KI-System integrieren
Anhang XIII	Kriterien für die Benennung von KI-Modellen mit allg. Verwendungszweck mit systemischem Risiko gem. Art. 51

Gesetzlich verankerte Prinzipien

In der KI-VO finden sich immer wieder „Bandwurmsätze“, wie etwa die Definition von „KI-System“ in Art. 3 Nr. 1 KI-VO. Insgesamt benötigt man fast schon KI, um sich durch diesen Gesetzestext durchzuarbeiten. Wenn man die PDF-Datei mit dem Text der KI-VO z. B. in ein Tool, wie Perplexity oder You.com, hoch lädt und die KI um eine Analyse sowie um Zusammenfassung der wichtigsten Punkte bittet, kann folgendes Ergebnis dabei herauskommen:

> *„## Zusammenfassung der wichtigsten Regelungen der EU-KI-Verordnung*
>
> *Die EU-KI-Verordnung (Verordnung über künstliche Intelligenz) wurde am 13. Juni 2024 verabschiedet und zielt darauf ab, harmonisierte Vorschriften für die Entwicklung, den Einsatz und die Nutzung von KI-Systemen in der Europäischen Union zu schaffen. Hier sind die zentralen Regelungen zusammengefasst:*
>
> *### **Ziele der Verordnung***
>
> – *Förderung einer menschenzentrierten und vertrauenswürdigen KI im Einklang mit den Werten der EU, einschließlich Demokratie, Rechtsstaatlichkeit und Grundrechte.*
>
> – *Sicherstellung eines hohen Schutzniveaus für Gesundheit, Sicherheit und Umwelt sowie Schutz vor schädlichen Auswirkungen von KI-Systemen.*

– *Unterstützung von Innovation und Förderung des freien Verkehrs von KI-gestützten Waren und Dienstleistungen innerhalb des Binnenmarkts.*

Definition und Anwendungsbereich

– *Die Verordnung definiert KI als eine Reihe von Technologien, die Vorhersagen verbessern, Abläufe optimieren und digitale Lösungen personalisieren können.*

– *Sie gilt für alle KI-Systeme, die in der EU entwickelt, in Verkehr gebracht oder verwendet werden, mit besonderem Fokus auf Hochrisiko-KI-Systeme.*

Regelungen für Hochrisiko-KI-Systeme

– *Hochrisiko-KI-Systeme unterliegen strengen Anforderungen in Bezug auf Transparenz, technische Dokumentation und Aufzeichnungen.*

– *Diese Systeme müssen nicht-diskriminierend sein und mit den Grundrechten sowie internationalen Handelsverpflichtungen der EU vereinbar sein.*

– *Beispiele für Hochrisiko-Anwendungen sind biometrische Fernidentifikation, Risikobewertung natürlicher Personen und Anwendungen im Bereich Strafverfolgung.*

Pflichten für Anbieter und Betreiber

– *Anbieter von KI-Systemen müssen sicherstellen, dass ihre Systeme sicher sind und die Grundrechte respektieren.*

– *Es gelten spezifische Anforderungen an technische Dokumentation, Transparenz und Konformitätsbewertungen.*

– *Betreiber von KI-Systemen müssen sicherstellen, dass diese Systeme im Einklang mit den Vorschriften genutzt werden.*

Datenschutz und Grundrechte

– *Die Verarbeitung personenbezogener Daten durch KI-Systeme muss im Einklang mit bestehenden Datenschutzregelungen wie der DSGVO erfolgen.*

– *Besondere Einschränkungen gelten für KI-Systeme zur biometrischen Identifikation und Kategorisierung zu Strafverfolgungszwecken.*

Förderung von Innovation

– *Die Verordnung unterstützt kleine und mittlere Unternehmen (KMU) sowie Start-ups durch Maßnahmen zur Förderung von Innovation.*

– *Ziel ist es, ein europäisches Ökosystem zu schaffen, das sichere und ethisch vertretbare KI entwickelt.*

Überwachung und Durchsetzung

- *Nationale Behörden sind für die Überwachung der Einhaltung der Vorschriften verantwortlich.*
- *Sanktionen können bei Verstößen gegen die Verordnung verhängt werden.*

*### **Grenzen der Regulierung***

- *Die Verordnung berührt nicht bestehende Rechte aus anderen Rechtsvorschriften wie Arbeitsrecht oder Verbraucherschutzrecht.*
- *Nationale Vorschriften zum Schutz Minderjähriger oder zum Streikrecht bleiben unberührt.*

Diese Verordnung stellt einen umfassenden rechtlichen Rahmen dar, um Vertrauen in KI-Technologien zu schaffen und gleichzeitig deren Potenzial für Wirtschaft und Gesellschaft zu fördern.

Für einen simplen Prompt und einen ersten „Aufschlag" schon gar nicht so schlecht – zumindest kann ein modernes KI-System, auch ohne Feinjustierung mit juristischem Spezialwissen, eine wertvolle Hilfe im Umgang mit umfangreichen, komplexen (Gesetzes-) Texten bieten.

Die KI-VO basiert auf bestimmten ethischen Grundsätzen. Diese werden in ErwGr 27 genannt und im Einzelnen auch näher erläutert:

> *„Während der risikobasierte Ansatz die Grundlage für ein verhältnismäßiges und wirksames verbindliches Regelwerk bildet, muss auch auf die Ethikleitlinien für vertrauenswürdige KI von 2019 der von der Kommission eingesetzten unabhängigen hochrangigen Expertengruppe für künstliche Intelligenz verwiesen werden. In diesen Leitlinien hat die hochrangige Expertengruppe sieben unverbindliche ethische Grundsätze für KI entwickelt, die dazu beitragen sollten, dass KI vertrauenswürdig und ethisch vertretbar ist. Zu den **sieben Grundsätzen** gehören: **menschliches Handeln und menschliche Aufsicht, technische Robustheit und Sicherheit, Privatsphäre und Daten-Governance, Transparenz, Vielfalt, Nichtdiskriminierung und Fairness, soziales und ökologisches Wohlergehen sowie Rechenschaftspflicht**. […] Nach den Leitlinien der hochrangigen Expertengruppe bedeutet **‚menschliches Handeln und menschliche Aufsicht'**, dass ein KI-System entwickelt und als Instrument verwendet wird, das den Menschen dient, die Menschenwürde und die persönliche Autonomie achtet und so funktioniert, dass es von Menschen angemessen kontrolliert und überwacht werden kann. **‚Technische Robustheit und Sicherheit'** bedeutet, dass KI-Systeme so entwickelt und verwendet werden, dass sie im Fall von Schwierigkeiten robust sind und widerstandsfähig gegen Versuche, die Verwendung oder Leistung des KI-Systems so zu verändern, dass dadurch die unrechtmäßige Verwendung durch Dritte ermöglicht wird, und dass ferner unbeabsichtigte Schäden minimiert werden. **‚Privatsphäre und Daten-Governance'** be-*

deutet, dass KI-Systeme im Einklang mit den geltenden Vorschriften zum Schutz der Privatsphäre und zum Datenschutz entwickelt und verwendet werden und dabei Daten verarbeiten, die hohen Qualitäts- und Integritätsstandards genügen. ***‚Transparenz‘*** *bedeutet, dass KI-Systeme so entwickelt und verwendet werden, dass sie angemessen nachvollziehbar und erklärbar sind, wobei den Menschen bewusst gemacht werden muss, dass sie mit einem KI-System kommunizieren oder interagieren und, dass die Betreiber ordnungsgemäß über die Fähigkeiten und Grenzen des KI-Systems informieren und die betroffenen Personen über ihre Rechte in Kenntnis setzen müssen.* ***‚Vielfalt, Nichtdiskriminierung und Fairness‘*** *bedeutet, dass KI-Systeme in einer Weise entwickelt und verwendet werden, die unterschiedliche Akteure einbezieht und den gleichberechtigten Zugang, die Geschlechtergleichstellung und die kulturelle Vielfalt fördert, wobei diskriminierende Auswirkungen und unfaire Verzerrungen, die nach Unionsrecht oder nationalem Recht verboten sind, verhindert werden.* ***‚Soziales und ökologisches Wohlergehen‘*** *bedeutet, dass KI-Systeme in nachhaltiger und umweltfreundlicher Weise und zum Nutzen aller Menschen entwickelt und verwendet werden, wobei die langfristigen Auswirkungen auf den Einzelnen, die Gesellschaft und die Demokratie überwacht und bewertet werden.* ***Die Anwendung dieser Grundsätze sollte, soweit möglich, in die Gestaltung und Verwendung von KI-Modellen einfließen. Sie sollten in jedem Fall als Grundlage für die Ausarbeitung von Verhaltenskodizes im Rahmen dieser Verordnung dienen.*** *[...]“*

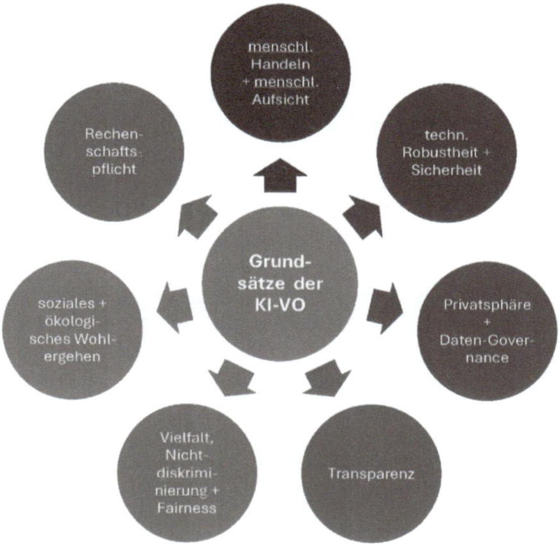

Die 7 Grundsätze der KI-VO

ErwGr 27 ist ein gutes Beispiel dafür, dass sich nicht nur aus den einzelnen Artikeln, sondern zum Teil auch aus den niedergeschriebenen Erwägungen des EU-Gesetzgebers „Honig saugen" lässt. Denn ErwGr 27 ist zwar sehr umfangreich, enthält aber neben der Aufzählung der KI-Grundsätze einerseits noch erläuternde Angaben und andererseits auch den Hinweis für die Praxis, dass diese Prinzipien als Grundlage für die eigene, interne KI-Guideline dienen können und sollten.

Wer den Text der KI-VO mittels KI auswerten und auf dieser Basis einen Vorschlag für eine unternehmensinterne KI-Richtlinie/KI-Guideline entwerfen lässt, erhält beispielsweise folgendes Ergebnis:

„# Unternehmensinterne KI-Richtlinie

1. Präambel und Zielsetzung

Unsere Organisation verpflichtet sich zur verantwortungsvollen und rechtskonformen Entwicklung und Nutzung von Künstlicher Intelligenz (KI). Diese Richtlinie definiert verbindliche Grundsätze und Verfahren für den Einsatz von KI-Systemen in unserem Unternehmen unter Berücksichtigung der EU-KI-Verordnung (KI-VO).

2. Geltungsbereich

Diese Richtlinie gilt für:

– Alle Mitarbeiter:innen des Unternehmens

– Sämtliche KI-Systeme und -Anwendungen im Unternehmen

– Externe Dienstleister und Partner, die KI-Systeme für uns entwickeln oder betreiben.

3. Grundprinzipien für den KI-Einsatz

3.1 Ethische Grundsätze

– Respekt der Menschenwürde und Grundrechte

– Förderung menschenzentrierter und vertrauenswürdiger KI

– Vermeidung von Diskriminierung und Voreingenommenheit

– Transparenz und Nachvollziehbarkeit.

3.2 Technische Grundsätze

– Gewährleistung von Robustheit und Sicherheit

– Einhaltung der Datenschutzbestimmungen (DSGVO)

– Implementierung von Qualitätssicherungsmaßnahmen

– Regelmäßige Überprüfung und Wartung der Systeme.

4. Risikomanagement und Klassifizierung

4.1 Risikobasierter Ansatz

– Durchführung einer initialen Risikobewertung vor Implementierung
– Kontinuierliche Überwachung und Anpassung der Risikoeinschätzung
– Dokumentation aller Risikobewertungen.

4.2 Klassifizierung von KI-Systemen

– Identifizierung von Hochrisiko-KI-Systemen gemäß KI-VO
– Spezielle Anforderungen für Hochrisiko-Systeme
– Regelmäßige Überprüfung der Klassifizierung.

5. Compliance-Anforderungen

5.1 Dokumentationspflichten

– Führung einer technischen Dokumentation
– Erstellung und Pflege von Konformitätserklärungen
– Dokumentation von Trainings- und Testdaten.

5.2 Qualitätsmanagement

– Implementierung eines KI-Qualitätsmanagementsystems
– Regelmäßige Audits und Kontrollen
– Festlegung von Qualitätskennzahlen.

6. Datenschutz und Datensicherheit

6.1 Datenschutzmaßnahmen

– Einhaltung der DSGVO-Anforderungen
– Implementierung von Privacy-by-Design
– Regelmäßige Datenschutz-Folgenabschätzungen

6.2 Datensicherheit

– Gewährleistung der Cybersicherheit
– Schutz vor unauthorisiertem Zugriff
– Regelmäßige Sicherheitsüberprüfungen.

7. Rechte und Pflichten der Beschäftigten

7.1 Grundlegende Rechte der Beschäftigten

7.1.1 Informationsrechte

– Das Recht auf umfassende Information über den Einsatz von KI-Systemen am Arbeitsplatz
– Das Recht zu erfahren, wenn Entscheidungen durch KI-Systeme getroffen oder unterstützt werden
– Das Recht auf Transparenz über die Art und Weise, wie KI-Systeme Entscheidungen beeinflussen

– *Das Recht auf Information über die Speicherung und Verarbeitung personenbezogener Daten durch KI-Systeme.*

7.1.2 Beteiligungsrechte

– *Das Recht auf Beteiligung bei der Einführung und Anpassung von KI-Systemen über die Arbeitnehmervertretung*

– *Das Recht auf Mitsprache bei der Gestaltung von KI-gestützten Arbeitsprozessen*

– *Das Recht auf Einbringung von Feedback und Verbesserungsvorschlägen zur Optimierung der KI-Systeme.*

7.1.3 Schutzrechte

– *Das Recht auf Schutz vor diskriminierenden KI-Entscheidungen*

– *Das Recht auf menschliche Überprüfung bei wichtigen personalrelevanten Entscheidungen*

– *Das Recht auf Schutz der Privatsphäre und personenbezogener Daten gemäß DSGVO*

– *Das Recht auf Schutz vor übermäßiger Überwachung und Kontrolle durch KI-Systeme.*

7.2 Pflichten der Beschäftigten

7.2.1 Qualifizierungspflichten

– *Teilnahme an angebotenen Schulungen und Weiterbildungen zu KI-Systemen*

– *Aktive Aneignung der erforderlichen Kompetenzen für den Umgang mit KI-Werkzeugen*

– *Kontinuierliche Weiterentwicklung der eigenen KI-Kenntnisse.*

7.2.2 Sorgfaltspflichten

– *Verantwortungsvoller und sorgfältiger Umgang mit KI-Systemen*

– *Beachtung der Sicherheitsvorschriften und Nutzungsrichtlinien*

– *Meldung von Fehlfunktionen oder Sicherheitsrisiken*

– *Schutz von Zugangsdaten und Berechtigungen.*

7.2.3 Mitwirkungspflichten

– *Konstruktive Mitarbeit bei der Einführung neuer KI-Systeme*

– *Bereitstellung von Feedback zur Verbesserung der Systeme*

– *Unterstützung bei der Qualitätssicherung von KI-Anwendungen.*

7.3 Besondere Regelungen für Führungskräfte

7.3.1 Zusätzliche Rechte

– *Zugang zu KI-gestützten Managementtools und Analysesystemen*

– Recht auf erweiterte Schulungen zur KI-Führungskompetenz.

7.3.2 Zusätzliche Pflichten

– Sicherstellung der ordnungsgemäßen KI-Nutzung im Team

– Förderung der KI-Kompetenz der Mitarbeitenden

– Gewährleistung der Einhaltung ethischer KI-Richtlinien.

7.4 Beteiligung der Arbeitnehmervertretung

7.4.1 Mitbestimmungsrechte

– Beteiligung bei der Einführung und Änderung von KI-Systemen

– Mitwirkung bei der Gestaltung von KI-gestützten Arbeitsprozessen

– Beteiligung an der Entwicklung von KI-bezogenen Schulungskonzepten.

7.4.2 Überwachungsrechte

– Kontrolle der Einhaltung von Datenschutzbestimmungen

– Überwachung der Auswirkungen von KI-Systemen auf Arbeitsbedingungen

– Prüfung der Einhaltung von Arbeitsschutzbestimmungen.

8. Entwicklung und Beschaffung

8.1 Entwicklungsrichtlinien

– Einhaltung von Entwicklungsstandards

– Integration von Sicherheitsaspekten

– Testverfahren und Qualitätssicherung.

8.2 Beschaffungskriterien

– Prüfung der Konformität mit der KI-VO

– Bewertung von Anbietern und Lieferanten

– Vertragliche Absicherung der Anforderungen.

9. Überwachung und Kontrolle

9.1 Monitoring

– Kontinuierliche Überwachung der KI-Systeme

– Regelmäßige Leistungsüberprüfung

– Dokumentation von Vorfällen.

9.2 Berichtswesen

– Regelmäßige Berichterstattung an die Geschäftsführung

– Dokumentation von Kennzahlen

– Erstellung von Compliance-Berichten.

10. Aktualisierung und Anpassung

Diese Richtlinie wird regelmäßig überprüft und bei Bedarf aktualisiert, insbesondere bei:

– Änderungen der rechtlichen Rahmenbedingungen

– Technologischen Entwicklungen

– Organisatorischen Veränderungen.

11. Inkrafttreten

Diese Richtlinie tritt am [Datum] in Kraft und ist von allen Mitarbeiter:innen verbindlich einzuhalten.

Diese erweiterte Version der Richtlinie berücksichtigt die aktuellen Best Practices für Mitarbeiterrechte und -pflichten im Kontext von KI und orientiert sich an erfolgreichen Implementierungen in anderen Unternehmen. Sie entspricht den Anforderungen der EU-KI-Verordnung und berücksichtigt die Notwendigkeit von Transparenz, Fairness und menschlicher Kontrolle bei KI-Systemen.“

Und auch hier: Kein Ergebnis, das man so ungeprüft 1:1 direkt im Unternehmen einsetzen kann oder sollte, aber zumindest eine ganz passable Orientierungshilfe als Grundlage für eine eigene, ausführlicher formulierte Version.

b) Inkrafttreten/Anwendbarkeit

Die KI-VO ist am 1. August 2024 in Kraft getreten. Ihre Regelungen werden stufenweise anwendbar, die erste Stufe zündet am 2. Februar 2025 und die letzte am 2. August 2027.

Übersicht der Zeitpunkte, zu denen die einzelnen Regelungen der KI-VO anzuwenden sind/sein werden

c) Anwendungsbereich

Bereichsausnahmen

Die KI-VO sieht verschiedene Bereichsausnahmen vor, denn sie gilt u.a. nicht für KI-Systeme, wenn und soweit sie ausschließlich für militärische Zwecke, Verteidigungszwecke oder Zwecke der nationalen Sicherheit in Verkehr gebracht, in Betrieb genommen oder, mit oder ohne Änderungen, verwendet werden (Art. 2 Abs. 3 KI-VO). So findet sich auch eine so genannte Haushaltsausnahme, die in vergleichbarer Weise aus der DSGVO bekannt ist: Wer als Privatperson z. B. ChatGPT zu rein persönlichen, nicht beruflichen Zwecken einsetzt, der muss die Vorgaben der KI-VO nicht beachten (Art. 2 Abs. 10 KI-VO).

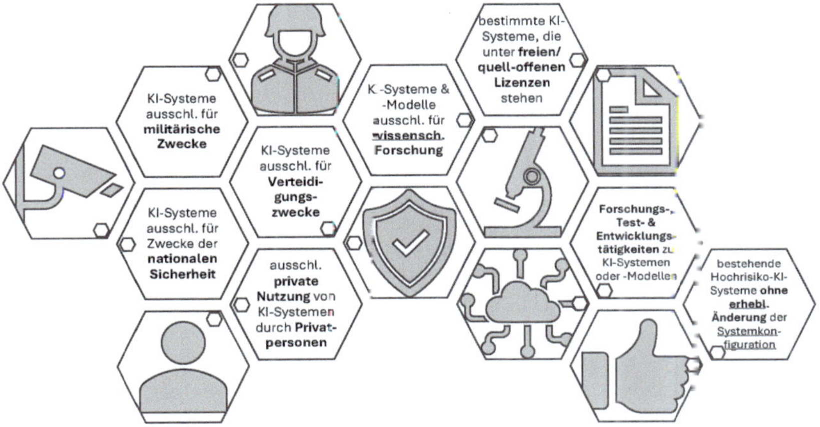

Übersicht über die Bereichsausnahmen der KI-VO

Räumlicher Anwendungsbereich

Der räumliche Anwendungsbereich richtet sich gemäß Art. 2 Abs. 1 lit. a)-c) KI-VO an alle Hersteller und Nutzer von KI-Systemen, die ihren Sitz in der Europäischen Union haben, die ihre KI-Systeme in der EU in Verkehr bringen oder in Betrieb nehmen wollen sowie für solche Hersteller und Nutzer von KI-Systemen, deren Output in der EU genutzt werden soll.

Die KI-VO soll die Entwicklung, den Vertrieb und die Nutzung von KI-Systemen in der EU regulieren

Sachlicher Anwendungsbereich

Da die KI-VO das Produkt „KI-System" reguliert, gilt sie auch primär für KI-Systeme in diesem Sinne. Art. 3 Nr. 1 KI-VO definiert ein KI-System wie folgt:

> *„ein **maschinengestütztes** System, das für einen in unterschiedlichem Grade **autonomen Betrieb** ausgelegt ist und, das nach seiner Betriebsaufnahme **anpassungsfähig** sein kann und, das aus den erhaltenen Eingaben für explizite oder implizite Ziele **ableitet**, wie Ausgaben, wie etwa Vorhersagen, Inhalte, Empfehlungen oder Entscheidungen erstellt werden, die physische oder virtuelle Umgebungen **beeinflussen** können."*

In ErwGr 12 KI-VO finden sich ergänzend folgende Ausführungen:

> *„Der Begriff ‚KI-System' in dieser Verordnung sollte klar definiert [...] werden, [...] um Rechtssicherheit, mehr internationale Konvergenz und hohe Akzeptanz sicherzustellen und gleichzeitig Flexibilität zu bieten, um den raschen technologischen Entwicklungen in diesem Bereich Rechnung zu tragen. **Darüber hinaus sollte die Begriffsbestimmung auf den wesentlichen Merkmalen der KI beruhen, die sie von einfacheren herkömmlichen Softwaresystemen und Programmierungsansätzen abgrenzen, und sollte sich nicht auf Systeme beziehen, die auf ausschließlich von natürlichen Personen definierten Regeln für das automatische Ausführen von Operationen beruhen.** Ein **wesentliches Merkmal von KI-Systemen** ist ihre **Fähigkeit, abzuleiten**. Diese Fähigkeit bezieht sich auf den Prozess der Erzeugung von Ausgaben, wie Vorhersagen, Inhalte, Empfehlungen oder Entscheidungen, die physische und digitale Umgebungen beeinflussen können, sowie auf die Fähigkeit von KI-Systemen, Modelle oder Algorithmen oder beides aus Eingaben oder Daten abzuleiten. Zu den Techniken, die während der Gestaltung eines KI-Systems das Ableiten ermöglichen, gehören Ansätze für maschinelles Lernen, wobei aus Daten gelernt wird, wie bestimmte Ziele erreicht werden können, sowie logik- und wissensgestützte Konzepte, wobei aus kodierten Informationen oder symbolischen Darstellungen der zu lösenden Aufgabe abgeleitet wird. **Die Fähigkeit eines KI-Systems, abzuleiten, geht über die einfache Datenverarbeitung hinaus, indem Lern-, Schlussfolgerungs- und Modellierungsprozesse ermöglicht werden.** Die Bezeichnung ‚maschinenbasiert' bezieht sich auf die Tatsache, dass KI-Systeme von Maschinen betrieben werden. Durch die Bezugnahme auf explizite oder implizite Ziele wird betont, dass KI-Systeme gemäß explizit festgelegten Zielen oder gemäß impliziten Zielen arbeiten können. Die Ziele des KI-Systems können sich – unter bestimmten Umständen – von der Zweckbestimmung des KI-Systems unterscheiden. Für die Zwecke dieser Verordnung sollten Umgebungen als Kontexte verstanden werden, in denen KI-Systeme betrieben werden, während die von einem*

KI-System erzeugten Ausgaben verschiedene Funktionen von KI-Systemen widerspiegeln, darunter Vorhersagen, Inhalte, Empfehlungen oder Entscheidungen. ***KI-Systeme sind mit verschiedenen Graden der Autonomie ausgestattet, was bedeutet, dass sie bis zu einem gewissen Grad unabhängig von menschlichem Zutun agieren und in der Lage sind, ohne menschliches Eingreifen zu arbeiten.*** *Die Anpassungsfähigkeit, die ein KI-System nach Inbetriebnahme aufweisen könnte, bezieht sich auf seine* ***Lernfähigkeit****, durch die es sich während seiner Verwendung verändern kann. KI-Systeme können eigenständig oder als Bestandteil eines Produkts verwendet werden, unabhängig davon, ob das System physisch in das Produkt integriert (eingebettet) ist oder der Funktion des Produkts dient, ohne darin integriert zu sein (nicht eingebettet).“*

Zwar differenziert die KI-VO offenbar zwischen einem **KI-System** und einem **KI-Modell**, liefert für Letzteres jedoch leider keine eigene Definition.

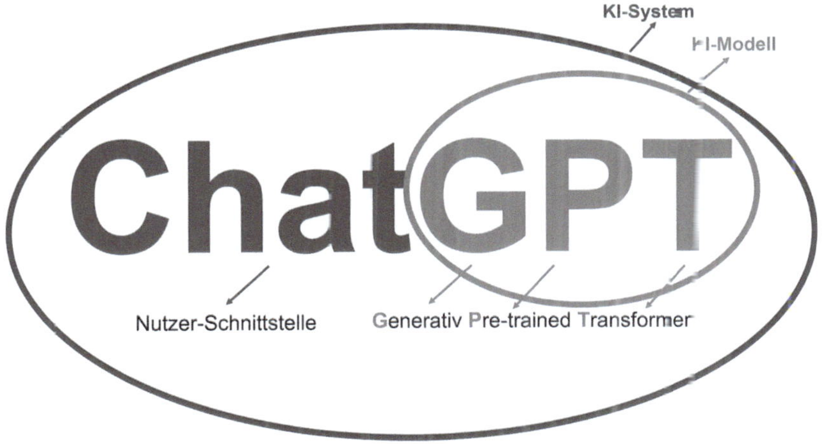

Der Unterschied zwischen KI-Modell und KI-System am Beispiel von ChatGPT

Die EU-Kommission hat im Februar 2025 Leitlinien zur Definition eines Systems der künstlichen Intelligenz[141] veröffentlicht. Darin finden sich folgende Zusatzinformationen zu einzelnen Aspekten der Definition von „KI-System“:

- **„Maschinengestütztes System“**: d.h. mit Maschinen (Hard- und Softwarekomponenten) entwickelt werden und auf ihnen lauffähig; nicht beschränkt auf bestimmte Computersysteme

141 https://digital-strategy.ec.europa.eu/de/library/commission-publishes-guidelines-ai-system-definition-facilitate-first-aid-acts-rules-application.

- **„Autonomie“**: d. h. ohne zwingende menschliche Beteiligung und ohne menschliches Eingreifen; angemessener Grad an Handlungsunabhängigkeit
- **„Anpassungsfähigkeit“**: d. h. selbstlernende Fähigkeiten, durch die die KI sich während des Einsatzes ändern kann
- **„Ziele“**: d. h. systeminterne Ziele, die sich auf die auszuführenden Aufgaben und deren Ergebnisse beziehen
- **„Rückschlüsse auf die Erzeugung von Ergebnissen“**: d. h. Fähigkeit, Schlussfolgerungen zu ziehen
- **„Beeinflussung der Umgebung durch Output“**: d. h. Erzeugen von Ausgaben durch Verarbeitung komplexer Muster und Beziehungen
- **„Interaktion mit der Umwelt“**: d. h. aktive Einwirkung auf die physische oder virtuelle Welt.

Europäische Kommission

DE | Search

Gestaltung der digitalen Zukunft Europas

Home | Politikbereiche | Aktivitäten | Nachrichten | Bibliothek | Finanzierung | Kalender | Konsultationen | AI Office

Home > Bibliothek > Die Kommission veröffentlicht Leitlinien zur Definition von KI-Systemen, um die Anwendung des ersten KI-Gesetzes zu erleichtern

POLICY AND LEGISLATION | Veröffentlichung 06 Februar 2025

Die Kommission veröffentlicht Leitlinien zur Definition von KI-Systemen, um die Anwendung des ersten KI-Gesetzes zu erleichtern

Information notification
Dies ist eine maschinelle Übersetzung durch den eTranslation-Dienst der Europäischen Kommission, der Ihnen hilft, diese Seite zu verstehen. Bitte lesen Sie die Nutzungsbedingungen.
Um die Originalfassung zu lesen, gehen Sie zur Quellenseite.

In den Leitlinien zur Definition von KI-Systemen wird die praktische Anwendung des im KI-Gesetz verankerten Rechtsbegriffs erläutert.

Durch die Herausgabe von Leitlinien zur Definition von KI-Systemen will die Kommission Anbieter und andere relevante Personen dabei unterstützen, festzustellen, ob ein Softwaresystem ein KI-System darstellt, um die wirksame Anwendung der Vorschriften zu erleichtern.

Die Leitlinien zur Definition des KI-Systems sind nicht bindend. Sie sind so konzipiert, dass sie sich im Laufe der Zeit weiterentwickeln und bei Bedarf aktualisiert werden, insbesondere im Hinblick auf praktische Erfahrungen, neue Fragen und Anwendungsfälle, die sich ergeben.

Die Kommission hat diese Leitlinien zusätzlich zu den Leitlinien für verbotene Praktiken der künstlichen Intelligenz (KI) im Sinne des KI-Gesetzes veröffentlicht.

Mit dem KI-Gesetz, das darauf abzielt, Innovation zu fördern und gleichzeitig ein hohes Maß an Gesundheitsschutz, Sicherheit und Grundrechten zu gewährleisten, werden KI-Systeme in verschiedene Risikokategorien eingeteilt, darunter verbotene Systeme, Systeme mit hohem Risiko und solche, die Transparenzpflichten unterliegen.

GettyImages © Aree Sarak

Zugehörige Themen

Künstliche Intelligenz

Leitlinien der EU-Kommission zur Definition von KI-Systemen

Persönlicher Anwendungsbereich

Der persönliche Anwendungsbereich eröffnet sich für alle Akteure in der Wertschöpfungskette. Die KI-VO gilt gemäß ihrem Art. 3 Nr. 8 für „Anbieter" (Hersteller), „Einführer" (Importeure), „Händler", „Bevollmächtigte" und letztlich auch für „Betreiber" (Nutzer). Kurz gesagt: All diejenigen, die KI-Systeme entwickeln, am Markt anbieten oder nutzen, haben die Regeln der KI-VO zu beachten.

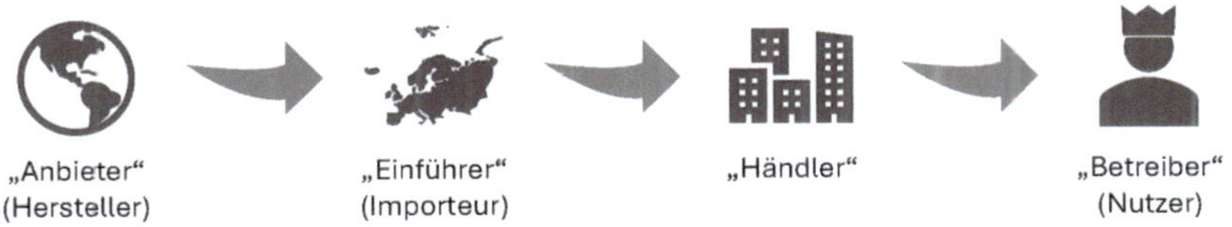

Die Akteure in der Wertschöpfungskette nach KI-VO

„Anbieter" werden in Art. 3 Nr. 3 KI-VO wie folgt definiert:

> *„natürliche oder juristische Person, Behörde, Einrichtung oder sonstige Stelle, die ein KI-System oder ein KI-Modell mit allgemeinem Verwendungszweck* ***entwickelt oder entwickeln lässt*** *und es* ***unter ihrem eigenen Namen oder ihrer Handelsmarke in Verkehr bringt*** *oder das KI-System unter ihrem eigenen Namen oder ihrer Handelsmarke* ***in Betrieb nimmt****, sei es* ***entgeltlich oder unentgeltlich****"*

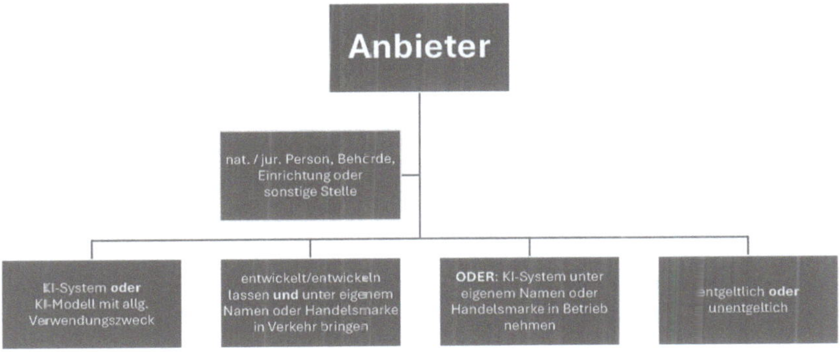

Voraussetzungen, um als Anbieter im Sinne der KI-VO zu gelten

Der Begriff „Inverkehrbringen" beschreibt die **erstmalige Bereitstellung** eines KI-Systems oder eines KI-Modells mit allgemeinem Verwendungszweck **auf dem Unionsmarkt** (Art. 3 Nr. 9 KI-VO). Unter „Inbetriebnahme" wird die Bereitstellung eines KI-Systems in der Union zum Erstgebrauch direkt an den **Betreiber oder zum Eigengebrauch** entsprechend seiner Zweckbestimmung verstanden (Art. 3 Nr. 11 KI-VO). „Zweckbestimmung“ hingegen meint die Verwendung, für die ein KI-System laut Anbieter bestimmt ist, einschließlich der besonderen Umstände und Bedingungen für die Verwendung, entsprechend den vom Anbieter bereitgestellten Informationen in den Betriebsanleitungen, im Werbe- oder Verkaufsmaterial und in diesbezüglichen Erklärungen sowie in der technischen Dokumentation (Art. 3 Nr. 12 KI-VO).

Bei der „Anbieter“-Definition wird zum einen deutlich, dass es weder auf die Organisationsform noch auf die Branche, auf die Beschäftigtenanzahl oder auf den Umsatz ankommt. Prinzipiell können alle Unternehmen, Behörden, Vereine oder sonstige Einrichtungen als Anbieter in diesem Sinne anzusehen sein. Zudem kommt es nicht darauf an, ob mit der Entwicklung, dem Inverkehrbringen oder dem Inbetriebnehmen Geld verdient wird oder nicht.

Als „Betreiber“ gilt eine natürliche oder juristische Person, Behörde, Einrichtung oder sonstige Stelle, die ein **KI-System in eigener Verantwortung verwendet**, es sei denn, das KI-System wird im Rahmen einer persönlichen und nicht beruflichen Tätigkeit verwendet (Art. 3 Nr. 4 KI-VO). Auch hier kommt es nicht auf Organisationsform, Branche, Beschäftigtenanzahl, Umsatz etc. an.

BEISPIEL:

Unternehmen X stellt allen Beschäftigten ChatGPT für die berufliche Nutzung zur Verfügung. Es gilt daher als Betreiber im Sinne von Art. 3 Nr. 4 KI-VO, da die einzelnen Beschäftigten das KI-System nicht „in eigener Verantwortung“ nutzen. Für den Fall, dass X den Einsatz von KI-Systemen jedoch verbieten sollte und einzelne Beschäftigte z. B. ChatGPT dennoch mit ihrem eigenen Privat-Account nutzen, können diese selbst zum Betreiber werden.

Nach Maßgabe von Art. 25 KI-VO kann es in Bezug auf KI-Systeme der Hochrisiko-Klasse in bestimmten Konstellationen zu einem **Rollenwechsel** kommen. Denn diese Norm bestimmt folgendes:

> *„In den folgenden Fällen **gelten Händler, Einführer, Betreiber oder sonstige Dritte als Anbieter eines Hochrisiko-KI-Systems** für die Zwecke dieser Verordnung und unterliegen den Anbieterpflichten gemäß Artikel 16:*
>
> *a) wenn sie ein bereits in Verkehr gebrachtes oder in Betrieb genommenes Hochrisiko-KI-System **mit ihrem Namen oder ihrer Handelsmarke***

__versehen__, unbeschadet vertraglicher Vereinbarungen, die eine andere Aufteilung der Pflichten vorsehen;

b) wenn sie eine __wesentliche Veränderung__ eines Hochrisiko-KI-Systems, das bereits in Verkehr gebracht oder in Betrieb genommen wurde, so vornehmen, dass es weiterhin ein Hochrisiko-KI-System gemäß Artikel 6 bleibt;

c) wenn sie die __Zweckbestimmung__ eines KI-Systems, einschließlich eines KI-Systems mit allgemeinem Verwendungszweck, das nicht als hochriskant eingestuft wurde und bereits in Verkehr gebracht oder in Betrieb genommen wurde, so verändern, dass das betreffende KI-System __zu einem Hochrisiko-KI-System__ im Sinne von Artikel 6 __wird__.“

Wer also ein KI-System betreibt, das in die Hochrisiko-Klasse einzustufen ist, der gilt in den von Art. 25 Abs. 1 lit. a)-c) KI-VO bestimmten Fällen als „Anbieter“ und muss die auf diese Rolle entfallenden Pflichten erfüllen. Whitelable-Lösung eingekauft und mit dem eigenen Namen versehen („RohrlichGPT“)? Wesentliche Anpassungen am KI-System vorgenommen? Änderung des Verwendungszwecks, wodurch das KI-System in den Hochrisikobereich fällt? In all diesen Fällen können u. a. KI-Betreiber zum Anbieter im Sinne der KI-VO werden.

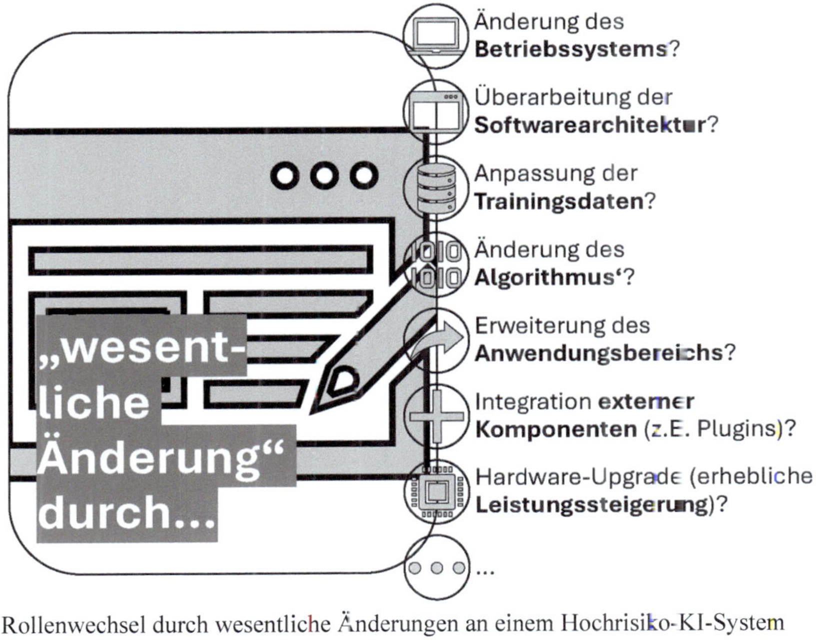

Rollenwechsel durch wesentliche Änderungen an einem Hochrisiko-KI-System

Es sind auch **Doppelrollen** denkbar, wenn beispielsweise ein Unternehmen ein KI-System entwickelt, es unter eigenem Namen vertreibt und es auch selbst für interne Zwecke nutzt. Dann kann es zugleich Anbieter als auch Betreiber sein.

d) Pflichten von Akteuren

Einteilung in Risikoklassen

Die Pflichten der jeweiligen Akteure hängen maßgeblich von der Einstufung der KI-Systeme in eine der im Gesetz vorgesehenen Risikoklassen ab. Die KI-VO differenziert zwischen KI-Systemen mit unannehmbarem (Art. 5 KI-VO), hohem (Art. 6 KI-VO), begrenztem (vgl. Art. 50 KI-VO) und minimalem Risiko.

Die verschiedenen Risikoklassen der KI-VO

Unabhängig von diesen Risikoklassen existieren spezielle Vorgaben für KI mit allgemeinem Verwendungszweck (engl.: general purpose AI, kurz: GPAI). Unterschieden wird hierbei zwischen KI-Modell und KI-System. Eine generelle Definition von „KI-Modell“ liefert die KI-VO leider nicht.

Aber ein KI-Modell mit allgemeinem Verwendungszweck wird in Art. 3 Nr. 63 KI-VO wie folgt definiert:

> *„ein KI-Modell – einschließlich der Fälle, in denen ein solches KI-Modell mit einer großen Datenmenge unter umfassender Selbstüberwachung trainiert wird –, das eine* ***erhebliche allgemeine Verwendbarkeit*** *aufweist und in der Lage ist, unabhängig von der Art und Weise seines Inverkehrbringens ein* ***breites Spektrum unterschiedlicher Aufgaben*** *kompetent zu erfüllen, und das* ***in eine Vielzahl nachgelagerter Systeme oder Anwendungen integriert*** *werden kann, ausgenommen KI-Modelle, die vor ihrem Inverkehrbringen für Forschungs- und Entwicklungstätigkeiten oder die Konzipierung von Prototypen eingesetzt werden"*

Als KI-Modell in diesem Sinne dürften daher wohl die großen Sprachmodelle (engl.: large language models, kurz: LLM), also GPT von OpenAI, Llama von Meta, Googles Gemini oder auch Claude von Anthropic, einzustufen sein.

Dagegen wird unter KI-System mit allgemeinem Verwendungszweck gemäß Art. 3 Nr. 66 KI-VO Folgendes verstanden:

> *„ein KI-System, das* ***auf einem KI-Modell mit allgemeinem Verwendungszweck beruht*** *und in der Lage ist, einer* ***Vielzahl von Zwecken*** *sowohl für die direkte Verwendung als auch für die Integration in andere KI-Systeme zu dienen".*

Typisches Beispiel für ein solches KI-System mit allgemeinem Verwendungszweck ist ChatGPT von OpenAI.

Zu den **verbotenen KI-Praktiken** (also KI mit unannehmbarem Risiko) zählen gemäß Art. 5 Abs. 1 lit. a)-h) KI-VO folgende:

- unterschwellige Beeinflussung/manipulative Techniken
- Ausnutzung der Schwäche oder Schutzbedürftigkeit bestimmter Personen
- Schlechterstellung durch Bewertung des sozialen Verhaltens (sog. „Social Scoring")
- Risikobeurteilung von natürlichen Personen (z. B. „Predictive Policing")
- Datenbanken zur Gesichtserkennung
- Ableitung von Emotionen natürlicher Personen in Büro, Schule, Uni etc.
- biometrische Kategorisierung
- biometrische Echtzeit-Fernidentifizierungssysteme in öffentlichen Räumen zur Strafverfolgung.

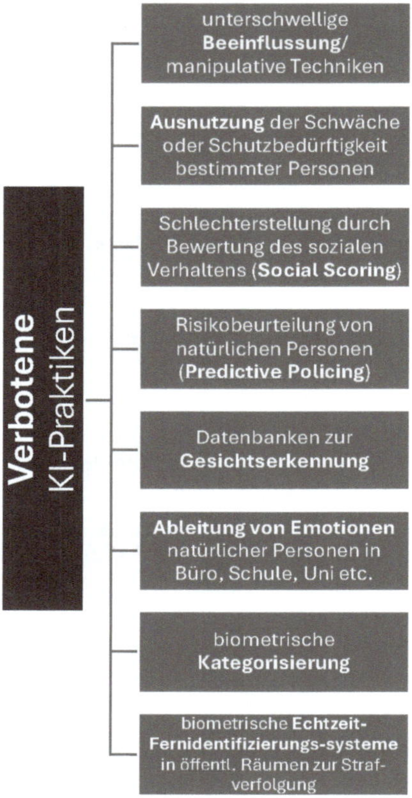

Verbotene KI-Praktiken gemäß Art. 5 KI-VO

Diese stichwortartige Aufzählung von verbotenen KI-Praktiken ist leider nur die „halbe Miete". Denn das Gesetz enthält in den einzelnen Regelungen jeweils bestimmte Voraussetzungen, Ausnahmen und z. T. auch Gegenausnahmen. So regelt beispielsweise Art. 5 Abs. 1 lit. a) KI-VO Folgendes:

> *„Folgende Praktiken im KI-Bereich sind verboten:*
>
> *a) das Inverkehrbringen, die Inbetriebnahme oder die Verwendung eines KI-Systems, das Techniken der* ***unterschwelligen Beeinflussung*** *außerhalb des Bewusstseins einer Person oder absichtlich* ***manipulative oder täuschende Techniken*** *mit dem Ziel oder der Wirkung einsetzt, das Verhalten einer Person oder einer Gruppe von Personen wesentlich zu verändern, indem ihre Fähigkeit, eine fundierte Entscheidung zu treffen, deutlich* ***beeinträchtigt*** *wird, wodurch sie veranlasst wird, eine*

> ***Entscheidung zu treffen**, die sie andernfalls nicht getroffen hätte, und zwar in einer Weise, die dieser Person, einer anderen Person oder einer Gruppe von Personen erheblichen Schaden zufügt oder mit hinreichender Wahrscheinlichkeit zufügen wird."*

Es zeigt sich ganz deutlich, dass nicht alle Techniken der unterschwelligen Beeinflussung verboten sein sollen, sondern lediglich solche, die außerhalb des Bewusstseins einer Person liegen und das mit dem Ziel eingesetzt, das Verhalten von Personen oder Personengruppen wesentlich zu verändern durch deutliche Beeinträchtigungen der Entscheidungsfähigkeit. Die sorgfältige Prüfung am Wortlaut des Gesetzes kann also über „Wohl und Wehe" entscheiden, nämlich darüber, ob ein KI-System auch nach dem 2. Februar 2025 weiterentwickelt, vertrieben oder genutzt werden darf oder, ob es schlicht verboten ist. Es ist also mit zahlreichen gerichtlichen Entscheidungen zu rechnen. Nicht zuletzt ist hier der Europäische Gerichtshof (EuGH) zur Klärung der diversen Detailfragen berufen.

Ein weiteres Beispiel aus Art. 5 KI-VO zeigt, dass teilweise auch die passenden Angaben aus den Erwägungsgründen herangezogen werden müssen. So findet sich in Art. 5 Abs. 1 lit. f) KI-VO folgende Regelung:

> *„Folgende Praktiken im KI-Bereich sind verboten: […]*
>
> *f) das Inverkehrbringen, die Inbetriebnahme für diesen spezifischen Zweck oder die Verwendung von KI-Systemen zur **Ableitung von Emotionen** einer natürlichen Person am **Arbeitsplatz** und in **Bildungseinrichtungen**, <u>es sei denn</u>, die Verwendung des KI-Systems soll aus **medizinischen Gründen oder Sicherheitsgründen** eingeführt oder auf den Markt gebracht werden".*

Nähere Erläuterungen zwecks negativer Abgrenzung finden sich in ErwGr 18 S. 2, 3 KI-VO:

> *„Dies umfasst <u>nicht</u> physische Zustände wie Schmerz oder Ermüdung, einschließlich beispielsweise Systeme, die zur **Erkennung des Zustands der Ermüdung von Berufspiloten oder -fahrern** eigesetzt werden, um Unfälle zu verhindern. Es geht dabei auch <u>nicht</u> um die bloße Erkennung offensichtlicher **Ausdrucksformen, Gesten und Bewegungen**, <u>es sei denn</u>, sie werden zum Erkennen oder Ableiten von Emotionen verwendet."*

Auch hier steckt also der Teufel im Detail.

Art. 5 Abs. 1 lit. h) KI-VO enthält neben bestimmten Voraussetzungen auch noch Ausnahmeregelungen:

> *„Folgende Praktiken im KI-Bereich sind verboten: […]*
>
> *h) die Verwendung **biometrischer Echtzeit-Fernidentifizierungssysteme in öffentlich zugänglichen Räumen zu Strafverfolgungszwecken**,*

außer wenn und insoweit dies im Hinblick auf eines der folgenden Ziele ***unbedingt erforderlich*** *ist:*

i) ***gezielte Suche nach bestimmten Opfern*** *von Entführung, Menschenhandel oder sexueller Ausbeutung sowie die Suche nach vermissten Personen;*

ii) ***Abwenden einer konkreten, erheblichen und unmittelbaren Gefahr*** *für das Leben oder die körperliche Unversehrtheit natürlicher Personen oder einer tatsächlichen und bestehenden oder tatsächlichen und vorhersehbaren Gefahr eines Terroranschlags;*

iii) ***Aufspüren oder Identifizieren einer Person, die der Begehung einer Straftat verdächtigt wird****, zum Zwecke der Durchführung von strafrechtlichen Ermittlungen oder von Strafverfahren oder der Vollstreckung einer Strafe* ***für die in Anhang II aufgeführten Straftaten****, die in dem betreffenden Mitgliedstaat nach dessen Recht mit einer Freiheitsstrafe oder einer freiheitsentziehenden Maßregel der Sicherung im Höchstmaß von mindestens vier Jahren bedroht ist.“*

Zu den Straftaten gemäß Art. 5 Abs. 1 UAbs. 1 lit. h) Zif. iii), Anhang II KI-VO, aufgrund derer die potentiellen Täter mittels KI ausnahmsweise doch aufgespürt bzw. identifiziert werden dürfen, zählen u. a. Terrorismus, Menschenhandel und Mord, aber auch Umweltkriminalität.

Liste der Straftaten aus Anhang II KI-VO

Es geht also um gravierende Delikte, bei denen ausnahmsweise doch biometrische Echtzeit-Fernidentifizierungssysteme in öffentlich zugänglichen Räumen zu Strafverfolgungszwecken zum Einsatz kommen dürfen.

Die EU-Kommission hat im Februar 2025 Leitlinien zu verbotenen Praktiken der künstlichen Intelligenz[142] veröffentlicht und darin diverse Beispiele aufgeführt, welche Praktiken unter die Regelungen von Art. 5 KI-VO fallen sollen:

1) Unterschwellige Beeinflussung bzw. schädliche Manipulation und Täuschung (Art. 5 Abs. 1 lit. a) KI-VO)

- Ein KI-gestützter Chatbot, der sich mit synthetischer Stimme als Freund oder Verwandter ausgibt, um Betrug zu begehen.
- Ein KI-System, das unterschwellige visuelle Botschaften einblendet, die zu schnell sind, um bewusst wahrgenommen zu werden, aber das Verhalten beeinflussen.
- Ein KI-System, das personalisierte Manipulationstechniken einsetzt, um Nutzer zu riskanten Entscheidungen zu bewegen, wie z. B. exzessives Spielen.
- Ein KI-System, das unterschwellige Techniken einsetzt, um Kaufentscheidungen zu beeinflussen.

2) Schädliche Ausnutzung der Schwachstellen von Menschen (Art. 5 Abs. 1 lit. b) KI-VO)

- Ein KI-gesteuertes Spielzeug, das Kinder dazu ermutigt, gefährliche Aufgaben zu erfüllen, wie das Klettern auf Möbel.
- Ein KI-System, das ältere Menschen mit personalisierten Betrugsangeboten anspricht, indem es ihre eingeschränkten kognitiven Fähigkeiten ausnutzt.
- Ein KI-System, das gezielt Werbung für räuberische Finanzprodukte an einkommensschwache Personen richtet.

3) Bewertung und Schlechterstellung von Personen auf der Grundlage ihres sozialen Verhaltens (z. B. „Social Scoring") (Art. 5 Abs. 1 lit. c) KI-VO)

- Eine Sozialhilfebehörde verwendet ein KI-System, das auf sozialen Gewohnheiten oder Internetverbindungen basiert, um Empfänger für Betrugsprüfungen auszuwählen.
- Eine Stadtverwaltung erstellt eine Vertrauenswürdigkeitsbewertung von Einwohnern, die zu sozialer Ausgrenzung führt, z. B. durch den Entzug öffentlicher Leistungen.

---

142 https://digital-strategy.ec.europa.eu/de/library/commission-publishes-guidelines-prohibited-artificial-intelligence-ai-practices-defined-ai-act.

- Ein KI-System, das Bürger auf der Grundlage ihres Sozialverhaltens in sozialen Medien bewertet und ihnen gezielte politische Botschaften sendet.
- Eine Steuerbehörde, die ein KI-System zur Auswahl von Steuererklärungen verwendet, basierend auf nicht verwandten sozialen Daten.

4) Individuelle Risikobewertung und Vorhersage von Straftaten (z. B. „Predictive Policing") (Art. 5 Abs. 1 lit. d) KI-VO)

- Ein KI-System, das das Risiko einer Person, eine Straftat zu begehen, ausschließlich auf der Grundlage von Alter, Nationalität und Adresse bewertet.
- Ein KI-System, das Kinder auf der Grundlage ihrer Beziehungen zu anderen Personen als potenzielle Straftäter einstuft.
- Ein Steuerbehörden-KI-System, das Steuerbetrug ausschließlich auf der Grundlage von Profilen und Persönlichkeitsmerkmalen vorhersagt.

5) Ungezieltes Scraping zur Entwicklung von Datenbanken zur Gesichtserkennung (Art. 5 Abs. 1 lit. e) KI-VO)

- Ein Unternehmen, das Gesichtsbilder aus sozialen Medien wie Facebook und YouTube sammelt, um eine Gesichtserkennungsdatenbank zu erstellen.
- Ein KI-System, das Aufnahmen aus Webcams etc. aus öffentlichen Räumen sammelt, um biometrische Datenbanken zu erweitern.

6) Erkennung bzw. Ableitung von Emotionen (Art. 5 Abs. 1 lit. f) KI-VO)

- Ein KI-System, das die Emotionen von Mitarbeitern in einem Callcenter überwacht, um ihre Arbeitsleistung zu bewerten.
- Ein KI-System, das die Emotionen von Schülern während Online-Prüfungen analysiert, um ihre Aufmerksamkeit zu überwachen.
- Ein KI-System, das die Emotionen von Kunden in einem Supermarkt analysiert, um gezielte Werbung zu schalten.
- Ein KI-System, das Emotionen von Schülern in einer Bildungseinrichtung erkennt, um deren Engagement zu bewerten.

7) Biometrische Kategorisierung (Art. 5 Abs. 1 lit. g) KI-VO)

- Ein KI-System, das Personen anhand ihrer biometrischen Daten ihrer ethnischen Zugehörigkeit zuordnet.
- Ein KI-System, das aus biometrischen Daten Rückschlüsse auf die sexuelle Orientierung einer Person zieht.
- Ein KI-System, das Personen anhand von Gesichtszügen politischen Meinungen zuordnet.

8) Biometrische Echtzeit-Fernidentifizierungssysteme in öffentlichen Räumen zu Strafverfolgungszwecken (Art. 5 Abs. 1 lit. h) KI-VO)

- Ein Echtzeit-System wird eingesetzt, um Personen mit ausstehenden Haftbefehlen bei einem Festival zu identifizieren.
- Ein KI-System, das in einem Park zur Identifizierung von Personen eingesetzt wird, die eine Bedrohung darstellen könnten.
- Ein KI-System der Polizei zur Identifizierung von Ladendieben und zum Abgleich ihrer Gesichtsbilder mit Kriminalitätsdatenbanken.

Europäische Kommission

DE | Search

Gestaltung der digitalen Zukunft Europas

Home | Politikbereiche | Aktivitäten | Nachrichten | Bibliothek | Finanzierung | Kalender | Konsultationen | AI Office

Home > Bibliothek > Die Kommission veröffentlicht die Leitlinien zu verbotenen Praktiken der künstlichen Intelligenz (KI) im Sinne des KI-Gesetzes.

POLICY AND LEGISLATION | Veröffentlichung 04 Februar 2025

Die Kommission veröffentlicht die Leitlinien zu verbotenen Praktiken der künstlichen Intelligenz (KI) im Sinne des KI-Gesetzes.

Information notification
Dies ist eine maschinelle Übersetzung durch den eTranslation-Dienst der Europäischen Kommission, der Ihnen hilft, diese Seite zu verstehen. Bitte lesen Sie die Nutzungsbedingungen.
Um die Originalfassung zu lesen, gehen Sie zur Quellenseite.

Diese Leitlinien geben einen Überblick über KI-Praktiken, die aufgrund ihrer potenziellen Risiken für die europäischen Werte und Grundrechte als inakzeptabel erachtet werden.

Mit dem KI-Gesetz, das darauf abzielt, Innovation zu fördern und gleichzeitig ein hohes Maß an Gesundheitsschutz, Sicherheit und Grundrechten zu gewährleisten, werden KI-Systeme in verschiedene Risikokategorien eingeteilt, darunter verbotene Systeme, Systeme mit hohem Risiko und solche, die Transparenzpflichten unterliegen. Die Richtlinien befassen sich insbesondere mit Praktiken wie schädlicher Manipulation, Social Scoring und biometrischer Echtzeitidentifizierung.

Die Leitlinien sollen die einheitliche, wirksame und einheitliche Anwendung des KI-Gesetzes in der gesamten Europäischen Union gewährleisten. Sie bieten zwar wertvolle Einblicke in die Auslegung der Verbote durch die Kommission, sind jedoch unverbindlich, wobei maßgebliche Auslegungen dem Gerichtshof der Europäischen Union (EuGH) vorbehalten sind. Die Leitlinien enthalten rechtliche Erläuterungen und praktische Beispiele, die den Interessenträgern helfen sollen, die Anforderungen des KI-Gesetzes zu verstehen und einzuhalten. Diese Initiative unterstreicht das Engagement der EU für die Förderung einer sicheren und ethischen KI-Landschaft.

See also

Mehr zum KI-Gesetz

Zugehörige Themen

Künstliche Intelligenz

Leitlinien der EU-Kommission zu verbotenen KI-Praktiken

KI-Praktiken, die nicht in den gemäß Art. 5 KI-VO verbotenen Bereich fallen, können gleichwohl mit sehr hohen Risiken einhergehen. Daher reguliert die Verordnung KI-Systeme, die in die Hochrisiko-Klasse fallen, entsprechend umfangreich. Auch die Prüfung, ob man die Voraussetzungen von Art. 6 KI-VO erfüllt, ob man unter eine der Ausnahmeregelungen fällt oder, ob eine Gegenausnahme greift, ist nicht gerade unterkomplex. Sie sollte folglich sehr genau, aber auch nicht zu langsam durchgeführt werden, denn die meisten Pflichten für Anbieter bzw. Betreiber von Hochrisiko-KI greifen ab dem 2. August 2026.

Der Weg zum Ergebnis, ob ein KI-System als hochriskant eingestuft wird, verläuft zweigleisig. Es geht einerseits um die Frage, ob KI-Systeme in bestimmte Kategorien von Produkten integriert werden. Andererseits muss auf den Anwendungszweck von KI-Systemen geschaut werden.

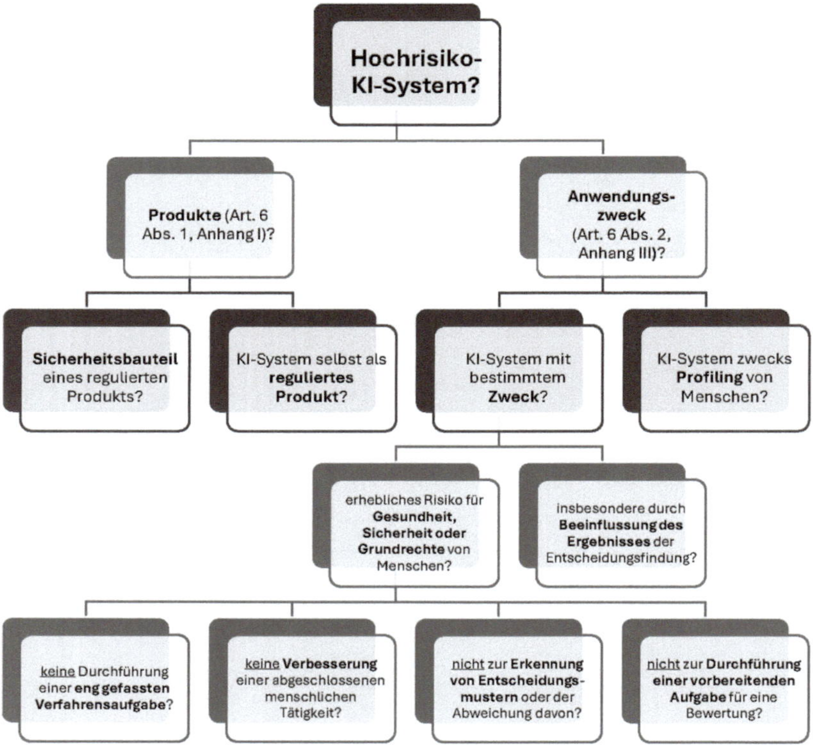

Ablaufdiagramm für die Prüfung, ob ein KI-System zur Hochrisiko-Klasse zählt

Nach Maßgabe von Art. 6 Abs. 1, Anhang I KI-VO fällt ein KI-System in die Hochrisiko-Stufe, wenn es in eine bestimmte, bereits durch EU-Vorschriften regulierte Produktkategorie fällt. Dazu zählen u. a. Maschinen, Spielzeuge, Aufzüge, Funkanlagen, persönliche Schutzausrüstung, Medizinprodukte oder auch land- und forstwirtschaftliche Fahrzeuge.

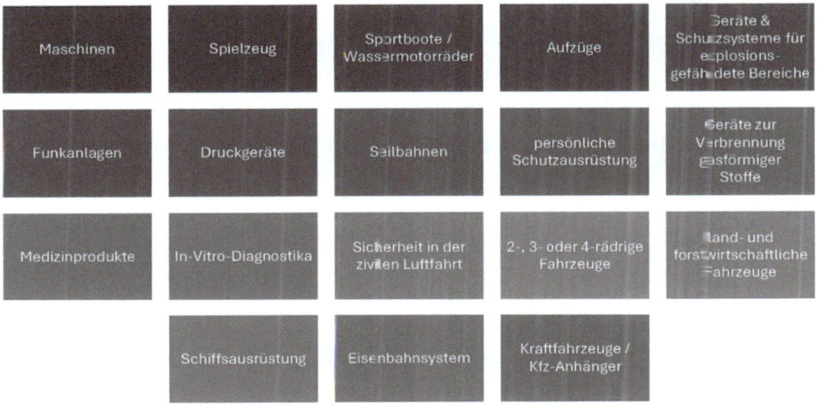

Produktkategorien mit Hochrisiko-KI-Systemen gemäß Art. 6 Abs. 1, Anhang I KI-VO

In diesem Zusammenhang sind die jeweils einschlägigen EU-Vorschriften, wie etwa die Spielzeugrichtlinie oder die Medizinprodukteverordnung (engl.: Medical Device Regulation, MDR), hinzuzuziehen und deren Voraussetzungen genau zu prüfen. Denn: Wenn ein KI-System in ein bereits als gefährlich erachtetes und daher speziell reguliertes Produkt eingebunden werden soll, dann gilt dieses KI-System folglich als hochriskant.

Das „zweite Gleis" im Rahmen der Prüfung führt gemäß Art. Art. 6 Abs. 2, Anhang III KI-VO zu bestimmten Einsatzzwecken von KI. Danach sollen in den folgenden Bereichen Hochrisiko-KI-Systeme angesiedelt sein:

- erlaubte **Biometrie** (biometrische Fernidentifizierung, Emotionserkennung, biometrische Kategorisierung)
- **KRITIS**-Verwaltung und -Betrieb, z. B. digitale Infrastruktur, Straßenverkehr, Wasser-, Gas-, Wärme- oder Stromversorgung
- Allgemeine und berufliche **Bildung**
- **Beschäftigung**, Personalmanagement und Zugang zur Selbstständigkeit
- Zugänglichkeit und Inanspruchnahme **grundlegender privater und öffentlicher Dienste und Leistungen**
- **Strafverfolgung** (z. B. Lügendetektor oder Profiling)
- **Migration**, Asyl und Grenzkontrolle
- **Rechtspflege** (Justizbehörden) und demokratische Prozesse

Nach Anhang III Nr. 2, ErwGr 56 KI-VO werden beispielsweise im Bildungsbereich folgende KI-Einsatzzwecke als hochriskant eingestuft:

- Zugang, Zulassung oder Zuweisung zu Bildungs- und Berufsbildungseinrichtungen bzw. zu entsprechenden Programmen
- Bewertung von Lernergebnissen
- Bewertung oder wesentliche Beeinflussung des Bildungsniveaus
- Überwachung von verbotenem Verhalten von Schülern, Studenten, Azubis etc. während Prüfungen.

Für den Bereich Beschäftigung/Personalmanagement finden sich ebenfalls erhellende Ausführungen, und zwar in ErwGr 57 KI-VO:

> *„KI-Systeme, die in den Bereichen* ***Beschäftigung, Personalmanagement und Zugang zur Selbstständigkeit*** *eingesetzt werden, insbesondere für die* ***Einstellung und Auswahl von Personen****, für Entscheidungen über die* ***Bedingungen des Arbeitsverhältnisses*** *sowie die* ***Beförderung*** *und die* ***Beendigung*** *von Arbeitsvertragsverhältnissen, für die* ***Zuweisung von Arbeitsaufgaben*** *auf der Grundlage von individuellem Verhalten, persönlichen Eigenschaften oder Merkmalen sowie für die* ***Überwachung oder Bewertung*** *von Personen in Arbeitsvertragsverhältnissen sollten ebenfalls als hochriskant eingestuft werden, da diese Systeme die künftigen Karriereaussichten und die Lebensgrundlagen dieser Personen und die Arbeitnehmerrechte spürbar beeinflussen können. [...] Solche Systeme können während des* ***gesamten Einstellungsverfahrens*** *und bei der* ***Bewertung, Beförderung oder Weiterbeschäftigung*** *von Personen in Arbeitsvertragsverhältnissen historische* ***Diskriminierungsmuster*** *fortschreiben, beispielsweise gegenüber Frauen, bestimmten Altersgruppen und Menschen mit Behinderungen oder Personen mit einer bestimmten rassischen oder ethnischen Herkunft oder sexuellen Ausrichtung. KI-Systeme zur* ***Überwachung der Leistung und des Verhaltens*** *solcher Personen können auch deren Grundrechte auf Datenschutz und Privatsphäre untergraben."*

Wird KI also beispielsweise im Rahmen des Bewerbungsprozesses eingesetzt, um Bewerbungen zu sichten und vorzusortieren oder um die Mimik oder Gestik von geeigneten Kandidaten im Bewerbungsgespräch zu analysieren, so kann dies genauso als hochriskant eingestuft werden, wie die KI-gestützte Durchführung von Leistungsprognosen.

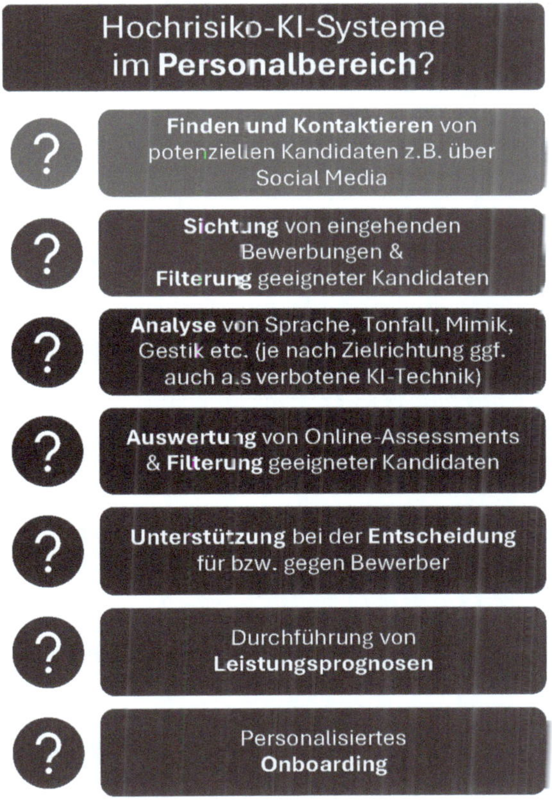

Mögliche Hochrisiko-KI-Anwendungsbereiche in der Hochrisiko-Klasse

In puncto Zugang zu Leistungen öffentlicher Einrichtungen bzw. Einrichtungen mit öffentlichen Aufgaben kommen Folgende in Betracht (Anhang III Nr. 5, ErwGr 58 KI-VO):

- **Banken** (Prüfung und Bewertung der Bonität)
- **Versicherungen** (Risikobewertung und Preisbildung im Bereich Kranken- bzw. Lebensversicherung)
- **KRITIS-Betreiber** (Wasser, Strom, Gas, Wärme…)
- **Telekommunikation**/Internet
- **grundlegende staatliche Unterstützungsleistungen und -dienste von Behörden** (z. B. Gesundheitsdienste, Wohnraum, Leistungen der sozialen Sicherheit, soziale Dienste, die Schutz in Fällen wie Mutterschaft, Krank-

heit, Arbeitsunfall, Pflegebedürftigkeit oder Alter und Arbeitsplatzverlust sowie Sozialhilfe und Wohngeld bieten)

- **Bewertung und Einstufung von Notrufen**; Entsendung oder Priorisierung von Not- und Rettungsdiensten (z. B. Polizei, Feuerwehr und medizinischer Nothilfe sowie für die Triage von Patienten bei der Notfallversorgung)

Die KI-Verordnung sieht diverse Ausnahmefälle für bestimmte Konstellationen vor, die dann doch wieder aus dem Hochrisiko-Bereich herausfallen (Art. 6 Abs. 3 KI-VO):

> *„Abweichend von Absatz 2 gilt ein in Anhang III genanntes KI-System nicht als hochriskant, wenn es kein erhebliches Risiko der Beeinträchtigung in Bezug auf die* ***Gesundheit, Sicherheit oder Grundrechte*** *natürlicher Personen birgt, indem es unter anderem nicht das* ***Ergebnis der Entscheidungsfindung*** *wesentlich beeinflusst. Unterabsatz 1 gilt, wenn eine der folgenden Bedingungen erfüllt ist:*
>
> *a) das KI-System ist dazu bestimmt, eine* ***eng gefasste Verfahrensaufgabe*** *durchzuführen;*
>
> *b) das KI-System ist dazu bestimmt, das* ***Ergebnis einer zuvor abgeschlossenen menschlichen Tätigkeit zu verbessern****;*
>
> *c) das KI-System ist dazu bestimmt,* ***Entscheidungsmuster oder Abweichungen von früheren Entscheidungsmustern zu erkennen****, und ist nicht dazu gedacht, die zuvor abgeschlossene* ***menschliche Bewertung*** *ohne eine angemessene menschliche Überprüfung zu* ***ersetzen*** *oder zu* ***beeinflussen****; oder*
>
> *d) das KI-System ist dazu bestimmt, eine* ***vorbereitende Aufgabe*** *für eine* ***Bewertung*** *durchzuführen, die für die Zwecke der in Anhang III aufgeführten Anwendungsfälle relevant ist.* ***Ungeachtet des Unterabsatzes 1*** *gilt ein in Anhang III aufgeführtes KI-System* ***immer*** *dann als hochriskant, wenn es ein* ***Profiling natürlicher Personen*** *vornimmt."*

Beispiele für die in Art. 6 Abs. 3 lit. a)-d) KI-VO genannten Ausnahmefälle finden sich in ErwGr 53 KI-VO:

Durchführung einer **eng gefassten Verfahrensaufgabe**	– Umwandlung von unstrukturierten in strukturierte Daten – Kategorisierung eingehender Dokumente – Erkennung von Duplikaten
Verbesserung des Ergebnisses einer zuvor abgeschlossenen menschlichen Tätigkeit	– Optimierung der Sprache in Dokumenten

Erkennung von Entscheidungsmustern oder Abweichungen von früheren Entscheidungsmustern	– Prüfung auf Abweichungen von Benotungsmustern von Lehrern etc. zur Aufdeckung von Unstimmigkeiten
Durchführung einer **vorbereitenden Aufgabe** für eine Bewertung	– Indexierung – Suche – Textverarbeitung – Datenverknüpfung – Übersetzung

KI-Systeme, die nach Art. 6 Abs. 2, Anhang III KI-VO als hochriskant eingestuft werden und auch solche, die gemäß Art. 6 Abs. 3 KI-VO ausnahmsweise aus dem Hochrisiko-Bereich herauszunehmen sind, müssen gleichermaßen intern dokumentiert sowie auch in der EU-Datenbank für Hochrisiko-KI-Systeme registriert werden (vgl. Art. 71, 49, 6 Abs. 4 KI-VO).

Die Kommission wird spätestens bis zum 2. Februar 2026 Leitlinien zur praktischen Umsetzung von Art. 6 KI-VO und eine umfassende Liste praktischer Beispiele für Anwendungsfälle für KI-Systeme, die hochriskant oder nicht hochriskant sind, bereitstellen (Art. 6 Abs. 5 KI-VO).

Anforderungen an Hochrisiko-KI-System; Anbieter- & Betreiber-Pflichten

Die Anforderungen an Hochrisiko-KI-Systeme ergeben sich aus Art. 8 ff. KI-VO:

- Einhaltung der Anforderungen/**Stand der Technik** (Art. 8 KI-VO)
- **Risikomanagementsystem** (RMS) (Art. 9 KI-VO)
- Daten (qualitative Trainings-, Validierungs- und Testdatensätze)/**Daten-Governance** (Art. 10 KI-VO)
- technische **Dokumentation** (Art. 11, Anhang IV KI-VO)
- Aufzeichnungspflichten/**Protokollierung** (Art. 12 KI-VO)
- **Transparenz**/Bereitstellung von Informationen (Art. 13 KI-VO)
- **menschliche Aufsicht** (Art. 14 KI-VO)
- Genauigkeit, Robustheit und **Cybersicherheit** (Art. 15 KI-VO).

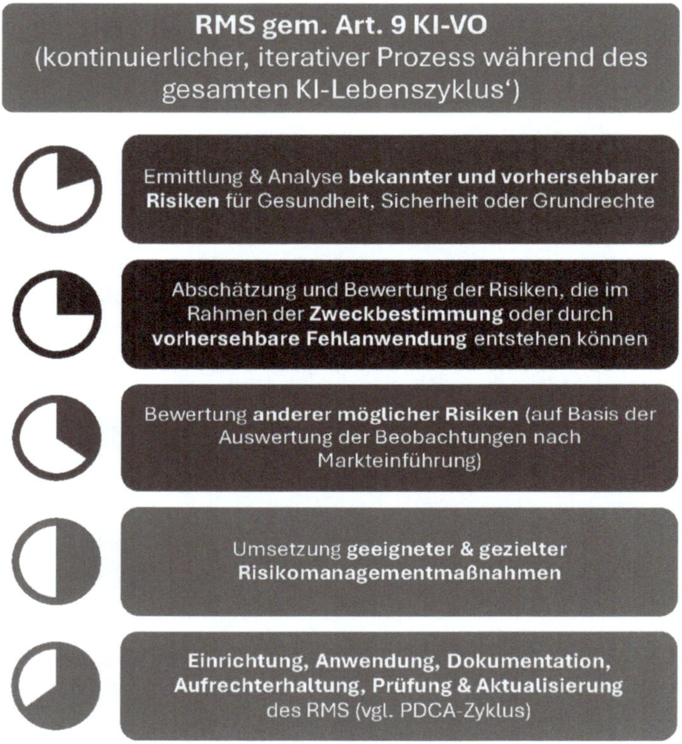

Die einzelnen Bestandteile eines Risikomanagementsystems

Die technische Dokumentation eines Hochrisiko-KI-Systems muss nach Art. 11, Anhang IV KI-VO folgende Elemente enthalten:

- allgemeine Beschreibung des KI-Systems
- detaillierte Beschreibung der Bestandteile des KI-Systems und seines Entwicklungsprozesses
- detaillierte Informationen über die Überwachung, Funktionsweise und Kontrolle des KI-Systems
- Darlegungen zur Eignung der Leistungskennzahlen für das spezifische KI-System
- detaillierte Beschreibung des Risikomanagementsystems gemäß Art. 9 KI-VO
- Beschreibung einschlägiger Änderungen, die der Anbieter während des Lebenszyklus an dem System vorgenommen hat

- Aufstellung der vollständig oder teilweise angewandten harmonisierten Normen, deren Fundstellen im Amtsblatt der Europäischen Union veröffentlicht wurden
- Kopie der EU-Konformitätserklärung gemäß Art. 47 KI-VO
- detaillierte Beschreibung des Systems zur Bewertung der Leistung des KI-Systems in der Phase nach dem Inverkehrbringen gem. Art. 72 KI-VO.

In erster Linie müssen die **Anbieter** von Hochrisiko-KI-Systemen die Anforderungen aus Art. 8 ff. KI-VO erfüllen (Art. 16 lit. a) KI-VO). Zusätzlich obliegen ihnen noch folgende Pflichten:

- Anbringung von **Handelsnamen** und ggf. Handelsmarke sowie **Kontaktanschrift** (Art. 16 lit. b) KI-VO)
- Betrieb eines **Qualitätsmanagementsystems** (Art. 16 lit. c), Art. 17 KI-VO)
- Erstellen und Aufbewahren der erforderlichen **Dokumentation** (Art. 16 lit. d), Art. 18 KI-VO)
- Aufbewahren der erstellten **Protokolle** (Art. 16 lit. e), Art. 19 KI-VO)
- Durchlaufen des **Konformitätsbewertungsverfahrens** (Art. 16 lit. f), Art. 43 KI-VO)
- Ausstellen einer **EU-Konformitätserklärung** (Art. 16 lit. g), Art. 47, Anhang V KI-VO)
- Anbringung einer **CE-Kennzeichnung** (Art. 16 lit. h), Art. 48 KI-VO)
- **Registrierung** (Art. 16 lit. i), Art. 49, Anhang VIII KI-VO)
- **Pflichtinformationen** und ggf. Korrekturmaßnahmen (Art. 16 lit. j, Art. 20 KI-VO)
- **Rechenschaftspflicht** (Art. 16 lit. k KI-VO)
- **Barrierefreiheitsanforderungen** (Art. 16 lit. l KI-VO)
- Zusammenarbeit mit **Behörden** (Art. 21 KI-VO)
- ggf. **Transparenzpflichten** (Art. 50 KI-VO)
- Pflicht zur **Meldung schwerwiegender Vorfälle** (Art. 73, 3 Nr. 49 KI-VO)
- Einrichtung & Dokumentation eines **Systems zur Beobachtung nach dem Inverkehrbringen** (Art. 72, Anhang IV KI-VO)
- in Nicht-EU-Staaten niedergelassene Anbieter: Benennung eines **EU-Bevollmächtigen** (Art. 22 KI-VO).

Die meisten Pflichten treffen die Anbieter, also die Hersteller von Hochrisiko-KI-Systemen. Das erscheint auch sinnvoll und logisch im Rahmen von produktregulatorischen Vorschriften, wie der der KI-VO. Allerdings müssen auch die Betreiber, mithin die Nutzer solcher Systeme, diverse Vorgaben umsetzen. Dazu zählt insbesondere die Pflicht zur Meldung eines schwerwiegenden Vorfalls.

Ein „schwerwiegender Vorfall“ ist ein Vorfall oder eine Fehlfunktion bezüglich eines KI-Systems, das bzw. die direkt oder indirekt eine der nachstehenden Folgen hat: den Tod oder die schwere gesundheitliche Schädigung einer Person, eine schwere und unumkehrbare Störung der Verwaltung oder des Betriebs kritischer Infrastrukturen, die Verletzung von Pflichten aus den Unionsrechtsvorschriften zum Schutz der Grundrechte oder schwere Sach- oder Umweltschäden (vgl. Art. 3 Nr. 49 KI-VO). In derartigen Fällen muss der Betreiber des Hochrisiko-KI-Systems die zuständige Aufsichtsbehörde informieren. Parallel dazu bleiben andere Meldepflichten, etwa aus Art. 33, 34 DSGVO, unberührt.

Für **Betreiber** von Hochrisiko-KI-Systemen existieren zusätzlich die folgenden Pflichten:

- Umsetzung geeigneter **technischer und organisatorischer Maßnahmen** um sicherzustellen, dass das KI-System entsprechend der Betriebsanleitung verwendet wird (Art. 26 Abs. 1 KI-VO)
- Übertragung der **menschlichen Aufsicht** an Personen, die über die erforderliche Kompetenz, Ausbildung und Befugnis verfügen (Art. 26 Abs. 2 KI-VO)
- Sicherstellen, dass **Eingabedaten der Zweckbestimmung des KI-Systems entsprechen** und ausreichend repräsentativ sind (Art. 26 Abs. 4 KI-VO)
- **Überwachen des Betriebs des KI-Systems** und **Benachrichtigung** von Anbieter, Händler und/oder Überwachungsbehörde bei **Risiko für Gesundheit, Sicherheit oder Grundrecht** bzw. **schwerwiegenden Vorfall** (Art. 26 Abs. 5 KI-VO)
- Aufbewahren der durch das KI-System automatisch erzeugten **Protokolle** für einen angemessenen Zeitraum von **mindestens 6 Monaten** (Art. 26 Abs. 6 KI-VO)
- Bereitstellen von **Pflichtinformationen** gegenüber Beschäftigten und ggf. Betriebs- bzw. Personalratsmitgliedern bei Einsatz von KI-Systemen am **Arbeitsplatz** (Art. 26 Abs. 7 KI-VO)
- Durchführung einer **Datenschutz-Folgenabschätzung** (Art. 13, 26 Abs. 9 KI-VO i. V. m. Art. 35 DSGVO)
- Bereitstellen von **Pflichtinformationen** gegenüber Personen, über die das KI-System **Entscheidungen** trifft oder bei denen es **Unterstützung** leistet (Art. 26 Abs. 11 KI-VO, ggf. Art. 50 KI-VO)

– **Zusammenarbeit** mit der zuständigen Behörde (Art. 26 Abs. 12 KI-VO)
– Betreiber, die **Strafverfolgungsbehörden** o. ä. im Sinne der JI-Richtlinie sind: Antrag auf Genehmigung zur Nutzung eines KI-Systems zur biometrischen Fernidentifizierung und Dokumentation der Verwendung des KI-Systems sowie Vorlegen eines Jahresberichts an die Marktüberwachungsbehörde (Art. 26 Abs. 10 KI-VO)
– Betreiber, bei denen es sich um **Einrichtungen des öffentlichen Rechts** handelt oder um private Einrichtungen, die **öffentliche Dienste** erbringen: Durchführung einer **Grundrechte-Folgenabschätzung** (Art. 27 KI-VO).

Adressaten (Art. 27 Abs. 1 S. 1 KI-VO)

- (wohl) die gesamte **staatliche Verwaltung**
- **private** Einrichtungen, die **öffentliche Dienste** erbringen (z.B. Bildung, Gesundheitsversorgung, Sozialdienste, Wohnungswesen und Justizverwaltung, vgl. ErwGr. 96 KI-VO)
- **Banken und Versicherungen** bzgl. KI-Systemen zur Prüfung der Kreditwürdigkeit (vgl. Anhang III Nr. 5 lit. b) KI-VO)
- Risikobewertung bzw. Preisbildung bei **Kranken- und Lebensversicherung** (vgl. Anhang III Nr. 5 lit. c) KI-VO)
- **Ausnahme: KRITIS-Bereich** (vgl. Anhang III Nr. 2 KI-VO)

Grundrechte-Folgenabschätzung (Art. 27 Abs. 1 S. 2 lit. a)–f) KI-VO)

- Beschreibung der **Verfahren**, bei denen das KI-System verwendet wird
- Beschreibung des **Zeitraums** und der **Häufigkeit**, innerhalb dessen bzw. mit der das KI-System verwendet werden soll
- Kategorien von **Betroffenen**
- spezifischen **Schadensrisiken**
- Beschreibung der Umsetzung von **Maßnahmen der menschlichen Aufsicht**
- **Maßnahmen**, die im Falle des Eintretens der **Risiken** zu ergreifen sind, einschließlich der Regelungen für die interne **Unternehmensführung** und **Beschwerdemechanismen**

Adressaten und Inhalte der Grundrechte-Folgenabschätzung

Anforderungen an KI-Modelle mit allgemeinem Verwendungszweck

Anbieter von **KI-Modellen mit allgemeinem Verwendungszweck** haben folgende Pflichten zu erfüllen:

– Erstellen und Aktualisieren der **technischen Dokumentation** des KI-Modells, um sie dem **AI Office und der nationalen Aufsichtsbehörde** zur Verfügung zu stellen (Art. 53 Abs. 1 lit. a), Anhang XI KI-VO)
– Erstellen und Aktualisieren von **Informationen** und der **Dokumentation**, um sie für **Anbieter von KI-Systemen** zur Verfügung zu stellen (Art. 53 Abs. 1 lit. b), Anhang XII KI-VO)
– **Strategie** zur Einhaltung des **Urheberrechts** (Art. 53 Abs. 1 lit. c) KI-VO

- Erstellen und Veröffentlichen einer hinreichend detaillierten **Zusammenfassung der für das KI-Training verwendeten Inhalte** nach einer vom AI Office bereitgestellten Vorlage (Art. 53 Abs. 1 lit. d) KI-VO
- ggf. **Zusammenarbeit** mit der EU-Kommission und nat. Aufsichtsbehörde (Art. 53 Abs. 3 KI-VO)
- ggf. Benennung eines **EU-Bevollmächtigten** (Art. 54 Abs. 1 KI-VO).

Anbieter von KI-Modellen mit allgemeinem Verwendungszweck, die ein **systemisches Risiko** aufweisen, haben hingegen zusätzlich zu den in Art. 53, 54 KI-VO genannten Pflichten auch noch folgende Vorgaben zu erfüllen:
- Durchführung einer **KI-Modell-Bewertung** mit standardisierten Protokollen und Instrumenten, die dem **Stand der Technik** entsprechen (Art. 55 Abs. 1 lit. a) KI-VO)
- Bewerten und Mindern von möglichen systemischen Risiken auf Unionsebene – einschließlich ihrer Ursachen –, die sich aus der Entwicklung, dem Inverkehrbringen oder der Verwendung von solchen KI-Modellen ergeben können (Art. 55 Abs. 1 lit. b) KI-VO)
- Erfassen und Dokumentieren von einschlägigen **Informationen über schwerwiegende Vorfälle** und mögliche **Abhilfemaßnahmen** sowie ggf. Meldung an das AI Office bzw. die nationale Aufsichtsbehörde (Art. 55 Abs. 1 lit. c) KI-VO)
- Gewährleisten eines angemessenen Maßes an **Cybersicherheit** sowie an **Sicherheit der physischen Infrastruktur** des KI-Modells (Art. 55 Abs. 1 lit. d) KI-VO).

Ein KI-Modell mit allgemeinem Verwendungszweck wird als ein solches mit systemischem Risiko eingestuft, wenn eine der folgenden Bedingungen erfüllt ist (vgl. Art. 51 Abs. 1 KI-VO):

a) Es verfügt über Fähigkeiten mit **hohem Wirkungsgrad**, die mithilfe geeigneter technischer Instrumente und Methoden, einschließlich Indikatoren und Benchmarks, bewertet werden;

b) einer unter Berücksichtigung der **in Anhang XIII festgelegten Kriterien** von der Kommission von Amts wegen oder aufgrund einer qualifizierten Warnung des wissenschaftlichen Gremiums getroffenen Entscheidung zufolge verfügt es über Fähigkeiten oder eine Wirkung, die denen gemäß Buchstabe a entsprechen.

Bei einem KI-Modell mit allgemeinem Verwendungszweck wird angenommen, dass es über Fähigkeiten mit hohem Wirkungsgrad gemäß Art. 51 Abs. 1 lit. a) KI-VO verfügt, wenn die kumulierte Menge der für sein Training verwendeten Berechnungen, gemessen in Gleitkommaoperationen, mehr als 10^{25} beträgt (Art. 51 Abs. 2 KI-VO).

In Art. 3 Nr. 65 KI-VO wird „systemisches Risiko“ wie folgt definiert:

> *„Risiko, das für die* ***Fähigkeiten mit hoher Wirkkraft*** *von KI-Modellen mit allgemeinem Verwendungszweck* ***spezifisch*** *ist und aufgrund deren* ***Reichweite*** *oder aufgrund tatsächlicher oder vernünftigerweise* ***vorhersehbarer negativer Folgen*** *für die öffentliche Gesundheit, die Sicherheit, die öffentliche Sicherheit, die Grundrechte oder die Gesellschaft insgesamt* ***erhebliche Auswirkungen*** *auf den Unionsmarkt hat, die sich in großem Umfang über die gesamte Wertschöpfungskette hinweg verbreiten können“*

Anhang XIII der KI-VO nennt die Kriterien für die Benennung von KI-Modellen mit allgemeinem Verwendungszweck mit systemischem Risiko gemäß Art. 51 KI-VO:

- Anzahl der Parameter des Modells
- Qualität oder Größe des Datensatzes, z. B. durch Tokens gemessen
- Menge der für das Trainieren des Modells verwendeten Berechnungen, gemessen in Gleitkommaoperationen oder anhand einer Kombination anderer Variablen, wie geschätzte Trainingskosten, geschätzter Zeitaufwand für das Trainieren oder geschätzter Energieverbrauch für das Trainieren
- Ein- und Ausgabemodalitäten des Modells, wie Text-Text (Große Sprachmodelle), Text-Bild, Multimodalität, Schwellenwerte auf dem Stand der Technik für die Bestimmung der Fähigkeiten mit hoher Wirkkraft für jede Modalität und die spezifische Art der Ein- und Ausgaben (z. B. biologische Sequenzen)
- Benchmarks und Beurteilungen der Fähigkeiten des Modells, einschließlich unter Berücksichtigung der Zahl der Aufgaben ohne zusätzliches Training, der Anpassungsfähigkeit zum Erlernen neuer, unterschiedlicher Aufgaben, des Grades an Autonomie und Skalierbarkeit sowie der Instrumente, zu denen es Zugang hat
- ob es aufgrund seiner Reichweite große Auswirkungen auf den Binnenmarkt hat – davon wird ausgegangen, wenn es mindestens 10.000 in der Union niedergelassenen registrierten gewerblichen Nutzern zur Verfügung gestellt wurde
- Zahl der registrierten Endnutzer

Die EU hat auf ihrer Website spezielle FAQ zu den KI-Modellen mit allgemeinem Verwendungszweck veröffentlicht.[143] Dort werden diverse Praxisfragen beantwortet, wie z. B. nach dem allgemeinen KI-Praxiskodex[144], in dem festgelegt werden sollte, wie Anbieter von KI-Modellen für allgemeine

143 https://digital-strategy.ec.europa.eu/de/faqs/general-purpose-ai-models-ai-act-questions-answers.

144 https://digital-strategy.ec.europa.eu/de/policies/ai-code-practice.

Zwecke ihre gesetzlichen Verpflichtungen erfüllen können. Auch der Frage, welche Durchsetzungsbefugnisse das Amt für Künstliche Intelligenz hat, wird sich hier angenommen.

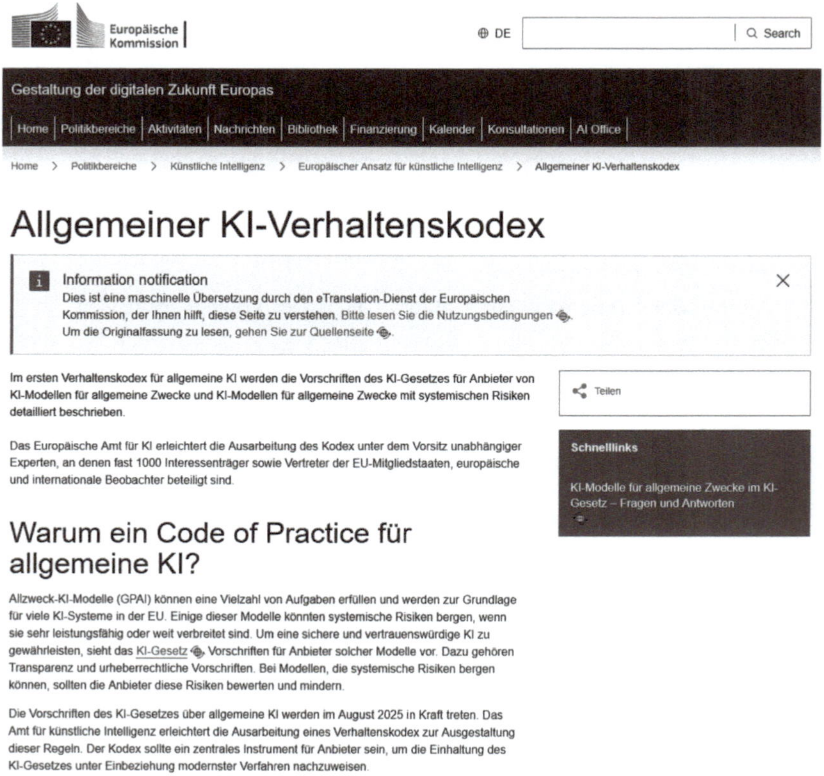

Informationen der EU zum Allgemeinen KI-Verhaltenskodex

Transparenzpflichten

Für bestimmte Konstellationen, unabhängig von der Risikoklasse, gibt Art. 50 KI-VO Transparenzpflichten vor. In all den hier genannten Fällen existieren Ausnahmen, insbesondere für gesetzlich zur Aufdeckung, Verhütung, Ermittlung oder Verfolgung von Straftaten zugelassene KI-Systeme.

Anbieter von KI-Systemen müssen in den folgenden Fällen Informations- bzw. Kennzeichnungspflichten erfüllen:

1. **Chatbots** (Art. 50 Abs. 1 KI-VO):

> *„Die Anbieter stellen sicher, dass KI-Systeme, die für die **direkte Interaktion mit natürlichen Personen** bestimmt sind, so konzipiert und entwickelt werden, dass die betreffenden natürlichen Personen **informiert** werden, dass sie mit einem KI-System interagieren, es sei denn, dies ist aus Sicht einer angemessen informierten, aufmerksamen und verständigen natürlichen Person aufgrund der Umstände und des Kontexts der Nutzung **offensichtlich**."*

Aus ErwGr 132 S. 4 KI-VO wird ergänzend darauf hingewiesen, dass bei der Umsetzung dieser Pflicht die Merkmale von natürlichen Personen, die aufgrund ihres Alters oder einer Behinderung schutzbedürftigen Gruppen angehören, berücksichtigt werden sollen, soweit das KI-System auch mit diesen Gruppen interagieren soll. Insbesondere dürften die Vorgaben des European Accessibility Acts (EAA) bzw. der nationalen Regelungen, wie hierzulande des Barrierefreiheitsstärkungsgesetzes (BFSG), einzuhalten sein.

2. **Content-Generatoren** (Art. 50 Abs. 2 KI-VO):

> *„Anbieter von KI-Systemen, einschließlich KI-Systemen mit allgemeinem Verwendungszweck, die **synthetische Audio-, Bild-, Video- oder Textinhalte erzeugen**, stellen sicher, dass die Ausgaben des KI-Systems in einem **maschinenlesbaren Format gekennzeichnet und als künstlich erzeugt oder manipuliert erkennbar** sind. Die Anbieter sorgen dafür, dass – soweit technisch möglich – ihre technischen Lösungen wirksam, interoperabel, belastbar und zuverlässig sind und berücksichtigen dabei die Besonderheiten und Beschränkungen der verschiedenen Arten von Inhalten, die Umsetzungskosten und den allgemein anerkannten Stand der Technik, wie er in den einschlägigen technischen Normen zum Ausdruck kommen kann."*

Die Transparenzflicht für Anbieter von Content-Generatoren gilt nicht, soweit die KI-Systeme eine unterstützende Funktion für die Standardbearbeitung ausführen oder die vom Betreiber bereitgestellten Eingabedaten oder deren Semantik nicht wesentlich verändern oder wenn sie zur Aufdeckung, Verhütung, Ermittlung oder Verfolgung von Straftaten gesetzlich zugelassen sind.

Aus ErwGr 133 S. 4–6 KI-VO ergibt sich folgende Erläuterung:

*„Diese Techniken und Methoden sollten – soweit technisch möglich – hinreichend zuverlässig, interoperabel, wirksam und belastbar sein, wobei verfügbare Techniken, wie **Wasserzeichen**, **Metadatenidentifi-***

__zierungen, kryptografische Methoden__ zum Nachweis der Herkunft und Authentizität des Inhalts, __Protokollierungsmethoden, Fingerabdrücke__ oder andere Techniken, oder eine Kombination solcher Techniken je nach Sachlage zu berücksichtigen sind. Bei der Umsetzung dieser Pflicht sollten die Anbieter auch die __Besonderheiten und Einschränkungen der verschiedenen Arten von Inhalten__ und die einschlägigen technologischen Entwicklungen und Marktentwicklungen in diesem Bereich, die dem allgemein anerkannten __Stand der Technik__ entsprechen, berücksichtigen. Solche Techniken und Methoden können __auf der Ebene des KI-Systems oder der Ebene des KI-Modells__, darunter KI-Modelle mit allgemeinem Verwendungszweck zur Erzeugung von Inhalten, angewandt werden, wodurch dem nachgelagerten Anbieter des KI-Systems die Erfüllung dieser Pflicht erleichtert wird."

Aber auch die **Betreiber** von KI-Systemen treffen verschiedene Transparenz- bzw. Kennzeichnungspflichten, ebenfalls wieder jeweils mit Ausnahmeregelungen insbesondere für gesetzlich zur Aufdeckung, Verhütung, Ermittlung oder Verfolgung von Straftaten zugelassene KI-Systeme. Diese Transparenzpflichten gelten in folgenden Fällen:

1) **Emotionserkennungssysteme/Systeme zur biometrischen Kategorisierung** (Art. 50 Abs. 3 KI-VO):

„Die Betreiber eines __Emotionserkennungssystems__ oder eines __Systems zur biometrischen Kategorisierung informieren__ die davon betroffenen natürlichen Personen über den Betrieb des Systems und __verarbeiten__ personenbezogene Daten gemäß [insbesondere der __DSGVO__]."

Ein „Emotionserkennungssystem" wird in Art. 3 Nr. 39 KI-VO definiert als ein KI-System, das dem Zweck dient, Emotionen oder Absichten natürlicher Personen auf der Grundlage ihrer biometrischen Daten festzustellen oder daraus abzuleiten. Ein „System zur biometrischen Kategorisierung" ist hingegen ein KI-System, das dem Zweck dient, natürliche Personen auf der Grundlage ihrer biometrischen Daten bestimmten Kategorien zuzuordnen, sofern es sich um eine Nebenfunktion eines anderen kommerziellen Dienstes handelt und aus objektiven technischen Gründen unbedingt erforderlich ist (Art. 3 Nr. 40 KI-VO).

In ErwGr 132 S. 5, 6 KI-VO wird Folgendes ergänzend angeführt:

„Darüber hinaus sollte natürlichen Personen mitgeteilt werden, wenn sie KI-Systemen ausgesetzt sind, die durch die Verarbeitung ihrer __biometrischen Daten__ die __Gefühle oder Absichten__ dieser Personen __identifi-__

> ***zieren oder ableiten*** *oder sie* ***bestimmten Kategorien zuordnen*** *können. Solche spezifischen Kategorien können Aspekte wie etwa* ***Geschlecht, Alter, Haarfarbe, Augenfarbe, Tätowierungen, persönliche Merkmale, ethnische Herkunft sowie persönliche Vorlieben und Interessen*** *betreffen."*

2) **Deepfakes** (Art. 50 Abs. 4 S. 1–3 KI-VO):

> *„Betreiber eines KI-Systems, das* ***Bild-, Ton- oder Videoinhalte erzeugt oder manipuliert****, die ein* ***Deepfake*** *sind, müssen* ***offenlegen****, dass die Inhalte künstlich erzeugt oder manipuliert wurden. [...] Ist der Inhalt Teil eines offensichtlich künstlerischen, kreativen, satirischen, fiktionalen oder analogen Werks oder Programms, so* *<u>beschränken</u>* *sich die in diesem Absatz festgelegten Transparenzpflichten darauf, das Vorhandensein solcher erzeugten oder manipulierten Inhalte* ***in geeigneter Weise offenzulegen****, die die Darstellung oder den Genuss des Werks* *<u>nicht</u>* *beeinträchtigt."*

> Der Begriff „Deepfake" wird in Art. 3 Nr. 60 KI-VO wie folgt definiert:
> *„ein durch KI erzeugten oder manipulierten Bild-, Ton- oder Videoinhalt, der* ***wirklichen*** *Personen, Gegenständen, Orten, Einrichtungen oder Ereignissen* ***ähnelt*** *und einer* ***Person fälschlicherweise als echt oder wahrheitsgemäß erscheinen*** *würde"*

3) **News** (Art. 50 Abs. 4 S. 4–5 KI-VO):

> *„Betreiber eines KI-Systems, das* ***Text erzeugt oder manipuliert****, der* ***veröffentlicht*** *wird, um die* ***Öffentlichkeit über Angelegenheiten von öffentlichem Interesse zu informieren****, müssen* ***offenlegen****, dass der Text künstlich erzeugt oder manipuliert wurde. Diese Pflicht gilt* *<u>nicht</u>**, [...] wenn die durch KI erzeugten Inhalte einem* ***Verfahren der menschlichen Überprüfung oder redaktionellen Kontrolle*** *unterzogen wurden* *<u>und</u>* *wenn eine natürliche oder juristische Person die* ***redaktionelle Verantwortung*** *für die Veröffentlichung der Inhalte trägt."*

Die in Art. 50 KI-VO aufgeführten Transparenz- bzw. Kennzeichnungspflichten für Anbieter und Betreiber der angeführten KI-Systeme legen fest, dass die genannten Informationen den betreffenden natürlichen Personen spätestens zum Zeitpunkt der ersten Interaktion oder Aussetzung in klarer und eindeutiger Weise bereitgestellt werden müssen. Zudem müssen diese Informationen den geltenden Barrierefreiheitsanforderungen, etwa nach dem BFSG, entsprechen (vgl. Art. 50 Abs. 5 KI-VO).

KI-Kompetenz

Unabhängig von der Einstufung in eine der Risikoklassen müssen alle Anbieter und Betreiber von KI-Systemen ein gewisses Maß an KI-Kompetenz zumindest bei ihren Beschäftigten nachweisen, die mit KI-Systemen arbeiten bzw. zukünftig arbeiten sollen. Diese Pflicht ist in Art. 4 KI-VO geregelt und bewusst an den Anfang der KI-VO gestellt, also „vor die Klammer gezogen“. Das Gesetz besagt in diesem Zusammenhang folgendes:

> *„Die **Anbieter und Betreiber von KI-Systemen** ergreifen **Maßnahmen**, um nach besten Kräften sicherzustellen, dass ihr **Personal und andere Personen**, die in ihrem Auftrag mit dem Betrieb und der Nutzung von KI-Systemen befasst sind, über ein **ausreichendes Maß an KI-Kompetenz** verfügen, wobei ihre **technischen Kenntnisse**, ihre **Erfahrung**, ihre **Ausbildung** und **Schulung** und der **Kontext**, in dem die KI-Systeme eingesetzt werden sollen, sowie die Personen oder Personengruppen, bei denen die KI-Systeme eingesetzt werden sollen, zu **berücksichtigen** sind.“*

Aus dieser Regelung ergeben sich gleich mehrere Dinge. Zum einen wird festgelegt, dass nicht nur Anbieter, sondern auch Betreiber von KI-Systemen, unabhängig von der Einstufung in eine der Risikoklassen, zumindest ihre Beschäftigten mit der nötigen KI-Kompetenz ausstatten müssen, bevor diese KI-Systeme benutzen. Darüber hinaus gilt diese Pflicht auch für andere, vom Anbieter bzw. Betreiber beauftragte Personen, also ggf. auch für einen Freelancer, einen IT-Dienstleister oder eine Werbeagentur, die im Auftrag des Unternehmens KI-Systeme einsetzen. Zum anderen darf und soll die KI-Kompetenz den beruflichen Background und die Erfahrungen der betreffenden Personen sowie die KI-Anwendungsgebiete berücksichtigen. Ergo: Eine generische Fortbildung, die „mit der Gießkanne“ an alle Beschäftigten verteilt wird, reicht sicherlich nicht aus. Es gilt vielmehr, ein gut dokumentiertes, damit nachweisbares, und individuell auf einzelne Personen bzw. Personengruppen (z. B. „Einsteiger“, „Fortgeschrittene“ und „Profis“) abgestimmtes Fortbildungskonzept zu erstellen und umzusetzen.

Dass allerdings Fortbildungen alleine nicht ausreichen dürften, legt die Definition des Begriffs „KI-Kompetenz“ aus Art. 3 Nr. 56 KI-VO nahe:

> *„die **Fähigkeiten**, die **Kenntnisse** und das **Verständnis**, die es Anbietern, Betreibern und Betroffenen **unter Berücksichtigung ihrer jeweiligen Rechte und Pflichten** im Rahmen dieser Verordnung ermöglichen, KI-Systeme **sachkundig einzusetzen** sowie sich der **Chancen** und **Risiken** von KI und möglicher **Schäden**, die sie verursachen kann, **bewusst zu werden**.“*

Ergänzend dazu führt ErwGr 20 S. 1–6 KI-VO noch Folgendes aus:

> *„Um den größtmöglichen Nutzen aus KI-Systemen zu ziehen und gleichzeitig die Grundrechte, Gesundheit und Sicherheit zu wahren und eine demokratische Kontrolle zu ermöglichen, sollte die KI-Kompetenz Anbieter, Betreiber und betroffene Personen mit den* ***notwendigen Konzepten*** *ausstatten, um* ***fundierte Entscheidungen*** *über KI-Systeme zu treffen. Diese Konzepte können in Bezug auf den* ***jeweiligen Kontext*** *unterschiedlich sein und das* ***Verstehen der korrekten Anwendung technischer Elemente in der Entwicklungsphase*** *des KI-Systems, der* ***bei seiner Verwendung anzuwendenden Maßnahmen*** *und der* ***geeigneten Auslegung der Ausgaben des KI-Systems*** *umfassen sowie – im Falle betroffener Personen – das nötige* ***Wissen****, um zu verstehen, wie sich mithilfe von KI getroffene Entscheidungen auf sie auswirken werden. Im Zusammenhang mit der Anwendung dieser Verordnung sollte die KI-Kompetenz allen einschlägigen Akteuren […] die* ***Kenntnisse*** *vermitteln, die erforderlich sind, um die* ***angemessene Einhaltung und die ordnungsgemäße Durchsetzung der Verordnung*** *sicherzustellen. […]“*

Und auch aus den Maßnahmen der menschlichen Aufsicht aus Art. 14 Abs. 4, ErwGr 73, 91 KI-VO lassen sich wertvolle Rückschlüsse ziehen. Denn dort finden sich in Bezug auf Hochrisiko-KI-Systeme folgende, spezielle Anforderungen an deren menschliche Aufsichtsperson:

- Verstehen der einschlägigen **Fähigkeiten und Grenzen** des KI-Systems
- Fähigkeit zur **ordnungsgemäßen Überwachung** des KI-Systems
- Erkennen und Beheben von **Anomalien**, **Fehlfunktionen** sowie **unerwarteter Leistung**
- Bewusstsein für eine mögliche Neigung zum automatischen oder übermäßigen Vertrauen in die vom KI-System hervorgebrachte Ausgabe („**Automatisierungsbias**“)
- Fähigkeit zur **richtigen Interpretation der Ausgabe** des KI-Systems
- **Entscheidungsfähigkeit**, in bestimmten Situationen das KI-System nicht zu verwenden oder die Ausgabe des KI-Systems außer Acht zu lassen, außer Kraft zu setzen oder rückgängig zu machen
- Fähigkeit zum **Eingriff** in den Betrieb oder zur **Unterbrechung** des Betriebs des KI-Systems.

Die genannten Anforderungen stellen einerseits folglich einen notwendigen Teil der KI-Kompetenz der menschlichen Aufsicht über Hochrisiko-KI-Systeme dar. Andererseits dürften diese speziellen Vorgaben gerade nicht für die KI-Kompetenz in Bezug auf KI-Systeme mit begrenztem oder minimalem Risiko gelten; jedenfalls nicht zwingend und nicht in jedem Fall.

Im Januar 2025 hat die EU-Kommission ein Lebendiges Repositorium zur Förderung des Lernens und des Austauschs über KI-Kompetenz[145] herausgebracht. Darin finden sich Beispiele aus der Praxis unterschiedlicher Unternehmen. Dem Papier lässt sich folglich entnehmen, welche Maßnahmen diese Unternehmen ergreifen, um KI-Kompetenz zu erlangen bzw. zu gewährleisten. Aus dem umfangreichen Papier lassen sich folgende Punkte als mögliche KI-Kompetenz-Maßnahmen herausziehen:

- Liste möglicher **Anwendungsfälle** („use cases")
- umfassendes **Schulungskonzept** bzw. ein globales digitales Weiterbildungs- und Umschulungsprogramm
- Reihe interner Akademien für **spezifische Rollen bzw. Anwendungsbereiche** (IT, Rechtsabteilung, Personalbereich…)
- **unterschiedliche Lernangebote** (z.B. Live-Webinare, Workshops, Video- oder Podcasts, E-Learnings, VR-Simulationen, spielbasierte und storytelling-orientierte Trainingsmethoden)
- **Aufteilung der Inhalte** (KI-Grundlagen, bereichsspezifischer KI, juristische Aspekte, KI-Risiken, Schulungen mit Praxisübungen…)
- Bereitstellung von **schriftlichem Schulungs- und Informationsmaterial**
- **interne Plattform** als Informations- und Kommunikationsportal
- Betrieb interner **KI-Test-Plattformen**
- Einrichtung eines **interdisziplinären KI-Teams**
- **Fortschrittsüberwachung** bzw. regelmäßige Evaluation und Anpassung des Schulungskonzepts bzw. der einzelnen Angebote
- Möglichkeit für **Feedback**
- Zusammenarbeit mit **externen Experten**
- **Mentorenprogramm**
- **interne KI-Richtlinie** (KI-Guideline)
- **Arbeits- bzw. Dienstanweisungen** und ggf. **Betriebs- bzw. Dienstvereinbarungen** sowie Zusammenarbeit mit Betriebsrat oder Personalrat
- regelmäßige **Sensibilisierungsmaßnahmen** bzw. -veranstaltungen
- Umsetzung eine **KI-Management-Systems** nach ISO 42001
- Maßnahmen für das **Change-Management**
- Prüfung von KI-Kenntnissen im Rahmen des **Bewerbungs- bzw. Einstellungsverfahrens**

---

145 https://digital-strategy.ec.europa.eu/de/library/living-repository-foster-learning-and-exchange-ai-literacy.

- spezielle Qualifizierung einzelner **Mitarbeiter als interne Multiplikatoren**
- Daten-Management-System (**Daten-Governance**).

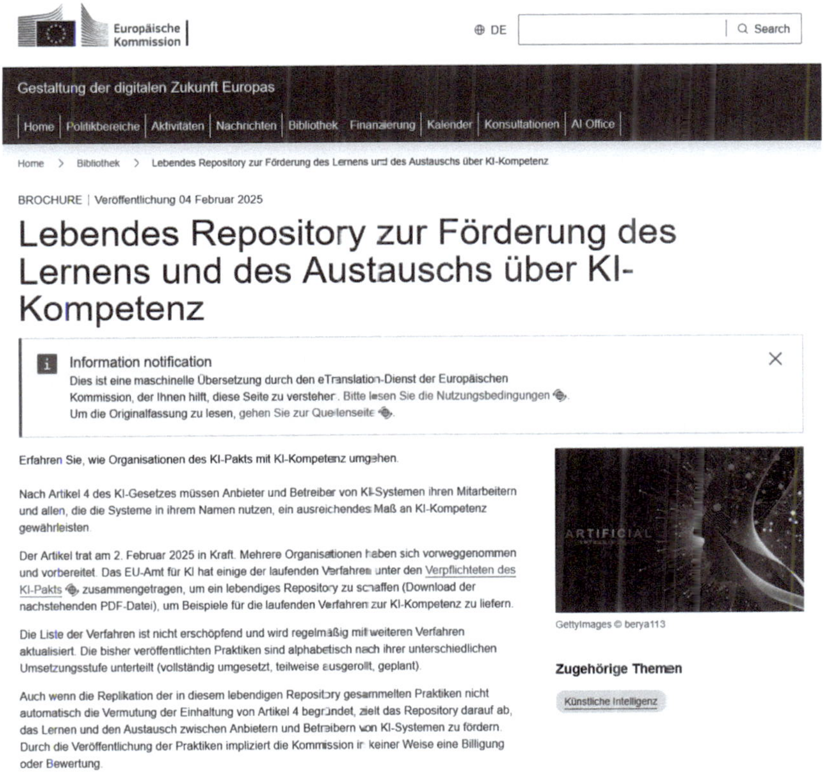
Europäische Kommission

DE | Search

Gestaltung der digitalen Zukunft Europas

Home | Politikbereiche | Aktivitäten | Nachrichten | Bibliothek | Finanzierung | Kalender | Konsultationen | AI Office

Home > Bibliothek > Lebendes Repository zur Förderung des Lernens und des Austauschs über KI-Kompetenz

BROCHURE | Veröffentlichung 04 Februar 2025

Lebendes Repository zur Förderung des Lernens und des Austauschs über KI-Kompetenz

Information notification
Dies ist eine maschinelle Übersetzung durch den eTranslation-Dienst der Europäischen Kommission, der Ihnen hilft, diese Seite zu verstehen. Bitte lesen Sie die Nutzungsbedingungen.
Um die Originalfassung zu lesen, gehen Sie zur Quellenseite.

Erfahren Sie, wie Organisationen des KI-Pakts mit KI-Kompetenz umgehen.

Nach Artikel 4 des KI-Gesetzes müssen Anbieter und Betreiber von KI-Systemen ihren Mitarbeitern und allen, die die Systeme in ihrem Namen nutzen, ein ausreichendes Maß an KI-Kompetenz gewährleisten.

Der Artikel trat am 2. Februar 2025 in Kraft. Mehrere Organisationen haben sich vorweggenommen und vorbereitet. Das EU-Amt für KI hat einige der laufenden Verfahren unter den Verpflichteten des KI-Pakts zusammengetragen, um ein lebendiges Repository zu schaffen (Download der nachstehenden PDF-Datei), um Beispiele für die laufenden Verfahren zur KI-Kompetenz zu liefern.

Die Liste der Verfahren ist nicht erschöpfend und wird regelmäßig mit weiteren Verfahren aktualisiert. Die bisher veröffentlichten Praktiken sind alphabetisch nach ihrer unterschiedlichen Umsetzungsstufe unterteilt (vollständig umgesetzt, teilweise ausgerollt, geplant).

Auch wenn die Replikation der in diesem lebendigen Repository gesammelten Praktiken nicht automatisch die Vermutung der Einhaltung von Artikel 4 begründet, zielt das Repository darauf ab, das Lernen und den Austausch zwischen Anbietern und Betreibern von KI-Systemen zu fördern. Durch die Veröffentlichung der Praktiken impliziert die Kommission in keiner Weise eine Billigung oder Bewertung.

ARTIFICIAL

GettyImages © berya113

Zugehörige Themen

Künstliche Intelligenz

Lebendiges Repositorium der EU-Kommission zur Förderung des Lernens und des Austauschs über KI-Kompetenz

Natürlich müssen nicht immer alle der genannten Punkte umgesetzt werden, um KI-Kompetenz i. S. v. Art. 4 KI-VO gewährleisten zu können. Jedes Unternehmen, jede Behörde und jeder Verein sollte sich vielmehr diejenigen Aspekte herausgreifen, die in ihrer individuellen Situation Sinn ergeben.

Um das Thema „KI-Kompetenz" noch etwas mehr zu beleuchten, hat die EU inzwischen spezielle FAQ zu diesem Thema veröffentlicht[146]. Dort werden auszugsweise u. a. folgende Aspekte erörtert:

146 https://digital-strategy.ec.europa.eu/de/faqs/ai-literacy-questions-answers.

- **Welche Zielgruppe fällt in den Anwendungsbereich von Art. 4 KI-VO? Wer sind „andere Personen"?**

  „Dies betrifft jeden in der Organisation, der sich direkt mit einem KI-System befasst […]. ‚Personen, die im Auftrag von Anbietern/Arbeitgebern mit dem Betrieb und der Nutzung von KI-Systemen befasst sind' bedeutet, dass es sich nicht um Arbeitnehmer handelt, sondern um Personen, die […] in den organisatorischen Zuständigkeitsbereich fallen. Es kann z. B. ein Auftragnehmer, ein Dienstleister oder ein Kunde sein."

- **Muss ein Unternehmen, dessen Mitarbeiter ChatGPT z. B. zum Verfassen von Werbetexten oder zur Übersetzung von Texten nutzen, die Anforderung an die KI-Kompetenz gem. Art. 4 KI-VO erfüllen?**

  „Ja, sie sollten über die spezifischen Risiken, zum Beispiel Halluzinationen, informiert werden."

- **Welche Mindestinhalte sollten für ein KI-Kompetenzprogramm gem. Art. 4 KI-VO berücksichtigt werden?**

  „Das Amt für künstliche Intelligenz wird keine strengen Anforderungen an Art. 4 KI-VO und dessen ‚ausreichende KI-Kompetenz' stellen. Im Gegenteil, sie hält […] ein gewisses Maß an Flexibilität für erforderlich. Um jedoch Art. 4 KI-VO einzuhalten, sollten Anbieter und Betreiber von KI-Systemen mindestens

  a) ein allgemeines Verständnis von KI in ihrer Organisation gewährleisten: Was ist KI? Wie funktioniert sie? Welche KI wird in unserer Organisation eingesetzt? Was sind ihre Chancen und Gefahren?

  b) die Rolle ihrer Organisation (Anbieter oder Betreiber von KI-Systemen) berücksichtigen: Entwickelt meine Organisation KI-Systeme oder verwendet sie nur KI-Systeme, die von einer anderen Organisation entwickelt wurden?

  c) das Risiko der bereitgestellten KI-Systeme berücksichtigen: Was müssen Mitarbeiter wissen, wenn sie mit einem solchen KI-System zu tun haben? Was sind die Risiken, denen sie sich bewusst sein müssen, und müssen sie sich der Minderung bewusst sein?

  d) einen konkreten Aufbau ihrer KI-Kompetenzmaßnahmen auf der vorhergehenden Analyse vornehmen unter Berücksichtigung von:

  - *Unterschieden bei den techn. Kenntnissen, der Erfahrung, der Aus- und Weiterbildung des Personals u. a. Personen. Wie viel wissen die Personen über KI und die von ihnen verwendeten Systeme der Organisation? Was sollten sie sonst noch wissen?*
  - *Kontext, in dem die KI-Systeme verwendet werden sollen, und die Personen, bei denen die KI-Systeme verwendet werden sollen. In welchem Sektor und zu welchem Zweck/Dienst wird das KI-System verwendet?*

Diese Punkte umfassen rechtliche & ethische Aspekte. Daher werden ein Verständnis der KI-VO sowie zu Ethik- und Governance-Grundsätzen gefördert.“

- **Ist eine KI-Schulung für Art. 4 KI-VO obligatorisch oder sind auch andere KI-Kompetenzinitiativen zulässig?**

  „[…] In vielen Fällen kann es jedoch unwirksam und unzureichend sein, sich einfach auf die Gebrauchsanweisungen der KI-Systeme zu verlassen oder das Personal aufzufordern, sie zu lesen. Art. 4 KI-VO soll Schulungen und Orientierungshilfen bieten, die auf der Grundlage des Kenntnisstands und der Art des Wissens jeder Zielgruppe sowie des Kontexts und des Zwecks der in der Organisation verwendeten KI-Systeme am besten geeignet sind. […] In Art. 26 KI-VO wird z. B. eine Verpflichtung für Betreiber von Hochrisikosystemen eingeführt, um sicherzustellen, dass das mit den KI-Systemen befasste Personal in der Praxis ausreichend geschult ist, um mit dem System umzugehen und die menschliche Aufsicht zu gewährleisten. Sich auf die Gebrauchsanweisung zu verlassen, reicht daher nicht aus, weitere Maßnahmen sind erforderlich.“

- **Dürfen KI-Kompetenztrainingskonzepte zwischen verschiedenen Detaillierungsgraden unterscheiden?**

  „Ja, Art. 4 KI-VO ermutigt Anbieter und Betreiber, das Wissen, die Erfahrung, die Aus- und Weiterbildung von Mitarbeitern u. a. Personen zu berücksichtigen, um ein ausreichendes Maß an KI-Kompetenz zu gewährleisten. Angesichts des Unterschieds zwischen KI-Systemen und der Tatsache, dass der Wissens- und Erfahrungsstand sowie die Art der erhaltenen allgemeinen und beruflichen Bildung variieren können, können unterschiedliche Ausbildungsniveaus oder Lernansätze angemessen sein.“

- **Wie müssen Organisationen ihre Maßnahmen dokumentieren, um Art. 4 KI-VO und die darin enthaltenen Best-Effort-Bestimmungen einzuhalten? Benötigen sie spezielle Zertifikate?**

  „Ein Zertifikat ist nicht erforderlich. Organisationen können interne Aufzeichnungen über Schulungen […] führen.“

- **Wann beginnt die Durchsetzung? Ist ein Unternehmen bereits zu spät bzw. in Gefahr, wenn es noch keine etablierte KI-Kompetenzinitiative hat?**

  „Art. 4 KI-VO trat am 2. Februar 2025 in Kraft, daher gilt bereits die Verpflichtung, Maßnahmen zu ergreifen, um die KI-Kompetenz ihrer Mitarbeiter sicherzustellen. Die Aufsichts- und Durchsetzungsvorschriften gelten ab dem 3. August 2026.“

– **Welche Folgen könnte es für eine Organisation geben, wenn davon ausgegangen wird, dass sie Art. 4 KI-VO nicht einhält?**

> *„Die nationalen Marktüberwachungsbehörden könnten Sanktionen und andere Durchsetzungsmaßnahmen verhängen, um Verstöße gegen Art. 4 KI-VO zu ahnden. Grundlage hierfür sind die nationalen Rechtsvorschriften, die die Mitgliedstaaten bis zum 2. August 2025 erlassen sollen. Es ist wichtig zu betonen, dass bei der Durchsetzung der KI-VO ein verhältnismäßiger Ansatz verfolgt wird. Jede Sanktion muss verhältnismäßig sein, auf dem Einzelfall beruhen und Faktoren wie Art und Schwere sowie den vorsätzlichen und fahrlässigen Charakter des Verstoßes berücksichtigen. Dies könnte jedoch wahrscheinlicher sein, wenn es einen Beweis für einen Vorfall gibt, der auf das Fehlen einer angemessenen Schulung und Anleitung von Mitarbeitern oder anderen Personen zurückzuführen ist."*

– **Wie können KMU mit begrenzten Ressourcen sicherstellen, dass ihre Mitarbeiter die erforderliche KI-Kompetenz erwerben? Gibt es spezielle Schulungsinitiativen oder EU-Förderprogramme?**

> *„Ein Beispiel für eine EU-Initiative, die KMU unterstützen könnte, ist das Netzwerk der europäischen digitalen Innovationszentren (EDIH). EDIH sind 251 zentrale Anlaufstellen in ganz Europa […], sie unterstützen KMU und Organisationen des öffentlichen Sektors bei der Digitalisierung ihrer Prozesse. […] KMU und Organisationen des öffentlichen Sektors können sich an EDIH wenden, um Unterstützung bei KI-Technologien und ihren Digitalisierungszielen im weiteren Sinne zu erhalten."*

– **Ist ein KI-Beauftragter genauso notwendig wie für die DSGVO? Kann ein Datenschutzbeauftragter (DSB) und ein AI Officer dieselbe Person sein? Soll eine Organisation ein KI-Governance-Board einrichten?**

> *„Nein, es gibt keine spezifische Governance-Struktur, die zur Einhaltung von Art. 4 KI-VO verpflichtet ist."*

Auch wenn gerade keine generelle Pflicht zur Benennung eines „KI-Beauftragten" – parallel zum DSB nach Vorgabe der DSGVO – besteht, wäre es in jedem Fall aber wünschenswert, wenn zumindest eine Person existiert, die mit dem notwendigen Wissen ausgestattet ist und als Organisator sowie als Bindeglied fungieren kann („KI-Beauftragter", „KI-Manager", „AI Officer" o. ä.). Gleichwohl wäre eine solche Funktion ideal oder vielleicht sogar ein ganzes „KI-Team", das interdisziplinär besetzt ist und das Thema „KI" federführend übernimmt.

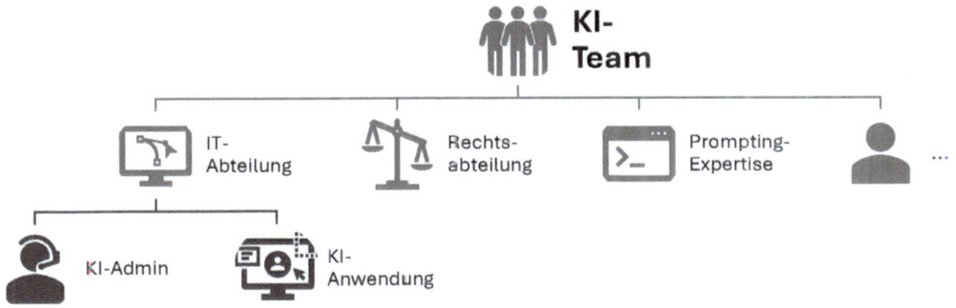

So könnte die Besetzung eines KI-Teams aussehen

e) Sanktionen/Geldbußen

Entsprechend den Vorgaben der KI-VO erlassen die EU-Mitgliedstaaten Vorschriften für Sanktionen und andere Durchsetzungsmaßnahmen, zu denen auch Verwarnungen und nichtmonetäre Maßnahmen gehören können, die bei Verstößen gegen die KI-VO durch Akteure Anwendung finden, und ergreifen alle Maßnahmen, die für deren ordnungsgemäße und wirksame Durchsetzung notwendig sind (Art. 99 Abs. 1 S. 1 KI-VO). Diese Sanktionen müssen nach Maßgabe von Art. 99 Abs. 1 S. 2 KI-VO „wirksam, verhältnismäßig und abschreckend" sein – eine Formulierung, die 1:1 aus der DSGVO abgeschrieben worden zu sein scheint. Allerdings sollen insbesondere die Interessen von kleinen und mittleren Unternehmen (KMU-Bereich) und Startups sowie deren wirtschaftliches Überleben berücksichtigt werden. Eine Einheitlichkeit auf EU-Ebene wird durch entsprechende Leitlinien der EU-Kommission angestrebt.

Je nach Verstoß drohen unterschiedliche Maximalgeldbußen:

- **Verstoß gegen verbotene Praktiken** gem. Art. 5 KI-VO (Art. 99 Abs. 3 KI-VO): Geldbuße bis zu 35 Mio. Euro oder bis zu 7 % des weltweiten erzielten Vorjahresgesamtumsatzes (je nachdem, welcher Betrag höher ist)
- **Verstoß gegen Art. 16, 22, 23, 24, 26, 31, 33, 34, 50 KI-VO** (Art. 99 Abs. 4 KI-VO): Geldbuße bis zu 15 Mio. Euro oder bis zu 3 % des weltweiten erzielten Vorjahresgesamtumsatzes
- **Bereitstellung irreführender oder falscher Informationen** (Art. 99 Abs. 5 KI-VO): Geldbuße bis zu 7,5 Mio. Euro oder bis zu 1 % des weltweiten erzielten Vorjahresgesamtumsatzes.

Hierbei ist zu berücksichtigen, dass der jeweils höhere Betrag als Bußgeld festgesetzt werden kann.

Nach Maßgabe von Art. 99 Abs. 6 KI-VO soll bei Verstößen durch Unternehmen aus dem KMU-Bereich bzw. Startups der jeweils niedrigere Betrag gelten. Bei Verstößen durch Anbieter von KI-Modellen mit allgemeinem Verwendungszweck drohen Geldbußen von bis zu 15 Mio. Euro oder bis zu 3 % des weltweiten erzielten Vorjahresgesamtumsatzes – je nachdem, welcher Betrag höher ist (Art. 101 Abs. 1 KI-VO).

Verstoß gegen verbotene Praktiken (Art. 5)	Verstoß gegen Art. 16, 22, 23, 24, 26, 31, 33, 34, 50	Bereitstellung irreführender oder falscher Infos	Verstöße durch KMU / Startups	Verstöße durch Anbieter von GPAI
• Geldbuße bis zu **35 Mio. €** • oder bis zu **7%** des weltweiten Vorjahresgesamt-umsatzes • je nachdem, welcher Betrag **höher** ist	• Geldbuße bis zu **15 Mio. €** • oder bis zu **3%** des weltweiten Vorjahresgesamt-umsatzes • je nachdem, welcher Betrag **höher** ist	• Geldbuße bis zu **7,5 Mio. €** • oder bis zu **1%** des weltweiten Vorjahresgesamt-umsatzes • je nachdem, welcher Betrag **höher** ist	• für jeden Verstoß gilt der jeweils **niedrigere** Betrag	• Geldbuße bis zu **15 Mio. €** • oder bis zu **3%** des weltweiten Vorjahresgesamt-umsatzes • je nachdem, welcher Betrag **höher** ist

Übersicht über die einzelnen Bußgeldvarianten

Als Kriterien zur Festlegung der konkreten Bußgeldhöhe können gemäß Art. 99 Abs. 7 KI-VO folgende Aspekte herangezogen werden:

- **Art, Schwere und Dauer des Verstoßes** und seiner **Folgen**, unter Berücksichtigung des Zwecks des KI-Systems sowie ggf. der **Zahl der betroffenen Personen** und des **Ausmaßes** des von ihnen **erlittenen Schadens**
- ob demselben Akteur bereits von anderen Marktüberwachungsbehörden **für denselben Verstoß Geldbußen auferlegt** wurden
- ob demselben Akteur **bereits von anderen Behörden** für Verstöße gegen das Unionsrecht oder das nationale Recht **Geldbußen auferlegt** wurden, wenn diese Verstöße auf **dieselbe Handlung oder Unterlassung** zurückzuführen sind, die einen einschlägigen Verstoß gegen diese Verordnung darstellt
- **Größe, Jahresumsatz und Marktanteil** des Akteurs, der den Verstoß begangen hat
- jegliche anderen **erschwerenden oder mildernden Umstände** im jeweiligen Fall, wie etwa unmittelbar oder mittelbar durch den Verstoß erlangte **finanzielle Vorteile oder vermiedene Verluste**
- **Grad der Zusammenarbeit** mit den zuständigen nationalen **Behörden**, um den Verstoß **abzustellen** und die möglichen nachteiligen Auswirkungen des Verstoßes **abzumildern**
- **Grad an Verantwortung** des Akteurs unter Berücksichtigung der von ihm ergriffenen technischen und organisatorischen Maßnahmen
- **Art und Weise**, wie der Verstoß den zuständigen nationalen **Behörden bekannt** wurde, insbesondere ob und gegebenenfalls in welchem Umfang der Akteur den **Verstoß gemeldet** hat

- **Vorsätzlichkeit oder Fahrlässigkeit** des Verstoßes
- alle **Maßnahmen**, die der Akteur ergriffen hat, um den **Schaden**, der den betroffenen Personen zugefügt wird, zu **mindern.**

Auch diese Methodik sowie die einzelnen Aspekte sind dem Grunde nach bereits aus der DSGVO bekannt.

f) Zuständige Aufsichtsbehörden

Auf EU-Ebene übernimmt das KI-Büro („AI Office")[147] die Koordination, welches bei der EU-Kommission angesiedelt ist. Insbesondere veröffentlicht es Leitlinien zur Unterstützung von Anbietern und Betreibern bei der Umsetzung der Regelungen der KI-VO. Eine Sonderzuständigkeit für die Organe, Einrichtungen und andere Stellen der EU liegt beim Europäischen Datenschutzbeauftragten (EDSB)[148].

Der Europäische Ausschuss für künstliche Intelligenz („KI-Ausschuss", engl.: „AI Board")[149] ist ein wichtiges Beratungsgremium, das durch die KI-VO geschaffen wurde. Der KI-Ausschuss setzt sich aus Vertretern der einzelnen EU-Mitgliedstaaten zusammen und wird vom KI-Büro innerhalb der Europäischen Kommission unterstützt, das als Sekretariat des Ausschusses fungiert. Der Ausschuss spielt eine entscheidende Rolle im Governance-Rahmen der KI-VO und gewährleistet deren wirksame Umsetzung in der gesamten Europäischen Union.

In den einzelnen EU-Mitgliedstaaten werden jeweils nationale Aufsichtsbehörden eingesetzt, die ihrerseits die Umsetzung der Vorgaben der KI-VO überwachen und ggf. sanktionieren sollen. In Deutschland soll (vermutlich) die Bundesnetzagentur als zentrale Marktüberwachungsbehörde fungieren. Soweit es um die Verarbeitung von personenbezogenen Daten im Rahmen von KI geht, sind die Datenschutzaufsichtsbehörden ebenfalls mit im Boot. Diesen steht zudem eine Sonderzuständigkeit für den Einsatz von KI in den Bereichen Strafverfolgung, Migration, Asyl, Grenzkontrolle, Rechtspflege und demokratische Prozesse zu. Darüber hinaus wird der BaFin die Sonderaufsicht für KI im Finanzbereich zugeordnet. Und wenn es um KI-Systeme in bestimmten, EU-rechtlich regulierten Produkten geht, sind die für den jeweiligen Bereich zuständigen Aufsichtsbehörden an der Reihe. Das bedeutet, dass beispielsweise das Kraftfahrtbundesamt für die in Fahrzeugen eingebauten KI-Systeme zuständig ist.

147 https://digital-strategy.ec.europa.eu/de/policies/ai-office.
148 https://european-union.europa.eu/institutions-law-budget/institutions-and-bodies/search-all-eu-institutions-and-bodies/european-data-protection-supervisor-edps_de.
149 https://digital-strategy.ec.europa.eu/de/policies/ai-board.

g) Ergänzende Rechtsakte, Leitlinien, Normen & Co.

Es existieren mehrere ISO-Normen, die bei der Umsetzung der Vorgaben der KI-VO hilfreich sein können. Insbesondere die Norm ISO/IEC 42001 spielt eine zentrale Rolle, da sie ein strukturiertes Rahmenwerk für das Management von KI-Systemen bietet und viele Anforderungen der Verordnung unterstützt. Darüber hinaus hat die EU gleich mehrere Strategien umgesetzt, um die Handhabung der KI-VO in der Praxis für die betroffenen Institutionen zu erleichtern.

ISO/IEC 42001 (KI-Managementsystem)

Die ISO-Norm 42001 bietet Vorgaben für ein KI-Managementsystem, das Institutionen bei der Entwicklung, Bereitstellung und Nutzung von KI-Systemen unterstützt. Sie umfasst Aspekte wie Transparenz, Verantwortlichkeit, Risikomanagement und Ethik. Diese Norm ist besonders relevant für die Einhaltung der Anforderungen an Hochrisiko-KI-Systeme gemäß Art. 6 KI-VO, wie Risikomanagement, Governance und Datensatzqualität. Institutionen, die diese Norm implementieren, können eine Vermutung der Konformität gemäß Art. 40 KI-VO genießen, sofern die Norm als harmonisierter Standard anerkannt wird.

ISO 31000 (Risikomanagement)

Die Norm 31000 bietet allgemeine Leitlinien für das Risikomanagement und kann zur Identifikation und Bewertung von Risiken bei Hochrisiko-KI-Systemen verwendet werden. Sie unterstützt insbesondere die Anforderungen an Risikomanagementsysteme in der KI-VO und hilft bei der Dokumentation und Bewertung von Risiken.

ISO/IEC 27001 (Informationssicherheitsmanagement)

Die ISO 27001 ist für die Gewährleistung von Informationssicherheit relevant und kann mit der ISO/IEC 42001 in einem integrierten Managementsystem kombiniert werden. Sie ist besonders nützlich für den Schutz sensibler Daten in KI-Systemen und erfüllt Sicherheitsanforderungen der KI-VO.

IT-Einsatz-Gesetz (ITEG)

Im Bundesland Schleswig-Holstein gibt es das Gesetz über die Möglichkeit des Einsatzes von datengetriebenen Informationstechnologien bei öffentlich-rechtlicher Verwaltungstätigkeit (IT-Einsatz-Gesetz, kurz: ITEG) [150], das bereits am 15. April 2022 in Kraft getreten ist.

Das ITEG verfolgt das primäre Ziel, den Einsatz sich selbstständig weiterentwickelnder, datenbasierter IT-Technologien für Träger der öffentlichen Verwaltung im Rahmen ihrer Aufgabenerfüllung unter verbindlich festgelegten rechtlichen Bedingungen zu ermöglichen. Das Gesetz betrat dabei im Hinblick auf gesetzliche Regulierungen in Deutschland Neuland, da es erstmals einen konkreten rechtlichen Rahmen für den Einsatz von Technologien wie künstlicher Intelligenz in der Verwaltung geschaffen hat.

Mit dem ITEG werden wesentliche Grundprinzipien, wie sie auch in der KI-VO zu finden sind, rechtlich operationalisiert, darunter:

- Vorrang menschlichen Handelns und menschlicher Aufsicht
- Technische Robustheit und Sicherheit
- Beachtung von Privatsphäre und Datenqualitätsmanagement
- Transparenz, Vielfalt, Nichtdiskriminierung und Fairness
- Beachtung des gesellschaftlichen und ökologischen Wohlergehens
- Rechenschaftspflicht.

Diese Prinzipien sollen sicherstellen, dass der Einsatz datengetriebener Technologien in der Verwaltung verantwortungsvoll und im Einklang mit rechtsstaatlichen Grundsätzen erfolgt.

Das ITEG gilt für die öffentlich-rechtliche Verwaltungstätigkeit der Träger der öffentlichen Verwaltung im Lande Schleswig-Holstein. Es erfasst somit sämtliche Behörden und öffentlichen Einrichtungen, die öffentlich-rechtliche Verwaltungsaufgaben wahrnehmen. Es regelt den Einsatz von datengetriebenen Informationstechnologien, wobei der Fokus auf Systemen liegt, die zur eigenständigen Informationsverarbeitung und Entscheidungsfindung in der Lage sind. So erfasst es beispielsweise den Einsatz von ChatGPT in der Landesverwaltung Schleswig-Holstein.

Im ITEG sind verschiedene Pflichten für die Akteure, die datengetriebene Informationstechnologien in der öffentlichen Verwaltung einsetzen, definiert:

1. **Risikobewertung und Einstufung**: Eingesetzte Technologien werden in verschiedene Risikostufen eingeordnet.
2. **Eigenverantwortlichkeit der öffentlichen Stellen**: Die öffentlichen Stellen treffen die finale Entscheidung über den Einsatz eines Dienstes in eigener Verantwortung. Für die Beachtung der organisatorischen Vorgaben sowie die weiteren gesetzlichen Bestimmungen bei der Verwendung

150 https://www.gesetze-rechtsprechung.sh.juris.de/bssh/document/jlr-ITEGSHrahmen.

des Dienstes ist die öffentliche Stelle verantwortlich, die den Dienst verwendet.

3. **Implementierung technischer und organisatorischer Maßnahmen**: Zum Schutz öffentlicher und privater Interessen sowie zur Gewährleistung eines fachlich und inhaltlich korrekten sowie rechtlich sicheren Einsatzes des Dienstes müssen technische und/oder organisatorische Maßnahmen durch die verwendende Stelle getroffen werden.
4. **Beschränkungen bei der Datenverwendung**: Bei der Nutzung von KI-Systemen, wie z.B. ChatGPT, ist die Verwendung von geheimhaltungsbedürftigen Informationen oder personenbezogenen Daten zur Erstellung einer Abfrage (Input) unzulässig.
5. **Überprüfungspflicht**: Die Landesregierung ist verpflichtet, die Auswirkungen des Gesetzes mit wissenschaftlicher Unterstützung zu überprüfen.

Die Aufsicht über die Einhaltung des IT-Einsatz-Gesetzes wird durch verschiedene Stellen wahrgenommen:

1. **Präventive Risikoklassifizierung**: Eine Fachstelle, die auch als „KI-Aufsichtsbehörde" bezeichnet wird, kann im Auftrag der jeweiligen Behörde eine präventive Risikoklassifizierung durchführen. Diese Fachstelle überprüft die zu verwendende Technik, gibt diese für den konkreten Einsatz frei und legt eine entsprechende Risikostufe fest, aus der sich für die einsetzende Behörde die weiteren rechtlichen Voraussetzungen nach dem Gesetz ergeben.
2. **CIO Schleswig-Holstein**: Im Fall der Freigabeempfehlung für ChatGPT erfolgte die Zulässigkeitsprüfung gemäß §2 Abs. 1 ITEG durch den CIO (Chief Information Officer) Schleswig-Holstein in Verbindung mit Ziffer 4.2 OrgErl ITSH.

Das ITEG steht in einem engen Zusammenhang mit anderen Rechtsakten und Normen:

1. **Digitalisierungsgesetz**: Das ITEG ist als Art. 12 Teil des umfassenden Digitalisierungsgesetzes von Schleswig-Holstein, das weitere Gesetze und Gesetzesänderungen umfasst, darunter z.B.:
   - das Offene-Daten-Gesetz (ODaG) als Art. 10
   - Änderungen des E-Government-Gesetzes als Art. 4
   - Änderungen des Informationszugangsgesetzes als Art. 5.
2. **E-Government-Gesetz (EGovG)**: Das ITEG ist eng verbunden mit dem E-Government-Gesetz, insbesondere hinsichtlich der Basisdienste des Landes Schleswig-Holstein.

3. **Landesverordnung über die Nutzung der Basisdienste des Landes Schleswig-Holstein (BasisdiensteVO)** vom 16. November 2020, die die technische Infrastruktur für die digitale Verwaltung regelt.
4. **Informationssicherheitsleitlinie für die Landesverwaltung Schleswig-Holstein (IS-LL)**: Diese setzt den Rahmen für die Wahrnehmung der Aufgabe der Informationssicherheit in der Landesverwaltung.
5. **IT-Gesetz für die Justiz des Landes Schleswig-Holstein (IT-Justizgesetz – ITJG)**: Dieses bleibt von den Regelungen des ITEG unberührt und regelt spezifisch den IT-Einsatz im Justizbereich.

BSI AIC4

Der Kriterienkatalog AIC4 (kurz für: „Artificial Intelligence Cloud-Service Compliance Criteria Catalogue")[151] legt fest, wie maschinelles Lernen in der Cloud sicher genutzt werden kann. Er ergänzt den Kriterienkatalog C5 („Cloud Computing Compliance Criteria Catalogue")[152]. Ziel ist die transparente Darstellung der Informationssicherheit eines KI-Cloud-Dienstes auf Basis einer standardisierten Prüfung. Cloud-Kunden können diese für eine eigene Risikoanalyse nutzen. Der Kriterienkatalog AIC4 wird von Cloud-Anbietern, Auditoren und Cloud-Kunden verwendet. Jede dieser Parteien muss sich an die Regeln für die Informationssicherheit halten.

> Der C5-Katalog formuliert allgemeine Mindestanforderungen an sicheres Cloud-Computing, die für jeden Cloud-Dienst gelten. Der AIC4 ergänzt spezielle Kriterien, die beim Einsatz von maschinellem Lernen wichtig sind.

Die Kriterien im AIC4 betreffen Sicherheit und Robustheit, Performance und Funktionalität, Zuverlässigkeit, Datenqualität, Datenmanagement, Erklärbarkeit sowie Bias. Sie decken den gesamten Lebenszyklus von KI-Cloud-Diensten, also vom Entwickeln über das Erproben und Validieren bis hin zum Betreiben von KI-Cloud-Diensten.

---

151 https://www.bsi.bund.de/DE/Themen/Unternehmen-und-Organisationen/Informationen-und-Empfehlungen/Kuenstliche-Intelligenz/AIC4/aic4.html.

152 https://www.bsi.bund.de/DE/Themen/Unternehmen-und-Organisationen/Informationen-und-Empfehlungen/Empfehlungen-nach-Angriffszielen/Cloud-Computing/Kriterienkatalog-C5/kriterienkatalog-c5_node.html.

BRAK-Leitfaden zum KI-Einsatz

Im Dezember 2024 hat die Bundesrechtsanwaltskammer (BRAK) den „Leitfaden zum Einsatz von künstlicher Intelligenz (KI)“ veröffentlicht[153]. Darin finden sich diverse Tipps zum Umgang mit KI im anwaltlichen Berufsalltag. Er umfasst Ausführungen zu folgenden Aspekten:

- Grundsatz: Keine Verpflichtung zum Einsatz von KI
- Gewissenhafte Berufsausübung und persönliche Leistungserbringung
- Eigenverantwortliche Überprüfung und Endkontrolle von KI-Output
- Wahrung der anwaltlichen Verschwiegenheitspflicht
- Keine Weitergabe vertraulicher Informationen
- Zulässiges IT-Outsourcing
- Beachtung der Vorgaben des Datenschutzrechts
- berufsrechtliche Transparenzpflichten
- Anforderungen nach der KI-VO
- Aufbau von KI-Kompetenz (Art. 4 KI-VO)
- Transparenzpflichten nach Art. 50 KI-VO
- Pflichten bei der Nutzung von Hochrisiko-KI-Systemen
- Verhältnis der KI-VO zum anwaltlichen Berufsrecht.

Leitlinien für KI-Einsatz in der Bundesverwaltung

Das Bundesministerium des Inneren und für Heimat hat zusammen mit der Beauftragten der Bundesregierung für Informationstechnik und dem Beratungszentrum für Künstliche Intelligenz im März 2025 die „Leitlinien für den Einsatz Künstlicher Intelligenz in der Bundesverwaltung“ veröffentlicht[154]. Darin finden sich diverse Vorgaben sowohl mit Blick auf die Nutzer von KI als auch für die Behörden, deren Beschäftigten KI anwenden dürfen bzw. sollen. In Bezug auf die KI-Nutzer gibt es in den Leitlinien folgende Leitsätze:

- KI verantwortungsbewusst und ethisch einsetzen
- die eigene Datenpreisgabe minimieren
- Daten verantwortungsvoll eingeben
- KI-generierte Inhalte fachlich prüfen
- KI transparent nutzen

153 https://www.brak.de/newsroom/newsletter/nachrichten-aus-berlin/2025/ausgabe-1-2025-v-812025/kuenstliche-intelligenz-in-anwaltskanzleien-brak-veroeffentlicht-leitfaden/.

154 https://www.bmi.bund.de/SharedDocs/downloads/DE/publikationen/themen/moderne-verwaltung/ki/BMI25020-leitlinien-ki-bundesverwaltung.html.

- Die Behörden haben hingegen folgende Punkte ins Stammbuch geschrieben bekommen:
- Klare Behördenentscheidungen zur Nutzung von KI
- Festlegung des Einsatzbereichs und Einsatzzwecks
- Auswahl geeigneter KI-Systeme
- Ethischer und sensibler Einsatz von KI-Systemen
- Sicherstellung eines Kompetenzaufbau-Angebots
- Transparenz über die behördliche Nutzung von KI
- Minimierung der Datenpreisgabe
- Rahmenbedingungen für verantwortungsvolle Dateneingabe
- Datenschutzkonformer KI-Einsatz.

In einem extra Anhang findet sich eine exemplarische Umsetzung dieser Leitlinien am Beispiel eines großen Sprachmodells (LLM).

Initiativen

Die Europäische Union versucht, die Unternehmen und Behörden, in denen KI zum Einsatz kommt bzw. zukünftig kommen soll, nicht alleine zu lassen. Daher gibt es auf EU-Ebene bereits zwei Initiativen, nämlich den **„KI-Pakt“** sowie den **„AI Continent Action Plan“**.

Der sog. „KI-Pakt“ der Europäischen Union[155] ist eine freiwillige Initiative, die Unternehmen dabei unterstützen soll, sich auf die Anforderungen der KI-VO vorzubereiten. Dieser Pakt zielt darauf ab, die Einführung vertrauenswürdiger und sicherer KI-Technologien zu fördern und gleichzeitig die Einhaltung der zukünftigen gesetzlichen Vorschriften zu erleichtern.

155 https://digital-strategy.ec.europa.eu/de/policies/ai-pact.

PAGE CONTENTS

Gesamtrahmen für die Vorbereitung der Umsetzung des KI-Gesetzes

Säule I	**Säule II**
Interaktion mit allen Stakeholdern durch **Webinare**	Freiwillige Zusagen für **Unternehmen** jeder Größe
Offen für alle Arten von Organisationen	*Fokus auf Provider und Deployer*
Organisation von **Webinaren,** die allen Interessenträgern offenstehen, um bestimmte Aspekte des KI-Gesetzes zu behandeln. Öffentlich, privat, NGOs, etc.	Eine Reihe freiwilliger **Zusagen,** in denen Organisationen aufgefordert werden, proaktiv auf Maßnahmen zur Umsetzung einiger der wichtigsten Bestimmungen des KI-Gesetzes hinzuarbeiten
Austausch mit Interessenträgern darüber, wie das Amt für künstliche Intelligenz Organisationen bei der Umsetzung des KI-Gesetzes wirksam unterstützen kann	Speziell auf die **Unternehmen** zugeschnittene Workshops

Sind Sie daran interessiert, ein aktiver Akteur im KI-Pakt zu sein? Treten Sie der Initiative bei! Sie steht allen Stakeholdern offen.

Ihre Organisation hat bereits interne Richtlinien oder Prozesse erstellt, um das Design, die Entwicklung und den Einsatz vertrauenswürdiger KI-Systeme sicherzustellen? Teile und teste sie mit der KI-Pakt-Community!

Der KI-Pakt der EU

Der KI-Pakt deckt folgende Kernbereiche ab:

1. **KI-Governance-Strategie**: Unternehmen sollen interne Strategien entwickeln, um die Einführung von KI zu fördern und sich auf die Einhaltung der KI-VO vorzubereiten.
2. **Identifikation von Hochrisiko-KI-Systemen**: Teilnehmer verpflichten sich, ihre Systeme zu analysieren und potenziell hochriskante Anwendungen gemäß den Kriterien der KI-VO zu identifizieren.
3. **Förderung von KI-Bewusstsein und KI-Kompetenz**: Mitarbeitende sollen geschult werden, um ethische und verantwortungsvolle KI-Anwendungen sicherzustellen.

Zusätzlich haben über die Hälfte der teilnehmenden Unternehmen weitere Verpflichtungen übernommen, darunter beispielsweise die Sicherstellung menschlicher Aufsicht über KI-Systeme oder auch die Risikominderung und Transparenz bei KI-generierten Inhalten wie Deepfakes.

Bis September 2024 hatten über 100 Unternehmen den Pakt unterzeichnet, darunter große Technologieunternehmen wie OpenAI, Microsoft und Amazon, sowie zahlreiche kleine und mittlere europäische Unternehmen (KMU-Bereich) aus verschiedenen Sektoren wie IT, Gesundheitswesen und Automobilindustrie. Die Vorteile für die Teilnehmer umfassen z. B.:

- Aufbau eines gemeinsamen Verständnisses der Ziele der KI-VO
- Vorbereitung auf die Umsetzung durch interne Prozesse und Selbstbewertungen
- Förderung von Vertrauen in KI-Technologien durch transparente Berichterstattung.

Die Unternehmen sind dazu angehalten, jährlich über ihre Fortschritte zu berichten. Diese Berichte sollen Einblicke in erreichte Ziele, Herausforderungen sowie zukünftige Pläne bieten.

Der Pakt ergänzt Maßnahmen wie das sog. AI Innovation Package[156], das Start-ups und Unternehmen aus dem KMU-Bereich bei der Entwicklung innovativer KI-Lösungen unterstützt. Ziel ist es, Europa als weltweit führenden Standort für menschzentrierte und sichere KI zu etablieren.

Durch den Pakt wird nicht nur die Einhaltung gesetzlicher Vorschriften erleichtert, sondern auch ein ethischer Standard gesetzt, der weit über die EU hinaus Wirkung zeigen könnte. Die freiwilligen Verpflichtungen fördern eine Kultur der Verantwortung und Transparenz in der Entwicklung von KI-Systemen. Daher stellt der „KI-Pakt" eine wichtige Brücke zwischen den aktuellen Entwicklungen im Bereich Künstliche Intelligenz und den zukünftigen gesetzlichen Anforderungen dar. Er ermöglicht Unternehmen nicht nur

156 https://ec.europa.eu/commission/presscorner/detail/en/ip_24_383.

eine frühzeitige Anpassung an die KI-VO, sondern trägt auch dazu bei, das Vertrauen in KI-Technologien europaweit zu stärken.

Der sog. AI Continent Action Plan[157] der Europäischen Union ist eine Initiative, die Europa zu einem globalen Vorreiter im KI-Bereich machen soll. Ziel ist es, die traditionellen Stärken Europas in Industrie und Talenten zu nutzen, um Innovationen voranzutreiben und den technologischen Rückstand, insbesondere gegenüber den USA und China, aufzuholen.

Der Aktionsplan der EU für den KI-Kontinent

Der Plan basiert auf fünf zentralen Säulen:

1. Aufbau einer KI-Daten- und Recheninfrastruktur

- Einrichtung von „AI Factories“ an 13 Standorten mit Supercomputern.
- Entwicklung von „AI Gigafactories“, ausgestattet mit 100.000 hochmodernen KI-Chips, die viermal leistungsfähiger sind als bisherige Standards.
- Investition von 20 Milliarden Euro über das „InvestAI“-Programm in bis zu fünf Gigafabriken.

157 https://digital-strategy.ec.europa.eu/de/library/ai-continent-action-plan.

– Einführung des „Cloud and AI Development Act“, um die Rechenzentrumskapazität der EU in den nächsten fünf bis sieben Jahren zu verdreifachen.

2. Verbesserter Zugang zu hochwertigen Daten
– Gründung von „Daten-Laboren“, um große Datenmengen aus verschiedenen Quellen zusammenzuführen und zu kuratieren.
– Entwicklung einer „Data Union Strategy“, die einen Binnenmarkt für Daten schaffen soll und 2025 veröffentlicht wird.

3. Förderung der KI-Anwendung in strategischen Sektoren
– Einführung der „Apply AI Strategy“, um den Einsatz von KI in Industrie und öffentlichen Diensten zu beschleunigen.
– Nutzung bestehender Innovationsstrukturen wie „AI Factories“ und European Digital Innovation Hubs (EDIHs).

4. Stärkung von KI-Kompetenzen und -Talenten
– Internationale Rekrutierung von KI-Fachkräften durch Programme wie „Talent Pool“.
– Gründung einer „AI Skills Academy“ mit Stipendien für Forscher und Weiterbildungsprogrammen für Schlüsselindustrien.

5. Regulatorische Vereinfachung
– Umsetzung der KI-VO.
– Einrichtung eines „AI Act Service Desk“, das Unternehmen bei der Einhaltung regulatorischer Vorgaben unterstützt.

Der Aktionsplan zielt darauf ab, die europäische Wirtschaft zu stärken, neue Arbeitsplätze zu schaffen, Durchbrüche im Gesundheitswesen zu erzielen, die Produktivität zu steigern sowie Cyberbedrohungen abzuwehren.

Um von den Maßnahmen des „AI Continent Action Plan“ zu profitieren, sollten folgende Schritte beachtet werden:

1. **Infrastruktur nutzen**: Unternehmen können sich an den geplanten „AI Factories“ beteiligen oder Partnerschaften mit diesen eingehen, um Zugang zu modernster Rechenleistung und Datenressourcen zu erhalten.
2. **Zugang zu Daten sichern**: Die entstehenden „Data Labs“ sollten genutzt und die Entwicklungen der „Data Union Strategy“ im Auge behalten werden, um hochwertige Daten für eigene KI-Projekte zu erhalten.
3. **Förderung beantragen**: Interessant dürften auch Förderprogramme sein, wie „InvestAI“ oder andere EU-Initiativen zur Finanzierung von KI-Projekten.

4. **Mitarbeiter weiterbilden**: Programme, wie z. B. „AI Skills Academy“, sollten genutzt werden, interne Weiterbildungsmaßnahmen im Bereich KI zu fördern.
5. **Regulatorische Anforderungen erfüllen**: Der sog „AI Act Service Desk“ kann in Anspruch genommen werden, um sicherzustellen, dass die eigenen KI-Anwendungen den rechtlichen Anforderungen entsprechen.

Durch diese Maßnahmen können Unternehmen nicht nur ihre Wettbewerbsfähigkeit steigern, sondern auch einen Beitrag zur technologischen Führungsrolle Europas leisten.

GPAI Code of Practice

Der Verhaltenskodex für KI mit allgemeinem Verwendungszweck (engl.: General Purpose AI, GPAI) ist ein freiwilliges Instrument, das von unabhängigen Experten ausgearbeitet wurde und Unternehmen dabei helfen soll, die Verpflichtungen der KI-VO für Anbieter von KI-Modellen mit allgemeinem Verwendungszweck zu erfüllen.

Der Kodex wurde am 10. Juli 2025 veröffentlicht[158]. In den nachfolgenden Wochen werden die EU-Mitgliedstaaten und die EU-Kommission die Angemessenheit bewerten. Darüber hinaus wird der Kodex durch Leitlinien der EU-Kommission zu Schlüsselkonzepten im Zusammenhang mit KI-Modellen mit allgemeinem Verwendungszweck ergänzt.

Der Kodex besteht aus drei separat verfassten Kapiteln zu unterschiedlichen Themen:

1. Transparenz
2. Urheberrecht
3. Sicherheit.

Die Kapitel über Transparenz und Urheberrecht bieten allen Anbietern von KI-Modellen mit allgemeinem Verwendungszweck eine Möglichkeit, die Einhaltung ihrer Verpflichtungen gemäß Art. 53 KI-VO nachzuweisen. Das Kapitel über Sicherheit und Gefahrenabwehr ist nur für die geringe Zahl von Anbietern der fortschrittlichsten Modelle relevant, die den Verpflichtungen der KI-VO für Anbieter von KI-Modellen mit allgemeinem Verwendungszweck mit Systemrisiko gemäß Art. 55 KI-VO unterliegen.

158 https://digital-strategy.ec.europa.eu/de/policies/contents-code-gpai.

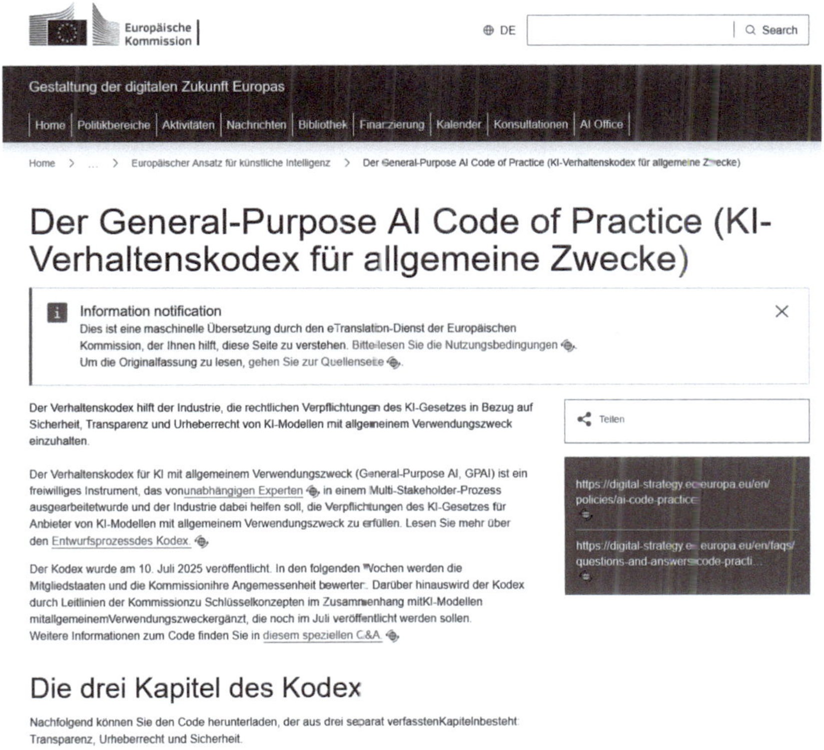

Europäische Kommission

DE | Search

Gestaltung der digitalen Zukunft Europas

Home | Politikbereiche | Aktivitäten | Nachrichten | Bibliothek | Finanzierung | Kalender | Konsultationen | AI Office

Home > ... > Europäischer Ansatz für künstliche Intelligenz > Der General-Purpose AI Code of Practice (KI-Verhaltenskodex für allgemeine Zwecke)

Der General-Purpose AI Code of Practice (KI-Verhaltenskodex für allgemeine Zwecke)

Information notification
Dies ist eine maschinelle Übersetzung durch den eTranslation-Dienst der Europäischen Kommission, der Ihnen hilft, diese Seite zu verstehen. Bitte lesen Sie die Nutzungsbedingungen.
Um die Originalfassung zu lesen, gehen Sie zur Quellenseite.

Der Verhaltenskodex hilft der Industrie, die rechtlichen Verpflichtungen des KI-Gesetzes in Bezug auf Sicherheit, Transparenz und Urheberrecht von KI-Modellen mit allgemeinem Verwendungszweck einzuhalten.

Der Verhaltenskodex für KI mit allgemeinem Verwendungszweck (General-Purpose AI, GPAI) ist ein freiwilliges Instrument, das vonunabhängigen Experten in einem Multi-Stakeholder-Prozess ausgearbeitetwurde und der Industrie dabei helfen soll, die Verpflichtungen des KI-Gesetzes für Anbieter von KI-Modellen mit allgemeinem Verwendungszweck zu erfüllen. Lesen Sie mehr über den Entwurfsprozessdes Kodex.

Der Kodex wurde am 10. Juli 2025 veröffentlicht. In den folgenden Wochen werden die Mitgliedstaaten und die Kommissionihre Angemessenheit bewerten. Darüber hinauswird der Kodex durch Leitlinien der Kommissionzu Schlüsselkonzepten im Zusammenhang mitKI-Modellen mitallgemeinemVerwendungszweckergänzt, die noch im Juli veröffentlicht werden sollen.
Weitere Informationen zum Code finden Sie in diesem speziellen Q&A.

Teilen

https://digital-strategy.ec.europa.eu/en/policies/ai-code-practice

https://digital-strategy.ec.europa.eu/en/faqs/questions-and-answers-code-practi...

Die drei Kapitel des Kodex

Nachfolgend können Sie den Code herunterladen, der aus drei separat verfasstenKapitelnbesteht: Transparenz, Urheberrecht und Sicherheit.

Die EU stellt den GPAI Code of Practice bereit

Das Kapitel „Transparenz“ bietet ein benutzerfreundliches Musterdokumentationsformular[159], das es Anbietern ermöglicht, die Informationen, die erforderlich sind, um der Verpflichtung der Modellanbieter zur Einhaltung der KI-VO nachzukommen, leicht zu dokumentieren, um eine ausreichende Transparenz zu gewährleisten.

h) Checkliste KI-VO

Abschließend folgt noch eine Checkliste mit verschiedenen Fragen, deren Beantwortung essentiell im Rahmen der Umsetzung der Anforderungen der KI-VO ist:

159 https://ec.europa.eu/newsroom/dae/redirection/document/118118.

- Liegt eine **Ausnahme vom Anwendungsbereich** (z. B. militärische Zwecke) vor?
- Handelt es sich um ein **KI-System** i. S. d. KI-VO (Art. 3 Nr. 1, 63, 66 KI-VO)?
- Ist der **räumliche Anwendungsbereich** gegeben (Sitz, Angebot oder Wirkung innerhalb EU)?
- Welcher **Akteur** handelt (Anbieter, Betreiber, Einführer, Händler)?
- Wird ein **verbotenes KI-System** genutzt (Art. 5 KI-VO)?
- Kommt ein **Hochrisiko-KI-System** zum Einsatz (Art. 6, Anhang I, III KI-VO)?
- Bestehen **Transparenzpflichten** (Art. 50 KI-VO)?
- Kann **KI-Kompetenz** nachgewiesen werden (Art. 4, 3 Nr. 56, ErwGr. 20 KI-VO)?

Zusätzlich müssen natürlich noch andere gesetzliche Vorgaben geprüft werden, insbesondere im Bereich des Urheberrechts oder des Allgemeinen Persönlichkeitsrechts. Zudem gibt es diverse Berührungspunkte zu anderen Rechtsakten, wie etwa dem DA bzw. DGA, dem CRA, der NIS2-Richtlinie oder auch der DSGVO.

Anforderung	KI-VO (insbesondere bzgl. Hochrisiko-KI)	DSGVO (bei personenbezogenen Daten)
Dokumentation	Erfassen von Hochrisiko-KI-Systemen zur Konformitätsbewertung (Art. 43, Anhang VII Nr. 3)	VVT/TOMs (Art. 30, 32)
Transparenz	Hochrisiko-KI-Systeme am Arbeitsplatz (Art. 26 Abs. 7); bei Chatbots, Deepfakes etc. (Art. 50)	Pflichtinformationen, Recht auf Auskunft (Art. 13, 14, 15)
Risikobewertung	Risikomanagementsystem (Art. 9)	TOMs, Datenpanne, DSFA (Art. 32, 33, 34, 35)
Managementsystem	Risikomanagement-/QM-System (Art. 9, 17)/KI-Management-System	Datenschutz-Management-System (Art. 5, 24, 30)
Meldung von Vorfällen	schwerwiegende Vorfälle (Art. 9, 17, 73)	Datenpanne (Art. 33, 34)
Rechenschaftspflicht	Art. 17, ErwGr 27, 177	Art. 5 Abs. 2

Zweckbindung/ -bestimmung	Art. 3 Nr. 12	Art. 5 Abs. 1 lit. b)
DSFA	insbesondere Art. 26 Abs. 9	Art. 35

2. KI-Haftungsrichtlinie (KI-HaftRL)

a) Zielrichtung

Der Vorschlag für eine Richtlinie des Europäischen Parlaments und des Rates zur Anpassung der Vorschriften über außervertragliche zivilrechtliche Haftung an künstlicher Intelligenz (Richtlinie über KI-Haftung), oder kurz: KI-Haftungsrichtlinie, zielte darauf ab, einen EU-weit einheitlichen Haftungsrahmen für Schäden durch KI-Systeme zu schaffen. Aktuell gibt es Entwicklungen, die den Fortgang des Gesetzgebungsverfahrens in Frage stellen. Am 12. Februar 2025 wurde bekannt[160], dass die europäische Richtlinie zum Schutz von KI-verursachten Schäden von der EU-Kommission in Frage gestellt worden ist und möglicherweise zurückgezogen wird. Die Kommission prüft, ob ein anderer Vorschlag vorgelegt oder ein anderer Ansatz gewählt werden sollte. Mittlerweile wird der Richtlinienentwurf von Seiten der EU nicht weiterverfolgt.[161]

160 https://www.heise.de/news/EU-Kommission-zieht-E-Privacy-Verordnung-und-KI-Haftungsrichtlinie-zurueck-10279583.html.

161 Vgl. u. a. https://de.euronews.com/my-europe/2025/03/04/eu-haftungsrichtlinie-fuer-ki-gefaehrdet-kommission-zieht-rueckzug-in-betracht.

heise+ IT Wissen Mobiles Security Developer Entertainment Netzpolitik Wirtschaft Journal Newsticker Foren

Künstliche Intelligenz | Windows | Energie | ePA für alle | Raumfahrt | Podcasts | English

heise online > Politik > EU > **Neuer Fahrplan: Welche Verordnungen die neue EU-Kommission einkassiert**

Neuer Fahrplan: Welche Verordnungen die neue EU-Kommission einkassiert

Mit dem jetzt veröffentlichten Arbeitsprogramm der im Dezember ins Amt gekommenen EU-Kommission werden alte Vorhaben beerdigt – und neue klarer konturiert.

4

(Bild: artjazz/Shutterstock.com)

12.02.2025, 11:53 Uhr Lesezeit: 8 Min.

Von Falk Steiner

INHALTSVERZEICHNIS

Es ist eine Besonderheit des EU-Gesetzgebungsprozesses: Neue Gesetze kann nur die EU-Kommission vorschlagen -- und auch jederzeit wieder zurückziehen, solange sie nicht verabschiedet sind. Genau das passiert jetzt bei zwei relevanten Digital-Gesetzgebungen: dem Vorschlag für eine spezielle Regelung zum Haftungsrecht bei Künstlicher Intelligenz und der sogenannten E-Privacy-Verordnung, mit der der Schutz von Kommunikationsdaten geregelt werden sollte. Für beide Vorhaben wurde mit dem nun veröffentlichten Arbeitsprogramm der neuen EU-Kommission offiziell das Zurückziehen angekündigt.

| **heise online** Newsletter

Keine News verpassen! Jeden Morgen der frische Nachrichtenüberblick von heise online

E-Mail-Adresse | Jetzt anmelden

Ausführliche Informationen zum Versandverfahren und zu Ihren Widerrufsmöglichkeiten erhalten Sie in unserer Datenschutzerklärung.

Wie u. a. heise.de berichtet, soll die KI-Haftungs-Richtlinie wohl ganz entfallen

Die EU-Kommission hat mit der KI-Haftungsrichtlinie eine Harmonisierung der Haftungsregeln angestrebt, um Vertrauen in KI-Systeme aufzubauen und Innovationen zu fördern. Dabei geht es insbesondere darum, die so genannte „Blackbox-Problematik“ bei KI zu adressieren: Die Komplexität, Autonomie und Undurchsichtigkeit einer KI erschwert derzeit die Zuordnung unrechtmäßigen Handelns, was jedoch zwingende Voraussetzung für verschuldensabhängige Schadensersatzansprüche ist.

b) Inkrafttreten/Anwendbarkeit

Der Vorschlag für die KI-Haftungsrichtlinie wurde am 28. September 2022 von der Europäischen Kommission veröffentlicht. Die Richtlinie wird jedoch vermutlich nie „das Licht der Welt“ erblicken.

Nach Maßgabe der ProdHaftRL gilt Software inzwischen als Produkt in diesem Sinne. Daher regelt sie nun u. a. auch KI-Systeme.

c) Anwendungsbereich

Die KI-Haftungsrichtlinie sollte für KI-Systeme gelten, die auf dem EU-Markt verfügbar sind oder innerhalb des EU-Marktes operieren. Sie sollte die außervertragliche zivilrechtliche Haftung für Schäden regeln, die durch KI-Systeme verursacht wurden. Sie sollte die nationalen verschuldensabhängigen Haftungsregeln ergänzen, während die ProdHaftRL eine verschuldensunabhängige Haftung regelt. Daher sollte die KI-Haftungsrichtlinie ausschließlich die Sachverhalte erfassen, die nicht in den Anwendungsbereich der ProdHaftRL fallen.

Die KI-Haftungsrichtlinie sollte explizit auch Verletzungen der Privatsphäre oder durch Sicherheitsprobleme verursachte Schäden erfassen und über rein materielle oder physische Schäden hinausgehen.

d) Pflichten

Die KI-Haftungsrichtlinie sah zwei wesentliche Instrumente vor, die Pflichten begründen:

1. Offenlegungspflicht

Diese Pflicht sollte dem Phänomen der „Black Box“ bei KI begegnen. Geschädigte hätten die Herausgabe von Informationen zu dem KI-System verlangen können, um potenzielle Ansprüche und Anspruchsgegner zu ermitteln und das KI-System auf Fehler oder Sicherheitslücken zu untersuchen. Um den Offenlegungsanspruch im Zweifel auch gerichtlich geltend zu machen, hätte ein möglicher Anspruch lediglich plausibel dargelegt werden müssen.

2. Kausalitätsvermutung

Es sollte eine widerlegliche Kausalitätsvermutung geben, die der Komplexität von KI-Systemen Rechnung trägt. Wenn der Anbieter bei der KI-Entwicklung oder -Anwendung gegen eine Sorgfaltspflicht (z. B. nach der KI-VO) verstößt und durch diese KI anschließend ein Schaden eintritt, hätte grundsätzlich vermutet werden sollen, dass die Pflichtverletzung für den Schaden ursächlich war.

VIII. Daten(wirtschafts)recht

1. Data Act (DA)

a) Zielrichtung

Die Verordnung (EU) 2023/2854 des Europäischen Parlaments und des Rates vom 13. Dezember 2023 über harmonisierte Vorschriften für einen fairen Datenzugang und eine faire Datennutzung sowie zur Änderung der Verordnung (EU) 2017/2394 und der Richtlinie (EU) 2020/1828 (Datenverordnung)[162], auch hierzulande umgangssprachlich als Data Act (DA) bezeichnet, verfolgt das Ziel, einen harmonisierten Rechtsrahmen für den fairen Zugang zu und die faire Nutzung von Daten innerhalb der Europäischen Union zu schaffen. Mit dem Fortschritt smarter IoT-Geräte (Internet of Things) wird die Menge wertvoller Daten stark zunehmen, was neue Regelungen erforderlich macht. Der DA führt neue Datenzugangs- und Datenaustauschrechte ein, insbesondere für die Nutzer von IoT-Geräten.

Ein zentrales Anliegen des DA ist es, Hindernisse beim Datenaustausch zu beseitigen und klare Regeln für die gemeinsame Nutzung von Daten festzulegen. Hierdurch sollen Innovationen gefördert, der Wettbewerb gestärkt und die Entwicklung neuer Dienstleistungen erleichtert werden. Der DA zielt darauf ab, eine gerechte Verteilung des Wertes von Daten zu ermöglichen, indem er die „Hoheit" über Daten den Nutzern zuspricht, die bei der Entstehung dieser Daten mitgewirkt haben.

Insbesondere adressiert der DA Folgendes:

- Datenweitergabe von Unternehmen an Verbraucher (B2C) bzw. an andere Unternehmen (B2B)
- Verbot missbräuchlicher Vertragsklauseln für den Datenzugang und die Datennutzung zwischen Unternehmen (B2B)
- ggf. Bereitstellung von Daten für öffentliche Stellen wegen außergewöhnlicher Notwendigkeit (z. B. im Falle einer Pandemie)
- vertragliche Regelungen und technische Umsetzung beim Wechsel zwischen Datenverarbeitungsdiensten (sog. „Cloud Switching").

Die Daten, die etwa bei der Nutzung moderner Fahrzeuge oder einer Smartwatch anfallen, entstehen überhaupt erst dadurch, dass ein Nutzer diese Produkte einsetzt. Daher soll er nach Maßgabe des DA auch Zugang zu den selbst erzeugten Daten erhalten, und zwar – falls sinnvoll und möglich – in Echtzeit. Er soll darüber hinaus auch die Möglichkeit haben, den Hersteller des Produkts aufzufordern, die angefallenen Daten einem Dritten bereitzustellen. Egal, ob Bewegungsprofile aus vernetzten Autos, Nutzungsdaten

162 https://eur-lex.europa.eu/eli/reg/2023/2854/oj.

aus Smartphones oder Fehlerinformationen aus Produktionsmaschinen – der DA will den Grundsatz „Data-Access by Design“ etablieren.

b) Inkrafttreten/Anwendbarkeit

Der DA ist am 11. Januar 2024 in Kraft getreten. Nach einer Übergangsfrist von 20 Monaten wird er ab dem 12. September 2025 EU-weit direkt anwendbares Recht.

c) Anwendungsbereich

Der sachliche Anwendungsbereich des DA umfasst vernetzte Produkte und verbundene Dienste, die während ihrer Nutzung digitale Daten erzeugen oder verarbeiten.

Ein „vernetztes Produkt“ wird in Art. 2 Nr. 5 DA definiert als ein Gegenstand, der Daten über seine Nutzung oder Umgebung erlangt, generiert oder erhebt und der Produktdaten über einen elektronischen Kommunikationsdienst, eine physische Verbindung oder einen geräteinternen Zugang übermitteln kann und dessen Hauptfunktion nicht die Speicherung, Verarbeitung oder Übertragung von Daten im Namen einer anderen Partei – außer dem Nutzer – ist. Hierzu zählen beispielsweise:

- smarte Haushaltsgeräte wie Kühlschränke, Heizungen oder Saugroboter
- Fahrzeuge mit vernetzten Diensten
- Industriemaschinen mit Funktionen zur Datenerfassung
- Wearables, wie z. B. Fitnessuhren oder Smart Rings
- IoT-Geräte in den Bereichen Consumer Electronics, Smart Home, Mobilität und Medizintechnik.

Der DA erfasst sowohl personenbezogene als auch nicht-personenbezogene Daten (Art. 1 Abs. 2 DA). Für personenbezogene Daten bleibt das bereits geltende Datenschutzrecht, insbesondere die DSGVO, unberührt (Art. 1 Abs. 5 DA). Dies führt in der Praxis zu Abgrenzungsproblemen, besonders bei der Bestimmung der anwendbaren Rechtsgrundlagen.

In Bezug auf den persönlichen Anwendungsbereich folgt der DA dem Marktortprinzip (Art. 1 Abs. 3 DA), d. h., dass auch Unternehmen außerhalb der EU den Regelungen unterliegen, sofern sie vernetzte Produkte oder Dienste in der EU anbieten. Der Data Act richtet sich an:

- Hersteller vernetzter Produkte
- Anbieter verbundener Dienste
- Nutzer (Unternehmen oder Verbraucher)
- Dateninhaber

- Datenempfänger
- Anbieter von Datenverarbeitungsdiensten (Cloud-Anbieter)
- Öffentliche Stellen (unter bestimmten Voraussetzungen).

Auch virtuelle Assistenten werden in den Anwendungsbereich einbezogen (Art. 1 Abs. 4 DA), also beispielsweise Sprachassistenten (Siri, Alexa & Co.).

d) Pflichten von Akteuren

Der DA statuiert zahlreiche Pflichten für die unterschiedlichen, von ihm erfassten Akteure.

1. Pflichten für Hersteller und Anbieter („Dateninhaber")

- „Data-Access by Design": Vernetzte Produkte und Dienste müssen so konzipiert und hergestellt werden, dass die bei ihrer Nutzung erzeugten Daten für den Nutzer einfach, sicher, unentgeltlich und direkt zugänglich sind, soweit dies relevant und technisch durchführbar ist (Art. 3 Abs. 1 DA).
- Bereitstellung von Daten für den Nutzer: Wenn der Nutzer nicht direkt auf die Daten zugreifen kann, muss der Dateninhaber ihm die Daten unverzüglich, kostenlos und ggf. kontinuierlich und in Echtzeit zur Verfügung stellen (Art. 4 Abs. 1 DA).
- Bereitstellung von Daten für Dritte: Auf Verlangen des Nutzers muss der Dateninhaber die Daten auch Dritten unverzüglich, für den Nutzer kostenlos und gegebenenfalls kontinuierlich und in Echtzeit bereitstellen.
- Transparenz- und Informationspflichten: Die Nutzer sind vor Vertragsabschluss über die Identität des Dateninhabers, Art und Umfang erzeugter Daten, Zugriffsmöglichkeiten und Möglichkeiten zur Weitergabe der Nutzungsdaten zu informieren.
- Bereitstellung von Daten für öffentliche Stellen: Unter bestimmten Voraussetzungen muss der Dateninhaber öffentlichen Stellen oder EU-Institutionen Daten bereitstellen, sofern diese es verlangen. Kleinst- und kleine Unternehmen sind hiervon ausgenommen.
- Fairer Datenzugang: Wer Daten bereitstellen muss, hat dies zu fairen, angemessenen und nicht-diskriminierenden Bedingungen in einer transparenten Art und Weise zu tun.

2. Pflichten für Cloud-Anbieter

- Erleichterung des Anbieterwechsels: Cloud-Anbieter müssen den Wechsel zu anderen Anbietern einfacher gestalten. Nutzer können ihre bestehenden Verträge künftig innerhalb von 30 Tagen kündigen.

– Datenportabilität („Cloud Switching“): Kunden haben das Recht, kostenlos zwischen verschiedenen Datenverarbeitungsdiensten wechseln zu dürfen (Art. 23 ff. DA). Die Daten müssen zu einem anderen Dienst ohne Hindernisse migrierbar sein.

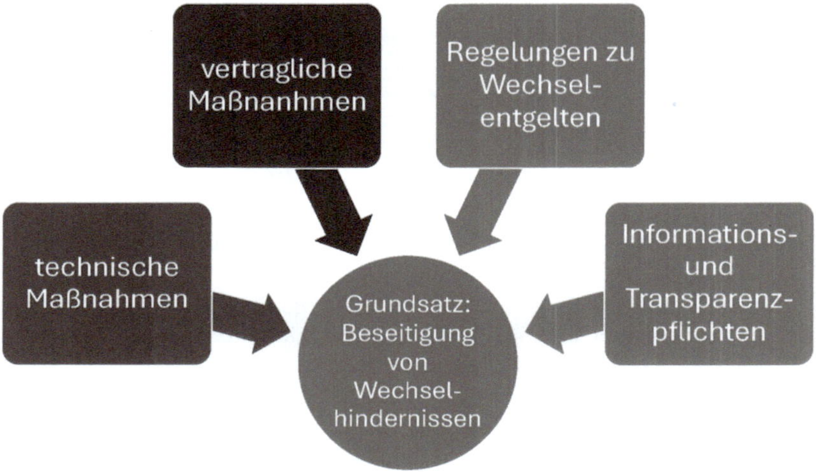

Übersicht über den Pflichtenkatalog zum Cloud Switching

> Der sichere Umgang mit Daten spielt natürlich eine entscheidende Rolle. Es sollen geeignete technische und organisatorische Maßnahmen ergriffen werden, um ein angemessenes Maß an IT-Sicherheit zu gewährleisten. Hierbei dürfen jedoch die Rechte auf Erhalt bzw. Übertragung der Daten nicht eingeschränkt werden. So ist beispielsweise die Verschlüsselung der Daten eine gute IT-Sicherheitsmaßnahme, dennoch muss die Möglichkeit des Zugriffs auf die Daten durch Nutzer bzw. andere Unternehmen weiterhin gewährleistet sein.

e) Sanktionen/Geldbußen

Der DA enthält ein umfassendes Sanktionsregime. Nach Art. 40 Abs. 1 DA erlassen die Mitgliedstaaten Vorschriften über Sanktionen, die wirksam, verhältnismäßig und abschreckend sein müssen.

Bei Verstößen gegen die Datenbereitstellungs- und Datenweitergabepflichten verweist Art. 40 Abs. 4 DA auf die datenschutzrechtlichen Bußgelder in Art. 83 DSGVO.

Bei der Verhängung von Sanktionen sollen die Mitgliedstaaten laut Art. 40 Abs. 3 DA folgende Kriterien berücksichtigen:

- Art, Schwere, Umfang und Dauer des Verstoßes
- Maßnahmen, die die verstoßende Partei ergriffen hat, um den durch den Verstoß verursachten Schaden zu mindern oder zu beheben
- frühere Verstöße der verstoßenden Partei
- die finanziellen Vorteile, die die verstoßende Partei durch den Verstoß erzielt, oder die Verluste, die sie durch ihn vermieden hat, sofern diese Vorteile oder Verluste zuverlässig festgestellt werden können
- sonstige erschwerende oder mildernde Umstände des jeweiligen Falls
- den Jahresumsatz der verstoßenden Partei im vorangegangenen Geschäftsjahr in der Union.

Bei der Verhängung von Sanktionen sollen die Mitgliedstaaten die Empfehlungen des „European Data Innovation Board" (EDIB)[163] berücksichtigen.

f) Zuständige Aufsichtsbehörden

Die Aufsicht über die Einhaltung des DA ist zweigeteilt:

1. **Nationale Aufsichtsbehörden**: Jeder EU-Mitgliedstaat benennt gemäß Art. 37 Abs. 1 DA eine oder mehrere zuständige Behörden, die für die Anwendung und Durchsetzung dieser Verordnung verantwortlich sind. Es können dabei neue Behörden eingerichtet oder auch bestehende Behörden genutzt werden.
2. **Nationale Datenschutzaufsichtsbehörden**: Für Fälle, die den Schutz personenbezogener Daten betreffen, sind nach Art. 37 Abs. 3 DA automatisch die für die Überwachung der DSGVO zuständigen Datenschutzbehörden zugleich Aufsichtsbehörde nach dem DA.
3. **Datenkoordinatoren**: Benennt ein EU-Mitgliedstaat mehr als eine zuständige Behörde, so hat er gemäß Art. 37 Abs. 2 DA einen Datenkoordinator festzulegen, um die Zusammenarbeit zu erleichtern.
4. **Europäischer Datenschutzbeauftragter**: Für die Überwachung der Anwendung des DA mit Blick auf die EU-Kommission, die Europäische Zentralbank oder andere Einrichtungen der Europäischen Union hat der Europäische Datenschutzbeauftragte eine Sonderzuständigkeit.

163 https://ec.europa.eu/transparency/expert-groups-register/screen/expert-groups/consult?lang=de&groupID=3903.

Die Datenschutzbehörden haben diverse Befugnisse zur Durchsetzung des DA, nämlich insbesondere:

- Untersuchungsbefugnisse
- Warnungen und Verwarnungen
- Anordnungen
- Geldbußen.

g) Ergänzende Rechtsakte, Leitlinien, Normen & Co.

Der DA ist Teil eines breiteren EU-Rechtsrahmens für die Datenwirtschaft und steht in engem Zusammenhang mit anderen Rechtsakten. Eine enge Verbindung besteht zum Data Governance Act (DGA). Zudem ergeben sich zahlreiche Schnittstellen zur Datenschutzgrundverordnung (DSGVO). Denn bei der Nutzung moderner Technologie, wie vernetzte Autos oder Smartwatches, fallen zahlreiche Daten an. Oftmals haben diese einen Bezug zu einer bestimmten Person, so dass das Datenschutzrecht zu beachten ist. Nach Art. 1 Abs. 5 DA bleibt die DSGVO unberührt, d. h. sie ist parallel zum DA zu beachten; im Zweifel wird die DSGVO Vorrang haben.

Mit Datum vom 29. April 2025 hat der Hamburgische Beauftragte für Datenschutz und Informationssicherheit das Papier „Der Data Act als Herausforderung für den Datenschutz“ veröffentlicht[164]. Darin wird auf folgende wichtige Aspekte im Zusammenspiel zwischen DA und DSGVO hingewiesen:

- **Anwendungsbereich prüfen**: In den Anwendungsbereich des DA fallen primär Institutionen, die als Hersteller, Dateninhaber oder Nutzer mit vernetzten Geräten zu tun haben, sowie auch Datenverarbeitungsdienste und Cloud-Anbieter. Die behördlichen Zugangsrechte im Fall eines Notstands betreffen potenziell zudem fast alle Unternehmen, unabhängig davon, ob sie vernetzte Geräte verwenden.
- **Datenübersicht erstellen**: Wer verpflichtet ist, Zugang zu Informationen nach den Vorgaben des DA zu gewähren, muss sich einen Überblick über die vorhandenen Daten verschaffen. Hierfür kann insbesondere das Verarbeitungsverzeichnis nach Art. 30 DSGVO genutzt werden. Da dieses jedoch nur für die Verarbeitungen personenbezogener Daten gilt, müssen darüber hinaus auch Daten ohne Personenbezug berücksichtigt werden, insbesondere Geschäftsgeheimnisse, Login-Daten und andere sensible Informationen.
- **Personenbezug klären**: Es muss künftig stärker differenziert werden zwischen Daten mit und ohne Personenbezug. Denn es muss präzise

164 https://datenschutz-hamburg.de/fileadmin/user_upload/HmbBfDI/Datenschutz/Informationen/250429_Information_Data_Act_und_Datenschutz.pdf.

dargelegt werden können, ob ein Datum nicht-personenbezogen ist und deshalb offenzulegen ist, oder ob es Personenbezug hat und deshalb ggf. zurückgehalten werden muss. Dies kann insbesondere bei Mischdatensätze eine Herausforderung darstellen. Denn es bedarf einer klaren Differenzierung je nach konkretem Datum in einem solchen Mischdatensatz.

- **Geschäftsgeheimnisse kennzeichnen**: Es muss ein objektives Geheimhaltungsbedürfnis in dem Sinne bestehen, dass die Verbreitung der Informationen einen Schaden nach sich ziehen würde. Die Einstufung von Daten als Geschäftsgeheimnis sollte in der eigenen Datenübersicht folglich entsprechend dokumentiert werden.
- **Schnittstellen einrichten**: Vernetzte Produkte sind grundsätzlich so zu konzipieren, dass deren Nutzer einfach auf die von ihnen generierten Daten zugreifen, sie nutzen und teilen können. Bei der Gewährung des Zugangs muss auf eine sichere Datenübertragung geachtet werden. z. B. durch entsprechende Schnittstellen und/oder Internetportale mit Nutzerkonten. Die Datenübertragung darf nicht von unberechtigten Dritten eingesehen werden können. Ein direkter Zugang mittels einer Schnittstelle ist allerdings nicht in jedem Fall zwingend vorgeschrieben
- **Verträge vorbereiten**: Wer nach dem DA zum Abschluss von Lizenzverträgen mit Nutzern und Datenempfängern verpflichtet ist, sollte sich darauf entsprechend vorbereiten und ggf. Muster vorbereiten. Dasselbe gilt für ein ggf. notwendiges Einwilligungsmanagement.
- **Transparenz umsetzen**: Der DA enthält Informationspflichten u. a. bei Vertragsschluss über ein vernetztes Produkt. Die vorzubereitenden Texte ähneln den Datenschutzinformationen nach Art. 13 DSGVO, sind jedoch nicht komplett deckungsgleich. Sie richten sich ggf. auch an andere Adressaten, weil die Käufer der Geräte nicht zwangsläufig auch deren Nutzer sind. Gleichwohl sollte eine Vereinheitlichung der Pflichtinformationen nach DA und nach DSGVO angestrebt werden.

> Nach Maßgabe von Art. 9 Abs. 5 DA wird die EU-Kommission Leitlinien für die Berechnung der angemessenen Gegenleistung erlassen, die bei der Datenbereitstellung im B2B-Kontext relevant sein werden.

2. Data Governance Act (DGA)

a) Zielrichtung

Die Verordnung (EU) 2022/868 des Europäischen Parlaments und des Rates vom 30. Mai 2022 über europäische Daten-Governance und zur Änderung der Verordnung (EU) 2018/1724 (Daten-Governance-Rechtsakt)[165], kurz: Data Governance Act (DGA), bildet eine zentrale Säule der europäischen Datenstrategie und verfolgt mehrere grundlegende Ziele. Im Kern soll der DGA das Vertrauen in den Datenaustausch stärken, die Verfügbarkeit von Daten erhöhen und technische Hindernisse für die Weiterverwendung von Daten beseitigen.

Der DGA schafft grundlegende Rahmenbedingungen für die gemeinsame Datennutzung im europäischen Binnenmarkt, wodurch ein harmonisiertes System für den sicheren Datenaustausch etabliert wird. Insbesondere zielt der DGA darauf ab, den Datenaustausch zwischen verschiedenen Sektoren und EU-Mitgliedstaaten zu fördern, um das wirtschaftliche und gesellschaftliche Potenzial von Daten besser ausschöpfen zu können.

b) Inkrafttreten/Anwendbarkeit

Der DGA ist am 23. Juni 2022 in Kraft getreten. Nach einer Übergangsfrist von 15 Monaten ist er seit dem 24. September 2023 in allen EU-Mitgliedstaaten unmittelbar anwendbar.

c) Anwendungsbereich

Der DGA ist ein sektorübergreifendes Rechtsinstrument mit einem sehr weiten Anwendungsbereich. Der DGA erfasst sowohl personenbezogene als auch nicht personenbezogene Daten.

Durch die DGA-Regelungen soll der Austausch vor allem von solchen Daten erleichtert werden, die von öffentlichen Stellen im Rahmen ihrer Tätigkeit erhoben werden. Die Verordnung fußt im Wesentlichen auf drei Säulen:

1. Weiterverwendung bestimmter Daten, die im Besitz öffentlicher Stellen sind
2. Einrichtung von Datenvermittlungsdiensten
3. Datenaltruismus in Form von freiwilligen Datenspenden.

Durch die Möglichkeit zur Weiterverwendung bestimmter Daten von Behörden werden diese jedoch nicht dazu verpflichtet, eine Weiterverwendung zu erlauben. Wenn allerdings eine Erlaubnis erfolgt, dann müssen die Vorgaben des DGA befolgt werden. Er beinhaltet also keine Verpflichtungen zur Weitergabe von Daten, er stellt lediglich die Spielregeln auf, die im Falle einer Datenweitergabe gelten sollen. Dabei ist der Aspekt der Datensicherheit ein ganz wesentlicher Punkt. So müssen öffentliche Stellen die Einhaltung ho-

165 https://eur-lex.europa.eu/eli/reg/2022/868/oj/.

her Sicherheitsstandards nach dem Stand der Technik gewährleisten, wenn sie Dritten Zugang zu ihren Daten gewähren.

d) Pflichten von Akteuren

Der DGA definiert spezifische Pflichten für verschiedene Akteure im Bereich des Datenaustauschs:

1. Datenvermittlungsdienste:

- Anmeldepflicht: Datenvermittlungsdienste müssen sich bei den zuständigen nationalen Behörden anmelden und in einem öffentlichen Register geführt werden.
- Neutralitätspflicht: Sie dürfen die vermittelten Daten nicht für eigene Zwecke nutzen, um ihren Status als neutrale Marktplätze zu wahren.
- Trennungspflicht: Die Datenvermittlungsdienste dürfen nicht mit anderen Angeboten verknüpft werden, um Lock-in-Effekte zu vermeiden.
- Transparenzpflichten: Sie müssen klare Information über Bedingungen und Gebühren für die Datennutzung bereitstellen.

2. Datenaltruistische Organisationen:

- Eintragungspflicht: Organisationen, die Daten für altruistische Zwecke sammeln, müssen sich als „anerkannte datenaltruistische Organisation" eintragen lassen.
- Transparenz- und Dokumentationspflichten: Über die Verwendung und den Zweck der gesammelten Daten muss transparent informiert werden.

3. Öffentliche Stellen:

- Faire Vertragsbedingungen: Neue Verträge zur exklusiven Nutzung von Daten zwischen Behörden und Unternehmen sind auf ein Jahr begrenzt, bestehende auf zweieinhalb Jahre.
- Schutzmaßnahmen: Bei der Bereitstellung von Daten müssen bestimmte Schutzmaßnahmen eingehalten werden, insbesondere bei sensiblen Daten.

e) Sanktionen/Geldbußen

Der DGA enthält die Verpflichtung für die EU-Mitgliedstaaten, wirksame, verhältnismäßige und abschreckende Sanktionen für Verstöße gegen die Verordnung zu erlassen. Gemäß Art. 34 DGA müssen die einzelnen Mitgliedstaaten Vorschriften über Sanktionen festlegen, die bei Verstößen gegen folgende Verpflichtungen zu verhängen sind:

- Verstöße gegen die für die Übertragung nicht-personenbezogener Daten in Drittländer geltenden Verpflichtungen

- Verstöße gegen die Mitteilungspflicht für Anbieter von Datenvermittlungsdiensten
- Verstöße gegen die Bedingungen für die Erbringung von Datenvermittlungsdiensten
- Verstöße gegen die Bedingungen für die Eintragung als anerkannte datenaltruistische Organisation.

Bei der Festlegung der Sanktionen sollen die EU-Mitgliedstaaten die Empfehlungen des Europäischen Dateninnovationsrats berücksichtigen und der Kommission ihre Sanktionsvorschriften mitteilen. Dies musste bis zum 24. September 2023 erfolgen.

Die Bundesbeauftragte für Datenschutz und die Informationsfreiheit (BfDI)[166] ist Vertreterin des Europäischen Datenschutzausschusses (EDSA)[167] im Europäischen Dateninnovationsrat.

166 https://www.bfdi.bund.de/DE/Home/home_node.html.

167 https://www.edpb.europa.eu/edpb_de.

Presse Karriere Hilfe Impressum Datenschutz Kontakt English

BfDI Die Bundesbeauftragte für den Datenschutz und die Informationsfreiheit

Bürgerinnen und Bürger Fachthemen Die BfDI Service

Die BfDI › Presse › Kurzmeldungen › BfDI wird Vertreter im neuen Europäischen Dateninnovationsrat

BfDI wird Vertreter im neuen Europäischen Dateninnovationsrat

Datum 11.07.2023

Der Bundesbeauftragte für den Datenschutz und die Informationsfreiheit (BfDI) wurde durch den Europäischen Datenschutzausschuss (EDSA) als dessen Vertreter für den Europäischen Dateninnovationsrat (European Data Innovation Board - EDIB) benannt.

Quelle: ©Andrey Kuzmin - stock.adobe.com

Die BfDI geht als Vertreterin des EDSA in den Europäischen Dateninnovationsrat

Konkrete Bußgeldhöhen sind im DGA selbst nicht festgelegt, sondern werden durch die nationalen Umsetzungsgesetze bestimmt. Nach Art. 14 Abs. 4 DGA sollen jedoch abschreckende Geldstrafen gegen Datenvermittlungsdienste möglich sein, genauso wie Zwangsgelder und Zwangsgelder mit Rückwirkung.

f) Zuständige Aufsichtsbehörden

Die EU-Mitgliedstaaten sind verpflichtet, nationale Behörden zu benennen, die für die Umsetzung und Überwachung des DGA zuständig sind. Diese Behörden haben zwei Hauptaufgaben:

1. Die Durchführung des Anmeldeverfahrens für Datenvermittlungsdienste
2. Die Überwachung und Beaufsichtigung der Einhaltung der Anforderungen an die Anbieter von Datenvermittlungsdiensten.

In Deutschland soll die Bundesnetzagentur (BNetzA)[168] als zuständige Behörde für Datenvermittlungsdienste und datenaltruistische Organisationen fungieren.

Die zuständigen Behörden müssen mit angemessenen Befugnissen und Ressourcen ausgestattet sein, um ihre Aufgaben effektiv wahrnehmen zu können. Sie sollen auch mit anderen relevanten Behörden, insbesondere den Datenschutzaufsichtsbehörden, zusammenarbeiten, wenn Fragen des Datenschutzes betroffen sind.

g) Ergänzende Rechtsakte, Leitlinien, Normen & Co.

Um die Umsetzung des DGA zu erleichtern und zu harmonisieren, hat die Europäische Kommission am 24. September 2024 einen umfassenden Leitfaden zur Umsetzung des DGA veröffentlicht[169]. Dieser soll Industrie, EU-Mitgliedstaaten und andere Interessenträger bei der praktischen Anwendung des DGA unterstützen. Der Leitfaden enthält praxisnahe Erläuterungen zu den zentralen Maßnahmenpaketen der Verordnung und wird regelmäßig aktualisiert.

Als Verordnung gilt der DGA zwar unmittelbar in den EU-Mitgliedstaaten und muss nicht noch in nationales Recht umgesetzt werden. Allerdings sind begleitende, nationale Durchführungsbestimmungen erforderlich.

3. Geschäftsgeheimnisgesetz (GeschGehG)

a) Zielrichtung

Das Gesetz zum Schutz von Geschäftsgeheimnissen, kurz auch Geschäftsgeheimnisgesetz (GeschGehG)[170] genannt, hat erstmals einen umfassenden rechtlichen Rahmen für den Schutz von Geschäftsgeheimnissen in Deutschland geschaffen. Es dient dem Schutz von Geschäftsgeheimnissen vor unerlaubter Erlangung, Nutzung und Offenlegung. Es handelt sich um die deutsche Umsetzung der Richtlinie (EU) 2016/943 des Europäischen Parlaments und des Rates vom 8. Juni 2016 über den Schutz vertraulichen Know-

---

168 https://www.bundesnetzagentur.de/DE/Home/home_node.html.

169 https://digital-strategy.ec.europa.eu/de/library/new-practical-guide-data-governance-act.

170 https://www.gesetze-im-internet.de/geschgehg/index.html.

hows und vertraulicher Geschäftsinformationen (Geschäftsgeheimnisse) vor rechtswidrigem Erwerb sowie rechtswidriger Nutzung und Offenlegung (sog. Know-how-Schutz-Richtlinie)[171], die einen europaweit einheitlichen Mindestschutz für vertrauliches Know-how und Geschäftsinformationen vorsieht. Das Hauptziel des GeschGehG ist es, Unternehmen besser vor Spionage durch Wettbewerber zu schützen.

b) Inkrafttreten/Anwendbarkeit

Das GeschGehG ist am 26. April 2019 in Kraft getreten. Die Richtlinie (2016/943) selbst ist bereits im Juli 2016 in Kraft getreten, wobei den EU-Mitgliedstaaten eine zweijährige Umsetzungsfrist eingeräumt wurde. Deutschland hat somit die Umsetzung mit fast einem Jahr Verzögerung vorgenommen.

c) Anwendungsbereich

Das GeschGehG definiert den Begriff des Geschäftsgeheimnisses neu. Nach § 2 Nr. 1 GeschGehG ist ein Geschäftsgeheimnis jede Information, die weder insgesamt noch in der genauen Anordnung und Zusammensetzung ihrer Bestandteile den Personen in den Kreisen, die üblicherweise mit dieser Art von Informationen umgehen, allgemein bekannt oder ohne weiteres zugänglich ist und daher von wirtschaftlichem Wert ist und die Gegenstand von den Umständen nach angemessenen Geheimhaltungsmaßnahmen durch ihren rechtmäßigen Inhaber ist.

Das Gesetz regelt die Rechtsfolgen der Erlangung, Nutzung und Offenlegung von Geschäftsgeheimnissen zwischen Unternehmen und ersetzt dabei die alte Rechtslage zum Geheimnisschutz, die in den §§ 17–19 des Gesetzes gegen den unlauteren Wettbewerb (UWG)[172] geregelt war.

Wesentliche Neuerungen des GeschGehG sind insbesondere die Folgenden:

1. Ein ausdifferenziertes zivilrechtliches Haftungssystem
2. Die ausdrückliche Zulässigkeit des Reverse Engineering frei verfügbarer Produkte (§ 3 Abs. 1 Nr. 2 GeschGehG)
3. Schranken zugunsten legitimer Interessen von Whistleblowern und investigativ tätigen Journalisten (§ 5 Nr. 2 GeschGehG)
4. Erweiterte Befugnisse der Gerichte zum Schutz von Geschäftsgeheimnissen in Gerichtsverfahren.

171 https://eur-lex.europa.eu/eli/dir/2016/943/oj.
172 https://www.gesetze-im-internet.de/uwg_2004/.

d) Pflichten von Akteuren

Die zentrale Neuerung des GeschGehG ist, dass Geschäftsgeheimnisse nur dann rechtlich geschützt sind, wenn vom Inhaber angemessene Geheimhaltungsmaßnahmen zum Schutz der Information getroffen wurden. Will sich ein Unternehmen auf ein Geschäftsgeheimnis berufen, muss es nachweisen können, dass es den Umständen entsprechend angemessene Geheimhaltungsmaßnahmen getroffen hat.

Um als Geschäftsgeheimnis zu gelten, muss eine Information drei Kriterien erfüllen:

1. **geheim** (nicht allgemein bekannt oder leicht zugänglich)
2. wirtschaftlicher **Wert**
3. Gegenstand von angemessenen **Geheimhaltungsmaßnahmen.**

Als solche angemessenen Maßnahmen kommen in erster Linie folgende Dinge in Betracht:

1. **vertragliche Maßnahmen** (z. B. eine Verschwiegenheitsverpflichtung oder eine Geheimhaltungsvereinbarung)
2. **organisatorische Maßnahmen** (wie etwa Benutzerrechteregelungen, Wachpersonal etc.)
3. **technische Maßnahmen** (insbesondere Firewall- und Antivirus-Lösungen, Safes, Passwortschutz, Verschlüsselung usw.).

Die Inhaberschaft eines solchen Geschäftsgeheimnisses kann jede natürliche oder juristische Person haben, die die rechtmäßige Kontrolle über das Geschäftsgeheimnis hat, also Unternehmen sowie Einzelkaufleute, Selbständige und Freiberufler, aber beispielsweise auch Lizenznehmer. Größe, Umsatz, Beschäftigtenanzahl oder Branche spielen hierbei keine Rolle.

Als „Täter“ im Sinne des GeschGehG gilt jede natürliche oder juristische Person, die auf die im Gesetz beschriebene Weise ein Geschäftsgeheimnis rechtswidrig erlangt, nutzt oder offenlegt.

Ein Geschäftsgeheimnis darf insbesondere nicht erlangt werden durch unbefugte Zugangsverschaffung, Aneignung oder unbefugtes Kopieren von Dokumenten, Gegenständen, Materialien, Stoffen oder elektronischen Dateien, die das Geschäftsgeheimnis enthalten oder aus denen es sich ableiten lässt. Ein Geschäftsgeheimnis darf jedoch erlangt werden durch:

- eine eigenständige Entdeckung oder Schöpfung
- sog. Reverse Engineering, d. h. ein Beobachten, Untersuchen, Rückbauen oder Testen eines Produkts, wenn es öffentlich verfügbar gemacht wurde oder sich im rechtmäßigen Besitz des Beobachtenden befindet und dieser

keiner Pflicht zur Beschränkung der Erlangung des Geschäftsgeheimnisses unterliegt.

In bestimmten Fällen können verbotene Handlungen gerechtfertigt sein, wenn sie zum Schutz eines berechtigten Interesses erfolgen, beispielsweise die Offenlegung durch einen Arbeitnehmer gegenüber der Arbeitnehmervertretung, wenn dies erforderlich ist.

e) Sanktionen/Geldbußen

Das GeschGehG enthält in seinem § 23 umfassende Regelungen zu strafrechtlichen Sanktionen bei Verstößen. Mit Freiheitsstrafe bis zu drei Jahren oder mit Geldstrafe wird bestraft, wer zur Förderung des eigenen oder fremden Wettbewerbs, aus Eigennutz, zugunsten eines Dritten oder in der Absicht, dem Inhaber eines Unternehmens Schaden zuzufügen,

1. unberechtigt ein Geschäftsgeheimnis erlangt,
2. unberechtigt ein Geschäftsgeheimnis nutzt oder offenlegt oder
3. unberechtigt als eine bei einem Unternehmen beschäftigte Person ein Geschäftsgeheimnis, das ihr im Rahmen des Beschäftigungsverhältnisses anvertraut worden oder zugänglich geworden ist, während der Geltungsdauer des Beschäftigungsverhältnisses offenlegt.

Die Strafen verschärfen sich auf Freiheitsstrafe bis zu fünf Jahren oder Geldstrafe, wenn der Täter…

- gewerbsmäßig handelt,
- bei der Offenlegung weiß, dass das Geschäftsgeheimnis im Ausland genutzt werden soll, oder
- das Geschäftsgeheimnis im Ausland nutzt.

Auch der Versuch ist strafbar.

Neben den strafrechtlichen Sanktionen können bei Verstößen auch zivilrechtliche Ansprüche geltend gemacht werden, wie Beseitigung und Unterlassung (§ 6 GeschGehG), Vernichtung und Herausgabe (§ 7 GeschGehG) sowie Schadensersatz (§ 10 GeschGehG). Diese Ansprüche können gegenüber dem eigentlichen Täter der Rechtsverletzung oder unter Umständen sogar gegenüber dem Unternehmen geltend gemacht werden, wenn der Täter dort beschäftigt oder wenn er von diesem beauftragt worden ist. Unternehmen drohen daher z. B. Schadensersatzforderungen durch Verstöße ihrer Beschäftigten gegen das GeschGehG.

f) Zuständige Aufsichtsbehörden

Für die Kontrolle bzw. Durchsetzung des GeschGehG gibt es keine speziellen Aufsichtsbehörden. Für Klagen, durch die Ansprüche nach dem GeschGehG geltend gemacht werden, sind gemäß § 15 Abs. 1 GeschGehG die Landgerichte ausschließlich zuständig, unabhängig vom Streitwert. Örtlich zuständig ist das Gericht, in dessen Bezirk der Beklagte seinen allgemeinen Gerichtsstand hat (§ 15 Abs. 2 GeschGehG). Hat der Beklagte im Inland keinen allgemeinen Gerichtsstand, ist nur das Gericht zuständig, in dessen Bezirk die Handlung begangen worden ist.

Die Landesregierungen sind ermächtigt, durch Rechtsverordnung einem Landgericht die Klagen nach GeschGehG der Bezirke mehrerer Landgerichte zuzuweisen (§ 15 Abs. 3 GeschGehG). Dies ermöglicht eine Konzentration der Verfahren bei spezialisierten Gerichten.

g) Ergänzende Rechtsakte, Leitlinien, Normen & Co.

Zur praktischen Umsetzung der vom GeschGehG geforderten „angemessenen Geheimhaltungsmaßnahmen“ wird die Implementierung eines Informationssicherheits-Managementsystems (ISMS) nach ISO 27001 empfohlen. Diese international anerkannte Norm bietet einen strukturierten Ansatz zur sicheren Verarbeitung von Informationen und hilft dabei, für jede Art von Information angemessene Schutzmaßnahmen zu identifizieren und umzusetzen.

IX. Finanzsektor

Es existieren zahlreiche Regelwerke für den Finanzsektor, sowohl auf EU- als auch auf nationaler Ebene. Insbesondere der Digital Operational Resilience Act (DORA) enthält umfangreiche Vorgaben mit Blick auf das Ziel, den Finanzbereich sicherer zu gestalten. Daneben gibt es aber auch einzelne, ganz konkrete Vorgaben, wie etwa den Testkriterienkatalog für KI-Systeme im Finanzwesen[173] des BSI. Darin werden für die KI-Nutzung speziell im Finanzsektor zahlreiche Maßnahmen vorgegeben, und zwar zu folgenden Aspekten:

- KI-Sicherheit & Robustheit
- Datenqualität und -management
- Entwicklung
- Fairness
- Verwaltung
- Menschliche Aufsicht
- IT-Sicherheit
- Überwachung
- Leistung
- Transparenz.

Damit werden insgesamt rund 100 Anforderungen aus dem Finanzbereich mit denen der KI-VO kombiniert und für den Einsatz in der Praxis aufbereitet.

1. Digital Operational Resilience Act (DORA)

a) Zielrichtung

Die Verordnung (EU) 2022/2554 des Europäischen Parlaments und des Rates vom 14. Dezember 2022 über die digitale operationale Resilienz im Finanzsektor und zur Änderung der Verordnungen (EG) Nr. 1060/2009, (EU) Nr. 648/2012, (EU) Nr. 600/2014, (EU) Nr. 909/2014 und (EU) 2016/1011, der so genannte Digital Operational Resilience Act (oder kurz: DORA)[174], ist eine EU-Verordnung, die die digitale operationale Resilienz des europäischen Finanzsektors stärken soll. In einer Zeit zunehmender Digitalisierung im Finanzwesen hat die Abhängigkeit von Informations- und Kommunika-

173 https://www.bsi.bund.de/SharedDocs/Downloads/EN/BSI/KI/AI-Finance_Test-Criteria.pdf?__blob=publicationFile&v=3.

174 https://eur-lex.europa.eu/eli/reg/2022/2554/oj/.

tionstechnologien (IKT) erheblich zugenommen, was den Schutz vor Cyberbedrohungen zunehmend wichtiger macht.

DORA verfolgt zwei Hauptziele: Zum einen soll das IKT-Risikomanagement im Finanzdienstleistungssektor umfassend behandelt werden, zum anderen sollen die in den einzelnen EU-Mitgliedstaaten bereits bestehenden IKT-Risikomanagementvorschriften harmonisiert werden. Durch die Schaffung einheitlicher Sicherheitsanforderungen soll nicht nur die Cybersicherheit verbessert, sondern auch die Niederlassungsfreiheit und die digitale operationale Resilienz des gesamten europäischen Finanzmarkts gestärkt werden.

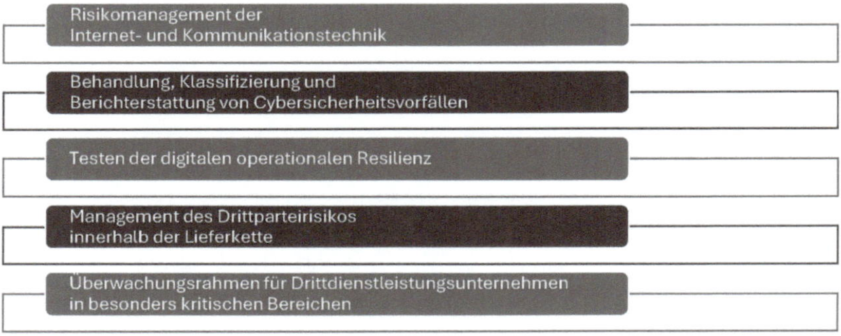

Die regulatorischen Anforderungen von DORA

b) Inkrafttreten/Anwendbarkeit

DORA ist am 17. Januar 2023 in Kraft getreten und ist nach einer zweijährigen Übergangszeit seit dem 17. Januar 2025 vollständig anzuwenden.

Die BaFin hat bereits klargestellt, dass es nach der zweijährigen Übergangszeit keine weitere Übergangsfrist mehr geben wird[175]. Finanzunternehmen mussten also bis zum Stichtag alle erforderlichen Maßnahmen implementieren.

c) Anwendungsbereich

DORA hat einen umfassenden Anwendungsbereich, der sowohl Finanzunternehmen als auch ihre IKT-Dienstleister einschließt.

175 https://www.bafin.de/SharedDocs/FAQs/DE/DORA/DORA_Landingpage/08.html.

Finanzunternehmen:

Die Verordnung gilt sektorübergreifend im Wesentlichen für alle beaufsichtigten Institute und Unternehmen des Finanzsektors. Dies sind Finanzunternehmen im Sinne von Art. 2 Abs. 2 DORA, nämlich im Einzelnen (Art. 2 Abs. 1 lit. a)-u) DORA):

- Kreditinstitute
- Zahlungsinstitute, einschließlich gemäß der Richtlinie (EU) 2015/2366[176] ausgenommene Zahlungsinstitute
- Kontoinformationsdienstleister
- E-Geld-Institute, einschließlich gemäß der Richtlinie 2009/110/EG[177] ausgenommene E-Geld-Institute
- Wertpapierfirmen
- Anbieter von Krypto-Dienstleistungen, die nach der Verordnung über Märkte von Krypto-Werten[178] zugelassen sind, und Emittenten wertreferenzierter Token
- Zentralverwahrer
- zentrale Gegenparteien
- Handelsplätze
- Transaktionsregister
- Verwalter alternativer Investmentfonds
- Verwaltungsgesellschaften
- Datenbereitstellungsdienste
- Versicherungs- und Rückversicherungsunternehmen
- Versicherungsvermittler, Rückversicherungsvermittler und Versicherungsvermittler in Nebentätigkeit
- Einrichtungen der betrieblichen Altersversorgung
- Ratingagenturen
- Administratoren kritischer Referenzwerte
- Schwarmfinanzierungsdienstleister
- Verbriefungsregister
- IKT-Drittdienstleister.

Nach Art. 2 Abs. 3 DORA sind folgende Einrichtungen explizit vom Anwendungsbereich ausgeschlossen:

176 https://eur-lex.europa.eu/eli/dir/2015/2366/oj.
177 https://eur-lex.europa.eu/eli/dir/2009/110/oj.
178 https://eur-lex.europa.eu/legal-content/DE/TXT/?uri=celex%3A32023R1114.

- Verwalter alternativer Investmentfonds im Sinne von Art. 3 Abs. 2 der Richtlinie 2011/61/EU über die Verwalter alternativer Investmentfonds[179]
- Versicherungs- und Rückversicherungsunternehmen im Sinne von Art. 4 der Richtlinie 2009/138/EG betreffend die Aufnahme und Ausübung der Versicherungs- und der Rückversicherungstätigkeit[180]
- Einrichtungen der betrieblichen Altersversorgung, die Altersversorgungssysteme mit insgesamt weniger als 15 Versorgungsanwärtern betreiben
- gemäß den Art. 2, 3 der Richtlinie 2014/65/EU über Märkte für Finanzinstrumente[181] ausgenommene natürliche oder juristische Personen
- Versicherungsvermittler, Rückversicherungsvermittler und Versicherungsvermittler in Nebentätigkeit, bei denen es sich um Kleinstunternehmen oder kleine oder mittlere Unternehmen handelt
- Postgiroämter im Sinne von Art. 2 Ab. 5 Nr. 3 der Richtlinie 2013/36/EU über den Zugang zur Tätigkeit von Kreditinstituten und die Beaufsichtigung von Kreditinstituten und Wertpapierfirmen[182].

IKT-Dienstleister

DORA betrifft auch Dienstleister im Bereich der Informations- und Kommunikationstechnologie (IKT-Bereich). Zu diesen zählen Unternehmen, die für Finanzunternehmen wesentliche Dienstleistungen wie Cloud Computing, Softwarebereitstellung, Datenanalyse und Rechenzentrumsdienstleistungen erbringen.

Die Verordnung definiert IKT-Dienste als digitale Dienste und Datendienste, die dauerhaft über IKT-Systeme bereitgestellt werden, einschließlich Hardware und damit verbundener Dienstleistungen wie technischer Unterstützung in Form von Software- oder Firmware-Updates. Herkömmliche analoge Dienste, wie etwa Telefondienste, sind von dieser Definition ausgenommen.

Online gibt es verschiedene Hilfestellungen zu der Frage der Betroffenheit von DORA. So stellt beispielsweise die Kanzlei Annerton einen „DORA-Selbsttest“ bereit[183].

179 https://eur-lex.europa.eu/legal-content/DE/TXT/HTML/?uri=CELEX:32011L0061.
180 https://eur-lex.europa.eu/legal-content/DE/TXT/HTML/?uri=CELEX:32009L0138.
181 https://eur-lex.europa.eu/legal-content/DE/TXT/HTML/?uri=CELEX:32014L0065.
182 https://eur-lex.europa.eu/legal-content/DE/TXT/HTML/?uri=CELEX:32013L0036.
183 https://annerton.com/dora/start/.

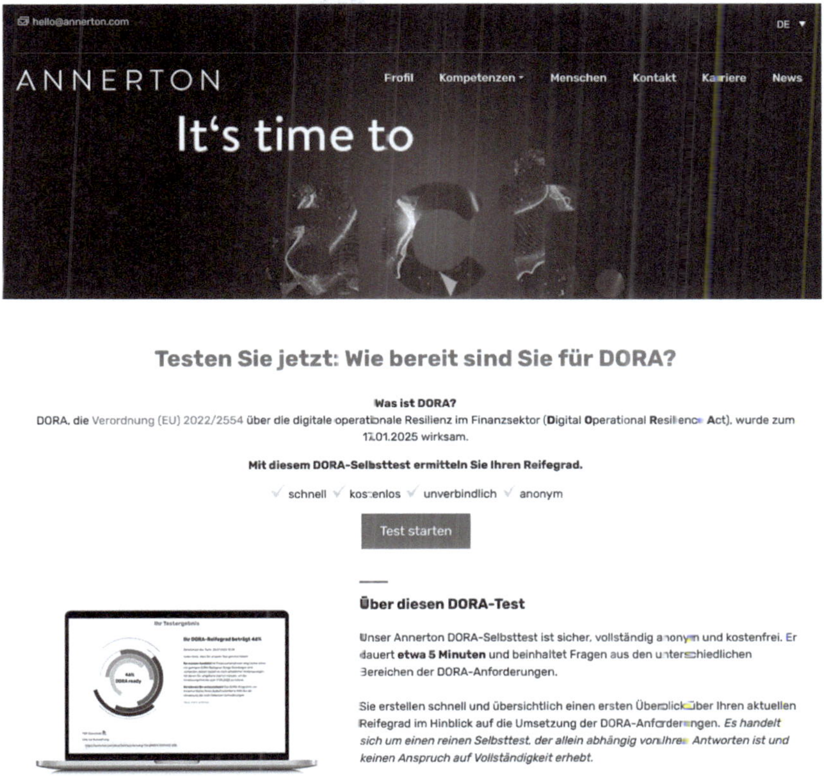

Mit Hilfe von Online-Selbsttests kann man prüfen, ob man von DORA erfasst wird

d) Pflichten von Akteuren

DORA legt umfassende Pflichten für die betroffenen Akteure fest, die in sechs wesentlichen Bereichen zusammengefasst werden können:

1. IKT-Risikomanagement

Finanzunternehmen müssen ein umfassendes Framework für das IKT-Risikomanagement etablieren und pflegen. Dies umfasst folgende Punkte:

- Etablierung und Pflege eines wirksamen Risikomanagementrahmens mit Präventions-, Erkennungs-, Reaktions- und Wiederherstellungsmaßnahmen
- Erstellung einer IKT-Risikostrategie, die regelmäßig überprüft und aktualisiert wird

– Durchführung von Risikoanalysen für alle kritischen IT-Systeme.

2. Meldung von IKT-Vorfällen

Finanzunternehmen sind verpflichtet, Mechanismen zur Identifikation, Klassifizierung und Meldung von IKT-bezogenen Vorfällen an die zuständigen Aufsichtsbehörden zu implementieren:

- Implementierung von Mechanismen zur Identifikation und Klassifizierung von IKT-bezogenen Vorfällen
- Meldung von Vorfällen an Aufsichtsbehörden innerhalb strenger Fristen.

3. Resilienztests

Regelmäßige Tests sind obligatorisch, um die Widerstandsfähigkeit der IT-Systeme zu überprüfen:

- Regelmäßige Penetrationstests und Schwachstellenanalysen
- Durchführung von Threat-led Penetration Testing (TLPT)
- Simulationen zur Überprüfung der Cybersicherheitsfähigkeiten.

4. Risikomanagement von Drittparteien

Finanzunternehmen müssen ihre IKT-Drittdienstleister überwachen und bewerten:

- Überwachung und Bewertung von IKT-Dienstleistern
- Führung eines Informationsregisters für alle vertraglichen Vereinbarungen über IKT-Dienstleistungen
- Entwicklung einer Strategie für das Management des IKT-Drittparteienrisikos.

5. Governance und Überwachung

DORA verlangt klare Verantwortlichkeiten für das IKT-Risikomanagement:

- Klare Verantwortlichkeiten für das IKT-Risikomanagement
- Compliance-Kontrolle durch das obere Management
- Regelmäßige Berichterstattung an die Geschäftsleitung.

6. Informationsaustausch und Notfallübungen

Die von DORA erfassten Finanzunternehmen sollen zum Informationsaustausch und zu Notfallübungen beitragen:

- Vereinbarungen über den Austausch von Informationen zu Cyberbedrohungen
- Teilnahme an Cyberkrisen- und Notfallübungen.

e) Sanktionen/Geldbußen

Bei Nichteinhaltung der DORA-Anforderungen drohen erhebliche Sanktionen und oder gar Geldbußen. Diese richten sich nach Art des Verstoßes sowie nach den handelnden Akteuren:

- **Finanzinstitute**: Bußgelder von bis zu 2 % des weltweiten Jahresumsatzes oder 1 % des durchschnittlichen Tagesumsatzes
- **Einzelpersonen**: maximale Strafe von 1 Million Euro
- **kritische IKT-Drittanbieter**: Geldstrafen bis zu 5 Millionen Euro
- **Einzelpersonen bei IKT-Drittanbietern**: bis zu 500.000 Euro

Es drohen zusätzliche Strafen für nicht ordnungsgemäß gemeldete schwerwiegende IKT-Vorfälle oder Cyberbedrohungen.

Weitere Sanktionsmaßnahmen können beispielsweise in den Einschränkungen der Geschäftstätigkeit bestehen. Zudem droht ein Reputationsverlust, der wiederum zu Vertrauensverlust und Geschäftseinbußen führen kann.

f) Zuständige Aufsichtsbehörden

Die Aufsicht über die Einhaltung von DORA wird von folgenden Behörden wahrgenommen. Die drei Europäischen Aufsichtsbehörden sind federführend für die Entwicklung der technischen Standards:

- Die Europäische Wertpapieraufsichtsbehörde (ESMA)[184]
- Die Europäische Bankenaufsichtsbehörde (EBA)[185]
- Die Europäische Aufsichtsbehörde für das Versicherungswesen und die betriebliche Altersversorgung (EIOPA)[186].

Diese drei Behörden erarbeiten gemeinsam technische Regulierungsstandards, Implementierungsstandards und Leitlinien zur Anwendung von DORA in allen Sektoren.

In Deutschland ist die Bundesanstalt für Finanzdienstleistungsaufsicht (BaFin) die zuständige Aufsichtsbehörde. Die BaFin hat für die Umsetzung von DORA eine spezielle Melde- und Veröffentlichungsplattform (MVP) eingerichtet[187].

Auf der Website der BaFin finden sich diverse Informationen, Materialien und Hilfestellungen zur Umsetzung der DORA-Vorgaben[188]. So

184 https://www.esma.europa.eu/.
185 https://www.eba.europa.eu/deutsch.
186 https://www.eiopa.europa.eu/index_en?prefLang=de.
187 https://www.bafin.de/DE/DieBaFin/Service/MVPportal/MVPportal_node.html.
188 https://www.bafin.de/DE/Aufsicht/DORA/DORA_node.html.

gibt es dort u.a. eine Übersicht[189] zu „Fragen und Antworten zur Behandlung, Klassifizierung und Berichterstattung IKT-bezogener Vorfälle“ oder auch eine Sektion[190] mit „Fragen und Antworten zur Vereinbarung über den Austausch von Informationen sowie Cyberkrisen- und Notfallübungen“. Außerdem gibt es eine Tabelle zu den Mindestvertragsinhalten[191] oder auch den Verweis auf „Gemeinsame Leitlinien für die Schätzung der von schwerwiegenden IKT-bezogenen Vorfällen verursachten aggregierten jährlichen Kosten und Verluste gemäß der Verordnung (EU) 2022/2554“ der EBA[192].

Ein besonderes Merkmal von DORA ist der Überwachungsrahmen für kritische IKT-Drittdienstleister. Diese Dienstleister unterliegen der direkten Aufsicht durch die zuständige Aufsichtsbehörde. Dies stellt eine signifikante Neuerung dar, denn bisher wurden hauptsächlich die Finanzunternehmen selbst reguliert.

g) Ergänzende Rechtsakte, Leitlinien, Normen & Co.

DORA wird durch verschiedene ergänzende Rechtsakte, Leitlinien und Normen unterstützt und vervollständigt.

Ergänzende EU-Regelungen

Zu den ergänzenden Rechtsakten zählen insbesondere die folgenden:

- Delegierte Verordnung (EU) 2025/532 der Kommission vom 24. März 2025 zur Ergänzung der Verordnung (EU) 2022/2554 des Europäischen Parlaments und des Rates durch technische Regulierungsstandards zur Präzisierung der Aspekte, die ein Finanzunternehmen bei der Untervergabe von IKT-Dienstleistungen zur Unterstützung kritischer oder wichtiger Funktionen bestimmen und bewerten muss[193]
- Delegierte Verordnung (EU) 2024/1774 (IKT-Risikomanagement)[194]

189 https://www.bafin.de/DE/Aufsicht/DORA/Meldewesen_IKT_Vorfaelle/FAQ/FAQ_artikel.html?nn=19669324.

190 https://www.bafin.de/DE/Aufsicht/DORA/Informationen_Cyberkrisen_Notfalluebungen/FAQ/FAQ_artikel.html?nn=19669324.

191 https://www.bafin.de/SharedDocs/Downloads/DE/Anlage/dl_2024_08_05_Mindestvertragsinhalte_DORA_DE_EN.html;jsessionid=38CF891498F6E0FE470B128186836702.internet972?nn=19669324.

192 https://eba.europa.eu/sites/default/files/2025-03/48958acb-1c6d-40f0-9784-961713759972/JC%202024-34_Draft%20final%20report%20GL%20on%20costs%20and%20losses_for%20translation_DE_COR2.pdf.

193 https://eur-lex.europa.eu/eli/reg_del/2025/532/oj.

194 https://eur-lex.europa.eu/eli/reg_del/2024/1774/oj.

- Delegierte Verordnung (EU) 2024/1773 (Leitlinie IKT-Dienstleistungen)[195]
- Delegierte Verordnung (EU) 2024/1772 (Klassifizierung IKT-Vorfälle)[196]
- Durchführungsverordnung (EU) 2024/2956 (Informationsregister)[197]
- ITS Template zur Meldung von IKT-Vorfällen[198]
- RTS zur Meldung von IKT-Vorfällen[199]
- RTS Bedrohungsorientierte Penetrationstests (TLPT)
- Delegierte Verordnung zu den Inhalten von Meldungen schwerwiegender IKT-bezogener Vorfälle und erheblicher Cyberbedrohungen (EU 2025/301)[200]
- Durchführungsverordnung EU 2025/302 zu den hierbei einzusetzenden Formularen, Vorlagen und Verfahren [201].

Zeitgleich mit DORA wurde eine DORA-Änderungsrichtlinie veröffentlicht, die darauf abzielt, sektorale europäische Richtlinien konsistent mit den Anforderungen von DORA zu halten. Die DORA-Änderungsrichtlinie ändert verschiedene EU-Richtlinien, darunter:

- OGAW-Richtlinie (2009/65/EG)[202]
- Solvency II (2009/138/EG)[203]
- AIFM-Richtlinie (2011/61/EU)[204]
- Eigenkapitalrichtlinie (CRD) (2013/36/EU)[205]
- Abwicklungsrichtlinie (2014/59/EU)[206]
- MiFID II (2014/65/EU)[207].

---

195 https://eur-lex.europa.eu/eli/reg_del/2024/1773/oj.
196 https://eur-lex.europa.eu/eli/reg_del/2024/1772/oj.
197 https://eur-lex.europa.eu/eli/reg_impl/2024/2956/oj.
198 https://www.bafin.de/DE/Aufsicht/DORA/Meldewesen_IKT_Vorfaelle/Meldung_schwerwiegender_IKT_bezogener_Vorfaelle_und_erheblicher_Cyberbedrohungen/Meldung_schwerwiegender_IKT_bezogener_Vorfaelle_und_erheblicher_Cyberbedrohungen_node.html.
199 https://www.bafin.de/DE/Aufsicht/DORA/Meldewesen_IKT_Vorfaelle/Meldewesen_IKT_Vorfaelle_node.html.
200 https://eur-lex.europa.eu/eli/reg_del/2025/301/oj.
201 https://eur-lex.europa.eu/eli/reg_impl/2025/302/oj.
202 https://eur-lex.europa.eu/eli/dir/2009/65/oj.
203 https://eur-lex.europa.eu/eli/dir/2009/138/oj.
204 https://eur-lex.europa.eu/eli/dir/2011/61/oj.
205 https://eur-lex.europa.eu/eli/dir/2013/36/oj.
206 https://eur-lex.europa.eu/eli/dir/2014/59/oj.
207 https://eur-lex.europa.eu/eli/dir/2014/65/oj.

- PSD II (EU 2015/2366)[208]
- EbAV-II-Richtlinie (EU 2016/2341)[209].

DORA ist Teil eines umfassenderen Pakets zur Digitalisierung des Finanzsektors, das u. a. auch die Markets in Crypto-Assets Regulation (MiCAR) enthält.

Finanzunternehmen können je nach ihrer Größe als wesentliche oder wichtige Einrichtungen von der NIS2-Richtlinie betroffen sein. DORA genießt jedoch als spezielleres Gesetz („lex specialis") im Finanzsektor Anwendungsvorrang gegenüber der NIS2-Richtlinie. Es ist jedoch so, dass DORA nicht zwangsläufig alle Themenbereiche abdeckt, die in NIS2 geregelt sind. In Bereichen, die von DORA nicht vollständig geregelt werden, wie etwa bei branchenübergreifenden Sicherheitsanforderungen oder Lieferkettenrisiken, können die allgemeinen Anforderungen von NIS2 weiterhin einschlägig sein.

Deutsche Regelungen

Deutschland befindet sich in einer guten Startposition für die Umsetzung von DORA, da die BaFin bereits zuvor verschiedene Instrumente geschaffen hat, die nun durch DORA ergänzt bzw. weitgehend ersetzt werden:
- Bankaufsichtliche Anforderungen an die IT (BAIT)[210]
- Versicherungsaufsichtliche Anforderungen an die IT (VAIT)[211]
- Kapitalverwaltungsaufsichtliche Anforderungen an die IT (KAIT)[212]
- Zahlungsdiensteaufsichtliche Anforderungen an die IT (ZAIT)[213].

Hingegen gibt es auch bestehende Vorgaben, die auch unter DORA bestehen bleiben und zukünftig in diesem Lichte angewandt werden müssen. Hierzu gehören die „Mindestanforderungen an die Geschäftsorganisation von Ver-

---

208 https://eur-lex.europa.eu/eli/dir/2015/2366/oj.
209 https://eur-lex.europa.eu/eli/dir/2016/2341/oj.
210 https://www.bundesbank.de/de/aufgaben/bankenaufsicht/einzelaspekte/risikomanagement/bait-dora-598580.
211 https://www.bafin.de/SharedDocs/Veroeffentlichungen/DE/Meldung/2022/meldung_2022_03_03_Aktualisierung_VAIT.html.
212 https://www.bafin.de/SharedDocs/Veroeffentlichungen/DE/Meldung/2019/meldung_191002_RS_1911_KAIT.html.
213 https://www.bafin.de/SharedDocs/Downloads/DE/Rundschreiben/dl_rs_1121_BA_ZAIT.html.

sicherungsunternehmen“ (MaGo)[214] sowie die „Mindestanforderungen an das Risikomanagement“ (MaRisk)[215].

MaRisk

Die Bundesanstalt für Finanzdienstleistungsaufsicht (BaFin) legt die MaRisk in Form von Verwaltungsvorschriften fest. Sie dienen der Sicherstellung einer ordnungsgemäßen Geschäftsorganisation und eines effektiven Risikomanagements. Die MaRisk gelten für alle deutschen Kredit- und Finanzdienstleistungsinstitute sowie für deutsche Zweigstellen von Unternehmen mit Sitz außerhalb der Europäischen Union, die in der EU Zahlungsdienste erbringen. Die Vorgaben zielen darauf ab, einen qualitativen Rahmen zur Identifikation, Messung und Steuerung aller wesentlichen Risiken sicherzustellen. Dadurch soll verhindert werden, dass Sicherheitsrisiken für Institute und Kunden ignoriert, unterschätzt oder übersehen werden. Die MaRisk konkretisieren die Regelungen aus dem Kreditwesengesetz und setzen qualitative Anforderungen aus EU-Vorgaben in deutsches Recht um.

Die MaRisk sind modular aufgebaut und gliedern sich in einen allgemeinen Teil (Modul AT) und einen besonderen Teil (Modul BT). Der allgemeine Teil enthält grundlegende Anforderungen an das interne Risikomanagement, während der besondere Teil spezifische Anforderungen an die Organisation und Prozesse für das Management und Controlling von verschiedenen Risikotypen wie Marktpreisrisiken, Liquiditätsrisiken oder operationelle Risiken stellt.

Die Geschäftsleitung einer nach MaRisk verpflichteten Einrichtung trägt die Gesamtverantwortung für die ordnungsgemäße Geschäftsorganisation und deren Weiterentwicklung. Dies umfasst die Einrichtung einer unabhängigen Risikocontrolling-Funktion, einer Compliance-Funktion und einer internen Revision. Zudem muss sichergestellt werden, dass die internen Kontrollsysteme und Risikomanagementprozesse den Anforderungen der MaRisk entsprechen.

Bei Nichteinhaltung der MaRisk können aufsichtsrechtliche Maßnahmen durch die BaFin erfolgen. Diese Maßnahmen können von Verwarnungen bis hin zu empfindlichen Geldstrafen reichen. Die Einhaltung der MaRisk wird zudem vom Abschlussprüfer im Rahmen der Jahresabschlussprüfung geprüft.

---

214 https://www.bafin.de/SharedDocs/Veroeffentlichungen/DE/Rundschreiben/2017/rs_1702_mago_va.html.

215 https://www.bafin.de/SharedDocs/Downloads/DE/Rundschreiben/dl_rs_06_2024_MaRisk_pdf_BA.html.

Die MaRisk stellen sicher, dass Finanzinstitute robust und widerstandsfähig gegenüber verschiedenen Risiken bleiben, was letztlich zur Stabilität des gesamten Finanzsystems beiträgt. Sie bieten einen flexiblen und praxisnahen Rahmen für das Risikomanagement und sind ein zentraler Baustein in der Weiterentwicklung der qualitativen Bankenaufsicht in Deutschland.

Durch DORA werden die MaRisk-Vorgaben nicht nur konkretisiert, sondern nun auch gesetzlich verankert.

2. Framework for Financial Data Access (FiDA)

a) Zielrichtung

Der Vorschlag für eine Verordnung des Europäischen Parlaments und des Rates über einen Rahmen für den Zugang zu Finanzdaten und zur Änderung der Verordnungen (EU) Nr. 1093/2010, (EU) Nr. 1094/2010, (EU) Nr. 1095/2010 und (EU) 2022/2554, die so genannte Financial Data Access Verordnung (FiDA)[216], markiert den Übergang von Open Banking zu Open Finance und verfolgt das Ziel, einen einheitlichen europäischen Datenraum im Finanzsektor zu schaffen. Als Teil der umfassenderen EU-Strategie soll die Verordnung den Zugang zu und die Nutzung von Finanzdaten fördern, um ein offenes und standardisiertes Ökosystem für den Datenaustausch zu etablieren.

Die konkreten Ziele von FiDA umfassen die Kundenzentrierung durch Stärkung des Verbraucherschutzes, Entwicklung maßgeschneiderter Finanzprodukte und Dienstleistungen, Bereitstellung von Echtzeitdaten mit digitalem Zugriff und Gewährleistung von Sicherheit und Datenschutz. Zudem will FiDA interoperable Standards und Marktentwicklung etablieren durch Schaffung harmonisierter Standardisierungen, Setzung eines einheitlichen Rechtsrahmens, Förderung datengesteuerter Geschäftsmodelle, Unterstützung der digitalen Transformation und Stärkung von Wettbewerb und Marktintegrität.

b) Inkrafttreten/Anwendbarkeit

Der Gesetzgebungsprozess für FiDA ist noch nicht abgeschlossen. Die Europäische Kommission hat den Entwurf am 28. Juni 2023 vorgelegt. Der erste Entwurf der FiDA-Verordnung wurde am 2. Dezember 2024 vom EU-Rat finalisiert und in das weitere Gesetzgebungsverfahren eingebracht.

---

216 https://eur-lex.europa.eu/legal-content/DE/TXT/?uri=celex:52023PC0360.

Es ist geplant, dass die Verordnung voraussichtlich noch bis Ende des Jahres 2025 in Kraft treten soll. Die tatsächliche Anwendbarkeit der Vorschriften erfolgt jedoch stufenweise:

- Die Bestimmungen über Financial Data Sharing Schemes (FDSS) und die Genehmigungsanforderungen für Finanzinformationsdienstleister (FISPs) werden 18 Monate nach Inkrafttreten anwendbar.
- Der Hauptteil der Verordnung wird 24 Monate nach Inkrafttreten anwendbar werden.

Die Implementierung der Datenaustauschpflichten erfolgt in drei Stufen:

1. Nach **24 Monaten**: Kundendaten zu Verbraucherkreditverträgen, Konten, Sparguthaben und Kfz-Versicherungen (FDSS-Beitrittsfrist: 18 Monate)
2. Nach **36 Monaten**: Kundendaten zu Immobilienkrediten, Investitionen in Finanzinstrumente, Krypto-Anlagen und Altersvorsorgeprodukte (FDSS-Beitrittsfrist: 30 Monate)
3. Nach **48 Monaten**: Alle übrigen Kundendaten (FDSS-Beitrittsfrist: 42 Monate).

c) Anwendungsbereich

Der Geltungsbereich der FiDA-Verordnung ist umfassend und betrifft sowohl personenbezogene als auch nicht personenbezogene Daten, die im Rahmen der normalen Geschäftstätigkeit von Finanzinstituten erhoben und verarbeitet werden. Die Verordnung erfasst Finanzinstitute wie Kreditinstitute, Zahlungs- und E-Geld-Institute, Wertpapierfirmen, Anbieter von Krypto-Dienstleistungen, (Rück-)Versicherungsunternehmen und Ratingagenturen sowie Finanzinformationsdienstleister (FISPs) als neu eingeführte Kategorie. Ausgenommen sind Kleinstunternehmen sowie kleine und mittlere Unternehmen (KMU), darunter auch Rückversicherer und Crowdfunding-Anbieter, die im KMU-Bereich angesiedelt sind.

FiDA erfasst eine Vielzahl von Finanzdaten in unterschiedlichen Bereichen:

- klassische Bankprodukte (Hypotheken, Darlehen, Konten)
- verschiedene Anlageformen (von traditionellen Finanzinstrumenten bis zu Kryptowerten)
- Daten aus bestimmten Versicherungsprodukten (z. B. Kfz-Versicherungen)
- Informationen aus Eignungsprüfungen und geschäftlichen Bonitätsbewertungen.

Nicht unter FiDA fallen hingegen besonders sensible Informationen, wie beispielsweise Daten aus der Kranken- und Lebensversicherung, vertrauliche Unternehmensdaten, Sozialversicherungsdaten, Daten zur betrieblichen Altersvorsorge oder auch Bonitätsprüfungsdaten von Privatpersonen.

d) Pflichten von Akteuren

FiDA definiert detaillierte Pflichten für die verschiedenen Akteure im Datenaustauschprozess. Der Dateninhaber muss dem Kunden auf dessen elektronisch übermittelten Antrag die Kundendaten…

- unverzüglich,
- unentgeltlich,
- kontinuierlich sowie
- in Echtzeit

zur Verfügung stellen.

Zudem muss der Dateninhaber dem Kunden ein Dashboard bereitstellen, das…

- einen Überblick über alle aktiven Zugriffsberechtigungen gibt,
- bestimmte Angaben enthält (Namen des Datennutzers, betroffenes Kundenkonto, Zwecke und Dauer der Zustimmung),
- die Möglichkeit bietet, Zugriffsberechtigungen zu widerrufen oder erneut zu erteilen,
- eine Aufstellung der widerrufenen oder abgelaufenen Zugriffsberechtigungen der letzten zwei Jahre enthält,
- in der Nutzerschnittstelle leicht auffindbar ist und
- klar, richtig und leicht verständliche Informationen bietet.

Der Dateninhaber ist ebenfalls verpflichtet, dem Datennutzer auf Antrag des Kunden die Kundendaten unverzüglich, kontinuierlich und in Echtzeit zur Verfügung zu stellen. Der Dateninhaber kann dafür vom Datennutzer eine angemessene Vergütung verlangen.

Bei der Bereitstellung der Daten muss der Dateninhaber…

- die Daten in einem auf allgemein anerkannten Standards beruhenden Format und mindestens in der Qualität bereitstellen, in der sie dem Dateninhaber vorliegen,
- für eine sichere Kommunikation mit dem Datennutzer sorgen,
- die Vertraulichkeit von Geschäftsgeheimnissen und die Rechte des geistigen Eigentums wahren und
- vom Datennutzer einen Nachweis verlangen, dass der Kunde dem Zugriff zugestimmt hat.

Ein Datennutzer darf nur dann auf Kundendaten zugreifen, wenn er als Finanzinstitut oder Finanzinformationsdienstleister zugelassen wurde und wenn die Zustimmung des Kunden vorliegt. Der Zugriff darf nur für solche Zwecke und unter den Bedingungen erfolgen, denen der Kunde zugestimmt hat.

Sowohl Dateninhaber als auch Datennutzer müssen Mitglied in mindestens einem Financial Data Sharing Scheme (FDSS) sein. Diese Schemes haben folgenden Aufgaben:

- gemeinsame Standards für Kundendaten und Schnittstellen (APIs) zum Datenaustausch zu erarbeiten
- Regelungen zur angemessenen Vergütung der Dateninhaber festzulegen
- Regelungen zur Haftungsverteilung zwischen Datennutzer und Datenbesitzer zu entwickeln.

e) Sanktionen/Geldbußen

Bei Verstößen gegen FiDA sieht der Gesetzgeber verschiedene Sanktionsmöglichkeiten vor. Es drohen finanzielle Sanktionen, nämlich Geldbußen in Höhe von bis zu 50.000 Euro pro Verstoß (bis zu einer Gesamthöhe von 500.000 Euro). Bei schwerwiegenden Verstößen können Sanktionen bis zu 10 % des weltweiten Gesamtumsatzes verhängt werden.

Zudem droht eine öffentliche Bekanntmachung des Verstoßes, eine temporäre Sperre bei der Ausübung einer Management-Funktion in einem Finanzinformationsdienst für bis zu 10 Jahre oder auch eine Aussetzung der Zulassung als Finanzdienstleister.

f) Zuständige Aufsichtsbehörden

Auf europäischer Ebene spielen drei Behörden eine zentrale Rolle:

1. Europäische Bankenaufsichtsbehörde (EBA):

- Einrichtung eines Registers für autorisierte Finanzinformationsdienstleister (FISPs)
- Autorisierung von Financial Data Sharing Schemes (FDSS)
- Beilegung von Streitigkeiten zwischen nationalen Aufsichtsbehörden.

2. Europäische Aufsichtsbehörde für das Versicherungswesen und die betriebliche Altersversorgung (EIOPA):

- Aufsicht über den Versicherungssektor
- Fachliche Expertise für die spezifischen Anforderungen im Versicherungsbereich.

3. European Supervisory Authorities:
- Verpflichtung zur Veröffentlichung von Umsetzungsrichtlinien innerhalb von 12 Monaten nach Inkrafttreten der Verordnung.

Die nationalen Aufsichtsbehörden sind für die direkte Durchsetzung von FiDA zuständig. Sie haben die Befugnis, Geldbußen zu verhängen, öffentliche Bekanntmachungen zu erlassen, Managementsperren auszusprechen und auch Zulassungen auszusetzen.

> Zwischen den europäischen und nationalen Aufsichtsbehörden ist eine enge Kooperation vorgesehen, insbesondere bei Überschneidungen mit dem Datenschutzrecht.

g) Ergänzende Rechtsakte, Leitlinien, Normen & Co.

Die FiDA-Regelungen stehen im engen Zusammenhang zu anderen EU-Rechtsakten, insbesondere zum Data Act (DA) und zur Datenschutzgrundverordnung (DSGVO). Speziell im Bereich Finanzwesen baut FiDA auf den Open-Banking-Regeln der überarbeiteten Zahlungsdiensterichtlinie (PSD2)[217] und ihres Nachfolgers PSD3[218] auf und erweitert diese zu einem umfassenden Open-Finance-Ansatz.

> In diesem Zusammenhang ist auch auf die EIOPA-Leitlinien zur IT-Sicherheit und Governance hinzuweisen.[219]

3. Markets in Crypto-Assets Regulation (MiCAR)

a) Zielrichtung

Die Verordnung (EU) 2023/1114 des Europäischen Parlaments und des Rates vom 31. Mai 2023 über Märkte für Kryptowerte und zur Änderung der Verordnungen (EU) Nr. 1093/2010 und (EU) Nr. 1095/2010 sowie der Richtlinien 2013/36/EU und (EU) 2019/1937, auch Markets in Crypto-Assets Regulation (MiCAR)[220] genannt, schafft als Teil des Digital Finance Package der EU erstmals einen einheitlichen Rechtsrahmen für den bislang fragmentiert regulierten Kryptomarkt.

---

217 https://eur-lex.europa.eu/eli/dir/2015/2366/oj.
218 https://eur-lex.europa.eu/legal-content/EN/TXT/?uri=celex:52023PC0366.
219 https://www.eiopa.europa.eu/publications/guidelines-information-and-communication-technology-security-and-governance_en.
220 https://eur-lex.europa.eu/eli/reg/2023/1114/oj/.

MiCAR verfolgt den Gedanken, einen harmonisierten europäischen Regulierungsrahmen für Kryptowerte zu schaffen, der Innovation fördert und gleichzeitig die Finanzstabilität wahrt sowie den Anlegerschutz stärkt. Zu den Hauptzielen von MiCAR gehören:

- Schaffung von Rechtssicherheit für bisher unregulierte Kryptowerte
- Förderung von Innovation im Bereich der Kryptowerte und gleichzeitige Nutzung ihres Potenzials
- Verbraucherschutz und Sicherstellung der Marktintegrität
- Bekämpfung von Geldwäsche und Terrorismusfinanzierung
- Verbesserung der Wettbewerbsbedingungen auf dem europäischen Kryptomarkt.

MiCAR setzt dabei auf einen technologieneutralen Ansatz, der nicht die zugrunde liegende Blockchain- oder DLT-Technologie reguliert, sondern sich auf die damit verbundenen Finanzdienstleistungen und -produkte konzentriert.

b) Inkrafttreten/Anwendbarkeit

MiCAR ist am 29. Juni 2023 in Kraft getreten. Die Regeln zu vermögenswertreferenzierten Token (ARTs) und E-Geld-Token (EMTs) gemäß Titel III und IV sind seit dem 30. Juni 2024 anwendbar. Die Regeln zur Zulassung und laufenden Aufsicht von Krypto-Dienstleistern (CASPs) gemäß Titel V sowie die übrigen Bestimmungen (insbesondere Titel II und VI) sind seit dem 30. Dezember 2024 anwendbar. Einige einzelne Artikel gelten bereits seit dem 29. Juni 2023.

c) Anwendungsbereich

MiCAR definiert den Anwendungsbereich sowohl hinsichtlich der erfassten Aktivitäten als auch der betroffenen Akteure.

Erfasste Kryptowerte

Ein „Kryptowert“ im Sinne von MiCAR ist definiert als eine digitale Darstellung eines Werts oder eines Rechts, der bzw. das unter Verwendung der Distributed-Ledger-Technologie oder einer ähnlichen Technologie elektronisch übertragen und gespeichert werden kann. Diese Definition ist bewusst weit gefasst. Es wird hier zwischen verschiedenen Arten von Kryptowerten unterschieden:

- E-Geld-Token (EMT): Kryptowerte, deren Wertstabilität unter Bezugnahme auf den Wert einer amtlichen Währung gewahrt werden soll

- Vermögenswertreferenzierte Token (ART): Kryptowerte (die keine EMTs sind), deren Wertstabilität durch Bezugnahme auf andere Werte oder Rechte gewahrt werden soll
- sonstige Kryptowerte: Alle anderen Kryptowerte (z. B. Utility Token).

Ausdrücklich ausgenommen vom MiCAR-Anwendungsbereich sind Non-Fungible Tokens (NFT) sowie bestimmte Kryptowerte.

d) Pflichten von Akteuren

Zu den in MiCAR verpflichteten Akteuren zählen:
- natürliche und juristische Personen sowie bestimmte Unternehmen, die an der Emission und dem öffentlichen Angebot von Kryptowerten in der EU beteiligt sind
- Anbieter von Krypto-Dienstleistungen (Crypto Asset Service Provider, CASP)
- Handelsplattformen für Kryptowerte
- Finanzinstitute wie Banken und Wertpapierinstitute, die den Handel mit Kryptowerten ermöglichen.

> Die Verordnung unterscheidet dabei zwischen Tätigkeiten des Primärmarktes (Emission von Kryptowerten) und des Sekundärmarktes (Dienstleistungen im Zusammenhang mit Kryptowerten).

MiCAR legt zahlreiche Pflichten für die verschiedenen Akteure im Kryptomarkt fest. Die Pflichten für Emittenten von Kryptowerten umfassen Folgendes:
- Whitepaper-Pflicht: Emittenten von Kryptowerten müssen ein Whitepaper veröffentlichen, das als eine Art abgeschwächter Wertpapierprospekt fungiert. Dieses muss eine leicht verständliche Zusammenfassung der wesentlichen Informationen, detaillierte Informationen zum Emittenten und zum ausgegebenen Kryptowert sowie eine Risikoanalyse enthalten.
- Besondere Pflichten für Emittenten von E-Geld-Token und vermögenswertreferenzierten Token (Eigenkapitalanforderungen, Verwahrung der Reservewerte, Governance-Strukturen).

Krypto-Dienstleister müssen nach den MiCAR-Vorgaben folgende regulierte Dienstleistungen anbieten:
- Verwahrung und Administration von Kryptowerten
- Betrieb einer Handelsplattform für Kryptowerte
- Umtausch von Kryptowerten gegen Fiat-Währungen oder andere Kryptowerte

- Ausführung von Aufträgen
- Platzierung von Kryptowerten
- Annahme und Übermittlung von Aufträgen
- Beratung zu Kryptowerten
- Portfolioverwaltung.

Zu ihren Pflichten gehören insbesondere die Folgenden:

- Zulassungspflicht: CASPs benötigen eine Erlaubnis der zuständigen Aufsichtsbehörde
- Organisatorische Anforderungen: Einrichtung angemessener Governance-Strukturen
- Eigenkapitalanforderungen: Vorhalten ausreichender finanzieller Mittel
- Kundeninformationspflichten: Transparente Informationen für Kunden
- IT-Sicherheitsanforderungen: Gewährleistung sicherer IT-Systeme.

e) Sanktionen/Geldbußen

MiCAR enthält spezifische Bestimmungen zur Verhinderung von Marktmissbrauch im Zusammenhang mit Kryptowerten. Diese umfassen das Verbot von Insiderhandel, das Verbot von Marktmanipulation sowie Offenlegungspflichten für Insiderinformationen.

Bei Verstößen gegen die MiCAR-Anforderungen und -Pflichten sind Sanktionen in Form von Geldbußen vorgesehen. Die konkreten Sanktionen werden durch die zuständigen nationalen Aufsichtsbehörden verhängt. Die Sanktionen können erheblich sein und sollen eine abschreckende Wirkung entfalten.

f) Zuständige Aufsichtsbehörden

Die Umsetzung und Überwachung von MiCAR erfolgt durch ein mehrschichtiges Aufsichtssystem:

1. Nationale Aufsichtsbehörden:

In Deutschland ist die Bundesanstalt für Finanzdienstleistungsaufsicht (BaFin) die zuständige Behörde für die Beaufsichtigung von Kryptowerten und Krypto-Dienstleistern. Sie hat am 3. Januar 2025 eine Orientierungshilfe zu Kryptowerte-Dienstleistungen gemäß MiCAR veröffentlicht[221].

2. Europäische Aufsichtsbehörden:

Die Europäische Wertpapier- und Marktaufsichtsbehörde (ESMA) und die Europäische Bankenaufsichtsbehörde (EBA) erarbeiten technische Stan-

221 https://www.bafin.de/SharedDocs/Veroeffentlichungen/DE/Merkblatt/mb_250103_Kryptowerte_Dienstl.html.

dards und Leitlinien zur Anwendung der MiCAR. Die EBA ist insbesondere für die Überwachung von E-Geld-Token und vermögenswertreferenzierten Token zuständig. Die ESMA führt ein Register der von der Verordnung erfassten Anbieter.

g) Ergänzende Rechtsakte, Leitlinien, Normen & Co.

MiCAR ist Teil des Digital Finance Package, das u. a. den Digital Operational Resilience Act (DORA) umfasst.

Europäische Standards

Die ESMA und EBA erarbeiten regulatorische technische Standards, durchführungstechnische Standards und Leitlinien zur weiteren Konkretisierung der MiCAR. Diese betreffen unter anderem die Klassifizierung von Kryptowerten, die Ausgestaltung des Whitepapers und die organisatorischen Anforderungen an CASPs.

Im Dezember 2024 haben die ESAs gemeinsame Leitlinien für Muster von Erläuterungen und Rechtsgutachten zur Klassifizierung von Crypto-Assets veröffentlicht[222]. Die ESMA veröffentlichte im gleichen Zeitraum Leitlinien zur Einordnung von Crypto-Assets als Finanzinstrumente[223].

Deutsche Regelungen

Das Kryptomärkteaufsichtsgesetz (KMAG)[224] bietet einen umfassenden nationalen Rechtsrahmen für die Aufsicht über Kryptowerte-Märkte. Als zentrales Element des Finanzmarktdigitalisierungsgesetzes (FinmadiG) setzt das KMAG die europäischen MiCAR-Vorgaben in deutsches Recht um und etabliert Deutschland als einen der ersten EU-Mitgliedstaat mit einer vollständigen Krypto-Regulierung.

Die Hauptzielrichtungen des KMAG umfassen:

- Transparenz und Marktintegrität
- Harmonisierung mit EU-Recht (MiCAR, DORA)
- Standortsicherung Deutschland.

---

222 https://www.eba.europa.eu/sites/default/files/2024-12/f4d876e5-5351-4314-b45f-ac3cd702f95b/Joint%20ESA%20Final%20Report%20on%20Art%2097%20Guidelines%20MiCAR.pdf.

223 https://www.esma.europa.eu/sites/default/files/2024-12/ESMA75453128700-1323_Final_Report_Guidelines_on_the_conditions_and_criteria_for_the_qualification_of_CAs_as_FIs.pdf.

224 https://www.gesetze-im-internet.de/kmag/.

Das KMAG ist am 27. Dezember 2024 ausgefertigt worden und rückwirkend zum 1. Juli 2024 in Kraft getreten. Dies resultierte aus der Notwendigkeit, zeitgleich mit der MiCAR-Anwendung operative Fähigkeiten zu schaffen.

Bestimmte Vorschriften (z. B. § 11 Abs. 2, 3, § 21 Abs. 7, § 36 Abs. 2 KMAG) traten jedoch erst am 27. Dezember 2024 in Kraft.

§ 50 KMAG enthält spezielle Übergangsvorschriften für die Erbringung von Kryptowerte-Dienstleistungen nach Art. 143 MiCAR, die bereits regulierten Instituten vereinfachte Verfahren ermöglichen.

Der Anwendungsbereich des KMAG orientiert sich an MiCAR. So gilt das KMAG für Kryptowerte nach Art. 3 Abs. 1 Nr. 5 MiCAR, wobei bestimmte Kryptowerte explizit ausgenommen sind. Nach § 2 Abs. 4 KMAG sind „Institute“ im Sinne des Gesetzes solche Unternehmen, die vermögenswertreferenzierte Token oder E-Geld-Token öffentlich anbieten, deren Zulassung zum Handel beantragen oder Kryptowerte-Dienstleistungen erbringen. Es gibt drei Hauptkategorien regulierter Akteure:

1. Emittenten vermögenswertreferenzierter Token
2. Emittenten von E-Geld-Token
3. Anbieter von Kryptowerte-Dienstleistungen.

Das KMAG etabliert ein differenziertes System von Pflichten, das je nach Akteur variiert und sowohl präventive als auch reaktive Maßnahmen umfasst.

Nach Maßgabe der allgemeinen Verhaltenspflichten unterliegen Institute umfassenden Wohlverhaltenspflichten, die sich an bewährten Finanzmarktstandards orientieren. Diese beinhalten Anforderungen an die Geschäftsorganisation, das Risikomanagement und die Kundenbetreuung. Mit Blick auf die Zulassungspflichten dürfen ohne die nach MiCAR erforderlichen Zulassungen keine vermögenswertreferenzierten Token oder E-Geld-Token öffentlich angeboten oder Kryptowerte-Dienstleistungen erbracht werden. Die BaFin kann bei Verstößen die sofortige Einstellung des Geschäftsbetriebs anordnen. §§ 37 ff. KMAG enthalten spezielle Rechnungslegungspflichten, die über die allgemeinen handelsrechtlichen Anforderungen hinausgehen. Institute müssen ihre Jahresabschlüsse der BaFin vorlegen und spezielle Abschlussprüfer bestellen. Zudem enthält das KMAG umfassende Anzeige- und Meldepflichten. Dies umfasst regelmäßige Berichte über Geschäftsentwicklung, Risikopositionen und außergewöhnliche Geschäftsereignisse. § 36 KMAG konkretisiert die Pflicht zur Übermittlung von Insiderinformationen an die BaFin. Weiterhin implementiert das KMAG Anforderungen gemäß DORA zum IKT-Risikomanagement, zum Incident-Reporting und zu Tests der operationalen Resilienz.

Das KMAG etabliert ein duales Aufsichtssystem mit klarer Aufgabenverteilung zwischen BaFin und Deutscher Bundesbank. Die BaFin ist gemäß § 3 Abs. 1 KMAG die zuständige Behörde im Sinne des Art. 93 Abs. 1 MiCAR. Sie übt die Aufsicht über Institute und sonstige Unternehmen aus, die den Vorschriften der MiCAR und des KMAG unterworfen sind. Die Deutsche Bundesbank wirkt bei DORA-relevanten Instituten mit der BaFin zusammen und nimmt operative Aufgaben nach den Art. 26, 27 DORA wahr. Dies umfasst insbesondere die Beaufsichtigung kritischer IKT-Drittdienstleister.

4. Finanzmarktdigitalisierungsgesetz (FinmadiG)

a) Zielrichtung

Das Gesetz über die Digitalisierung des Finanzmarktes (Finanzmarktdigitalisierungsgesetz, FinmadiG)[225] verfolgt mehrere zentrale Ziele, die auf eine Modernisierung und Sicherung des Finanzsektors ausgerichtet sind. Als Kernelement der europäischen Strategie für ein digitales Finanzwesen soll das FinmadiG die Wettbewerbsfähigkeit und Innovationen im Finanzsektor fördern. Zugleich zielt das Gesetz darauf ab, das Vertrauen in neue digitale Finanzinfrastrukturen zu stärken, indem es Maßnahmen zur Erhöhung der digitalen Resilienz einführt und neuen Geldwäscherisiken entgegenwirkt. Ein weiteres wichtiges Ziel des FinmadiG ist die Schaffung von Rechtssicherheit für Kryptoanbieter in Deutschland.

b) Inkrafttreten/Anwendbarkeit

Das FinmadiG trat größtenteils am 30. Dezember 2024 in Kraft. Bei der Anwendbarkeit einzelner Bestimmungen des FinmadiG gibt es unterschiedliche Zeitpläne, die von den zugrunde liegenden europäischen Rechtsakten abhängen. Besonders relevant ist in diesem Zusammenhang der Digital Operational Resilience Act (DORA), der am 17. Januar 2023 in Kraft getreten ist, aber erst ab dem 17. Januar 2025 angewendet wird. Die Übergangsfristen variieren je nach Institutsgröße und Relevanz. So profitieren insbesondere kleinere Institute von längeren Fristen für die Umsetzung der neuen Anforderungen, wie etwa die Einführung des vereinfachten IKT-Risikomanagementrahmens bis 2027.

c) Anwendungsbereich

Das FinmadiG hat einen breiten Anwendungsbereich und betrifft verschiedene Akteure des Finanzmarktes, die mit digitalen Technologien und Kryp-

225 https://www.buzer.de/FinmadiG.htm.

towerten in Berührung kommen. Der Anwendungsbereich des Gesetzes umfasst insbesondere:

- **Kryptowerte-Dienstleister**: Anbieter von Wallets und Kryptobörsen, die unter die Travel Rule (TFR) fallen, welche Geldwäsche vorbeugen soll.
- **Token-Emittenten**: Das Gesetz regelt die Erstellung und Prüfung von Whitepapern für Token-Emittenten und legt spezifische Anforderungen an Stablecoins fest.
- **Finanzinstitute** im digitalen Bereich: Das FinmadiG betrifft verschiedene Arten von Finanz- und Zahlungsinstituten im Rahmen der Umsetzung von DORA.
- **IT-Dienstleister im Finanzsektor**: Auch Drittparteien, die IT-Dienstleistungen für Finanzinstitute erbringen, fallen unter bestimmte Regelungen des FinmadiG..

d) Pflichten von Akteuren

Das FinmadiG enthält umfangreiche Pflichten für verschiedene Akteure im digitalen Finanzmarkt, die je nach Art des Akteurs und der Tätigkeit unterschiedlich ausfallen.

Anbieter von Kryptowerte-Dienstleistungen werden durch das Gesetz verpflichtet, Angaben über Auftraggeber und Begünstigte der von ihnen durchgeführten Transfers von Kryptowerten zu erheben, zu übermitteln und zugänglich zu machen. Für Token-Emittenten gibt es Pflichten zur Erstellung und Prüfung von Whitepapern. Diese müssen bestimmte Informationen enthalten und von der Aufsichtsbehörde genehmigt werden. Bei fehlendem oder mangelhaftem Kryptowerte-Whitepaper droht eine zivilrechtliche Haftung.

Für Finanzinstitute ergeben sich folgende Pflichten:

- **IKT-Risikomanagement**: Überprüfung der Systeme und Prozesse zur Identifikation, Bewertung und Steuerung von IKT-Risiken.
- **Meldewesen**: Klassifikation und Meldung von IKT-Vorfällen an die zuständigen Behörden.
- **Drittparteienmanagement**: Prüfung der Verträge und Überwachung kritischer oder wichtiger Drittanbieter. Finanzinstitute müssen mit IKT-Drittdienstleistern bestimmte Mindestvertragsinhalte vereinbaren.
- **Penetrationstests**: Je nach Relevanz des Instituts müssen TLPT-Anforderungen (Threat-Led Penetration Testing) oder alternative Sicherheitsmaßnahmen umgesetzt werden.

e) Zuständige Aufsichtsbehörden

Die Hauptverantwortung für die Aufsicht nach dem FinmadiG trägt die Bundesanstalt für Finanzdienstleistungsaufsicht (BaFin). Das Gesetz überträgt der BaFin umfangreiche Eingriffsbefugnisse und Informations- und Auskunftsrechte zur Überwachung und Durchsetzung der Regelungen von MiCAR und DORA. Daneben hat auch die Deutsche Bundesbank bestimmte Überwachungs- und Auskunftsrechte.

Die BaFin erhält durch das FinmadiG zusätzliche Befugnisse, insbesondere im Hinblick auf…

- Maßnahmen bezüglich des öffentlichen Angebots und der Zulassung zum Handel von Kryptowerten,
- Befugnisse hinsichtlich Krypto-Whitepapers,
- Überwachung der Pflichten der Schwarmfinanzierungsdienstleister oder auf
- Überwachung und Durchsetzung der DORA-Anforderungen zur IT-Sicherheit im Finanzsektor.

Die BaFin stellt zudem technische Umsetzungshinweise bereit, die den betroffenen Unternehmen bei der Einhaltung der gesetzlichen Anforderungen helfen sollen.

g) Ergänzende Rechtsakte, Leitlinien, Normen & Co.

Das FinmadiG steht im Kontext einer breiten europäischen Regulierungsstrategie und wird durch verschiedene Rechtsakte, Leitlinien und Normen ergänzt:

- MiCAR
- DORA
- KMAG
- Elektronisches Wertpapiergesetz (eWpG)
- Verordnung (EU) 2023/1113 des Europäischen Parlaments und des Rates vom 31. Mai 2023 über die Übermittlung von Angaben bei Geldtransfers und Transfers bestimmter Kryptowerte und zur Änderung der Richtlinie (EU) 2015/849 (sog. Geldtransferverordnung)[226].

226 https://eur-lex.europa.eu/eli/reg/2023/1113/oj.

X. Gesundheitssektor

1. European Health Data Space (EHDS)

a) Zielrichtung

Die Verordnung (EU) 2025/327 des Europäischen Parlaments und des Rates vom 11. Februar 2025 über den europäischen Gesundheitsdatenraum sowie zur Änderung der Richtlinie 2011/24/EU und der Verordnung (EU) 2024/2847, auch als Europäischer Gesundheitsdatenraum (engl.: European Health Data Space, EHDS)[227] bezeichnet, schafft als erster von weiteren geplanten bereichsspezifischen Datenräumen einen harmonisierten Rechtsrahmen für den Austausch und die Nutzung elektronischer Gesundheitsdaten innerhalb der EU.

Der EHDS verfolgt mehrere zentrale Ziele, die gemeinsam die digitale Transformation des europäischen Gesundheitswesens vorantreiben sollen:

- Stärkere Verknüpfung der Gesundheitssysteme der EU-Mitgliedstaaten durch sicheren und effizienten Datenaustausch
- Schaffung eines gemeinsamen Rahmens für die Nutzung und den Austausch elektronischer Gesundheitsdaten in der gesamten EU
- Verbesserung der Patientenversorgung durch erleichterten Zugang zu Gesundheitsdaten und grenzüberschreitende Gesundheitsdienstleistungen
- Unterstützung von Forschung und Innovation durch eine bessere Verfügbarkeit von Gesundheitsdaten
- Steigerung der Effizienz innerhalb der europäischen Gesundheitssysteme.

> Der EHDS unterscheidet dabei zwei Hauptanwendungsbereiche: Die **Primärnutzung** betrifft den direkten Zugang von Patienten und Gesundheitsfachkräften zu Gesundheitsdaten für die unmittelbare Versorgung. Die **Sekundärnutzung** hingegen ermöglicht die Verwendung dieser Daten für Forschung, Innovation und politische Entscheidungsfindung.

b) Inkrafttreten/Anwendbarkeit

Der EHDS ist am 26. März 2025 in Kraft getreten. Die verbindliche Anwendung erfolgt jedoch erst nach einer zweijährigen Übergangsfrist ab dem 26. März 2027. Für bestimmte Pflichten gelten gestaffelte Anwendungsfristen:

227 https://eur-lex.europa.eu/eli/reg/2025/327/oj/.

- **ab 26. März 2027**: Grundlegende Bestimmungen der Verordnung
- **ab 26. März 2029**: Pflicht zur elektronischen Erfassung von Patientenkurzakten, elektronischen Verschreibungen und elektronischen Abgaben von Arzneimitteln
- **ab 26. März 2031**: Pflicht zur elektronischen Erfassung von medizinischer Bildgebung und darauf gestützten Befunden, Ergebnissen medizinischer Untersuchungen und Entlassungsberichten
- **ab 26. März 2034**: Weitere Bestimmungen zur vollständigen Umsetzung des EHDS.

c) Anwendungsbereich

Der EHDS regelt den Umgang mit elektronischen Gesundheitsdaten in Bezug auf deren Primär- sowie auf deren Sekundärnutzung.

Primärnutzung

Der Bereich der Primärnutzung umfasst die Verwendung personenbezogener elektronischer Gesundheitsdaten für die direkte Gesundheitsversorgung. Hierzu gehören ein schneller und kostenfreier Zugang zu eigenen Gesundheitsdaten für Patienten, ein grenzüberschreitender Austausch von Gesundheitsdaten zwischen Gesundheitsdienstleistern innerhalb der EU sowie die Elektronische Gesundheitsakte (engl.: European Health Record, EHR).

Durch den EHDS soll ein EU-weiter Rechtsanspruch auf einen schnellen und einfachen Zugang zu den eigenen elektronischen Gesundheitsdaten geschaffen werden. Im Rahmen dieser Primärnutzung sollen auch Angehörige der Gesundheitsberufe einen umfassenden Datenzugang zu dieser elektronischen Patientenakte erhalten (also zu Röntgenbilden, Impfnachweisen, Rezepten usw.). Vor jedem Zugriff sollen Patientinnen und Patienten darüber informiert werden. In der EU wird dazu eine zentrale Plattform für digitale Gesundheitsdienste eingerichtet, die gemeinsam mit nationalen Kontaktstellen für die Übermittlung der Gesundheitsdaten verantwortlich ist. Außerdem soll der Datenaustausch durch ein einheitliches „Europäisches Austauschformat für elektronische Patientenakten“ erleichtert werden. In jedem EU-Mitgliedstaat muss darüber hinaus eine „digitale Gesundheitsbehörde“ bestimmt werden, die für die Durchsetzung der EHDS-Vorgaben zuständig und mit entsprechenden Befugnissen ausgestattet ist. Sie ist u. a. auch für die Verfolgung von Patientenbeschwerden zuständig.

Sekundärnutzung

Die Sekundärnutzung betrifft die Weiterverwendung von Gesundheitsdaten für…

- wissenschaftliche Forschung und Innovation,
- Politikgestaltung und regulatorische Entscheidungen,
- Ausbildung und Schulung im Gesundheitsbereich sowie für
- Entwicklung und Training von KI-Systemen im Gesundheitssektor.

> Wellness-Apps fallen ebenfalls unter den EHDS, wenn der Hersteller behauptet, dass sie mit den Systemen der Elektronischen Gesundheitsakten interoperabel sind. In diesem Fall müssen entsprechende Kennzeichnungs- und Informationspflichten erfüllt werden.

Der EHDS enthält somit Regelungen für die weitere Nutzung von Gesundheitsdaten. Dadurch werden die Voraussetzungen für eine datenschutzkonforme Nutzung von Gesundheitsdaten geregelt. Wissenschaft, Forschung, Bildung, Wirtschaft sowie auch öffentliche Einrichtungen können über ein europaweit einheitliches System einen Antrag auf die Nutzung von anonymisierten bzw. pseudonymisierten, individuellen Gesundheitsdaten stellen, um diese dann für die im Gesetz festgelegten Zwecke nutzen zu können. Der EHDS sieht ein Widerspruchsrecht vor, so dass jeder für die Sekundärnutzung der eigenen Gesundheitsdaten entscheiden kann, ob diese z. B. für Forschungszwecke genutzt werden dürfen oder nicht. Eine in allen EU-Mitgliedstaaten einzurichtende „Zugangsstelle für Gesundheitsdaten" soll prüfen, ob eine beantragte Sekundärnutzung einen legitimen Zweck erfüllt. Dazu zählen etwa wissenschaftliche Forschungsvorhaben, Entwicklung von Medizinprodukten oder auch das Training von KI-Systemen. Bestimmte Nutzungszwecke, wie beispielsweise Werbung oder die Anpassung von Versicherungsprämien, sind ausdrücklich ausgeschlossen.

d) Pflichten von Akteuren

Der EHDS legt verschiedenen Akteuren spezifische Pflichten auf.

1. Hersteller von EHR-Systemen:

- Sicherstellung, dass ihre Systeme das europäische Austauschformat (EEHRxF) unterstützen
- Erfüllung technischer Spezifikationen hinsichtlich Interoperabilität, Sicherheit und Protokollierung von Zugriffen
- Erstellung einer EU-Konformitätserklärung
- Registrierung in einer EU-Datenbank über EHR-Systeme.

2. Gesundheitsdienstleister:

- Erfassung bestimmter Gesundheitsdaten in EHR-Systemen nach einem festgelegten Zeitplan
- Bereitstellung elektronischer Gesundheitsdaten in strukturierten, interoperablen Formaten für die Primär- und Sekundärnutzung
- Pseudonymisierung oder Anonymisierung von Daten für die Sekundärnutzung
- Einhaltung strenger Anforderungen an die Datensicherheit.

3. EU-Mitgliedstaaten:

- Einrichtung einer digitalen Gesundheitsbehörde für die Aufsicht
- Schaffung einer nationalen Kontaktstelle für den Datenaustausch
- Bereitstellung von Zugangsdiensten für elektronische Gesundheitsdaten (z. B. Portal oder App)
- Sicherstellung der Interoperabilität zwischen nationalen Systemen.

4. Entwickler von KI-Systemen oder Medizinprodukten:

- Berücksichtigung ethischer Leitlinien, die vom EHDS-Ausschuss vorgegeben werden
- Einhaltung von Vorschriften für die Verwendung von Gesundheitsdaten zum Training, Testen und Validieren von KI-Systemen.

e) Sanktionen/Geldbußen

Um die Einhaltung der EHDS-Verordnung sicherzustellen, sind umfangreiche Sanktionen vorgesehen. Für den „Standardfall" existieren Bußgelder von bis zu 10 Millionen Euro oder 2 % des weltweiten Jahresumsatzes eines Unternehmens. Bei schwerwiegenden Verstößen drohen bis zu 20 Millionen Euro oder 4 % des weltweiten Jahresumsatzes.

Die konkreten Bußgelder werden von den zuständigen nationalen Behörden festgelegt und sollen in einem angemessenen Verhältnis zur Schwere des Verstoßes stehen.

f) Zuständige Aufsichtsbehörden

Für die Überwachung und Durchsetzung des EHDS sind verschiedene Behörden auf nationaler und europäischer Ebene zuständig:

Die nationalen digitalen Gesundheitsbehörden überwachen die Einhaltung der EHDS-Vorschriften im jeweiligen Mitgliedstaat. Die so genannten Health Data Access Bodies (Stellen für den Zugang zu Gesundheitsdaten) entscheiden über Anträge auf Datenzugang, Ausstellung von Datengenehmigungen und Bereitstellung einer Infrastruktur für die Sekundärnutzung von Gesundheitsdaten.

Auf europäischer Ebene soll der EHDS-Ausschuss (European Health Data Space Board) die Koordination der nationalen digitalen Gesundheitsbehörden und der Stellen für den Zugang zu Gesundheitsdaten übernehmen. Die Europäische Kommission ist für den Erlass von Durchführungsrechtsakten und delegierten Rechtsakten zur näheren Ausgestaltung des EHDS zuständig.

g) Ergänzende Rechtsakte, Leitlinien, Normen & Co.

Der EHDS steht in engem Zusammenhang mit anderen EU-Rechtsakten, insbesondere zur DSGVO, zum DGA, zum DA, zur KI-VO oder auch zur Verordnung (EU) 2017/745 des Europäischen Parlaments und des Rates vom 5. April 2017 über Medizinprodukte, zur Änderung der Richtlinie 2001/83/EG, der Verordnung (EG) Nr. 178/2002 und der Verordnung (EG) Nr. 1223/2009 und zur Aufhebung der Richtlinien 90/385/EWG und 93/42/EWG des Rates, die so genannte Medizinprodukteverordnung (engl.: Medical Device Regulation, MDR)[228].

Es ist eine EU-Datenbank über EHR-Systeme und bestimmte Wellnessanwendungen geplant sowie ethische Leitlinien für die Entwicklung von KI-Systemen oder Medizinprodukten im Gesundheitsbereich. Außerdem soll es Normen und Standards für die Interoperabilität von Gesundheitsdaten geben.

> Seit Januar 2025 existiert auf EU-Ebene ein spezieller Aktionsplan zur Stärkung der Cybersicherheit von Krankenhäusern und Gesundheitsdienstleistern.[229] Dieser sieht vier Ziele vor: bessere Prävention, bessere Bedrohungserkennung, Reaktion auf Cyberangriffe und Abschreckung. Dieser Aktionsplan zielt speziell auf Einrichtungen ab, die vorwiegend Gesundheitsdaten verarbeiten, und baut dabei u. a. auch auf die Vorgaben der NIS2-Richtlinie.

228 https://eur-lex.europa.eu/eli/reg/2017/745/oj.

229 https://health.ec.europa.eu/ehealth-digital-health-and-care/digital-health-and-care/european-action-plan-cybersecurity-hospitals-and-healthcare-providers_de.

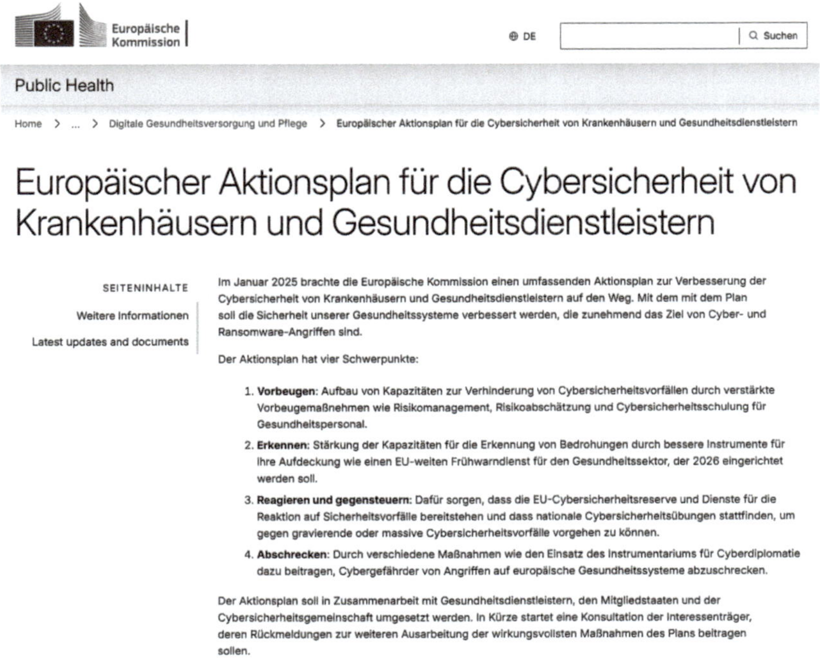

Europäische Kommission

DE

Suchen

Public Health

Home > ... > Digitale Gesundheitsversorgung und Pflege > Europäischer Aktionsplan für die Cybersicherheit von Krankenhäusern und Gesundheitsdienstleistern

Europäischer Aktionsplan für die Cybersicherheit von Krankenhäusern und Gesundheitsdienstleistern

SEITENINHALTE

Weitere Informationen

Latest updates and documents

Im Januar 2025 brachte die Europäische Kommission einen umfassenden Aktionsplan zur Verbesserung der Cybersicherheit von Krankenhäusern und Gesundheitsdienstleistern auf den Weg. Mit dem mit dem Plan soll die Sicherheit unserer Gesundheitssysteme verbessert werden, die zunehmend das Ziel von Cyber- und Ransomware-Angriffen sind.

Der Aktionsplan hat vier Schwerpunkte:

1. **Vorbeugen**: Aufbau von Kapazitäten zur Verhinderung von Cybersicherheitsvorfällen durch verstärkte Vorbeugemaßnehmen wie Risikomanagement, Risikoabschätzung und Cybersicherheitsschulung für Gesundheitspersonal.
2. **Erkennen**: Stärkung der Kapazitäten für die Erkennung von Bedrohungen durch bessere Instrumente für ihre Aufdeckung wie einen EU-weiten Frühwarndienst für den Gesundheitssektor, der 2026 eingerichtet werden soll.
3. **Reagieren und gegensteuern**: Dafür sorgen, dass die EU-Cybersicherheitsreserve und Dienste für die Reaktion auf Sicherheitsvorfälle bereitstehen und dass nationale Cybersicherheitsübungen stattfinden, um gegen gravierende oder massive Cybersicherheitsvorfälle vorgehen zu können.
4. **Abschrecken**: Durch verschiedene Maßnahmen wie den Einsatz des Instrumentariums für Cyberdiplomatie dazu beitragen, Cybergefährder von Angriffen auf europäische Gesundheitssysteme abzuschrecken.

Der Aktionsplan soll in Zusammenarbeit mit Gesundheitsdienstleistern, den Mitgliedstaaten und der Cybersicherheitsgemeinschaft umgesetzt werden. In Kürze startet eine Konsultation der Interessenträger, deren Rückmeldungen zur weiteren Ausarbeitung der wirkungsvollsten Maßnahmen des Plans beitragen sollen.

Gesundheitsdaten verlangen nach besonderer Absicherung, was u. a. durch diesen Aktionsplan gewährleistet werden soll

2. Medizinprodukteverordnung (MDR)

a) Zielrichtung

Die Verordnung (EU) 2017/745 des Europäischen Parlaments und des Rates vom 5. April 2017 über Medizinprodukte, zur Änderung der Richtlinie 2001/83/EG, der Verordnung (EG) Nr. 178/2002 und der Verordnung (EG) Nr. 1223/2009 und zur Aufhebung der Richtlinien 90/385/EWG und 93/42/EWG des Rates, kurz: Medizinprodukteverordnung (engl.: Medical Device Regulation, MDR)[230], hat einen tiefgreifenden Wandel in der europäischen Medizinprodukteindustrie bewirkt.

Die MDR verfolgt als wichtigstes Ziel die Erhöhung der Sicherheit von Medizinprodukten über ihren gesamten Lebenszyklus hinweg. Die MDR löst die bisherigen Richtlinien ab und führt zu einer umfassenden Modernisie-

230 https://eur-lex.europa.eu/eli/reg/2017/745/oj.

rung und Verschärfung der Vorschriften für Medizinprodukte. Die Sicherheit für Patienten und Anwender steht im Mittelpunkt der Vorschriften.

b) Inkrafttreten/Anwendbarkeit

Die MDR ist am 25. Mai 2017 in Kraft getreten und gilt unmittelbar in allen Mitgliedstaaten der Europäischen Union. Nach einer dreijährigen Übergangszeit ist die MDR seit dem 26. Mai 2020 anwendbar. Die aktuelle konsolidierte Fassung[231] der Verordnung stammt vom 10. Januar 2025 und gilt seit dem 26. Mai 2021.

Für bestimmte Hersteller wurden verlängerte Übergangsfristen vorgesehen, wodurch neue Produkte bis maximal vier Jahre nach Geltungsbeginn in Verkehr gebracht werden können, sofern zusätzliche Anforderungen erfüllt werden.

c) Anwendungsbereich

Die MDR definiert ein „Medizinprodukt" als ein Instrument, einen Apparat, ein Gerät, eine Software, ein Implantat, ein Reagenz, ein Material oder einen anderen Gegenstand, das dem Hersteller zufolge für Menschen bestimmt ist und allein oder in Kombination einen oder mehrere der folgenden spezifischen medizinischen Zwecke erfüllen soll:

- Diagnose, Verhütung, Überwachung, Vorhersage, Prognose, Behandlung oder Linderung von Krankheiten
- Diagnose, Überwachung, Behandlung, Linderung von oder Kompensierung von Verletzungen oder Behinderungen
- Untersuchung, Ersatz oder Veränderung der Anatomie oder eines physiologischen oder pathologischen Vorgangs oder Zustands
- Gewinnung von Informationen durch die In-vitro-Untersuchung von aus dem menschlichen Körper – auch aus Organ-, Blut- und Gewebespenden – stammenden Proben
- und dessen bestimmungsgemäße Hauptwirkung im oder am menschlichen Körper weder durch pharmakologische oder immunologische Mittel noch metabolisch erreicht wird, dessen Wirkungsweise aber durch solche Mittel unterstützt werden kann.
- Die folgenden Produkte gelten ebenfalls als Medizinprodukte:
- Produkte zur Empfängnisverhütung oder -förderung

231 https://eur-lex.europa.eu/legal-content/DE/TXT/?uri=CELEX%3A02017R0745-20250110.

- Produkte, die speziell für die Reinigung, Desinfektion oder Sterilisation der in Art. 1 Abs. 4 genannten Produkte und der in Abs. 1 dieses Spiegelstrichs genannten Produkte bestimmt sind.

Der Anwendungsbereich wurde gegenüber den Vorgängerrichtlinien erheblich erweitert und umfasst nun auch:
- Produkte ohne medizinische Zweckbestimmung wie farbige Kontaktlinsen
- Implantate und Stoffe für ästhetische Zwecke
- Geräte zur Vorhersage und Prognose von Krankheitsrisiken
- Software mit medizinischer Zweckbestimmung
- Produkte zur Empfängnisverhütung oder -förderung
- Produkte für die Reinigung, Desinfektion oder Sterilisation von Medizinprodukten.

d) Pflichten von Akteuren

Die MDR legt einen umfangreichen Pflichtenkatalog für verschiedene Wirtschaftsakteure fest, wobei der Schwerpunkt auf den Herstellern liegt. Diese haben demnach insbesondere folgende Pflichten:
- **Klassifizierung der Produkte**: Hersteller müssen für jedes Produkt die korrekte Risikoklasse gemäß den neuen Klassifizierungsregeln in Anhang VIII festlegen.
- **Technische Dokumentation**: Die Dokumentation muss den Anforderungen des Anhangs II entsprechen und nachweisen, dass die grundlegenden Sicherheits- und Leistungsanforderungen des Anhangs I erfüllt sind.
- **Klinische Bewertung**: Hersteller müssen kontinuierlich prüfen, ob Sicherheit, Leistungsfähigkeit und Nutzen ihrer Produkte gegeben sind. Bei unzureichenden klinischen Daten ist eine klinische Prüfung erforderlich.
- **Unique Device Identification (UDI)**: Alle Medizinprodukte müssen eine eindeutige Produktkennung erhalten und in der europäischen Datenbank EUDAMED registriert werden.
- **Post-Market Surveillance und Vigilanz**: Hersteller sind zur kontinuierlichen Überwachung ihrer Produkte über deren gesamten Lebenszyklus verpflichtet und müssen bei Risiken die Behörden informieren.

e) Sanktionen/Geldbußen

Bei Verstößen gegen die MDR sieht das deutsche Gesetz zur Durchführung unionsrechtlicher Vorschriften betreffend Medizinprodukte (Medizinprodukterecht-Durchführungsgesetz, MPDG)[232] erhebliche Strafen vor. Die Freiheitsstrafen wurden auf bis zu 10 Jahre erhöht. Zudem drohen Freiheitsstrafen für diejenigen, die gefälschte Produkte in den Verkehr bringen. Besonders schwerwiegend werden gewerbsmäßige oder bandenmäßige Verstöße eingestuft, die mit bis zu 10 Jahren Freiheitsentzug geahndet werden können. Der Bußgeldkatalog wurde erweitert, wobei die Geldbußen bei maximal 30.000 Euro liegen.

f) Zuständige Aufsichtsbehörden

In Deutschland ist das Bundesinstitut für Arzneimittel und Medizinprodukte (BfArM)[233] die zentrale Behörde für die Überwachung von Medizinprodukten. Als selbständige Bundesoberbehörde im Geschäftsbereich des Bundesministeriums für Gesundheit ist das BfArM u. a. für die Risikoerfassung und -bewertung von Medizinprodukten zuständig.

Auf EU-Ebene wurde mit der MDR die Medical Device Coordination Group (MDCG)[234] geschaffen. Diese Expertengruppe hat folgende Hauptaufgaben:
- Entwicklung von Leitlinien für die harmonisierte Durchführung der MDR
- Mitwirkung bei der Entwicklung von Normen und gemeinsamen Spezifikationen
- Beratung bei Fragen zur Durchführung der MDR.

3. Patientendatenschutzgesetz (PDSG)

a) Zielrichtung

Das Gesetz zum Schutz elektronischer Patientendaten in der Telematikinfrastruktur (Patientendaten-Schutz-Gesetz, PDSG)[235] verfolgt mehrere zentrale Ziele. Es soll die Digitalisierung im Gesundheitswesen vorantreiben und zugleich die sensiblen Gesundheitsdaten der Patienten bestmöglich schützen. Zudem schafft es neue Rahmenbedingungen für digitale Angebote wie die elektronische Patientenakte (ePA), das E-Rezept und elektronische Überweisungen. Außerdem stärkt es die Datensouveränität der Patienten, indem es ihnen die Kontrolle über ihre Gesundheitsdaten gibt. Auch soll die Qualität und Wirtschaftlichkeit der medizinischen Versorgung verbessert und die Patientensicherheit erhöht werden.

---

232 https://www.gesetze-im-internet.de/mpdg/.
233 https://www.bfarm.de/DE/Home/_node.html.
234 https://health.ec.europa.eu/medical-devices-dialogue-between-interested-parties/medical-device-coordination-group-working-groups_en.
235 https://www.buzer.de/Patientendaten-Schutz-Gesetz.htm.

b) Inkrafttreten/Anwendbarkeit

Das PDSG ist am 19. Oktober 2020 in Kraft getreten. Die Umsetzung des Gesetzes erfolgt jedoch schrittweise:

- Seit dem **1. Januar 2021** sind die Krankenkassen verpflichtet, ihren Versicherten eine elektronische Patientenakte (ePA) anzubieten.
- Seit **2022** sollten Versicherte die Möglichkeit erhalten, über ihr Smartphone oder Tablet für jedes in der ePA gespeicherte Dokument einzeln festzulegen, wer darauf zugreifen darf.
- Ebenfalls ab **2022** können in der ePA auch der Impfausweis, der Mutterpass, das gelbe U-Heft für Kinder und das Zahn-Bonusheft gespeichert werden.
- Bei einem Krankenkassenwechsel können Versicherte seit **2022** ihre Daten aus der ePA übertragen lassen.
- Seit **Januar 2023** sind alle Arztpraxen verpflichtet, elektronische Arbeitsunfähigkeitsbescheinigungen (eAU) elektronisch an die Krankenkassen zu übermitteln.
- Ab **2023** haben Versicherte die Möglichkeit, die in der ePA abgelegten Daten im Rahmen einer freiwilligen Datenspende der Forschung zur Verfügung zu stellen.
- Ärzte müssen seit **Januar 2024** das E-Rezept nutzen, wenn sie verschreibungspflichtige Medikamente verordnen.

c) Anwendungsbereich

Das PDSG gilt für alle gesetzlich und privat versicherten Bürger in der Bundesrepublik Deutschland gleichermaßen. Es regelt den Umgang mit elektronischen Patientendaten (ePa) in der Telematikinfrastruktur. Es betrifft verschiedene Akteure im Bereich Gesundheitswesen:

- Leistungserbringer (Ärzte, Krankenhäuser, Apotheken)
- Krankenkassen und Versicherungen
- Patienten (Inhaber der Gesundheitsdaten)
- weitere medizinische Leistungsträger (z. B. Pflege-, Vorsorge- und Rehabilitationseinrichtungen).

Inhaltlich regelt das PDSG den Umgang mit verschiedenen digitalen Anwendungen:

- Elektronische Patientenakte (ePA) zur Speicherung und Verwaltung von Patientendaten, wie z. B. Befunden, Arztberichten, Röntgenbildern
- E-Rezept als Form der elektronischen Verordnung verschreibungspflichtiger Medikamente

- Elektronische Überweisungen zu Fachärzten
- Elektronische Arbeitsunfähigkeitsbescheinigung (eAU).

Patientendaten werden im PDSG als besondere Kategorie personenbezogener Daten behandelt, die dem Arztgeheimnis unterliegen und daher besonders schützenswert sind.

d) Pflichten von Akteuren

Nach Maßgabe des PDSG bestehen spezifische Pflichten für verschiedene Akteure im Gesundheitswesen

Krankenkassen müssen ihren Versicherten seit dem 1. Januar 2021 eine elektronische Patientenakte (ePa) anbieten und sind für den Schutz der darin enthaltenen Daten mitverantwortlich. Sie müssen bei einem Krankenkassenwechsel die Übertragung der ePA-Daten ermöglichen.

Ärzte und andere Leistungserbringer sind verpflichtet, auf Wunsch der Patienten die ePA zu befüllen. Zudem müssen sie seit Januar 2024 das E-Rezept für verschreibungspflichtige Medikamente nutzen. Sie sind ebenfalls dazu verpflichtet, seit Januar 2023 elektronische Arbeitsunfähigkeitsbescheinigungen (eAU) auf elektronischem Weg an die Krankenkassen zu übermitteln. Darüber hinaus tragen sie die Verantwortung für den Schutz der von ihnen verarbeiteten Patientendaten. Sie erhalten Vergütungszuschläge (einmalig 10 Euro für die Erstbefüllung und dauerhaft 5 Euro pro Fall für den Aufwand bei der Unterstützung und Datenverarbeitung in der ePA).

Die Betreiber von Diensten und Komponenten in der Telematikinfrastruktur müssen Störungen und Sicherheitsmängel unverzüglich an die Nationale Agentur für Digitale Medizin (gematik)[236] melden.

Patienten hingegen können freiwillig über die Nutzung der ePA entscheiden und bestimmen, welche Daten in der ePA gespeichert bzw. welche wieder gelöscht werden. Sie dürfen festlegen, wer auf die ePA zugreifen kann.

e) Sanktionen/Geldbußen

Das PDSG sieht verschiedene Sanktionen bei Nichteinhaltung der Vorgaben vor:

- Bußgelder für Betreiber von Diensten in der Telematikinfrastruktur: Bis zu 300.000 Euro bei nicht ordnungsgemäßer Meldung von Störungen und Sicherheitsmängeln
- Sanktionen für Krankenkassen: Minderung der Zuweisungen nach der Verordnung über das Verfahren zum Risikostrukturausgleich in der ge-

236 https://www.gematik.de/.

setzlichen Krankenversicherung (Risikostruktur-Ausgleichsverordnung, RSAV)[237], wenn sie ihren Versicherten keine ePA anbieten

- Sanktionen für Krankenhäuser: Für Krankenhäuser, die sich bis zum 1. Januar 2021 nicht mit Komponenten und Diensten zum Anschluss an die Telematikinfrastruktur ausgestattet haben
- Bußgeldtatbestände bei Datenmissbrauch: Das PDSG definiert spezifische Bußgeldtatbestände bei missbräuchlicher Verwendung von Patientendaten.

Das Bundesamt für Soziale Sicherung (BAS)[238] ist für die Durchführung der Sanktionen für die Krankenkassen zuständig.

f) Zuständige Aufsichtsbehörden

Die Überwachung und Durchsetzung des PDSG obliegt mehreren Behörden. Die Bundesbeauftragte für den Datenschutz und die Informationsfreiheit (BfDI) fungiert als Datenschutzaufsichtsbehörde, überwacht die Einhaltung datenschutzrechtlicher Bestimmungen und kann aufsichtsrechtliche Maßnahmen gegen die gesetzlichen Krankenkassen ergreifen. Das Bundesamt für Soziale Sicherung (BAS) dient als Rechtsaufsichtsbehörde und ist für die Durchführung von Sanktionen zuständig. Sie kann bei Konflikten zwischen BfDI und Krankenkassen eingreifen und zur gerichtlichen Klärung anweisen.

Die gematik verantwortet die Telematikinfrastruktur, nimmt Meldungen über Störungen und Sicherheitsmängel entgegen und entwickelt Anwendungen, wie z. B. die eRezept-App[239].

g) Ergänzende Rechtsakte, Leitlinien, Normen & Co.

Das PDSG muss im Kontext verschiedener anderer Rechtsakte und Normen betrachtet werden. So sind die Überschneidungen mit der DSGVO ebenso wenig verkennbar, wie mit dem Digitale-Versorgung-Gesetz (DVG)[240].

237 https://www.gesetze-im-internet.de/rsav/.
238 https://www.bundesamtsozialesicherung.de/de/.
239 https://www.das-e-rezept-fuer-deutschland.de/app.
240 https://www.bundesgesundheitsministerium.de/service/gesetze-und-verordnungen/detail/digitale-versorgung-gesetz-dvg.html.

4. Gesundheitsdatennutzungsgesetz (GDNG)

a) Zielrichtung

Das Gesetz zur Nutzung von Gesundheitsdaten zu gemeinwohlorientierten Forschungszwecken und zur datenbasierten Weiterentwicklung des Gesundheitswesens (Gesundheitsdatennutzungsgesetz, GDNG)[241] stellt eine wesentliche Neuordnung im Umgang mit Gesundheitsdaten in Deutschland dar.

Das GDNG ermöglicht die Verknüpfung mehrerer Daten aus unterschiedlichen Datenquellen und schafft damit neue Möglichkeiten für die medizinische Forschung. Während derzeit an vielen Stellen im Gesundheitssystem Daten erhoben werden, sind für eine Weiterverwendung zu Forschungszwecken die wenigsten davon zugänglich. Das Gesetz zielt darauf ab, diesen Zustand zu ändern und qualitativ hochwertige, strukturierte und miteinander verknüpfbare Daten für die Forschung verfügbar zu machen.

b) Inkrafttreten/Anwendbarkeit

Das GDNG ist am 26. März 2024 in Kraft getreten. Dabei ist zu beachten, dass nicht alle Regelungen gleichzeitig wirksam wurden. Bestimmte Teile des Gesetzes (z.B. Art. 3 Nr. 3, 20) galten erst ab dem 31. März 2024. Dies betrifft Regelungen zur Anpassung des Fünften Buches Sozialgesetzbuch (SGB V)[242].

Früh gab es erste Handlungsempfehlungen[243], um die Anwendung des GDNG in diesem speziellen Bereich zu erleichtern.

c) Anwendungsbereich

Der Anwendungsbereich des GDNG erstreckt sich auf die Nutzung von Gesundheitsdaten zu gemeinwohlorientierten Forschungszwecken und zur datenbasierten Weiterentwicklung des Gesundheitswesens. Das Gesetz umfasst die Verarbeitung von Gesundheitsdaten, einschließlich Daten der Pflege, wobei die Verarbeitung stets dem Patienten- und dem Gemeinwohl dienen soll.

Ein zentraler Aspekt des Anwendungsbereichs ist die Nutzung von Gesundheitsdaten für eine Vielzahl von gemeinwohlorientierten Zwecken, darunter die Verbesserung der Gesundheitsversorgung, die Qualitätssicherung sowie

241 https://www.gesetze-im-internet.de/gdng/index.html.

242 https://www.gesetze-im-internet.de/sgb_5/.

243 https://www.divi.de/aktuelle-meldungen/nach-inkrafttreten-des-gdng-handlungsempfehlungen-fuer-forschungseinrichtungen-in-der-intensiv-und-notfallmedizin-veroeffentlicht.

die Förderung von Forschung und Innovation. Konkret erlaubt das GDNG beispielsweise, dass pseudonymisierte Daten des Forschungsdatenzentrums Gesundheit mit pseudonymisierte Daten der klinischen Krebsregister der Länder zusammengeführt und für Forschungszwecke verarbeitet werden können.

d) Pflichten von Akteuren

Das GDNG definiert klare Pflichten für verschiedene Akteure im Gesundheitswesen, die mit Gesundheitsdaten arbeiten.

Forscher müssen ein Forschungsgeheimnis bei der Nutzung von Gesundheitsdaten wahren. Das bedeutet, dass sie Gesundheitsdaten nur wie gesetzlich gestattet nutzen und weitergeben dürfen und die Daten geheim zu halten haben. Für die Verknüpfung von Gesundheitsdaten ist eine Genehmigung der Datenzugangs- und Koordinierungsstelle erforderlich. Nach Genehmigung dürfen die Daten ausschließlich in einer sicheren Verarbeitungsumgebung genutzt werden, die gewährleistet, dass die Daten nur für den genehmigten Nutzungszweck verarbeitet werden und keine Gesundheitsdaten kopiert oder an Dritte weitergegeben werden können.

Als Pflichten für Gesundheitseinrichtungen ergeben sich insbesondere, dass diese, soweit sie personenbezogene Daten von Patienten verarbeiten, sich um die Einhaltung der Datenschutz vorgaben in ihrer Einrichtung kümmern müssen. Bei der Eigenforschung von Gesundheitseinrichtungen gelten spezielle Regelungen, die diese Einrichtungen in ihrer Forschungstätigkeit stärken sollen.

e) Sanktionen/Geldbußen

Das GDNG sieht diverse Sanktionen vor. Die Strafvorschriften sind in § 9 GDNG detailliert geregelt. Mit Freiheitsstrafe bis zu einem Jahr oder mit Geldstrafe wird bestraft, wer unberechtigt Gesundheitsdaten nutzt oder weitergibt oder die bereitgestellten Daten verarbeitet. Mit Freiheitsstrafe bis zu drei Jahren oder mit Geldstrafe wird bestraft, wer solche Taten gegen Entgelt begeht oder in der Absicht handelt, sich oder einen anderen zu bereichern oder einen anderen zu schädigen.

Die Strafverfolgung findet nur auf Antrag statt. Antragsberechtigt sind der Betroffene, der Verantwortliche im Sinne der DSGVO, die Bundesbeauftragte für den Datenschutz und die Informationsfreiheit sowie die zuständige Datenschutzaufsichtsbehörde.

f) Zuständige Aufsichtsbehörden

Eine neue zentrale Datenzugangs- und Koordinierungsstelle für die Nutzung von Gesundheitsdaten liegt beim Bundesinstitut für Arzneimittel und Medizinprodukte (BfArM). Diese Stelle übernimmt mehrere Aufgaben. Sie…

- fungiert als zentrale Anlaufstelle für Datennutzende,
- hilft und berät beim Zugang zu Gesundheitsdaten,
- sammelt Gesundheitsdaten für die Forschung,
- führt ein Antragsregister und sie
- nutzt einen öffentlichen Metadaten-Katalog, der Informationen über die Daten und ihre Besitzer enthält.

g) Ergänzende Rechtsakte, Leitlinien, Normen & Co.

Das GDNG ist Teil des übergreifenden Gesetzes zur verbesserten Nutzung von Gesundheitsdaten[244], das neben dem GDNG als neuem Gesetz noch folgende bereits bestehende Gesetze ändert:

- BGA-Nachfolgegesetz
- 5. Buch Sozialgesetzbuch (SGB V)
- 10. Buch Sozialgesetzbuch (SGB X)
- 11. Buch Sozialgesetzbuch (SGB XI).

Zudem besteht ein enger inhaltlicher Zusammenhang mit dem Digital-Gesetz (DigiG)[245], das zeitgleich am 26. März 2024 in Kraft trat. Während das GDNG den Zugang zu und die Nutzung von Gesundheitsdaten regelt, fokussiert das DigiG auf die Digitalisierung des Gesundheitswesens, insbesondere die elektronische Patientenakte (ePA).

> Das GDNG knüpft an Vorschriften der DSGVO und BDSG an und konkretisiert diese für den spezifischen Bereich der Gesundheitsdatennutzung.

Für bestimmte Fachbereiche wurden spezifische Handlungsempfehlungen entwickelt. So haben beispielsweise drei Fachgesellschaften, nämlich die Deutsche Interdisziplinäre Vereinigung für Intensiv- und Notfallmedizin (DIVI), die TMF – Technologie und Methodenplattform für die vernetzte medizinische Forschung sowie die Deutsche Gesellschaft für Medizinische Informatik, Biometrie und Epidemiologie (GMDS) Handlungsempfehlun-

---

244 https://www.recht.bund.de/bgbl/1/2024/102/VO.html.

245 https://www.buzer.de/DigiG.htm.

gen für den Umgang mit dem GDNG in der intensiv- und notfallmedizinischen Forschung[246] herausgebracht.

5. Digitale-Versorgung-Gesetz (DVG)

a) Zielrichtung

Mit Gesetz für eine bessere Versorgung durch Digitalisierung und Innovation (Digitale-Versorgung-Gesetz, DVG)[247] hat Deutschland einen wichtigen Schritt in Richtung eines digitalisierten Gesundheitswesens gemacht.

Das DVG verfolgt das Hauptziel, die Qualität und Wirtschaftlichkeit der Gesundheitsversorgung durch den gezielten Einsatz digitaler Technologien zu verbessern. Der Digitalisierungsprozess im deutschen Gesundheitswesen soll damit beschleunigt und die Implementierung innovativer digitaler Lösungen in die Regelversorgung erleichtert werden.

Die Kernziele des DVG fokussieren sich auf drei zentrale Bereiche:

1. Die Einführung von „Apps auf Rezept", wodurch Ärzte digitale Gesundheitsanwendungen (DiGA) verschreiben können, die von den gesetzlichen Krankenkassen erstattet werden
2. Die Etablierung der elektronischen Patientenakte (ePA)
3. Den Ausbau telemedizinischer Angebote, wie etwa Videosprechstunden.

Ein wesentliches Element ist dabei die Schaffung eines Leistungsanspruchs für die gesetzlich Versicherten auf digitale Gesundheitsanwendungen, die als „digitale Helfer" bei der Erkennung und Behandlung von Krankheiten unterstützen sollen.

b) Inkrafttreten/Anwendbarkeit

Das Digitale-Versorgung-Gesetz ist am 19. Dezember 2019 in Kraft getreten. Allerdings wurden verschiedene Regelungen des Gesetzes zu unterschiedlichen Zeitpunkten wirksam. So galten beispielsweise die verschärften Honorarkürzungen für Ärzte, die sich nicht an die Telematikinfrastruktur angeschlossen haben, erst ab dem 1. März 2020.

Für Krankenhäuser wurde die Pflicht zum Anschluss an die Telematikinfrastruktur bis März 2021 festgelegt. Die Regelungen zur Erstattungsfähigkeit von digitalen Gesundheitsanwendungen wurden durch die Verordnung über das Verfahren und die Anforderungen zur Prüfung der Erstattungsfähigkeit digitaler Gesundheitsanwendungen in der gesetzlichen Krankenversiche-

---

246 https://www.thieme-connect.de/products/ejournals/abstract/10.1055/a-2297-8079.
247 https://www.buzer.de/s1.htm?g=Digitale-Versorgung-Gesetz&f=1.

rung (Digitale Gesundheitsanwendungen-Verordnung, DiGAV)[248] konkretisiert.

Die Anwendbarkeit des DVG erstreckt sich auf sämtliche relevanten Akteure im deutschen Gesundheitswesen, also auf Versicherte der gesetzlichen Krankenversicherung, auf Leistungserbringer (Ärzte, Psychotherapeuten, Krankenhäuser), auf Hersteller von digitalen Gesundheitsanwendungen, auf die gesetzlichen Krankenkassen (und deren Verbände) sowie auf weitere Gesundheitsberufe (z. B. Hebammen und Physiotherapeuten).

c) Anwendungsbereich

Der Anwendungsbereich des DVG erfasst mehrere zentrale Bereiche der digitalen Gesundheitsversorgung. Dazu zählen insbesondere die folgenden:

1. Digitale Gesundheitsanwendungen (DiGA):

Das Gesetz schafft die rechtliche Grundlage für den Leistungsanspruch der Versicherten auf Versorgung mit digitalen Gesundheitsanwendungen. Eine DiGA ist definiert als CE-gekennzeichnetes Medizinprodukt der Risikoklasse I oder IIa nach MDR, dessen Hauptfunktion auf digitalen Technologien beruht, bei dem der medizinische Zweck wesentlich durch die digitale Hauptfunktion erreicht wird und das die Erkennung, Überwachung, Behandlung oder Linderung von Krankheiten unterstützt.

2. Telematikinfrastruktur:

Das DVG regelt den verpflichtenden Anschluss bestimmter Leistungserbringer an die Telematikinfrastruktur. Apotheken und Krankenhäusern wurden Fristen zum Anschluss gesetzt, während andere Leistungserbringer, wie Hebammen, Physiotherapeuten und Pflegeeinrichtungen, die Möglichkeit erhalten haben, sich freiwillig anzuschließen.

3. Telemedizin:

Durch das DVG werden telemedizinische Angebote gestärkt. Zudem werden Videosprechstunden durch Vereinfachung der Nutzungsbedingungen gefördert.

4. Digitalisierung von Verwaltungsprozessen:

Das Gesetz vereinfacht verschiedene administrative Prozesse durch Digitalisierung, wie etwa den freiwilligen Beitritt zu einer gesetzlichen Krankenkasse auf elektronischem Weg oder die elektronische Verordnung von Heil- und Hilfsmitteln.

---

248 https://www.gesetze-im-internet.de/digav/.

5. Forschungsdatenzentrum:

Ein weiterer Aspekt des DVG ist die Schaffung eines Forschungsdatenzentrums. Pseudonymisierte Abrechnungsdaten aller Versicherten werden an den Spitzenverband Bund der Krankenkassen (GKV) weitergeleitet und nach nochmaliger Pseudonymisierung dem Forschungsdatenzentrum zur Verfügung gestellt. Wissenschaftler können auf Antrag anonymisierte und zusammengefasste Ergebnisse aus diesen Daten erhalten.

d) Pflichten von Akteuren

Das DVG enthält spezifische Pflichten für verschiedene Akteure im Gesundheitswesen. Für Hersteller von digitalen Gesundheitsanwendungen gilt, dass sie einen Nachweis zu führen haben, dass ihre DiGA die grundlegenden Anforderungen an Medizinprodukte und Datensicherheit erfüllt. Ärzte und andere Leistungserbringer mussten den Anschluss an die Telematikinfrastruktur innerhalb der gesetzlich festgelegten Fristen realisieren. Zudem können sie unter bestimmten Voraussetzungen digitale Gesundheitsanwendungen verordnen, worüber sie ihre Patienten aufzuklären haben. Sofern sie Videosprechstunden anbieten, dürfen sie nun darüber auf ihrer Internetseite informieren. Krankenkassen haben die Pflicht zur Kostenübernahme für vom BfArM zugelassene und ärztlich verordnete DiGA und zur Übermittlung pseudonymisierter Abrechnungsdaten an den Spitzenverband für das Forschungsdatenzentrum. Krankenhäuser mussten bis März 2021 an die Telematikinfrastruktur angeschlossen sein. Zudem gibt es die Verpflichtung zur Implementierung der erforderlichen technischen Komponenten und Sicherstellung der Kompatibilität mit den eigenen IT-Systemen.

e) Sanktionen/Geldbußen

Im DVG gibt es verschiedene vorgesehene Sanktionen. Ärzten und Praxen drohen Honorarkürzungen in Höhe von 2,5 % der Abrechnungssumme, die sich nicht fristgerecht an die Telematikinfrastruktur angeschlossen haben. Ebenso gab es verschärfte Kürzungen für Ärzte, die ab dem 1. März 2020 nicht an die Telematikinfrastruktur angeschlossen waren. Sanktionen für Krankenhäuser, die sich nicht fristgerecht an die Telematikinfrastruktur anschließen, sind ebenfalls im DVG vorgesehen.

f) Zuständige Aufsichtsbehörden

Dem Bundesinstitut für Arzneimittel und Medizinprodukte (BfArM) kommen folgende Aufgaben zu:

- Prüfung der Erstattungsfähigkeit digitaler Gesundheitsanwendungen hinsichtlich Sicherheit, Funktion, Qualität, Datenschutz und Datensicherheit

- Führung des Verzeichnisses erstattungsfähiger digitaler Gesundheitsanwendungen (DiGA-Verzeichnis)
- Bewertung der von Herstellern vorgelegten Nachweise zu positiven Versorgungseffekten.

Der Gesellschaft für Telematik (gematik) fällt hingegen die Entwicklung von Vorgaben und Prüfvorschriften für die Sicherheit von Komponenten und Diensten der Telematikinfrastruktur in Zusammenarbeit mit dem BSI, die technische Sperrung nicht zugelassener Dienste in der Telematikinfrastruktur sowie die Festlegung von Strukturen und Formaten für in der elektronischen Patientenakte (ePa) zu speichernden Daten zu.

Das BSI arbeitet mit der gematik bei der Entwicklung von Sicherheitsvorgaben für die Telematikinfrastruktur zusammen. Es übernimmt die Funktion als Verwaltungsbehörde für bestimmte Ordnungswidrigkeiten im Kontext der Telematikinfrastruktur.

g) Ergänzende Rechtsakte, Leitlinien, Normen & Co.

In engem Zusammenhang mit dem DVG ist die Digitale Gesundheitsanwendungen-Verordnung (DiGAV)[249] zu sehen. Sie regelt das Verfahren und die Anforderungen der Prüfung der Erstattungsfähigkeit digitaler Gesundheitsanwendungen, definiert Anforderungen hinsichtlich Sicherheit, Qualität, Datenschutz und Datensicherheit und legt Methoden und Verfahren zum Nachweis positiver Versorgungseffekte fest.

Vom GKV-Spitzenverband existieren ebenfalls ergänzende Regelungen, insbesondere in Form der „Richtlinie über Form und Inhalt des Abrechnungsverfahrens von Digitalen Gesundheitsanwendungen“ sowie der „Richtlinie über das Verfahren der Genehmigung von digitalen Gesundheitsanwendungen durch die Krankenkassen“.[250]

Das Bundesinstitut für Arzneimittel und Medizinprodukte hat einen DiGA-Leitfaden veröffentlicht[251]. Dieser konkretisiert die Anforderungen an digitale Gesundheitsanwendungen und bietet Herstellern praktische Hilfestellung bei der Antragstellung.

249 https://www.gesetze-im-internet.de/digav/BJNR076800020.html.

250 https://www.gkv-spitzenverband.de/krankenversicherung/digitalisierung/kv_diga/diga.jsp.

251 https://www.bfarm.de/SharedDocs/Downloads/DE/Medizinprodukte/diga_leitfaden.html.

XI. Plattformregulierung

Bei der Regulierung von Online-Plattformen geht es nicht primär um Datensicherheit. Allerdings tragen der Digital Markets Act (DMA) oder auch der Digital Services Act (DSA) ganz allgemein zur Sicherheit auf solchen Online-Plattformen und insbesondere auch der Nutzer dieser Plattformen bei. Insgesamt fördern die Vorgaben von DMA und DSA ein erhöhtes Maß an Sicherheit, speziell im Bereich Verbraucherschutz.

1. Platform-to-Business-Verordnung (P2B-VO)

a) Zielrichtung

Die Verordnung (EU) 2019/1150 des Europäischen Parlaments und des Rates vom 20. Juni 2019 zur Förderung von Fairness und Transparenz für gewerbliche Nutzer von Online-Vermittlungsdiensten, kurz als Platform-to-Business-Verordnung (P2B-Verordnung, P2B-VO)[252] bezeichnet, ist ein wichtiger Baustein der EU-Strategie zur Regulierung der Online-Plattformwirtschaft.

Die P2B-VO verfolgt das Hauptziel, Fairness und Transparenz für gewerbliche Nutzer von Online-Vermittlungsdiensten zu fördern. Sie soll ein faires, vorhersehbares, tragfähiges und vertrauenswürdiges Online-Geschäftsumfeld gewährleisten. Sie setzt auf Transparenzförderung und Harmonisierung der Bedingungen für Plattformmärkte.

b) Inkrafttreten/Anwendbarkeit

Die P2B-VO ist am 31. Juli 2019 in Kraft getreten und seit dem 12. Juli 2020 in allen Mitgliedstaaten der Europäischen Union unmittelbar anwendbar.

c) Anwendungsbereich

In der P2B-VO werden zwei Hauptkategorien von Diensten geregelt:

1. Online-Vermittlungsdienste:

Darunter fallen solche Angebote, die Dienste der Informationsgesellschaft darstellen, die es gewerblichen Nutzern ermöglichen, Waren oder Dienstleistungen Verbrauchern anzubieten, um direkte Transaktionen zu initiieren und sie werden auf Basis von Vertragsbeziehungen zwischen dem Diensteanbieter und gewerblichen Nutzern erbracht.

---

252 https://eur-lex.europa.eu/eli/reg/2019/1150/oj.

2. Online-Suchmaschinen:

Digitale Dienste, die es Nutzern ermöglichen, Suchanfragen einzugeben, um Websites zu finden.

Konkret fallen unter den Anwendungsbereich also beispielsweise:
- Online-Marktplätze, wie Amazon, eBay & Co.
- Hotel- und Flugbuchungsportale, wie z. B. HRS oder Booking.com
- Preisvergleichsplattformen, wie Check24
- App-Stores, wie der Google Play Store oder der Apple App Store
- Soziale Netzwerke mit Verkaufsfunktionen (z. B. Facebook Marketplace).

> Ob der Vertragsschluss dann über die Plattform selbst, eine verlinkte Website des Händlers oder im Geschäft geschieht, ist unerheblich.

Ausdrücklich ausgenommen vom Anwendungsbereich sind:
- reine Business-to-Business (B2B) Plattformen
- Peer-to-Peer (P2P) Vermittlungen ohne Beteiligung gewerblicher Nutzer
- Online-Zahlungsdienste
- Online-Werbebörsen.

Für die Anwendbarkeit der P2B-VO ist es unerheblich, wo der Plattformbetreiber seinen Sitz hat. Entscheidend ist, dass die gewerblichen Nutzer ihren Wohnsitz oder eine Niederlassung innerhalb der EU haben und diese Waren oder Dienstleistungen Verbrauchern anbieten, die sich in der EU befinden.

d) Pflichten von Akteuren

In der P2B-VO werden verschiedene Pflichten für Betreiber von Online-Vermittlungsdiensten und Online-Suchmaschinen geregelt:

1. Transparente und verständliche AGB:
- Die AGB müssen klar und verständlich formuliert sowie leicht und jederzeit verfügbar sein, auch schon vor Vertragsschluss.
- Änderungen müssen auf einem dauerhaften Datenträger übermittelt werden und dürfen erst nach angemessener Frist (grundsätzlich 15 Tage) in Kraft treten.

2. Transparente Ranking-Kriterien:
- Die Hauptparameter für das Ranking und die Gründe für deren relative Gewichtung müssen transparent dargelegt werden.
- Bei einer differenzierten Behandlung eigener Angebote müssen die Kriterien dieser Differenzierung offengelegt werden.

3. Internes Beschwerdemanagement:
- Die betroffenen Plattformen sind zur Schaffung eines internen Beschwerdesystems verpflichtet, das für die Nutzer leicht zugänglich sein muss.
- Dieses System muss kostenlos und effektiv sein.

4. Außergerichtliche Streitbeilegung:
- Plattformbetreiber müssen außergerichtliche Streitschlichtungsmaßnahmen anbieten.
- Sie müssen unparteiische und unabhängige Mediatoren benennen.

5. Transparenz bei Kontosperrungen:
- Einschränkungen, Aussetzungen und Beendigungen müssen begründet und zudem vorher angekündigt werden.

6. Datentransparenz:
- Anbieter müssen offenlegen, in welchem Umfang sie Zugriff auf die im Rahmen der Nutzung der Dienste verarbeiteten Daten haben.
- Sie müssen informieren, ob und wie Daten an Dritte weitergegeben werden.

e) Sanktionen/Geldbußen

Die P2B-VO selbst sieht keine konkreten Sanktionen oder Geldbußen vor. Vielmehr überlässt sie es den Mitgliedstaaten, Vorschriften für Verstöße gegen die Verordnung festzulegen.

In Deutschland hat das Bundesministerium für Wirtschaft und Energie (BMWi) entschieden, keine behördliche Durchsetzung vorzusehen. Stattdessen soll die Durchsetzung durch zivilrechtliche Instrumente erfolgen. Dies bedeutet, dass die Regelungen der P2B-VO als Marktverhaltensregeln im Sinne von § 3a UWG eingeordnet werden können. Die Nichteinhaltung kann Beseitigungs-, Unterlassungs- und auch Schadensersatzansprüche gemäß UWG auslösen. Für Plattformbetreiber stehen außergerichtliche Abmahnungen durch Wettbewerber oder Verbände sowie möglicherweise Gerichtsverfahren im Raum. In Art. 14 P2B-VO findet sich ein ausdrückliches Verbandsklagerecht für Organisationen und Verbände, die ein berechtigtes Interesse an der Vertretung gewerblicher Nutzer haben. Diese Organisationen können die Nichteinhaltung der P2B-VO vor nationalen Gerichten rügen. Bestimmte Verstöße können auch kartellrechtliche Konsequenzen haben, wenn ein marktbeherrschendes Unternehmen beteiligt ist. Im Falle eines Kartellrechtsverstoßes drohen behördliche Sanktionen wie Bußgelder sowie zivilrechtliche Unterlassungs- und Schadensersatzansprüche.

f) Zuständige Aufsichtsbehörden

Die Durchsetzung der P2B-VO erfolgt gemäß ihrem Art. 15 Abs. 1 durch die EU-Mitgliedstaaten. In Deutschland wurde zwar keine spezifische Behörde für die Durchsetzung bestimmt, aber die Bundesnetzagentur fungiert als informierende Stelle und bietet auf ihrer Website Informationen zur P2B-VO an[253]. Sie übernimmt jedoch keine direkte Aufsichtsfunktion im Sinne einer Aufsichtsbehörde.

g) Ergänzende Rechtsakte, Leitlinien, Normen & Co.

Am 16. November 2022 trat der Digital Service Act (DSA) in Kraft, der seit dem 17. Februar 2024 für alle Online-Vermittlungsdienste verbindlich ist. Der DSA wird in Deutschland durch das Digitale-Dienste-Gesetz (DDG)[254] auf nationaler Ebene ergänzt. Die P2B-VO ist folglich Teil eines breiteren Regulierungsrahmens für die digitale Wirtschaft in der EU, der darauf abzielt, faire Wettbewerbsbedingungen zu schaffen und die Rechte von Unternehmen und Verbrauchern im digitalen Raum zu stärken.

2. Digital Services Act (DSA)

a) Zielrichtung

Die Verordnung (EU) 2022/2065 des Europäischen Parlaments und des Rates vom 19. Oktober 2022 über einen Binnenmarkt für digitale Dienste und zur Änderung der Richtlinie 2000/31/EG (Gesetz über digitale Dienste)[255], eingedeutscht auch Digital Services Act (DSA) genannt, schafft einen einheitlichen Rechtsrahmen für digitale Dienste innerhalb der EU und reagiert auf die gestiegene Bedeutung von Online-Plattformen und -Vermittlern in einer zunehmend digitalisierten Gesellschaft. Der DSA verfolgt das übergeordnete Ziel, für ein sicheres, vorhersehbares und vertrauenswürdiges Online-Umfeld zu sorgen.

Es geht im Kern um drei Ziele verfolgt:

1. Verbesserter Schutz von Verbrauchern und ihrer Grundrechte im Internet
2. Schaffung eines leistungsfähigen bzw. klaren Transparenz- und Rechenschaftsrahmens für Online-Plattformen
3. Förderung von Innovation, Wachstum und Wettbewerbsfähigkeit.

---

253 https://www.bundesnetzagentur.de/DE/Fachthemen/Digitales/P2B/start.html.
254 https://www.gesetze-im-internet.de/ddg/.
255 https://eur-lex.europa.eu/eli/reg/2022/2065/oj.

Der DSA geht davon aus, dass alles, was offline illegal ist, auch online illegal sein muss. Daher erleichtert er die Entfernung illegaler Inhalte und schützt zugleich die Grundrechte der Nutzer, insbesondere auch der Redefreiheit im Internet.

Zentrale Aspekte des DSA sind daher insbesondere:

- verbesserte Verfahren zur Meldung illegaler Inhalte
- erweiterte Berichts- und Transparenzpflichten (u. a. Erläuterung zur Inhaltsmoderation oder auch Veröffentlichung von Jahrestransparenzberichten)
- Verbot von manipulativen Designs
- strengere Regulierung von Online-Werbung
- Einrichtung einer Kontaktstelle für Behörden und für Nutzer.

b) Inkrafttreten/Anwendbarkeit

Der DSA ist am 16. November 2022 in Kraft getreten. Seit dem 25. August 2023 müssen sehr große Plattformen und Suchmaschinen mit mehr als 45 Millionen monatlich aktiven Nutzern in der EU erste Vorgaben umsetzen, darunter neue Transparenzregeln und Beschwerde-Möglichkeiten. Seit dem 17. Februar 2024 gilt der DSA für alle anderen digitalen Dienste.

Als EU-Verordnung gilt der DSA unmittelbar in allen EU-Mitgliedstaaten, dennoch haben die EU-Mitgliedstaaten ergänzende nationale Gesetze erlassen. In Deutschland wird der DSA beispielsweise durch das Digitale-Dienste-Gesetz (DDG)[256] ergänzt, welches am 14. Mai 2024 in Kraft getreten ist.

c) Anwendungsbereich

Der Anwendungsbereich des DSA umfasst alle digitalen Dienste, die Verbrauchern Waren, Dienstleistungen oder Inhalte vermitteln. Konkret fallen darunter Online-Vermittlungsdienste, Online-Plattformen (z. B. soziale Netzwerke, Online-Marktplätze oder App-Stores oder Suchmaschinen) oder auch Hosting-Dienste.

256 https://www.gesetze-im-internet.de/ddg/.

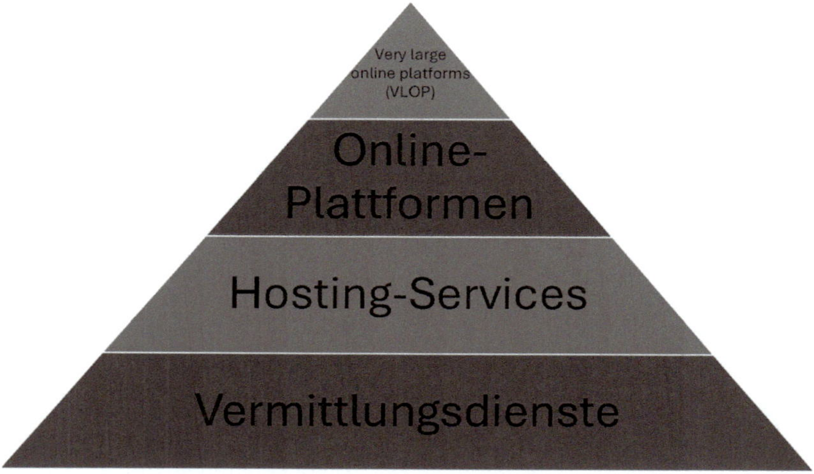

Der DSA hat unterschiedliche Online-Angebote im Blick

Der DSA etabliert ein abgestuftes Pflichtensystem, das die Größe und Bedeutung der Plattformen berücksichtigt. Zu den Plattformdiensten zählen Betriebssysteme, Browser, Messenger, Soziale Netzwerke, Suchmaschinen sowie Vermittlungs- und Video-Sharing- und Werbedienste. Der DSA gilt für alle Anbieter digitaler Dienste, die ihre Dienste in der EU anbieten, unabhängig davon, ob sie ihren Sitz in der EU haben oder nicht.

Die Pflichten der Online-Unternehmen variieren je nach Rolle, Größe und Auswirkung im Online-Umfeld. Besonders strenge Regeln gelten für sehr große Online-Plattformen (engl.: very large online platforms, VLOPs) und Suchmaschinen (engl.: very large online search engines, VLOSEs), die monatlich mindestens 45 Millionen aktive Nutzerinnen und Nutzer in der EU erreichen.

Kleine und Kleinstunternehmen sind weitgehend von den DSA-Vorgaben ausgenommen. Dazu zählen Unternehmen, die weniger als 50 Beschäftigte haben und weniger als 10 Millionen Euro Umsatz pro Jahr machen bzw. eine Jahresbilanzsumme von maximal 10 Millionen Euro aufweisen.

Als Anbieter von VLOPs/VLOSEs, die auch als „Gatekeeper“ bezeichnet werden, hat die EU-Kommission die folgenden Unternehmen auserkoren (Stand: 18. Juni 2025)[257]:

257 https://digital-strategy.ec.europa.eu/de/policies/list-designated-vlops-and-vloses.

- AliExpress International (Netherlands) B. V.
- Amazon Services Europe S. à.r. l
- Apple Distribution International Limited
- Aylo Freesites Ltd.
- Booking.com B. V.
- Google Ireland Ltd.
- Infinite Styles Services Co, Ltd
- LinkedIn Ireland Unlimited Company
- Meta Platforms Ireland Limited (MPIL)
- Microsoft Ireland Operations Limited
- NKL Associates s. r.o
- Pinterest Europe Ltd.
- Snap B. V.
- Technius Ltd.
- TikTok Technology Limited
- Twitter International Unlimited Company (TIUC)
- Whaleco Technology Limited
- WebGroup Czech Republic
- Wikimedia Foundation Inc
- Zalando SE.

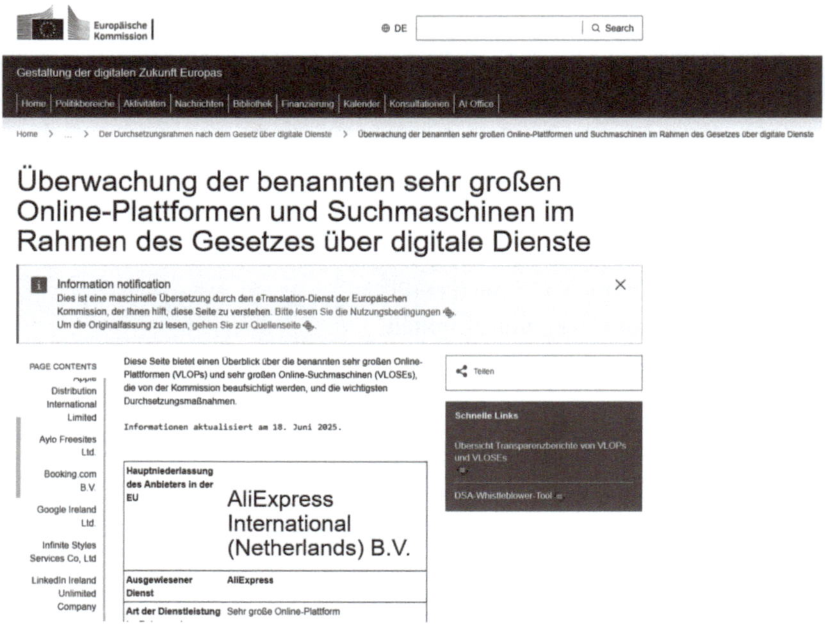

Auf der Website der EU-Kommission findet sich die aktuelle Liste der Gatekeeper nach dem DSA

Diese Gatekeeper bieten jeweils verschiedene Plattformdienste an. Zu den Online-Plattformen gehören Dienste wie Online-Marktplätze, App-Stores, Plattformen der kollaborativen Wirtschaft und Social-Media-Plattformen, die Verkäufer und Verbraucher zusammenbringen. Zu den Hosting-Diensten zählen Cloud-Dienste und Webhosting. Vermittlungsdienste sind hingegen solche Angebote, die Netzinfrastrukturen anbieten, also Internetanbieter und Domain-Registrierungsstellen.

d) Pflichten von Akteuren

Der DSA legt verschiedene Pflichten für Anbieter digitaler Dienste fest, wobei diese je nach Kategorie des Anbieters unterschiedlich ausfallen. Er verfolgt dabei einen abgestuften Ansatz: je größer der Einfluss und die Reichweite einer Plattform, desto umfangreicher die Pflichten.

Generell bestehen folgende Pflichten:

- **Transparenzpflichten**: Alle Anbieter müssen in ihren Nutzungsbedingungen klar über Einschränkungen informieren, die sie ihren Nutzern auferlegen.

- **Einrichtung eines Single Point of Contact**: Anbieter müssen eine zentrale Kontaktstelle für Behörden und Nutzer einrichten.
- **Meldeverfahren für illegale Inhalte**: Implementierung eines effektiven Notice-and-Action-Systems, mit dem Nutzer illegale Inhalte melden können.

Zusätzlich bestehen für Hosting-Dienste und Online-Plattformen noch folgende Verpflichtungen:

- **Begründungspflicht bei Entfernung von Inhalten**: Wenn Inhalte entfernt werden, müssen Plattformen den betroffenen Nutzern eine Begründung liefern.
- **Beschwerdeverfahren**: Einrichtung interner Beschwerdesysteme für Nutzer, die mit Entscheidungen zur Inhaltsmoderation nicht einverstanden sind.
- **Verbot von „Dark Patterns"**: Praktiken, die Nutzer zu Entscheidungen verleiten, die sie nicht frei getroffen hätten, sind untersagt.

Für VLOPs und VLOSEs bestehen darüber hinaus noch weitere Auflagen:

- **Risikobewertung und -minderung**: Regelmäßige Analyse und Minderung systemischer Risiken, wie die Verbreitung illegaler Inhalte oder negativer Auswirkungen auf Grundrechte.
- **Erweiterte Transparenzpflichten**: Offenlegung der Funktionsweise von Empfehlungssystemen und Bereitstellung von Optionen, die nicht auf Profiling basieren.
- **Datenzugang für Forscher**: Gewährung von Zugang zu Daten für unabhängige Forscher, um systemische Risiken zu untersuchen.
- **Unabhängige Audits**: Regelmäßige Überprüfung durch unabhängige Dritte, um die Einhaltung der DSA-Verpflichtungen zu überprüfen.
- **Besondere Maßnahmen in Krisenzeiten**: In Krisenzeiten können zusätzliche Maßnahmen angeordnet werden, um die Integrität von Diensten zu gewährleisten.

e) Sanktionen/Geldbußen

Bei Verstößen gegen die Verpflichtungen aus dem DSA können Geldbußen von bis zu 6 % des weltweiten Jahresumsatzes des betreffenden Anbieters verhängt werden. Dies gilt insbesondere für Verstöße gegen materielle Pflichten, die Nichteinhaltung einstweiliger Maßnahmen oder das Nichteinhalten von Verpflichtungszusagen. Für Verstöße gegen formelle Vorgaben, wie die Bereitstellung unrichtiger, unvollständiger oder irreführender Informationen oder die Verweigerung einer Nachprüfung, können Geldbußen von bis zu 1 % des weltweiten Jahresumsatzes verhängt werden.

Zusätzlich können Zwangsgelder in Höhe von bis zu 5% des durchschnittlichen weltweiten Tagesumsatzes für jeden Tag des Verzugs bei der Einhaltung von Abhilfemaßnahmen, vorläufigen Maßnahmen und Verpflichtungen verhängt werden.

In besonders schwerwiegenden Fällen, die das Leben oder die Sicherheit von Personen bedrohen, kann die EU-Kommission als letztes Mittel auch weitergehende Maßnahmen ergreifen (z.B. Änderungen an Empfehlungssystemen, verstärkte Überwachung bestimmter Keywords oder Hashtags, Anordnungen zur Beendigung oder Behebung mutmaßlicher Verstöße).

f) Zuständige Aufsichtsbehörden

Die Aufsicht über die Einhaltung des DSA erfolgt auf mehreren Ebenen, wobei sowohl nationale Behörden als auch die Europäische Kommission eingebunden sind. Jeder EU-Mitgliedstaat muss eine nationale Behörde als Koordinator für digitale Dienste benennen. Diese ist für die Koordination aller DSA-Angelegenheiten seines Landes zuständig und fungiert als zentraler Ansprechpartner für die EU-Kommission, für die Koordinatoren der anderen EU-Staaten sowie für andere nationale Behörden. Er wirkt im Europäischen Gremium für digitale Dienste[258] an der unionsweiten DSA-Aufsicht mit und arbeitet selbst als nationale Aufsichtsbehörde, soweit nicht für bestimmte Sektoren anderen nationalen Behörden die DSA-Aufsicht übertragen ist.

Das Europäische Gremium für digitale Dienste setzt sich aus Vertretern der nationalen Koordinatoren für digitale Dienste zusammen und dient der Koordinierung und Zusammenarbeit zwischen den einzelnen Mitgliedstaaten und der EU-Kommission. Es kann Stellungnahmen, Empfehlungen oder Ratschläge zu Fragen im Zusammenhang mit der Anwendung des DSA abgeben.

Die EU-Kommission hat direkte Aufsichtsbefugnisse über die Gatekeeper, also über die sehr großen Online-Plattformen und Suchmaschinen (VLOPs und VLOSEs). Sie kann Untersuchungen durchführen, Informationen anfordern, Vor-Ort-Prüfungen vornehmen und verbindliche Entscheidungen treffen, einschließlich der Verhängung von Geldbußen.

---

258 https://digital-strategy.ec.europa.eu/de/policies/dsa-board.

In Deutschland hat die Bundesnetzagentur als Digital Services Coordinator (DSC) die zentrale Plattformaufsicht nach DSA übernommen.[259]

g) Ergänzende Rechtsakte, Leitlinien, Normen & Co.

Der DSA ist eng verbunden mit dem Digital Markets Act (DMA). Beide Regelwerke bilden zusammen wichtige Teile des EU-Gesetzespakets über digitale Dienste. Während der DSA auf die Sicherheit und den Schutz von Nutzern abzielt, adressiert der DMA wettbewerbsrechtliche Aspekte und reguliert die Gatekeeper, um einen faireren digitalen Markt zu gewährleisten.

In Deutschland wird der DSA durch das Digitale-Dienste-Gesetz (DDG) ergänzt. Andere EU-Mitgliedstaaten haben vergleichbare Gesetze erlassen, um die nationalen Aspekte des DSA umzusetzen und die erforderlichen Aufsichtsstrukturen zu schaffen.

Im März 2024 veröffentlichte die EU-Kommission Leitlinien speziell für den Umgang mit Risiken im Zusammenhang mit Wahlen, um freie und faire Wahlen zu gewährleisten[260]. Diese Leitlinien basieren u. a. auf dem Verhaltenskodex zur Bekämpfung von Desinformation[261] aus dem Jahr 2022.

3. Digital Markets Act (DMA)

a) Zielrichtung

Die Verordnung (EU) 2022/1925 des Europäischen Parlaments und des Rates vom 14. September 2022 über bestreitbare und faire Märkte im digitalen Sektor und zur Änderung der Richtlinien (EU) 2019/1937 und (EU) 2020/1828 (Gesetz über digitale Märkte)[262], der so genannte Digital Markets Act (DMA), zielt als Element der europäischen Digitalstrategie darauf ab, den digitalen Binnenmarkt fairer und wettbewerbsfähiger zu gestalten. Er verfolgt das primäre Ziel, durch einen harmonisierten Regulierungsrahmen Fairness und Wettbewerb im europäischen digitalen Binnenmarkt sicherzustellen. Die Verordnung soll die Marktmacht großer Plattformen begrenzen und für offenere digitale Märkte sorgen. Bei Lichte betrachtet geht es um die Schaffung eines wettbewerbsfähigen und gerechten digitalen Sektors, in dem innovative Unternehmen wachsen können, während gleichzeitig die Si-

---

259 https://www.bundesnetzagentur.de/SharedDocs/Pressemitteilungen/DE/2024/20240514_DSC.html.

260 https://germany.representation.ec.europa.eu/news/eu-kommission-stellt-leitlinien-fur-die-minderung-systemischer-risiken-fur-wahlen-vor-2024-03-26_de.

261 https://digital-strategy.ec.europa.eu/de/policies/code-practice-disinformation.

262 https://eur-lex.europa.eu/eli/reg/2022/1925/oj.

cherheit der Nutzer gewährleistet wird. Der DMA soll folglich verhindern, dass marktbeherrschende Unternehmen ihre Stellung ausnutzen, um Wettbewerber zu benachteiligen oder den Markt abzuschotten.

b) Inkrafttreten/Anwendbarkeit

Der DMA ist am 1. November 2022 in Kraft getreten. Seit dem 2. Mai 2023 sind dessen Regelungen verbindlich anzuwenden. Die verpflichteten so genannten „Torwächter“ (engl.: Gatekeeper) hatten sechs Monate Zeit, um die Anforderungen des DMA zu erfüllen, wobei die Frist spätestens am 6. März 2024 ablief.

c) Anwendungsbereich

Der DMA richtet sich gezielt an digitale Plattformen mit erheblichem Markteinfluss, die so genannten Gatekeeper. Ein Unternehmen gilt als Gatekeeper, wenn es folgende Kriterien erfüllt:

- Es hat einen erheblichen Einfluss auf den Binnenmarkt (bemessen am Jahresumsatz von mindestens 7,5 Milliarden Euro in der EU oder einer Marktkapitalisierung von mindestens 75 Milliarden Euro).
- Es betreibt einen zentralen Plattformdienst, der gewerblichen Nutzern als wichtiges Zugangstor zu Endnutzern dient (mit mehr als 45 Millionen monatlich aktiven Endnutzern in der EU und mehr als 10.000 gewerblichen Nutzern pro Jahr).
- Es hat hinsichtlich seiner Tätigkeiten eine gefestigte und dauerhafte Position oder wird absehbar eine solche Position erlangen.

Zu den zentralen Plattformdiensten, die unter den DMA fallen, gehören u. a.:

- Online-Vermittlungsdienste und -Marktplätze
- Online-Suchmaschinen
- Soziale Netzwerke
- Video-Sharing-Plattformen
- Betriebssysteme
- Web-Browser
- Cloud-Computing-Dienste
- Messenger-Dienste.

Folgende Unternehmen wurden seitens der EU-Kommission als Gatekeeper benannt[263]:

- Alphabet Inc.

263 https://digital-markets-act.ec.europa.eu/gatekeepers_en.

- Amazon.com Inc.
- Apple Inc.
- Booking
- ByteDance Ltd.
- Meta Platforms, Inc.
- Microsoft Corporation.

Mit dem Aufkommen generativer KI-Systeme könnte der Anwendungsbereich des DMA in Zukunft erweitert werden, um auch KI-Plattformen einzubeziehen, die ggf. zu Gatekeepern für KI-basierte Dienste werden könnten.

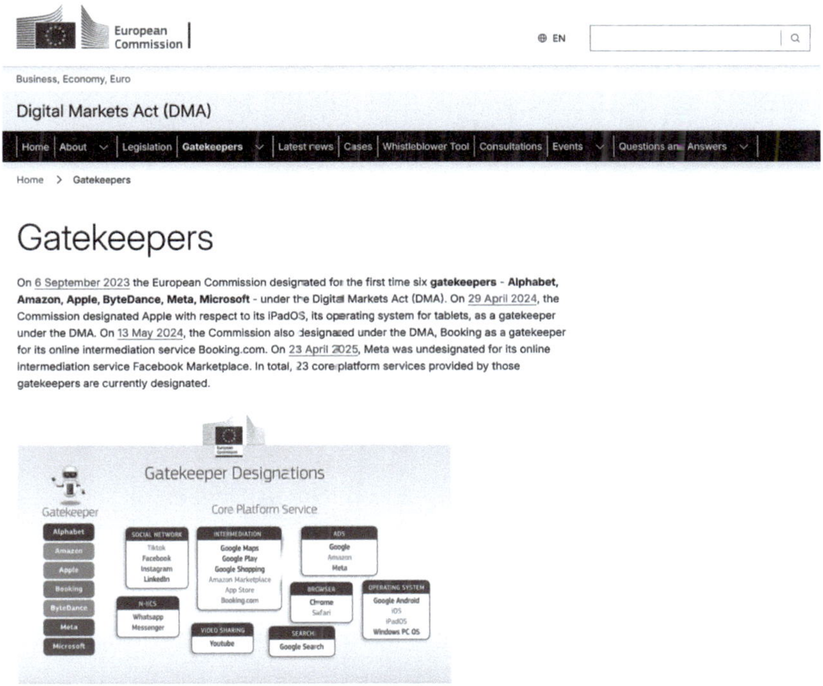

Auf der Website der EU-Kommission werden die aktuell als Gatekeeper benannten Unternehmen aufgeführt.

Der DMA nimmt speziell die zentralen Dienste der Gatekeeper in den Blick:

Social Media	**Messenger**	**Plattformen**	**Video**	**Suche**	**Werbung**	**Browser**	**Betriebssystem**
Tiktok Facebook Instagram LinkedIn	Whatsapp	Google Maps Google Play Google Shopping Amazon Marketplace App Store Booking.com	Youtube	Google	Google Amazon Meta	Chrome Safari	Android iOS iPadOS Windows (PC)

d) Pflichten von Akteuren

Der DMA legt den Gatekeepern eine Reihe von Pflichten und Verboten auf, die darauf abzielen, unfaire Praktiken zu unterbinden und den Wettbewerb zu fördern:

1. Selbstbegünstigung und Ranking:

- Verbot der Bevorzugung eigener Produkte und Dienste im Ranking
- Keine Manipulation von Suchmaschinenergebnissen zugunsten eigener Angebote.

2. Datennutzung und Datenschutz:

- Verbot des Zusammenführens personenbezogener Daten aus verschiedenen Diensten (Profiling) ohne ausdrückliche Einwilligung
- Keine Nutzung von Nutzerdaten für eigene werbliche Zwecke ohne Einwilligung
- Gewährleistung der Datenportabilität und Interoperabilität.

3. Zugang und Interoperabilität:

- Ermöglichung der Deinstallation vorinstallierter Software-Anwendungen
- Sicherstellung der Interoperabilität zwischen Diensten
- Ermöglichung der Installation alternativer App Stores auf Betriebssystemen.

4. Transparenz und Fairness:

- Transparenzpflichten gegenüber Werbekunden bezüglich Performance und Preis der Werbung
- Pflicht zur Fairness gegenüber gewerblichen Nutzern

- Keine Koppelung von Diensten (z. B. keine Verpflichtung zur Nutzung weiterer Dienste als Bedingung für den Zugang).

e) Sanktionen/Geldbußen

Bei Nichteinhaltung der Verpflichtungen können Geldbußen in Höhe von bis zu 10 % des weltweiten Jahresumsatzes des Unternehmens verhängt werden. Bei wiederholten Verstößen können die Strafen auf bis zu 20 % des weltweiten Jahresumsatzes steigen. Zusätzlich kann die EU-Kommission verhaltensbezogene und strukturelle Abhilfemaßnahmen anordnen. In besonders schwerwiegenden Fällen kann die Kommission sogar die Aufspaltung von Unternehmen anordnen.

f) Zuständige Aufsichtsbehörden

Die EU-Kommission ist die alleinige Durchsetzungsbehörde für den DMA. Sie hat umfassende Befugnisse zur Untersuchung, einschließlich der Durchführung von Marktuntersuchungen. Die EU-Mitgliedstaaten sind an der Durchsetzung beteiligt, indem sie betroffene Parteien informieren und mit der EU-Kommission zusammenarbeiten.

> Betroffene, wie gewerbliche Nutzer, Wettbewerber oder Endnutzer, können die nationalen Wettbewerbsbehörden oder direkt die EU-Kommission über mögliche Verstöße informieren.

Im Gegensatz zu anderen EU-Regulierungen, bei denen die Durchsetzung oft dezentralisiert und auf nationale Behörden verteilt ist, konzentriert der DMA die Durchsetzungsbefugnisse bei der Kommission, um eine einheitliche Anwendung zu gewährleisten.

g) Ergänzende Rechtsakte, Leitlinien, Normen & Co.

Der DMA bildet gemeinsam mit dem DSA ein digitales Gesetzespaket der EU. Der DMA ergänzt als „ex-ante"-Regelung das bestehende Wettbewerbsrecht. Außerdem gibt es verschiedene Berührungspunkte mit der DSGVO, soweit es um die Verarbeitung personenbezogener Daten geht.

Die Durchführungsverordnung (EU) 2023/814 der Kommission vom 14. April 2023 zur Festlegung detaillierter Vorschriften für die Durchführung bestimmter Verfahren durch die Kommission nach der Verordnung (EU) 2022/1925 des Europäischen Parlaments und des Rates[264] legt detail-

264 https://eur-lex.europa.eu/eli/reg_impl/2023/814/oj.

lierte Vorschriften für die Durchführung bestimmter Verfahren durch die Kommission nach dem DMA fest.

4. Digital Networks Act (DNA)

a) Zielrichtung

Die Initiative zum Digital Networks Act (DNA)[265] der Europäischen Union ist ein weiterer Baustein der europäischen Digitalstrategie, der darauf abzielt, die Telekommunikationsregulierung an die modernen Anforderungen anzupassen. Als Komplementärregelung zum DSA und zum DMA adressiert der DNA spezifische Herausforderungen im Bereich der digitalen Infrastrukturen, um Europas technologische Souveränität und Wettbewerbsfähigkeit zu stärken.

Der DNA verfolgt im Wesentlichen drei übergeordnete Ziele:

- Harmonisierung des EU-Binnenmarktes für Telekommunikation
- Förderung nachhaltiger Investitionen in digitale Infrastrukturen
- Stärkung der Resilienz kritischer Netzwerk.

Inzwischen warnen jedoch große europäische Telekommunikationsanbieter und Branchenverbände die EU-Kommission vor möglichen negativen Folgen bei geplanten neuen Gesetzen und Reformen, insbesondere in Bezug auf den DNA.

---

265 https://ec.europa.eu/info/law/better-regulation/have-your-say/initiatives/14709-Rechtsakt-ueber-digitale-Netze_de.

heise online

Abmelden | Mein Account Suchen

heise+ IT Wissenschaft Mobiles Security Developer Entertainment Netzpolitik Wirtschaft Journal Newsticker Foren

Künstliche Intelligenz | Windows | Raumfahrt | eHealth | Mixed Reality | Podcasts | Investigativ

heise online > Internet > Provider > Netzausbau > Digital Networks Act: Wettbewerber fürchten drastische Folgen für den Netzausbau

Digital Networks Act: Wettbewerber fürchten drastische Folgen für den Netzausbau

Große europäische Telekommunikationsanbieter und Branchenverbände warnen die EU-Kommission vor dramatischen Folgen bei geplanten neuen Gesetzen und Reformen.

(Bild: ThomBal/Shutterstock.com)

10.07.2025, 19:46 Uhr Lesezeit: 3 Min.

Von Stefan Krempl

Der Plan der EU-Kommission für einen Digital Networks Act (DNA) sorgt weiter für Unmut. Eigentlich will die Brüsseler Regierungsinstitution mit dem Vorhaben sichere und schnelle Hochgeschwindigkeitsnetze fördern, den Binnenmarkt für Telekommunikation stärken und die Regulierung weiter harmonisieren. Doch die Initiative drohe nach hinten loszugehen, warnen mehrere große europäische Telekommunikationsanbieter und Branchenverbände in Brandbriefen vom

| heise online Newsletter

Keine News verpassen! Jeden Morgen der frische Nachrichtenüberblick von heise online

E-Mail-Adresse | Jetzt anmelden

Die Telekommunikationsbranche sieht den DNA kritisch

b) Inkrafttreten/Anwendbarkeit

Der DNA befindet sich derzeit in der Vorbereitungsphase. Das zugrunde liegende Weißbuch „How to master Europe's digital infrastructure needs?“ wurde im Februar 2024 veröffentlicht[266] und dient als Basis für die Gesetzgebungsarbeiten. Mit einer Verabschiedung ist frühestens Ende 2025 zu rechnen. Die Anwendbarkeit wird voraussichtlich gestaffelt erfolgen, ähn-

266 https://digital-strategy.ec.europa.eu/de/library/white-paper-how-master-europes-digital-infrastructure-needs.

lich dem DSA, um Unternehmen eine Übergangsfrist zur Compliance-Anpassung zu gewähren.

c) Anwendungsbereich

Der DNA nimmt Telekommunikationsanbieter, Betreiber digitaler Infrastrukturen und große Content-Provider, die Netzressourcen intensiv nutzen, ins Visier. Konkret umfasst dies:
- Mobilfunk- und Festnetzbetreiber, die in EU-Mitgliedstaaten aktiv sind.
- Cloud-Infrastrukturanbieter, die im Rahmen des „Connected Collaborative Computing" (3C) integriert werden sollen.
- Plattformen mit hohem Datenverkehr, die zur Finanzierung von Netzausbaukosten herangezogen werden könnten.

d) Pflichten von Akteuren

Die geplanten Pflichten lassen sich in vier Kategorien unterteilen:
1. **Investitionsverpflichtungen**: Telekommunikationsunternehmen müssen nachweislich in den Ausbau hochleistungsfähiger Netze investieren, insbesondere in ländlichen Gebieten.
2. **Transparenz- und Berichtspflichten**: Es sind regelmäßige Risikobewertungen zur Netzstabilität und Berichte über Infrastrukturinvestitionen vorgesehen.
3. **Kooperationspflichten**: Nationale Regulierungsbehörden sollen enger mit der EU-Kommission zusammenarbeiten, wie z.B. bei der Frequenzvergabe.
4. **Kostenbeteiligung**: Große Datenplattformen, wie beispielsweise Google oder Meta, könnten verpflichtet werden, sich an den Kosten des Netzausbaus zu beteiligen.

e) Sanktionen/Geldbußen

Obwohl die Sanktionsmechanismen noch nicht finalisiert sind, deuten Entwürfe auf ein zweistufiges System hin, das mit dem des DSA vergleichbar ist. Es sollen Bußgelder bis zu 6% des globalen Jahresumsatzes für vorsätzliche Verstöße gegen Investitions- oder Transparenzpflichten geregelt werden. Zudem könnten Betriebsuntersagungen für Unternehmen drohen, die wiederholt gegen Fusionseinschränkungen oder Netzneutralitätsgrundsätze verstoßen.

f) Zuständige Aufsichtsbehörden

Die Aufsicht wird voraussichtlich dezentral durch nationale Regulierungsbehörden, wie in Deutschland etwa die Bundesnetzagentur, und zentral durch die EU-Kommission erfolgen. Die DG CNECT (Directorate-General for Communications Networks, Content and Technology)[267] wird voraussichtlich eine koordinierende Rolle einnehmen, insbesondere bei grenzüberschreitenden Infrastrukturprojekten. Für sehr große Plattformen könnte zudem das European Board for Digital Services (EBDS)[268] eingebunden werden.

267 https://commission.europa.eu/about/departments-and-executive-agencies/communications-networks-content-and-technology_en.

268 https://digital-strategy.ec.europa.eu/en/policies/dsa-board.